Organisationskompetenz Zukunftsfähigkeit

Reihe herausgegeben von

Gregor Weber, ecoistics.institute, Breunigweiler, Rheinland-Pfalz, Deutschland

Das Thema Nachhaltigkeit gewinnt in Wirtschaft, Wissenschaft und Gesellschaft immer mehr an Bedeutung. Die Management-Reihe „Organisationskompetenz Zukunftsfähigkeit" geht davon aus, dass die Wettbewerbsfähigkeit nicht nur eines jeden Unternehmens sondern auch der Volkswirtschaft und so der Gesellschaft vom gesamtheitlichen Einklang der ökonomischen, sozialen und ökologischen Herausforderungen abhängt. Der Begriff Zukunftsfähigkeit geht hierbei über das bisherige Verständnis der Corporate Social Responsibility (CSR), also der gesellschaftlichen Verantwortung von Unternehmen hinaus, indem er Unternehmen als Teil der Gesellschaft definiert und den Schwerpunkt auf das verantwortliche Handeln des Menschen als Individuum und somit Kern eines jeden Unternehmens und der Gesellschaft setzt; dies bezeichnen wir auch als Ecoistik. Durch ganzheitlich nachhaltiges Wirtschaften werden Organisationen in Ihrer Zukunftsfähigkeit gestärkt und durch deren evolutionäre Weiterentwicklung wird schließlich eine vollständige Transformation von deren Geschäftsfeldern und Modellen möglich.

Um dies zu erreichen ist es notwendig, Managementwissen in den Bereichen Zukunftsfähige Unternehmens- und Führungskultur, Organisationsentwicklung, Transition/Change, Klima- und Umweltmanagement, Ressourceneffizienz, Gesundheitsmanagement und anderen klassischen betriebs- und volkswirtschaftlichen Spezialdisziplinen (z. B. Forschung und Entwicklung, Personalwesen, Marketing, Kommunikation, Produktion, etc.) und der Gesellschaft zu verzahnen, denn Zukunftsfähigkeit gelingt nur im Verbund, also gesamtsystemischer Betrachtung. Die Reihe „Organisationskompetenz Zukunftsfähigkeit" möchte genau hier ansetzen um bestehenden wie künftigen Entscheidern eine Plattform zu bieten ihr Wissen und ihre Kompetenz in diesem wichtigen Themenfeld auszubauen, aber auch durch Beisteuern von Fach- und Praxisbeiträgen zu teilen. Denn nur, wenn Unternehmen umfänglich und authentisch Zukunftsfähigkeit, also gesellschaftlichen Mehrwert generieren, können sie auch in Zukunft erfolgreich am Markt bestehen.

Weitere Bände in der Reihe http://www.springer.com/series/16398

Markus Bodemann · Wiebke Fellner ·
Vanessa Just
(Hrsg.)

Zukunftsfähigkeit durch Innovation, Digitalisierung und Technologien

Geschäftsmodelle und Unternehmenspraxis im Wandel

Hrsg.
Markus Bodemann
Warburg, Deutschland

Wiebke Fellner
West Sacramento, USA

Vanessa Just
Hamburg, Deutschland

ISSN 2662-4192   ISSN 2662-4206   (electronic)
Organisationskompetenz Zukunftsfähigkeit
ISBN 978-3-662-62147-9   ISBN 978-3-662-62148-6   (eBook)
https://doi.org/10.1007/978-3-662-62148-6

Die Deutsche Nationalbibliothek verzeichnet diese Publikation in der Deutschen Nationalbibliografie; detaillierte bibliografische Daten sind im Internet über http://dnb.d-nb.de abrufbar.

Planung/Lektorat: Christine Sheppard
Springer Gabler ist ein Imprint der eingetragenen Gesellschaft Springer-Verlag GmbH, DE und ist ein Teil von Springer Nature.
Die Anschrift der Gesellschaft ist: Heidelberger Platz 3, 14197 Berlin, Germany

Vorwort

Zukunftsfähigkeit durch Innovationsmanagement und Technologien. Geschäftsmodelle und Unternehmenspraxis im Wandel

„Intelligenz ist die Fähigkeit, sich dem
Wandel anzupassen." (S. Hawking)

Die Optimierung von Organisationsformen, die Entwicklung von Technologien, um die Unmengen an Daten zu beherrschen und auch nutzbar zu machen, und die Digitalisierung als Betriebsmittel, um neue Technologien überhaupt verwendbar zu machen, waren die Treiber für Wirtschaft und Verwaltung in den letzten Jahren. Dadurch konnten der stetige Fortschritt und wirtschaftliches Wachstum realisiert werden. Die Erwartungen an diese Entwicklung wurden auch für das Erscheinungsjahr dieses Buches klar definiert und sollten auch erreicht werden.

Jedoch verlief dieses Jahr anders als gewünscht. Eine weltweite Pandemie zeigte die Anfälligkeit von Systemen und gleichsam auch, inwieweit insbesondere die technischen Fortschritte umgesetzt wurden. Startups oder generell junge Unternehmen konnten mit dieser Herausforderung eher umgehen, als konservativ geführte Organisationen, bei denen die Änderung von Denkmustern erschwert ist. Der Umgang mit den Auswirkungen der Pandemie offenbart diese Lücken und die unterschiedlichen Entwicklungsstufen, die auf Dauer wiederum zu Inkompatibilitäten auf prozessualer und technischer Ebene führen können.

Bis das vor Ihnen liegende Buch in den Druck gehen konnte, war eine einjährige Vorbereitungs- und Abstimmungszeit notwendig. Darin enthalten sind die vorbereitenden Maßnahmen, die Rekrutierung von Autoren für die Artikel und die Diskussion über die Ausrichtung und Gestaltung des Buches. Als Ziel sollten die großen gesellschaftlichen und unternehmerischen Herausforderungen von Technologieeinsatz und -akzeptanz, organisatorische Anpassung und die Entscheidungsunterstützung durch künstliche Intelligenz bearbeitet werden. Insbesondere der Einsatz von künstlicher Intelligenz im

Rahmen von medizinischer Forschung hat in kürzester Zeit eine ungeahnte Prominenz eingenommen.

Die Finalisierung des Buches fand jedoch unter ganz anderen Rahmenbedingungen statt, die Ereignisse haben alle überrascht und erstmalig nach dem 2. Weltkrieg ist die Welt vor eine globale Aufgabe gestellt, die an geografischen Grenzen und Entwicklungsstufen keinen Halt macht: Die aktuelle weltweite Corona-Krise hat die Gesellschaft, die Politik und die Wirtschaft fest im Griff. Gerade in dieser Zeit offenbart sich der jeweilige Stand von Unternehmen in ihrem Aufbau und Ablauforganisation, insbesondere der differenzierte Einsatz von Digitalisierungsmethoden und -technologien der Geschäftsprozesse macht sich bemerkbar. Einige konnten den Wechsel von der physischen Anwesenheit zum „home office" umfänglich meistern, zumindest dort, wo diese technische Lösung anwendbar war. Andere Unternehmen waren technisch und kulturell noch nicht soweit. Ebenso sind die grundlegenden Geschäftsmodelle infrage gestellt, vor allem der stationäre Einzelhandel, die Gastronomie und alle realen Wertschöpfungen sind davon unmittelbar betroffen, wenn dabei physisch und lokal Menschen involviert sind.

Die weltweite Pandemie wirkt insbesondere in diesen Feldern wie ein Beschleuniger: Ad hoc mussten Wege gefunden werden, mit Kontaktsperren und anderen Schutzmaßnahmen umzugehen. Das dazu benötigte Knowhow konnte in den meisten Fällen jedoch auch nur über Telekommunikation eingebracht werden. Dieses Dilemma wurde überwiegend professionell gelöst. Gleichzeitig werden immer mehr Alternativen zur physischen Welt entwickelt und angeboten, beispielsweise der Einsatz von Tools und Instrumenten für virtuelle Meetings und die Bereitstellung von virtuellen Museen.

Die aktuelle Situation zeigt zudem das Anwendungsspektrum von künstlicher Intelligenz in Kombination mit mobilem Internet und internationaler Vernetzung: Der Austausch von Patientendaten ermöglicht die Mustergewinnung, um Kohorten von Patienten zu bestimmen, bei denen ein schwerer Verlauf der Krankheit zu erwarten ist; aufgrund von Bewegungsmustern, die ursprünglich zur Steuerung von großen Mengen an Menschen gedacht war, kann man nun den Umkehrschluss ziehen, um ungesteuerte Menschenbewegungen zu prognostizieren und potenzielle Ausbreitungswege und -geschwindigkeiten zu bestimmen. Die präventiven Maßnahmen werden noch ergänzt durch die fast uneingeschränkten Möglichkeiten des Informationsaustausches und des zentralen Zugriffs auf die notwendigen Daten, soweit sie den Forschungseinrichtungen zugänglich gemacht werden. Als letztes Beispiel sei auch die Analyse von Blutbildern oder Röntgen-/CT-Bildern genannt, insbesondere bei der Suche nach Mustern in der Symptomatik bei der Forschung zu Gegenmitteln und Impfstoffen. Zudem bieten die Wirkungen der eingeschränkten Mobilität auch die Chance, Veränderungen in der Umwelt, selbst wenn sie nur temporär sein werden, zu bewerten und die Modelle, insbesondere auch Organisationsformen und Prozesse, darauf anzupassen. Bessere und nachhaltigere Modelle wären die Folge und könnten auch unmittelbar den politischen und unternehmerischen Entscheidungsträgern helfen.

Dieser Umbruch, eine Kombination von neuen Technologien und der stetigen Optimierung von Prozessen, basiert auf Fortschritte in Datengenerierung, -sammlung und -verarbeitung und der Möglichkeit, diese auf der ganzen Welt zugänglich zu machen. Ermöglicht wird das durch eine flächendeckende und leistungsfähige Infrastruktur. Industrie, Internet of Things (IoT), Smart Living oder Smart Cities sind nur einige Trendwörter, die als Ursache und gleichsam Ergebnis für diese Entwicklung stehen. Sehr gerne ist von einer Disruption oder auch Transition die Rede, vergleichbar mit der Industrialisierung Ende des 18.-Jahrhunderts nach Einführung der Dampfmaschine. Aus Sicht der Genese ist dabei weniger von einem Umbruch auszugehen, eher von einer folgerichtigen und iterativen Entwicklung, da sowohl Infrastruktur als auch die Abarbeitung von Abläufen schrittweise erarbeitet wurden.

Die Kenntnis über die oben erwähnten Möglichkeiten wird die Gesellschaft durch- und aufrütteln. „Form follows function" gilt auch in diesem Zusammenhang: Überlegungen zur Optimierung von Aufbau- und Ablauforganisation finden ebenfalls sich in dem Inhalt dieses Buches.

Insbesondere der andauernde Megatrend Künstliche Intelligenz (KI) und maschinelles Lernen (ML) ist ein Ergebnis von technologischem Fortschritt. Die Ideen dazu sind nicht neu, es fehlte einfach die Rechnerleistung und brauchbare Datenmengen.

Zudem zeigt sich das Internet als Netzwerk um alle Akteure zusammenzubringen, um Informationen, Dienstleistungen und Produkte auszutauschen, dabei als Fundament und Garant für zukünftige Entwicklungen. Dabei ist zu berücksichtigen, dass die Entwicklung einer ausreichenden Infrastruktur nicht gleichförmig und überall stattfindet.

Als wir uns über mögliche Inhalte und Strukturen ausgetauscht haben, waren die Themen wie Innovation, künstliche Intelligenz und die Akzeptanz oder Digitalisierung im Trend; wir wollten neue Überlegungen anbieten und andere Sichtweisen eröffnen.

Das vorliegende Buch behandelt das breite Spektrum der Innovation und des Einsatzes von neuen Technologien im Bereich des Managements. Viele der hier angesprochenen Themen werden aktuell unter den Vorgaben der Pandemie ebenso wichtig sein wie nach der realen Beendigung der Gefahren durch den Corona-Virus. Die Struktur des Buches basiert auf der Annäherung von abstrakten und allgemein gültigen Modellen bis hin zu konkreten Beobachtungen aus praktischer Sicht und die Erfahrungen in der Umsetzung.

Die Inhalte spiegeln zudem die aktuellen Übergänge und Schnittmengen wider. Der Bereich der künstlichen Intelligenz ist ein Paradebeispiel dafür: Eine interdisziplinäre Sicht aus Computerwissenschaften, Informatik, Statistik und Mathematik, aber auch Philosophie und Rechtswissenschaften, geben sowohl die Inhalte als auch Grenzen vor. Dieser Bereich zeigt sehr eindrucksvoll, dass wirtschaftlicher Fortschritt nicht mehr isoliert in den einzelnen Disziplinen gewonnen wird, sondern übergreifende Maßnahmen notwendig sind. So sind in diesem Buch auch verschiedene Disziplinen vertreten.

Erst in den Jahren nach Corona wird sich zeigen, welche Technologien und Managementmethoden nachhaltig unter dem Einfluss der Pandemie gewesen sind, welche sich als antiquiert und welche noch weiterentwickelt werden müssen. Wie die Pandemie, mit deren Ausbreitung und Auswirkungen niemand gerechnet hatte, werden dauerhaft andere überraschende oder prognostizierbare Herausforderungen auf Gesellschaft, Politik und Wirtschaft zukommen.

Ebenso spannend werden die Auswirkungen auf Digitalisierung in technischer ebenso wie gesellschaftlicher und politischer Hinsicht sein. Ein Thema, welches sicherlich noch intensiv wissenschaftlich begleitet werden wird. Es bleibt nach wie vor eine Managementaufgabe, Unternehmen nachhaltig im Sinne von ökonomischen, ökologischen und soziologischen Zielen zu führen. Die Ideen in diesem Buch mögen dazu beitragen.

Markus Bodemann
Wiebke Fellner
Vanessa Just

Inhaltsverzeichnis

Einleitung

Zukunftsfähigkeit durch Innovationsmanagement und Technologien. Geschäftsmodelle und Unternehmenspraxis im Wandel

Markus Bodemann, Wiebke Fellner und Vanessa Just

Das vorliegende Buch soll eine Einführung über den Einfluss von Innovationsmanagement und aktuellen Technologien geben, sowie den daraus resultierenden Wandel für Geschäftsmodelle und Unternehmenspraxis. Es soll dabei helfen, die Vielfältigkeit von Zukunftstechnologien aufzuzeigen, Anwendungsszenarien und Implikationen auf privater und professioneller Ebene besser zu verstehen und die unmittelbaren und mittelbaren Einflüsse auf die Gesellschaft, Unternehmen und Politik darzustellen.

Greifen wir als ein konkretes Beispiel nur die KI heraus – diese und lernende Maschinen sind längst keine Science-Fiction mehr, vielmehr spielen sie inzwischen eine entscheidende Rolle in der Transformation unserer Gesellschaft, Wissenschaft und Wirtschaft. Gerade für die Wirtschaft und die internationalen Wertschöpfungsketten geht damit ein grundlegender Strukturwandel einher, denn diese technischen Systeme sind lernfähig und zunehmend in der Lage, Erlerntes auf neue Gegebenheiten zu übertragen. Sie können Prozesse planen und optimieren oder Prognosen treffen und nachhalten. Dazu erlauben diverse Anwendungen eine Interaktion mit dem Menschen, weshalb mitunter auch eine Symbiose der Natürlichen mit der Künstlichen Intelligenz durchaus gewollt ist. Autonomes Fahren, die Erkennung von Kreditbetrug in Millionen von Datensätzen oder sprachliche Interaktion mit Smartphones sind nur einige Beispiele

M. Bodemann (✉)
Warburg, Deutschland

W. Fellner
Stolberg, Deutschland

V. Just
Hamburg, Deutschland
E-Mail: Vanessa-just@web.de

© Springer-Verlag GmbH Deutschland, ein Teil von Springer Nature 2021
M. Bodemann et al. (Hrsg.), *Zukunftsfähigkeit durch Innovation,
Digitalisierung und Technologien*, Organisationskompetenz Zukunftsfähigkeit,
https://doi.org/10.1007/978-3-662-62148-6_1

dafür, welche wichtige Rolle KI-Technologien im Alltag vieler Menschen bereits heute spielen. Künstliche Intelligenz ist dabei aber mehr als der bloße Einsatz von Software und damit gerade kein reines IT-Thema. KI ist ein „Game Changer", der nicht nur die Gesellschaft im Allgemeinen betrifft, sondern viele, wenn nicht sogar alle Bereiche eines Unternehmens revolutioniert.

Technik und Technologie allein reichen jedoch nicht, um Innovationen hervorzubringen. Das Innovationsmanagement schafft die notwendigen Rahmenbedingungen, um aus guten Ideen, Wissen und Technologie erfolgreiche Produkte am Markt zu schaffen. Zu diesen Rahmenbedingungen gehören moderne Methoden, Organisationsformen und Prozesse, wobei das Zusammenspiel von Mensch, Technik und Organisation im Mittelpunkt steht. Die Entstehung von Innovation ist also kein Zufall, sondern auch Ergebnis eines systematischen Innovationsmanagements. Dieses umfasst neben strukturierenden Elementen wie Ideenmanagement, Trendmanagement, Innovationsprozesse, Kreativitätsworkshops und Bewertungsschritten auch kulturelle Elemente, wie Führungsinstrumente, aber auch offene Organisationsformen.

Die Trends und Megatrends der Zukunft müssen identifiziert werden, um rechtzeitig und angemessen darauf reagieren zu können – Innovationsmanagement und Technologie gehen also Hand in Hand zur Sicherung und Förderung der Wettbewerbsfähigkeit und Zukunftsfähigkeit.

Im Folgenden finden Sie 12 Beiträge, deren Hintergründe sowohl wissenschaftlicher als auch praktischer Natur sind. Während diese Beiträge drei geschlossene thematische Einheiten bilden, bieten sie gleichzeitig dem Leser die Möglichkeit diese Einheiten oder einzelne Beiträge selektiv zu lesen:

- **Teil I:** Managementtrends und Technologieeinsatz im Rahmen der Digitalisierung
- **Teil II:** Organisationswandel und Umgang mit Organisationseinheiten und Ressourcen
- **Teil III:** Beispiele und Ergebnisse aus der Unternehmenspraxis

Der **erste Teil** des Buchs beschäftigt sich mit Managementtrends und dem Einsatz von Technologie im Rahmen von Digitalisierung. Mit Strategien, Ansätzen und Veränderungen in der Unternehmenskultur, in Kombination mit digitalen Lösungen wie Blockchain oder Digital Twins, wird in diesem Teil des Buches vor allem die Notwendigkeit zur strategischen Berücksichtigung für Unternehmen deutlich. Dabei können theoretische Modelle unterstützen, die Innovationsfähigkeit von Unternehmen auf organisationaler Ebene zu bewerten. Die Innovationsfähigkeit von Unternehmen lässt sich nicht nur innerhalb von Unternehmen analysieren, sondern vielmehr langfristig auf der Konsumentenseite. Daher schließt der erste Teil dieses Buches mit einem Beitrag ab, der die Konsumenteneinstellung zu Technologien, wie Smartphones, analysiert.

Der **zweite Teil** des Buches legt den Schwerpunkt auf organisatorische Veränderungen und Anpassungen in der Unternehmenspraxis. Ein erkennbarer Trend, der unter anderem als Reaktion auf die digitale Transformation zurückzuführen ist, sind selbststeuernde

Teams (in Kreisorganisationen), auch Holacracy genannt. Zwei der insgesamt vier
Beiträge in diesem Part greifen dieses Thema auf und untersuchen es von verschiedenen
Perspektiven. Ergänzend dazu wird die Theorie der institutionellen Rollenmodelle vorgestellt, die eine Grundlage bietet, Organisationen effizient zu strukturieren und dabei
den Einfluss von Digitalisierung und künstlicher Intelligenz zu berücksichtigen. Dieser
Teil des Buches schließt mit einer fokussierten Betrachtung des einhergehenden Kultur-
wandels in Unternehmen ab und stellt dabei Hebel vor, die für einen erfolgreichen Transformationsprozess in Unternehmen erfolgskritisch sind.

Der **dritte** Teil des Buches greift konkrete Anwendungsfälle anhand von Beispielen aus der Unternehmenspraxis auf. Während sich sowohl in der Wissenschaft
als auch der unternehmerischen Praxis die grundsätzliche Erkenntnis durchsetzt, dass
eine fortschreitende Digitalisierung Lösungspotenziale für die skizzierten Herausforderungen bietet, stehen viele Unternehmen heute vor der konkreten Herausforderung,
ihre eigene digitale Transformation zu gestalten. Dies umfasst insbesondere Fragen
nach organisatorischen und technischen Fähigkeiten zur Realisierung entsprechender
Potenziale und deren gezielte Weiterentwicklung unter Berücksichtigung unternehmensstrategischer Rahmenbedingungen. Aber auch gesetzliche Vorschriften sind dabei nicht
außer Acht zu lassen. So begrenzen diese den freien, ungehinderten Austausch von
Wissen und Technologie, wobei gerade in Zeiten der Digitalisierung und des rapiden
technologischen Fortschritts dem Technologietransfer eine große Bedeutung zukommt.
Die gestiegene Relevanz lässt sich in der Praxis bei Unternehmen erkennen, die vor
großen Herausforderungen stehen die Compliance-Anforderungen einzuhalten und die
Kontrolle des Technologietransfers umzusetzen. Unternehmen müssen Strategien und
Lösungswege erarbeiten, um Themen wie Künstliche Intelligenz und Cloud Computing,
sich daran anpassende Arbeitskulturen und eine Kultur des Wissenstransfers voranzutreiben, jedoch gleichzeitig geltendes Recht zu beachten. Deutschland hat insbesondere
im Bereich der Medizintechnik nicht nur eine Vorreiterrolle in der Produktion und beim
Absatzmarkt, sondern auch in der Entwicklung und Forschung. Als weiteres Praxisbei-
spiel das starken gesetzlichen Regulierungen im Rahmen der Innovationslenkung unterliegt, wird die Medizintechnik beleuchtet und der Einfluss der Gesetze und Normen auf
die Entstehung von innovativen Produkten dargestellt.

Während Beratungsfirmen steigende Erträge ernten, indem sie sich auf die Durchführung von Transformations- und Digitalisierungsprojekten für ihre Kunden
konzentrieren, stehen das Geschäftsmodell der Beratung und das Geschäftsmodell der
professionellen Dienstleistungen im Allgemeinen selbst vor gewaltigen Veränderungen.
Den Wandel ihrer Kunden voranzutreiben und ihnen bei der Einführung und Umsetzung
neuer Technologien zu helfen, bedeutet, ihr aktuelles Geschäftsmodell auf lange
Sicht zu gefährden. Einige professionelle Dienstleistungsunternehmen, namentlich
Steuerberatungs-, Financial Advisory Firmen und auch Anwaltskanzleien, haben ihren
Wandel jedoch bereits eingeleitet, indem sie ihre Wertschöpfungsketten bereichern, ihre
angebotenen Dienstleistungen neu definieren und die Technologie zur Wertschöpfung

nutzen. Die Beleuchtung, sowohl wie dieser Wandel gestaltet werden kann, als auch Wege zur künstlichen Intelligenz im IT betrieblichen Alltag in anderen Unternehmen aussehen können und welche Bedeutung ein dezidiertes Reifegradmodell für die Digitalisierung der Steuerfunktion hat, schließen den praxisorientierten Teil des vorliegenden Buches ab.

Teil I

Managementtrends und Technologieeinsatz im Rahmen der Digitalisierung

Megatrend Nachhaltigkeit – Herausforderungen und Lösungsansätze durch digitale Managementstrategien

Marvin Schulze-Quester

1 Bedingungen und Treiber der digitalen Nachhaltigkeitstransformation von Unternehmen

Unternehmen sind, wie alle Teile einer Gesellschaft, eingebettet in deren Rahmenbedingungen, d. h. sie unterliegen den spezifischen Gesetzen, sozialen Normen, Gepflogenheiten, Bedürfnissen und Marktstrukturen der Länder, in denen sie tätig sind. All diese Gegebenheiten ändern sich im Zeitverlauf einerseits durch kurzfristige Moden, andererseits durch langfristige gesamtgesellschaftliche Entwicklungen, den so genannten Megatrends (Naisbitt 1984). Die hier betrachteten Phänomene ‚Digitalisierung' und ‚Nachhaltigkeit' gehören seit dem ausgehenden 20. Jahrhundert eindeutig zur letzteren Kategorie; sie reihen sich ein in schon länger bekannte Umwälzungsprozesse wie dem demographischen Wandel oder der Globalisierung seit der Mitte des letzten Jahrhunderts.

Natürlicherweise versuchen Akteure in betroffenen Gesellschaften, solche Megatrends mitzugestalten – sobald sie denn als solche erkannt und ihre Existenz akzeptiert sind – vor allem um befürchtete negative Folgen abzumildern oder positive Chancen zu nutzen (Naisbitt und Naisbitt 2018). Unternehmen machen hier keine Ausnahme. Dem fortdauernden demographischen Wandel etwa begegnen sie durch Ausbildungsoffensiven und Qualifizierungs- oder Übergangsmaßnahmen für ältere Mitarbeiter, der voranschreitenden Globalisierung durch Ausdifferenzierung und Ausweitung von Lieferketten und Zielmärkten. Auch für den Umgang mit der Digitalisierung und dem neuen Paradigma einer nachhaltigen Entwicklung gibt es Konzepte: Für erstere sind es vor allem massive Investitionen in das eingesetzte Technologie- und Humankapital,

M. Schulze-Quester (✉)
Quentic GmbH, Berlin, Deutschland
E-Mail: marvin.schulze-quester@quentic.com

© Springer-Verlag GmbH Deutschland, ein Teil von Springer Nature 2021
M. Bodemann et al. (Hrsg.), *Zukunftsfähigkeit durch Innovation, Digitalisierung und Technologien*, Organisationskompetenz Zukunftsfähigkeit, https://doi.org/10.1007/978-3-662-62148-6_2

für letzte werden Geschäftsprozesse und -modelle, bis hinein in die Lieferketten und Produkt(nach)nutzungsphasen, auf ökologische und soziale Auswirkungen hin durchleuchtet.

Obwohl es Megatrends schon immer gegeben hat, werden moderne Gesellschaften und Institutionen gerade durch ihre zeitliche Häufung und Überlappung vor besondere Herausforderungen gestellt. Es stellt sich in Regierungskreisen ebenso wie in Manageretagen das Gefühl ein, sich um *immer mehr* Dinge gleichzeitig kümmern zu müssen, ohne eine genaue Vorstellung von den Wirkungsdynamiken und ihren Auswirkungen auf das eigene Geschäft zu haben. Häufig resultiert dies in einer Politik des „Krisenmanagements". Defensiv angelegte Managementkulturen versuchen, einen Trend, der potentiell aufwändige Anpassungen verlangt (etwa verstärkten Umweltschutz oder Verantwortung für weit entfernte Herstellungsbedingungen von Vorprodukten), so lange zu ignorieren, bis man von Gesetz- oder Kapitalgeber dazu gezwungen wird, um dann hektisch nach dem günstigsten Anpassungsweg zu suchen. Für die frühzeitige Erkennung und Nutzung von Chancen, sei es das Rationalisierungspotential neuer (digitaler) Technologien oder Innovationsimpulse durch Stakeholderdialoge zu Nachhaltigkeitsthemen, bleibt dann nur wenig Zeit und Aufmerksamkeit (Krämer 2019).

Für offensive und innovative Gesellschaften und Organisationen ergibt sich hingegen durch die Gleichzeitigkeit der Megatrends, neben der Nutzung ihrer spezifischen Chancen, gerade auch die Möglichkeit, Synergien zu nutzen, um z. B. den Herausforderungen des einen mit den Mitteln des anderen zu begegnen. So wird etwa auf politischer Ebene debattiert, ob die durch die Globalisierung verstärkten Migrationsbewegungen dabei helfen können, die demografischen Auswirkungen der Überalterung von westlichen Gesellschaften abzumildern (Bruckner 2012). Primär auf Gesellschafts- und Unternehmensebene wird vor allem das Zusammenspiel von Digitalisierung und Nachhaltigkeit untersucht (Höfner und Frick 2019), sowohl in Hinblick auf das Potential, den unternehmerischen ökologischen und sozialen Fußabdruck durch digitale Wertschöpfungsprozesse zu verbessern (z. B. Abfallreduktion durch *3D-Druck* oder Lieferkettentransparenz durch *Blockchain*), als auch bezüglich der damit verbundenen Risiken wie etwa Rebound-Effekte steigender Ressourceneffizienz oder Datenschutzproblematiken bei der automatisierten Verarbeitung immer größerer Informationsmengen *(Big Data)*.

Dabei wird zunehmend deutlich, dass die anfangs euphorisch postulierte „natürliche Verbindung von Digitalisierung und Nachhaltigkeit" kaum besteht, sondern Synergien im Gegenteil durch aktives Managementhandeln immer wieder hergestellt werden müssen (Foit 2018). Der Einsatz digitaler Technologien in verschiedenen Unternehmensbereichen kann *per se* sowohl positive wie auch negative Auswirkungen auf einzelne oder alle Nachhaltigkeitskriterien haben, während umgekehrt die Entwicklung einer Organisation hin zu einer höheren Nachhaltigkeitsperformance durch Digitalisierung und Technologie sowohl befördert wie auch behindert werden kann. Wie in vielen Bereichen hängt das letztliche Ergebnis sowohl von der erfolgreichen Umsetzung einer wohldurchdachten Strategie, wie auch von der von Mitarbeitenden, Kunden, Lieferanten und anderen Stakeholdern gelebten Kultur im täglichen Umgang mit Digitaltechnologien und Nachhaltigkeitsmaßnahmen ab.

Eine Geschäftsführung oder Organisationsleitung wird, möchte sie das Ergebnis nicht dem Zufall überlassen, nicht umhin kommen, die unterschiedlichen Wirkungsaspekte abzuwägen und in eine Gesamtstrategie zu integrieren (Wunder 2017). Dies ist keineswegs immer der Fall: Bei der Entscheidung für oder gegen die Einführung bestimmter digitaler Technologien stehen zumeist Faktoren wie Rationalisierung oder Produktivität im Vordergrund, während ökologische und soziale Verbesserungen oft als „Beiwerk" wahrgenommen, Verschlechterungen (wie höherer Energieverbrauch oder höhere Mitarbeiterbelastung) hingegen schlicht ignoriert werden. Umgekehrt steht bei Formulierung einer Nachhaltigkeitsstrategie oder eines –aktionsplans nicht unbedingt die weitere Digitalisierung von Arbeitsbereichen an erster Stelle, u. a. weil der Aufwand gescheut oder kurzfristiger wirkenden Maßnahmen („low hanging fruits") Priorität eingeräumt wird (ebd., S. 5).

In den folgenden Abschnitten werden einige ausgewählte Digitalisierungs- und Managementansätze in Hinblick auf Nachhaltigkeitsauswirkungen schlaglichtartig diskutiert, um das hier skizzierte Spannungsfeld zu verdeutlichen. Für eine gelungene Synthese von Digitalisierungs- und Nachhaltigkeitsstrategie in Unternehmen gibt es, wie gesagt, kein Patentrezept – dennoch sollen zum Abschluss einige Eckpunkte skizziert und ein Ausblick gegeben werden.

2 Digitalisierungsansätze und ihre Auswirkungen auf die unternehmerische Nachhaltigkeit

In allen Unternehmensbereichen schreitet die Digitalisierung unaufhaltsam voran. Waren es zu Beginn etwa ab den 80er Jahren vor allem repetitive Aufgaben im dispositiven Bereich (Personal, Buchhaltung, Controlling), die Unterstützung durch (Büro-)Softwareanwendungen erhielten, so werden spätestens seit der Jahrtausendwende auch die Produktion und Produkte selbst, aber auch immer höhere Planungs- und Steuerungsfunktionen digitalisiert und (teil-)automatisiert und Managementprozesse mindestens digital unterstützt. Aus Nachhaltigkeitssicht rückt auf **operativer** Ebene (A), neben Umweltaspekten wie steigendem *Energiebedarf der Datenverarbeitung* einerseits und tendenziell *abnehmendem Bedarf an Roh-, Hilfs- und Betriebsstoffen* durch deren hochpräzisierten Just-in-time Einsatz andererseits, vor allem der induzierte *Wandel der Arbeitswelt* in den Fokus der Aufmerksamkeit und ist mit seinen Belastungs- und Schutzaspekten auch Teil sozialer Nachhaltigkeitsüberlegungen auf Produktionsebene. In **strategischer** Hinsicht (B) sind digitale Instrumente durch ihr Potential zur Beherrschung großer Informationsmengen Voraussetzung für die Einlösung des Anspruchs eines umfassenden Nachhaltigkeitsmanagement, alle direkten und indirekten Auswirkungen der Geschäftstätigkeit und –beziehungen zu berücksichtigen. Die durch die Digitalisierung geschaffenen Möglichkeiten dazu lassen die damit einhergehende Verantwortung (C) stark ansteigen, was zur Ausbildung des dedizierten Begriffs *Corporate Digital Responsibility* (Dörr 2018) geführt hat.

Zu A) Für den operativen Bereich lassen sich leicht Beispiele finden, anhand derer beabsichtigte und unbeabsichtigte Folgen aufgezeigt werden können. In Presse und Öffentlichkeit findet traditionell die *Automatisierung der Produktion* größte Aufmerksamkeit, da sie sich einerseits meist in eingängigen Bildern darstellen lässt, andererseits mit dem zumindest implizit angedrohten Verlust von Arbeitsplätzen einen sensiblen Kernbereich jeder Gesellschaft berührt. Rein technologisch handelt es sich zunächst um Fortschritte der *Robotik,* die immer autonomere Maschinen mit immer stärkerer Vernetzung mit ihrer Umgebung und gleichzeitig immer geringerem Führungsbedarf durch einen Menschen hervorbringt (Ravling 2019). Da solche Maschinen zur Ausführung komplizierter Teilprozesse auch mehr feingranulare Daten über das Werkstück sowie ihre Arbeitsumgebung sowohl benötigen als auch produzieren, werden sie folgerichtig Teil eines datengetriebenen digitalen Ökosystems, für das das Schlagwort *Industrie 4.0* geprägt wurde (BMWI 2020).

Für das Nachhaltigkeitsmanagement des Unternehmens bringt letzteres zunächst einen Datengewinn (Beier et al. 2020). Die Verfügbarkeit aktueller und präziser Verbrauchsdaten war und ist stets eines seiner Hauptprobleme. Automatisierte Strom-, Gas- und Wasserzähler sowie Sensoren zur Material- und Abfallerfassung können hier einen wertvollen Datenpool liefern, der die aufwändige manuelle Aufnahme zumindest teilweise ersetzt (dafür aber höheren Aufbereitungsaufwand der sehr feingranularen Daten erzeugt). Außerdem ermöglicht Industrie 4.0 als Grundlagentechnik weitere Digitalanwendungen, deren beabsichtigte positive Nachhaltigkeitsaspekte vor allem im sozialen Bereich liegen:

- Cyberphysische Assistenzsysteme können die (Arbeits-)Sicherheit in gefährlichen Situationen erhöhen (z. B. durch Trainings in *virtueller* oder Warnhinweise in *augmentierter Realität*),
- Entscheidungsunterstützungssysteme unter Einbeziehung künstlicher Intelligenz sollen die Qualität menschlicher Entscheidungen verbessern (z. B. durch *Digital Twins*),
- „Intelligente" Infrastruktur- und Versorgungssysteme (z. B. Strom- oder Verkehrsnetze) sollen deren Effizienz erhöhen sowie das menschliche Wohlbefinden und Komfort steigern.

Hauptkritikpunkt dieses Technologiestrangs ist und war stets seine Beherrschbarkeit. Insbesondere die Immersion digitaler in sozio-technische Systeme (z. B. Fabrikabläufe oder Verkehrsleitung) rief und ruft Skepsis wegen steigender Abhängigkeit von der fehlerfreien Funktion hochkomplexer Digitaltechnologien und der damit einhergehenden Verwundbarkeit gegenüber Fehlern oder bewussten Angriffen hervor. Eine nachhaltige Entwicklung wäre damit indirekt durch höheres Störungsrisiko auf System-ebene bedroht (Brödner 2015). Insgesamt beschränkt sich die Mehrzahl der Industrie 4.0-Anwendungen jedoch auf lokalen Einsatz (*smarte Fabrik*) mit überschaubarer Komplexität und Fehleranfälligkeit.

Auch andere Digitalisierungsbeispiele produktionsnaher Bereiche zeigen, dass in allen drei Nachhaltigkeitsdimensionen sowohl positive wie auch negative Aspekte auf-treten können, aber nicht müssen:

- In **ökonomischer Hinsicht** werden durch Digitalisierungsmaßnamen häufig Produktivitäts- und Effizienzsteigerungen angestrebt und Arbeitsplatzverluste befürchtet. Beides geschieht nicht zwangsläufig. Aus der Betriebswirtschaftslehre ist das Produktivitätsparadoxon digitaler Innovationen (Syska und Lièvre 2016) bekannt, nach dem Rationalisierungsgewinne maschineller und digitaler Verfahren durch neue Kostenfaktoren (Konfiguration und Wartung nur durch Spezialisten, höhere Fehleran-fälligkeit, beschleunigter Technikwandel) und veränderte Wertschöpfungsketten (agile neue Anbieter rein digitaler Lösungen) (über-)kompensiert werden. Auf der anderen Seite hat fortschreitende Digitalisierung keineswegs dazu geführt, dass uns die Arbeit ausginge, sondern durch die Schaffung völlig neuer Berufsprofile haben sich höchstens ihre Anforderungen gewandelt: Je mehr physische Arbeit digitalisiert wird, desto stärker steigt der dispositive Faktor zur Einsatzplanung und Überwachung der eingesetzten Maschinen.
- In **ökologischer Hinsicht** werden als Vorteile digitalisierter Produktion häufig Materialeinsparungen bei Roh-, Hilfs- und Betriebsstoffen genannt. Ein im 3D-Druckverfahren hergestelltes physisches Produkt erzeugt definitionsgemäß keinerlei Verschnitt und führt daher zu keinem Produktionsabfall. Digital Farming Lösungen versprechen für die Landwirtschaft eine Minimierung des Bewässerungs-einsatzes durch passgenaue Ermittlung des Wasserbedarfs jeder einzelnen Pflanze. In beiden Fällen lässt sich, neben Kosteneinsparungen, zumindest theoretisch die Ver-schwendung materieller Umweltgüter in der Produktion (d. h. der Anteil eingesetzter Stoffe, die nicht in das Produkt eingehen oder in den Naturkreislauf zurückgelangen) stark reduzieren, wenn nicht gar völlig eliminieren.

Dem gegenüber steht der z. T. enorm erhöhte Energiebedarf vor allem durch die Erzeugung und Bereitstellung der für den Betrieb jeder Digitaltechnik erforder-lichen Daten, seien es Produktionsplanungs- und steuerungsdaten (PPS), Umwelt-und Umgebungsdaten oder Personalisierungs- und Konfigurationsdaten. Für alle diese Informationen müssen entsprechende Datenverarbeitungsgeräte betrieben werden, von einzelnen PCs bis hin zu komplexen Großrechenanlagen. Sofern diese Energie auf fossilem Weg bereitgestellt wird, geht mit dem Mehrverbrauch auch ein Mehr an emittierten Treibhausgasen einher. Durch die verstärkte Digitalisierung von

Produktionszweigen kommt es also aufs Ganze gesehen eher zu einer *Verschiebung* der Umweltbelastung: Weg von übermäßiger Rohstoffverschwendung, aber unter Inkaufnahme von stark gesteigertem Energieverbrauch und Emissionsniveau. Dies kann auch als *Rebound-Effekt* digitaler Produktion aufgefasst werden.

- In **sozialer Hinsicht** versprechen digitalisierte Produktionsabläufe tendenziell eine Reduktion physischer Arbeitsgefährdungen: Je autonomer eine Maschine arbeitet und je weniger Menschen direkt in Verarbeitungsvorgänge involviert sind, desto geringer ist das Risiko von Verletzungen oder Unfällen direkt an der Maschine. Nicht ohne Grund gelten technische Vorkehrungen im betrieblichen Arbeitsschutz als höchste Stufe der Maßnahmenpyramide vor organisatorischen und persönlichen Maßnahmen (Herbst 2017). Negative Folgen zeigen sich stärker im dispositivem Bereich: Digitalisierte Abläufe in der Verwaltung bringen weitere Informations- und Arbeitsverdichtung mit sich. Je mehr Informationen der Computer verarbeiten kann, desto mehr müssen die Mitarbeiter laufend erfassen, prüfen und beurteilen. Gleichzeitig haben Informations(verarbeitungs)fehler durch ihre hohe (Fehl-)Steuerungswirkung nachgelagerter Prozessschritte stärkere Auswirkungen auf das Betriebsgeschehen, was die Verantwortlichkeit erhöht. Dadurch können neue oder stärkere psychische Belastungen v. a. durch Stress resultieren, was zur Aufnahme dieser Kategorie in den Katalog arbeitsmedizinischer Vorsorge geführt hat (Bretschneider et al. 2020).

Zu B) Die strategische Führungsfunktion einer jeden (staatlichen oder privaten) Organisation ist seit je her auf umfassende Informationsversorgung angewiesen. „Kein Manager hat jemals genug Informationen über sein Geschäftsfeld" ist ein geflügeltes Wort im strategischen Controlling. Nichts anderes gilt auch für das Nachhaltigkeitsmanagement, das in letzter Konsequenz den Anspruch erhebt, die Gesamtausrichtung der Organisation anhand von ökonomischen, ökologischen und sozialen Zielen und Leitlinien insgesamt zu steuern (Englert 2019). Der daraus resultierende enorme Informationsbedarf – neben finanziellen Folgen der Geschäftstätigkeit müssen nun auch solche für die Umwelt und verschiedenste Gesellschaftsgruppen mit bedacht werden – ist naturgemäß prädestiniert für massive Unterstützung durch Digitaltechnik, sei es zur Informationsbeschaffung, -analyse oder -projektion. Zum Einsatz kommen in der Regel integrierte Softwareplattformen, die auf bestehenden Datenquellen aufsetzen und daraus nachhaltigkeitsrelevante Informationen zu unterschiedlichen Zwecken generieren und aufbereiten. Es handelt sich daher vornehmlich um *Business Intelligence*- oder *Data Mining* Systeme. Unterstützt werden alle oder Teile des strategischen Nachhaltigkeits-Managementzyklus:

- **(Wesentlichkeits-)Analyse** der Ist-Situation: Hinsichtlich verschiedener Handlungsfelder unternehmerischer Nachhaltigkeit (z. B. Ressourcenverbräuche, Emissionen, Menschen- und Arbeitsrechte, Betriebspraktiken, soziales Engagement) ist einerseits die Exposition der eigenen Organisation und andererseits der Grad der Betroffenheit des Umfelds (Stakeholdergruppen und Umweltfaktoren) zu ermitteln und zu bewerten. Aus der so ermittelten Relevanz („Wesentlichkeit") der betrachteten Themen werden dann Prioritäten für das Nachhaltigkeitsmanagement abgeleitet. Während Bewertung und Priorisierung natürlich subjektiv sind und Wertvorstellungen der Organisation zum Ausdruck bringen, sollte die Expositions- und Betroffenheitsermittlung auf möglichst breiter Datenbasis zu den tatsächlichen Umfeld-Einwirkungen ruhen. Eine solche herzustellen verlangt die sorgfältige Analyse bestehender Datenquellen z. B. aus dem betrieblichen Arbeits- und Umweltschutz („HSE"), dem Lieferantenmanagement, dem Produktdesign, aber auch des natürlichen und menschlichen Umfelds der Betriebsstätten oder der Zuliefererkette (Zustand der Öko- und Sozialsysteme). Oftmals sind bestehende Datenquellen nur lückenhaft und bedürfen zur Vervollständigung einer mehr oder weniger umfassenden Neuerhebung:

- **Ökologische Daten** beruhen dabei letztlich stets auf Messungen und sind daher ihrer Natur nach einer digitalen Verarbeitung leichter zugänglich. Die Herausforderung besteht in der Regel aus ihrer Konsolidierung, Verifizierung und Aggregation zu entscheidungsrelevanten Größen (z. B. „Gesamtemissionen CO_2" aus vielen einzelnen lokalen Energieverbräuchen und emissionsrelevanten Aktivitäten). Dabei gehen diese Daten oftmals auch durch viele Hände oder Systeme entlang der Organisation oder Wertschöpfungskette, was eine durchgängige digitale Repräsentation erschwert (aber nicht verunmöglicht). Neben vergangenheitsorientierter Darstellung werden auch oft Projektionen, Szenarien und Simulationen künftiger Entwicklungen wesentlicher ökologischer Parameter mittels geeigneter Software durchgeführt, um Maßnahmen und Programme daran auszurichten (siehe unten).

- **Soziale Daten** entstehen oftmals aus der Analyse von Ereignissen, wie etwa Unfällen, Prozess- oder Normabweichungen, eingegangenen Beschwerden, festgestellten Verstößen etc. Neben statistischer Aufbereitung, welche über Anzahl und Verteilung derartiger Ereignisse ein ex-post Lagebild zur sozialen Nachhaltigkeitsperformance liefert („Lagging-Indikatoren") liefert, ergeben Ursachen- und Auswirkungsanalysen („root cause/impact analysis") inklusive Handlungsempfehlungen zur Korrektur und Prävention („corrective and preventive action"), wie sie in der Nachbereitung solcher Ereignisse üblicherweise erstellt werden, häufig qualitative Daten. Diese können in digitalen Software-Systemen zwar ohne Schwierigkeiten abgelegt und dargestellt werden, ihre Aggregation und Übermittlung scheitert jedoch häufig an geeigneten übergreifenden Datenmodellen (angefangen bei Sprache und Übersetzung textueller Informationen über Länder- und Kulturgrenzen hinweg) und/oder veränderungssicheren Übertragungswegen. Qualitative soziale Daten wie Ereignisanalysen, Auditberichte oder Rechtspflichten verbleiben daher häufig lokal und können nur begrenzt zur Entwicklung eines konsistenten übergreifenden Nachhaltigkeitsmanagements beitragen, würden aber häufig wertvolle Hinweise für zukünftige Entwicklungen enthalten („Leading-Indikatoren"). Aktuelle Ansätze zur Überwindung dieser Hindernisse konzentrieren sich daher konsequenterweise auf dezentrale Lösungen wie etwa *Blockchains* zur Übermittlung von Herkunfts-Informationen entlang von Lieferketten (Dujak und Sajter 2019).

- **Managementprogramme und Aktionspläne:** Zweck aller Analysen ist es letztlich, geeignete Maßnahmen zur Verbesserung der Nachhaltigkeitsperformance abzuleiten, ihre Umsetzung zu steuern und in ihrer Wirkung und ihren Kosten nachzuverfolgen. Häufig geschieht dies gebündelt in der Form von Managementprogrammen (z. B. Umweltprogramm, Arbeitsschutzprogramm, Complianceprogramm, Risikoprogramm etc.) oder einzelnen Aktionsplänen (Zertifizierung von Lieferanten, Anti-Korruptionstraining von Beschäftigten etc.). Unterstützende digitale Softwaresysteme sind in der Regel stark spezialisiert (Umweltmanagementsoftware, Lieferantenbewertungsportale, Management-Dashboards) und bestehen letztlich auf laufenden Soll-Ist-Vergleichen inklusive Warnfunktion bei Abweichungen und/oder automatisierten oder personalisierten Korrekturmaßnahmen(vorschlägen). Die Herausforderung der Digitalisierung liegt hier in der Zersplitterung bzw. Konsolidierung der Anwendungen, was durch Standard-Integrationsansätze der Softwaretechnik (sog. „Enterprise Application Integration (EAI)) möglich ist, aber aufwändig bleibt (Hohpe und Woolf 2003).

- **Berichterstellung und Kommunikation:** Der letzte Schritt im Managementzyklus ist gerade durch die Nachhaltigkeitsdebatte stark in den Vordergrund gerückt. Alle gesammelten Daten zur ökologischen und sozialen Auswirkungen, aber auch zu geplanten und erzielten Verbesserungen durch Nachhaltigkeitsaktivitäten sind regelmäßig zielgruppengerecht aufzubereiten und zu kommunizieren. Die sichtbarste Ausprägung dieser Managementfunktion sind die zahlreichen, aber wenig standardisierten Nachhaltigkeitsberichte, die beinahe jede größere Organisation veröffentlicht. Auch organisationsintern wurden viele Nachhaltigkeits-Berichtswege geschaffen, die Entscheidungsträger mit neuesten Informationen über die eigene Nachhaltigkeitsperformance im Zeitverlauf oder im Benchmark versorgen sollen. Die meisten Softwaresysteme zur Unterstützung des strategischen Nachhaltigkeitsmanagements stellen daher gerade die Berichterstellung und die Management-Cockpit- bzw. -Dashboardfunktion ins Zentrum ihres Funktionsspektrums (Muuß 2017). Der Wunsch nach inhaltlicher Vereinheitlichung führte leider nicht zur Entstehung eines allgemein akzeptierten Berichtsstandards mit vergleichbaren Indikatoren, sondern einer bunten Landschaft von Themen-, Branchen- und Länderstandards (Schmitz-Hoffmann et al. 2014), was nicht nur den Softwarelösungen am Markt, sondern auch den Nutzern in berichtenden Organisationen eine permanente Abwägung unterstützter Standards sowie dauernde Nachverfolgung und Nachvollziehung von Standardentwicklungen und -änderungen abverlangt.

Zu C) Bei der Verwendung von digitalen (Software-)Systemen, die große und sensible Datenmengen speichern und verarbeiten, wie dies bei strategischen Managementunterstützungssystemen auch und gerade zum Thema Nachhaltigkeit der Fall ist, stellt sich zwangsläufig die Frage nach der Verhinderung von Missbrauchsmöglichkeiten. Häufiger werdende Skandale in der jüngeren Vergangen, die auf Datenverwendung zu Zwecken beruht, die die Datengeber nicht beabsichtigt hatten und die ihren Interessen zuwiderläuft, unterstreichen die Notwendigkeit entsprechender Verantwortungsübernahme durch die datenverarbeitende Organisation. Der *Datenschutz* ist damit selbst zum Themenfeld sozialer Nachhaltigkeit geworden. In vielen Fällen ist die rechtliche Bewertung digitaler, insbesondere automatisierter Datennutzung unter Nutzung fortschrittlicher Algorithmen (*KI*), aufgrund ihrer Neuartigkeit noch unklar und bedarf der weiteren Kodifizierung. In solchen Fällen stellt der Umgang mit gesammelten Daten daher nicht ein Compliance-, sondern zunächst ein (freiwilliges) Corporate Responsibility – Thema dar.

Die Zusammenführung gesetzlicher und freiwilliger Aktivitäten zur angemessenen Nutzung von Daten für Organisationszwecke unter der Wahrung berechtigter Interessen der ursprünglichen Datengeber liegt dabei auf der Hand. Der vergleichsweise junge Begriff *Corporate Digital Responsibility (CDR)* beschreibt die entsprechende Herangehensweise, die auf der strikten Beachtung geltender Datenschutzrichtlinien basiert, wo solche existieren, und diese um freiwillige Maßnahmen zur Begrenzung von Datennutzung in rechtlichen Grauzonen und weißen Flecken ergänzt (FZI Forschungszentrum Informatik 2018). Offenkundig ist, dass die Angemessenheit von CDR-Grundsätzen und Effektivität ihrer Maßnahmen von außen nur schwer beurteilt werden kann, da ihr Gegenstand – Daten – durch seine Immaterialität kaum beobachtbar ist. Zentraler Bestandteil von CDR-Systemen sind daher stets auch Beschwerdemechanismen, die konkrete Fälle von Interessensschädigungen durch unautorisierte Datennutzungen unbeschadet gesetzlicher Datenschutzrechte (Auskunft, Berichtigung, Löschung) einem Ausgleich zuführen und gleichzeitig der Fortentwicklung entsprechender Leitlinien dienen können.

3   Ausgewählte Management-Methoden zur Bewältigung der Digitalisierungs- und Nachhaltigkeitsherausforderung

Durch die Diskussion im vorangegangenen Abschnitt wird deutlich, dass Nachhaltigkeits- und Digitalisierungsaktivitäten und -effekte unabhängig von Art und Größe der Organisationen, in denen sie stattfinden, einander auf vielfältige Weise bedingen und beeinflussen. In Anbetracht der eingangs vorgestellten Deutung dieser Phänomene als gesellschaftsweite, globale Megatrends kann dieser Befund nicht überraschen. Für die handelnden Akteure – Staat, Unternehmen, Organisationen – ergibt sich damit jedoch ein starker Anreiz zur zielgerichteten Steuerung nicht nur der beiden

Themen an sich, sondern auch ihrer Interdependenz. Eine Organisation hat idealerweise nicht nur eine isolierte Digitalisierungsstrategie und eine Nachhaltigkeitsstrategie,
sondern eine durchdachte Verbindung (Abstimmung oder Integration) beider zur Ver-
stärkung positiver und Minderung negativer Synergieeffekte.

Zum Umgang mit der Digitalisierung einerseits und dem Paradigma der Nachhaltigkeit andererseits sind sowohl A) Modifizierungen bestehender als auch B) die Genese
neuer Managementmethoden vorgeschlagen und angewendet worden. Für beide Entwicklungen seien hier nur kurz einige Beispiele angeführt:

Zu A) Ein Klassiker unter den Managementwerkzeugen, die in den 90er Jahren mit
besonderer Aufmerksamkeit bedachte Balanced Scorecard (BSC), erfuhr Anfang der
2000er eine wesentliche Erweiterung hin zur Sustainable Balanced Scorecard (SBSC),
indem Nachhaltigkeitsziele und -maßnahmen sowohl innerhalb der klassischen vier
BSC-Perspektiven aufgenommen wurden, als auch diese um eine eigenständige Nach-
haltigkeitsperspektive ergänzt wurde (Hahn et al. 2001). Dadurch wird der Forderung
des Nachhaltigkeitsmanagements Rechnung getragen, ökologische und soziale Auswirkungen von Geschäftstätigkeit gleichberechtigt neben finanziellen Resultaten
in den Erfolgskriterien und Zieldefinitionen des Managements zu berücksichtigen.
Managementerfolg wird so anhand dreifacher Zielerreichung bewertet (ökonomische,
ökologische und soziale Ziele), was im vielfach zitierten Begriff der *Triple Bottom
Line* Niederschlag findet. In der Systematik der Balanced Scorecard sind allen Zielen
konkrete Maßnahmen zuzuordnen und deren Beiträge zur Zielerreichung zu messen.
Geschieht auch dies jeweils dreidimensional, so ist eine Integration des Nachhaltigkeits-
gedankens in die *DNA des Unternehmens,* zumindest auf Planungs- und Steuerungs-
ebene, erheblich gestärkt (zu berücksichtigen bleiben noch Motivations- und Lerneffekte
auf Mitarbeiterebene). Der dafür erforderliche, gegenüber der einfachen BSC erhöhte
Datenaufwand für die Nachverfolgung der zusätzlichen Perspektive mit ihren Zielen und
Maßnahmen der SBSC kann wiederum den Einsatz oder die Erweiterung entsprechender
Digitalwerkzeuge motivieren.

Auf Seiten des Managements von Digitalisierung kann die Weiterentwicklung
des klassischen Geschäftsprozessmanagements hin zu *serviceorientierten digitalen
Prozessen* als Beispiel die Fortentwicklung bestehender Methoden demonstrieren.
Während ein klassischer Geschäftsprozess aufgefasst wird als eine mehr oder minder
festgelegte Folge von Abläufen, die jedoch zahlreichen Ausnahmen unterliegen kann,
fokussieren serviceorientierte Prozesse vor allem auf die Schaffung stabiler Ein- und
Ausgangsbedingungen, so genannter Serviceparameter, während die genaue Umsetzung
in den Hintergrund tritt. Erst durch genaue Definition dessen, welchen Output ein
Prozess unter welchen Voraussetzungen erbringen soll, können dort digitale Lösungen
sinnvoll eingeführt oder ausgetauscht werden, ohne dass vor- und nachgelagerte
Prozesse beeinträchtigt werden. Die teilweise oder vollständige Digitalisierung eines
solchermaßen als Service gekapselten Prozesses bleibt dann bezüglich der Folgen für
das Gesamtgeschehen der Organisationseinheit beherrschbar. Zum Management bzw.
Controlling digitaler Serviceprozesse gehört in der Regel auch die kontinuierliche

Messung dieser Leistung anhand von Input- und Outputparametern (etwa Durchsatz pro Zeiteinheit, Stückkosten etc.), was Soll-/Ist- oder Vorher-/Nachher-Vergleiche ermöglicht und somit den Erfolg oder Misserfolg einer Digitalisierungsmaßnahme bzw. -strategie aufzeigt (vom Brocke 2011).

Das Nachhaltigkeitsmanagement kann von Prozessen als (digitale) Services profitieren, indem es seine spezifischen ökologischen und sozialen Ziele auf den Prozess herunterbricht und als zusätzliche Vorgaben in die Serviceparameter eingibt. Dieser wird dadurch (auch) auf die Erfüllung von Nachhaltigkeitszielen konfiguriert. So könnte ein Beschaffungsprozess etwa zusätzliche Anforderungen bezüglich nachzuweisender Zertifizierung der Lieferanten erhalten, oder ein Produktionsprozess Vorgaben zur Reduktion von Energieverbrauch und Emissionen. Werden diese Prozesse digitalisiert (oder zumindest digital unterstützt), so können Kontroll- und Steuerungspunkte für diese Nachhaltigkeitsanforderungen in die Digitallösung integriert und entsprechende KPIs automatisiert gemessen werden. Dadurch entsteht ein *Sustainability Performance Measurement* (Gleich et al. 2012), welches als digitaler Service nicht nur den Prozess in Richtung auf höhere Nachhaltigkeitsleistung steuert, sondern entsprechende Leistungskennzahlen, ggf. geeignet normalisiert und aggregiert, automatisch und regelmäßig z. B. an eine *Green Controlling* Lösung (ebd., S. 285 ff.) übermittelt werden.

Zu B) Zu den neueren Managementansätzen, die vor allem auf das Themenfeld Nachhaltigkeit fokussieren, gehören z. B. die so genannten *Science-Based Targets* (*SBT*, siehe die gleichnamige Initiative von *CDP, UN Global Compact, WRI* und *WWF*). Herkömmlicherweise werden Managementziele gleich welchen Gegenstands allein aus internen Quellen gespeist, seien es übergeordnete Geschäftsziele (z. B. Expansion), Projektion von Markt- oder Kostenentwicklungen, oder eigene Forschungs- und Entwicklungsergebnisse. Der SBT-Ansatz geht stattdessen von wissenschaftlich ermittelbaren *Planetry Boundaries* für Verbräuche und Emissionen jener Ressourcen bzw. Schadstoffe aus, die für das weltweite ökologische Gleichgewicht kritisch sind (Gerten und Schellnhuber 2015). Diese maximalen Obergrenzen werden in einem mehrstufigen Verfahren anhand von Weltwirtschaftsdaten auf Länder und Branchen heruntergebrochen und anhand von Größenbenchmarks der anwendenden Organisation schließlich auf für diese zugeschnittene Einzelziele. Bekanntestes Beispiel ist die maximale Emissionsmenge, die zur Einhaltung des 2°-Erwärmungsziels nicht überschritten werden darf, und ihr berechneter jeweiliger Anteil jedes einzelnen Unternehmens. Für diese ergibt sich die ungewohnte Situation exogen vorgegebener Zielgrößen und die Notwendigkeit entsprechender Anpassung der Geschäftsaktivitäten (anstatt umgekehrt die Ziele aus projizierten Geschäftstätigkeiten abzuleiten). Der daraus resultierende Anpassungsdruck kann jedoch zur beschleunigten Entwicklung und Einführung innovativer Lösungen genutzt werden, z. B. durch *Dekarbonisierung*, d. h. Ersatz von stark energieintensiven, physischen durch weniger energieintensive, meist digitale Prozesse (Fleiter und Eichhammer 2019).

Der Science Based Targets Ansatz ist ohne den Einsatz fortschrittlicher digitaler Lösungen kaum praktisch umsetzbar. Das fortlaufende Ermitteln und Herunterbrechen weltweiter, industrieübergreifender Obergrenzen für Emissionen auf einzelne Unternehmen, sowie der Abgleich mit den vielfältigen emissionsrelevanten Aktivitäten und Stellschrauben *innerhalb* eines Unternehmens erzeugt eine Datenmenge und -komplexität, die zwingend der Aufbereitung durch verteilte Hard- und Softwaresysteme bedarf, um fundierten Managemententscheidungen auch nur ansatzweise zugänglich zu sein. Dies zeigt exemplarisch die Notwendigkeit, Nachhaltigkeits- und Digitalisierungsstrategien aufeinander abzustimmen, aber auch die erzielbaren Synergieeffekte, wenn dies effizient gelingt: Ein Unternehmen kann so zumindest theoretisch vollständig in Einklang mit den Randbedingungen einer weltweiten nachhaltigen Entwicklung gebracht werden. Nicht vernachlässigt werden darf hierbei der *Faktor Mensch* – sämtliche Managementvorgaben sind stets nur so erfolgreich, wie ihre Umsetzung an jedem einzelnen Arbeitsplatz mitgetragen wird.

Ein weiteres Beispiel ist das Managementkonzept der *Open Innovation (OI)*, welches nicht auf das Themenfeld der Digitalisierung beschränkt, jedoch von diesem maßgeblich beeinflusst ist. OI bricht radikal mit der herkömmlichen Vorstellung, wonach Forschungs- und Entwicklungsergebnisse als streng zu hütende Organisationsinterna zu betrachten sind, deren Bekanntwerden erhebliche Wettbewerbsnachteile mit sich bringt. Gerade in der Digitalszene hat jedoch der umfassende Austausch auch kleinster Teilergebnisse, die unabhängig voneinander von Organisationen und Einzelpersonen weiterentwickelt werden, zu enormen Innovationsschüben beigetragen oder diese erst ermöglicht (Bartl 2010). Als Management-Methode bedeutet OI, dass ausgesuchte Problemstellungen samt ihren Ausgangsgrundlagen offen mit einem bestimmten Stakeholderkreis geteilt werden, der oftmals von denselben oder ähnlichen Problemen betroffen und dadurch intrinsisch motiviert ist. Von dezentraler, aber kooperativer Lösungsarbeit werden schnellere und nachhaltigere Ansätze erhofft, da mehr unterschiedliche Blickwinkel und Ideen eingebracht werden können, als dies in einer monokulturellen Organisation möglich wäre. Alle Teil- und Zwischenergebnisse, manchmal auch bestimmte Ressourcen, werden ebenfalls geteilt. Viele der in der Digitaltechnik zahlreichen so genannten offenen Standards sind auf diese Weise entstanden und werden von allen Organisationen als Grundlage für spezifischere Lösungen verwendet.

Auch der Nachhaltigkeitsbereich kennt solche offene Zusammenarbeit, etwa wenn es um die Etablierung von Audit- oder Reportingstandards in unterschiedlichsten Branchen geht. Häufig werden solche durch *Multi-Stakeholder-Initiativen* in offenen Austauschprozessen erarbeitet (Groß 2018). Dabei wird, analog zu Open Innovation, davon ausgegangen, dass der Nutzen weit verbreiteter und allgemein akzeptierter Vorgehensweisen größer ist als ein etwaiger alleiniger Wissensvorsprung einer bestimmten Organisation, deren Lösungsvorschläge sich jedoch nicht auch netzwerkartig durch andere Akteure verbreiten können. Die Gründe für die Wahl eines Multi-Stakeholder-Ansatzes ähneln denen der Open Innovation: Zum einen wird eine große Vielfalt von Ideen, Themen und Herangehensweisen in den Standardisierungsprozess eingespeist, einen größeren Teil der öffentlichen Debatte darin abbilden zu können, als dies in einer Standardsetzung durch hauptsächlich eine Organisation der Fall wäre. Hierdurch können Akzeptanz und Anschlussfähigkeit des entwickelten Standards unter den beteiligten Akteuren erhöht werden. Demgegenüber stehen offenkundig ein deutlich höherer Abstimmungs- und Koordinationsaufwand, der quasi als Investitionskosten vor dem erwarteten Qualitätsgewinn stehen. Zum anderen vergrößert sich die Reichweite der teilnehmenden Organisationen. Auch wenn in einem gut moderierten Verfahren darauf geachtet wird, dass kein Akteur überproportionales Gewicht erhält, so steigen doch die Möglichkeiten, das jeweilige Kernanliegen in einem transdisziplinären Umfeld zu Gehör zu bringen und unmittelbares Feedback zu erhalten. Durch die Vielzahl der jüngerer Zeit entstehenden, oft doch wieder einseitig ausgerufenen „Multi-Stakeholder-Runden" müssen insbesondere kleinere und spezialisierte Organisationen Abwägungen treffen, in welchen Standardisierungsverfahren ihre Ressourcen am sinnvollsten eingesetzt sind.

An diesem Beispiel sieht man einen anderen Harmonisierungsprozess von Nachhaltigkeits- und Digitalisierungsmanagement: Nicht letzteres ist Voraussetzung, um ersteres zu ermöglichen (wie bei der Umsetzung von Science Based Targets in Unternehmen, wobei auch Multi-Stakeholder-Verfahren enorm von den Möglichkeiten weltweiter digitaler Plattformen zum Informationsaustausch in Echtzeit profitieren), sondern umgekehrt profitieren Nachhaltigkeitsinitiativen von einem Paradigma, das vor allem zum Management digitaler Innovationen erdacht, dann jedoch erfolgreich auf andere Abstimmungsprozesse übertragen wurde.

4   Integration von Digitalisierungs- und Nachhaltigkeitsstrategien

Wie im vorangegangenen Abschnitt skizziert, existieren viele bekannte und neue methodische Ansätze, um Digitalisierungs- und Nachhaltigkeitsherausforderungen durch Managementhandeln zu begegnen bzw. ihre Potenzial nutzbar zu machen. In jedem angesprochenen Beispiel wurden jeweils auch bereits mögliche Übertragungen auf, oder Anknüpfungspunkte an, das jeweils andere Themenfeld angedeutet. Ein integrierter Managementansatz ergibt sich dadurch aber nicht zwangsläufig. Oftmals sind die Verantwortlichkeiten für Nachhaltigkeit und Digitalisierung in einer Organisation deutlich voneinander getrennt, was Abstimmungen oder gar eine gemeinsame Strategieformulierung erschwert. Jedoch teilen beide den Ruf, zukunftsweisende und für die Organisationsentwicklung entscheidende Handlungsfelder zu sein, was ihnen in vielen Fällen die Aufmerksamkeit der höchsten Entscheidungsgremien sichert. Daraus ergibt sich die Möglichkeit, dass Synergiepotenziale wie die hier genannten dort erkannt und ihre Ausschöpfung direkt angegangen wird.

Integriertes Management steht stets vor der Herausforderung, eine Vielzahl möglichweise widersprüchlicher Ziele und Nebenbedingungen aufeinander abzustimmen. Dies muss durch die in Aussicht stehenden Synergien zumindest potentiell überkompensiert werden, um *Rebound-Effekte* zu vermeiden. Weiterhin müssen für eine erfolgreiche Integration bestimmte „Hebel" aktivierbar sein, also konkrete organisatorische oder prozessuale Ansatzpunkte für ein gemeinsames Vorgehen des Nachhaltigkeits- und Digitalisierungsmanagements (Neumann 2012). Beides zu erkennen und zu aktivieren stellt auch für reife Organisationen keine leichte Aufgabe dar.

Sofern aus diesem Grund keine explizite Zusammenführung von Digitalisierungs- und Nachhaltigkeitsstrategie angestrebt wird, so können jedoch auf Projektebene Verbindungen entstehen. Zum Beispiel, indem für die Umsetzung einer Nachhaltigkeits- strategie explizit der Einsatz digitaler Lösungen als Voraussetzung oder als Wirkungs- multiplikator forciert wird. Oder umgekehrt, in dem eine Digitalisierungsinitiative explizit durch Berücksichtigung von Nachhaltigkeitsaspekten an Bedeutung oder Reichweite gewinnt, wie das Beispiel *Green IT* zeigt (Borderstep Institut 2020). Aus solchen Einzelverbindungen kann dann weiteres abgestimmtes Vorgehen folgen, wenn die beteiligten Akteure gute Erfahrungen mit der Zusammenarbeit machen und für sich und die Gesamtorganisation Vorteile sehen und kommunizieren. Ein solches *agiles* Vor- gehen der laufenden, nicht unbedingt voll systematischen Abstimmung von Strategien hat möglicherweise sogar Vorteile gegenüber dem schwergewichtigerem Ansatz eines Integrierten Managementsystems. Dies ist jedoch immer im Einzelfall zu prüfen.

Welcher Integrationsansatz auch gewählt wird, zentraler Dreh- und Angelpunkt bleibt es zu erkennen, wie viele Nachhaltigkeitsaspekte in der Digitalisierung stecken und wieviel Digitalisierung eine nachhaltige Entwicklung erfordert. Dadurch wird eine Organisation in die Lage versetzt, beide Megatrends, die definitionsgemäß unsere Gesell- schaft noch lange prägen werden, mitzugestalten und von diesen zu profitieren.

Literatur

Bartl M (2010) Open Innovation. Der offene Umgang mit Wissen verändert das Innovations- management. Open Journal of Knowledge Management(I/2010)

Beier G, Reißig M, Niehoff S, Ullrich A (2020) Betriebliches Nachhaltigkeitsmanagement 4.0. Informationsdurchgängigkeit mittels Methoden der Wissensrepräsentation. Industrie 4.0 Management 1:57–60

BMWI (2020) Was ist Industrie 4.0? Menschen, Maschinen und Produkte sind direkt miteinander vernetzt: die vierte industrielle Revolution hat begonnen. (Bundesministerium für Wirtschaft und Energie). https://www.plattform-i40.de/PI40/Navigation/DE/Industrie40/WasIndustrie40/ was-ist-industrie-40.html. Zugegriffen: 22. Apr. 2020

Borderstep Institut (2020) Digitalisierung und Green IT. (Borderstep Institut für Innovation und Nachhaltigkeit). https://www.borderstep.de/forschungsthemen/digitalisierung/. Zugegriffen: 23. Apr. 2020

Bretschneider M, Drössler S, Magister S (2020) Digitalisierung und Psyche – Rahmen- bedingungen für eine gesunde Arbeitswelt. Ergebnisse des Projektes GAP. Z Arb 74(2):63–75

Brödner P (2015) Industrie 4 0 und Big Data Kritik einer technikzentrierten Perspektive. ZME 103:75–84

Bruckner E (2012) Migration und demographischer Wandel. Bertelsmann Stiftung, Gütersloh

Dörr S (20. Juni 2018). Corporate digital responsibility. https://csr-news.net/news/2018/06/20/corporate-digital-responsibility/. Zugegriffen: 22. Apr. 2020

Dujak D, Sajter D (2019) Blockchain applications in supply chain. In: Kawa A, Maryniak A (Hrsg) SMART supply network. EcoProduction (Environmental Issues in Logistics and Manufacturing). Springer International, Cham

Englert M (2019) Road to Excellence: potenzial des Sustainable Management im 21. Jahrhundert. In: Englert M, Ternès A (Hrsg) Nachhaltiges Management. Springer Gabler, Berlin

Fleiter T, Eichhammer W (2019) Innovationen ermöglichen fast vollständige Dekarbonisierung des Industriesektors. https://www.isi.fraunhofer.de/de/presse/2019/presseinfo-08-2019-dekarbonisierung-industrie.html. Zugegriffen: 27. Apr. 2020

Foit D (2018) „Industrie 4.0" und Nachhaltigkeit – Digitalisierung als Teil der „Großen Transformation"? Diskussionspapier, Universität Paderborn, Fakultät für Wirtschaftswissenschaften, Lehrstuhl für Allg. Betriebswirtschaftslehre, insbes. Corporate Governance

FZI Forschungszentrum Informatik (2018) Corporate Digital Responsibility. Fachgruppe Wirtschaftliche Potenziale & gesellschaftliche Akzeptanz. Smart-Data-Begleitforschung, Berlin

Gerten D, Schellnhuber H (2015) Planetare Grenzen, globale Entwicklung. In: Simonis UE et al (Hrsg) Jahrbuch Ökologie 2016. Hirzel Verlag, Stuttgart, S 11–19

Gleich R, Bartels P, Breisig V (2012) Nachhaltigkeitscontrolling. Konzepte, Instrumente und Fallbeispiele für die Umsetzung. Haufe-Lexware Verlag, Freiburg

Groß L (2018) Dezentralisierung erfolgreich fördern: das Potenzial des Multi-Stakeholder-Ansatzes. Deutsches Institut für Entwicklungspolitik (DIE), Bonn. https://hdl.handle.net/10419/200043. Zugegriffen: 23. Apr. 2020

Hahn T, Wagner M, Figge F, Schaltegger S (2001) Wertorientiertes Nachhaltigkeitsmanagement mit einer Sustainability Balanced Scorecard. In: Schaltegger S, Dyllick T (Hrsg) Nachhaltig managen mit der Balanced Scorecard : Konzept und Fallstudien. Gabler , Wiesbaden, S 43–94

Herbst A (2017) TOP: Rangfolge im Arbeitsschutz. Gute Arbeit 5

Höfner A, Frick V (Hrsg) (2019) Was Bits & Bäume verbindet. Digitalisierung nachhaltig gestalten. oekom verlag, München

Hohpe G, Woolf B (2003) Enterprise integration patterns. Designing, building, and deploying messaging solutions. Addison Wesley, Boston

Krämer C (2019) (Keine) Nachhaltigkeit durch Managementm(eth)oden. In: Englert M, Ternès A (Hrsg) Nachhaltiges Management. Springer Gabler, Berlin, S 153–161

Muuß K (2017) NACHHALTIGKEIT MANAGEN 2.0. Softwaresysteme für das Nachhaltigkeitsmanagement – richtig auswählen und implementieren. brands & values GmbH, Bremen

Naisbitt J (1984) Megatrends. 10 Perspektiven, die unser Leben verändern werden. Hestia-Verlag, Bayreuth

Naisbitt J, Naisbitt D (2018) Mastering megatrends: understanding and leveraging the evolving new world. World Scientific Publishing Co Pte Ltd, Singapur

Neumann A (2012) Integrative Managementsysteme. Springer Gabler, Berlin

Ravling J (20. September 2019) Was ist Industrie 4.0? Die Definition von Digitalisierung. (WFB Wirtschaftsförderung Bremen GmbH). https://www.wfb-bremen.de/de/page/stories/digitalisierung-industrie40/was-ist-industrie-40-eine-kurze-erklaerung. Zugegriffen: 23. Apr. 2020

Schmitz-Hoffmann C, Hansmann B, Schmidt M, Palekhov D (Hrsg) (2014) Voluntary standard systems. A contribution to sustainable development. Springer, Berlin

Syska A, Lièvre P (2016) Illusion 4.0 – Deutschlands naiver Traum von der smarten Fabrik. CETPM Publishing, Herrieden

vom Brocke J (2011) Serviceorientierte Architekturen – SOA: Management und Controlling von Geschäftsprozessen. Vahlen, München

Wunder T (2017) Nachhaltiges Strategisches Management: Anknüpfungspunkte und Impulse für die praktische Strategiearbeit. In: Wunder T (Hrsg) CSR und Strategisches Management. Wie man mit Nachhaltigkeit langfristig im Wettbewerb gewinnt. Springer Gabler, Deutschland, S 1–41

Marvin Schulze-Quester ist Experte für CSR- und Nachhaltigkeitsmanagement beim auf HSE-Prozesse spezialisierten IT-Unternehmen Quentic GmbH. Der an der TU Braunschweig diplomierte Wirtschaftsinformatiker arbeitete zunächst als Senior Consultant an Digitalisierungsstrategien für die Öffentliche Verwaltung, ehe er einen berufsbegleitenden Master of Sustainability Management an der Leuphana Universität Lüneburg absolvierte. Seit seinem Umzug nach Berlin liegt sein Arbeitsschwerpunkt auf der Entwicklung digitaler Lösungen für die Implementierung und das Controlling von Nachhaltigkeitsstrategien sowie deren Einführung und Einsatz in Unternehmen und Verbänden. Der Autor mehrerer Whitepaper-Studien engagiert sich in Fachnetzwerken wie dem Verband für nachhaltige Unternehmensführung (VNU) oder dem Arbeitskreis Corporate Responsibility des VDMA.

Anwendung der Quality Function Deployment (QFD)-Methode zur Entwicklung eines Bewertungsmodells der organisationalen Innovationsfähigkeit

Dorin Maier, Marieta Olaru, Robert Bumbac, Andreea Elena Maier, Mihaela Maftei und Roxana Maria Gavril

1   Einleitung

Vor dem Hintergrund der tatsächlichen Risiken und Chancen, die sich aus der wirtschaftlichen Globalisierung ergeben, die durch hochdynamische technologische Veränderungen, durch immer konsequentere Bedenken hinsichtlich der Digitalisierung und der künstlichen Intelligenz gekennzeichnet ist, sehen wir uns mit spektakulären Veränderungen im Geschäftsumfeld konfrontiert, die ein unerwartetes Maß an organisatorischer Flexibilität und Anpassungsfähigkeit erfordern. In dieser Hinsicht wird Innovation besonders wichtig, die als ein mehrdimensionales Konzept behandelt werden muss, das über die technologische Dimension hinausgeht und beispielsweise die Innovation von Dienstleistungen, Organisations- oder Geschäftsmodellen einschließt.

Auf der Ebene der Europäischen Union wird mittelfristig die Unterstützung der Unternehmen bei der Entwicklung ihrer Innovationsfähigkeit erwartet, wobei die Hauptziele darin bestehen, ein transnationales innovatives System zu schaffen und ein innovatives regionales System als Vermittler und Katalysator der Innovation zu fördern, das die relevanten Akteure auf der Grundlage einer langfristigen regionalen Strategie

D. Maier · A. Maier
Technical University of Cluj-Napoca, Cluj-Napoca, Rumänien

M. Olaru (✉) · R. Bumbac · M. Maftei · R. Gavril
The Bucharest University of Economic Studies, Bukarest, Rumänien

R. Bumbac
E-Mail: robert.bumbac@com.ase.ro

M. Maftei
E-Mail: mihaela.maftei@ase.ro

© Springer-Verlag GmbH Deutschland, ein Teil von Springer Nature 2021
M. Bodemann et al. (Hrsg.), *Zukunftsfähigkeit durch Innovation,*
Digitalisierung und Technologien, Organisationskompetenz Zukunftsfähigkeit,
https://doi.org/10.1007/978-3-662-62148-6_3

zusammenbringt. Auf der anderen Seite hat der Rat in Übereinstimmung mit der Vision der Europäischen Union für ein digitalisiertes Europa kürzlich das Dokument „Zukunft eines hochgradig digitalisierten Europas nach 2020" angenommen: „Stärkung der digitalen und wirtschaftlichen Wettbewerbsfähigkeit in der gesamten Union und des digitalen Zusammenhalts" angenommen. Das Dokument umreißt die wichtigsten Prioritäten und Herausforderungen für ein starkes, wettbewerbsfähiges, innovatives und hoch digitalisiertes Europa (Rat der Europäischen Union 2019).

Per Definition bedeutet Innovation, etwas Neues zu schaffen, einen Mehrwert oder Gewinn für das Unternehmen zu bringen (Schumpeter 1934). Gleichzeitig erfordert dieser Prozess Ressourcen, sowohl materielle als auch menschliche, und in den meisten Fällen ist das Ergebnis des Innovationsprozesses schwer zu kontrollieren oder vorherzusagen (Organisation für wirtschaftliche Zusammenarbeit und Entwicklung (OECD) 2005) Selten gibt es unter Managern ein gemeinsames Verständnis des Begriffs Innovation, vor allem deshalb, weil nicht alle die Notwendigkeit und die Art und Weise sehen, wie dieser Prozess zu bewerkstelligen ist. Nur wenige Manager wissen, wie sie Innovation in ihre Organisation integrieren, ihre Leistung überwachen und ihre Ergebnisse verbessern können. Es gibt viele Unternehmen, die radikale Veränderungen nicht nur bei ihren Produkten, sondern auch in ihrer Geschäftsstrategie benötigen.

Ein guter Weg zur Bewältigung der Innovationsherausforderung besteht darin, bei der Bewertung der Innovationsleistung über geeignete Instrumente und Methoden zu verfügen, um den Innovationsprozess in der Organisation besser kontrollieren und steuern zu können. Das Bewertungsmodell muss alle wichtigen Komponenten eines Geschäftssystems abdecken, um reale Probleme zu identifizieren, die angegangen werden sollten, um Innovationsergebnisse zu nutzen.

Unsere Studie ging von der Notwendigkeit aus, bessere Möglichkeiten zu haben, die Innovationsfähigkeit von Organisationen zu bewerten und geeignete Verbesserungslösungen vorzuschlagen. Die wichtigste Forschungsfrage, die unsere Studie leitete, war Wie können wir Managern helfen, die Innovationsleistung in ihrer Organisation zu bewerten, um die Hauptkomponenten zu identifizieren, die für bessere Innovationsergebnisse verbessert werden müssen?

Bei der Beantwortung dieser Frage begannen wir unsere Forschung auf der Grundlage früherer Veröffentlichungen zu diesem Thema. Wir entdeckten, dass Innovation systemisch wirkt und alle Aktivitäten eines Unternehmens, von der Forschung und Entwicklung bis hin zu den Humanressourcen, umfasst, und dass ihre Ergebnisse unter dem Einfluss der Innovationsleistung stehen, und zwar in unterschiedlicher Intensität, je nach Art der einzelnen Aktivitäten.

Es wird zunehmend anerkannt, dass unter diesen neuen Bedingungen verbesserte Methoden zur Bewertung der Innovationsfähigkeit der Organisation erforderlich sind, wobei in den letzten Jahren bemerkenswerte Anstrengungen in dieser Hinsicht unternommen wurden. Auf der Grundlage dieser Erkenntnisse wollen die Autoren dieses

Beitrags einen Teil der Forschungsergebnisse hervorheben, die im Forschungszentrum für Betriebswirtschaft der Wirtschaftsuniversität Bukarest von einem interdisziplinären Team – bestehend aus Professoren und Doktoranden mit unterschiedlichem wirtschaftlichen und technischen Hintergrund – im Hinblick auf die Bewertung und Verbesserung der Innovationsfähigkeit von Organisationen durchgeführt wurden. Das Hauptziel des Papiers besteht darin, ein Modell zur Bewertung der Innovationsfähigkeit von Organisationen zu erstellen, das die Bestimmung des Innovation Performance Score (IPS) erleichtert, indem es die folgenden Dimensionen der organisationalen Innovation berücksichtigt: 1) Innovationsvision und -politik; 2) Innovationsstrategie; 3) Innovationsnetzwerke; 4) Innovation der Humanressourcen; 5) die administrativen Aspekte der Innovation; 6) Innovationsprozess; 7) Produktinnovation; 8) Marketinginnovation. Um die relevanten Indikatoren und ihre Bedeutung zu ermitteln, wurde für jede der acht Dimensionen der organisationalen Innovation die Methode des Quality Function Deployment (QFD) angewandt. Zu diesem Zweck wurden die kritischen Leistungsanforderungen für den Innovationsprozess in einer Organisation mithilfe der AHP-Methode (Analytic Hierarchy Process) identifiziert und anschließend in die QFD-Matrix integriert. Unter Berücksichtigung der identifizierten Bedürfnisse und unter Verwendung der Qualica QFD-Software wurden die Korrelationen zwischen den Kategorien von Indikatoren, die für die acht Dimensionen der organisationalen Innovation identifiziert wurden, analysiert: Strategie-Innovationsindikatoren in Bezug auf die Innovationsvision und -politik; Netzwerk-Innovationsindikatoren in Bezug auf die Innovationsstrategie; Personal-Innovation in Bezug auf die Strategie-Innovation; administrative Innovation in Bezug auf die Strategie-Innovation; Prozess-Innovation in Bezug auf Netzwerk-, Personal- und administrative Innovation; Produkt-Innovation in Bezug auf die Prozess-Innovation; Marketing-Innovation in Bezug auf die Produkt-Innovation. So wurden für jede der Dimensionen der organisationalen Innovation relevante Indikatoren ausgewählt, um den Innovation Performance Score (IPS) zu bestimmen.

Das vorgeschlagene Evaluationsmodell, das es ermöglicht, den Innovation Performance Score (IPS) unter Berücksichtigung der definierten Dimensionen der organisationalen Innovation, der ausgewählten Innovationsindikatoren für jede Dimension und der Bedeutung dieser Indikatoren durch Anwendung der QFD-Methode zu bestimmen, ist ein nützliches Instrument zur Ermittlung potenzieller Verbesserungen der organisationalen Innovationsfähigkeit. Um ein hohes Leistungsniveau zu erreichen, müssen alle Innovationsdimensionen gut funktionieren und für jede Dimension kann eine spezifische Lösung erforderlich sein.

Der letzte Teil des Papiers umfasst Diskussionen und Interpretationen, wobei die wichtigsten Ergebnisse, ihr Zusammenhang mit der Literatur und der allgemeine Beitrag zum Innovationsbereich hervorgehoben werden.

2   Forschungskontext

Der kontinuierliche Wandel des Geschäftsumfelds erfordert nachhaltige Geschäfts-
modelle, die entscheidend sind, um Unternehmen dabei zu unterstützen, ihre Leistungs-
ziele zu erreichen und sie langfristig als Wettbewerber zu erhalten (Maier et al. 2019a).
Die wirtschaftliche Globalisierung – die eine Handelsliberalisierung, niedrigere
Kommunikations- und Transportkosten und einen stärkeren Wettbewerb zwischen mehr
Akteuren auf dem Markt mit sich brachte – machte Innovation zu einer wesentlichen
Aktivität in einer Unternehmensorganisation. Zunächst machte es die technologische
Entwicklung notwendig, mehr Wissen, das in verschiedenen Wissenschaftsbereichen ver-
streut ist, zu kombinieren und anzuhäufen. Zweitens zwingt der verstärkte Wettbewerb
die Unternehmen, ihren Entwicklungsprozess zu beschleunigen, um den Erstellungs-
zyklus für neue Produkte und Dienstleistungen zu verkürzen. Drittens haben die Ver-
braucher vielfältigere und komplexere Präferenzen, für die die Unternehmen mehr
Produktmodelle und Optionen anbieten sollten, die zu mehr Marktsegmenten und
kleineren Produktionseinheiten für jedes Modell führen (Miller 2001).

Viele Fachleute stellten fest, dass Innovation nicht nur für den Erfolg, sondern
auch für das Überleben von Unternehmen unerlässlich ist (Hill und Rothaermel 2003;
Anderson et al. 2014; James et al. 2013; Bessant et al. 2005). In diesem Zusammenhang sollte der wissenschaftliche und technologische Fortschritt von den Organisationen
genau verfolgt werden, um von den Chancen und Wettbewerbsvorteilen zu profitieren,
die sich auf dem Markt ergeben.

Die Bedeutung von Innovation im aktuellen wirtschaftlichen Kontext zeigt sich
auch an der steigenden Zahl der zu diesem Thema veröffentlichten wissenschaftlichen
Arbeiten (Maier et al. 2017). Eine Suche in der Web of Knowledge-Datenbank nach dem
Wort „Innovation" ergibt, dass bisher mehr als 240 000 Artikel zu diesem Thema veröffentlicht wurden. Ein interessanter Aspekt ist, dass ein Vergleich der Anzahl der vor
2010 veröffentlichten Artikel (76 000) mit der Anzahl der nach 2010 veröffentlichten
Artikel (164 000) zeigt, dass sich das Interesse an diesem Thema im letzten Jahr-
zehnt mehr als verdoppelt hat (Maier et al. 2014). Einer der wichtigsten Beiträge der
Innovation besteht darin, die Organisation bei der Entwicklung verschiedener Lösungen
für ihre Probleme anzuführen (Maier et al. 2017). Dies könnte ein schwieriger Prozess
sein, da Innovation einen wichtigen Grad an Neuheit beinhaltet, der oft schwer vorherzusagen ist.

Innovation wird oft als ein einfaches Konzept betrachtet, ein im aktuellen wirtschaftlichen Kontext sehr gebräuchlicher Begriff, auch wenn er nicht immer verstanden wird,
insbesondere wenn er für Marketingzwecke verwendet wird. In der Praxis ist, wie
zahlreiche Studien belegen (Lengnick-Hall 1992; Walker 2004; De Prato et al. 2015;
Murswieck et al. 2019; Maier et al. 2019b, c; Kiehne et al. 2019), die Komplexität
der Innovation aufgrund der Vielzahl ihrer Merkmale für jeden Tätigkeitssektor in der
Regel schwer zu bewältigen. Aus diesem Grund gewinnt die Messung von Innovation

bei Managern und Beratern immer mehr an Bedeutung (Dziallas und Blind 2019). Trotz des gestiegenen Bewusstseins für die Bedeutung von Innovation in der heutigen Gesellschaft sehen sich die Wirtschaftsorganisationen mit mehreren Schwierigkeiten bei der Umsetzung von Innovation in ihrer Tätigkeit konfrontiert. Zu den häufigsten Problemen gehören der Mangel an finanziellen Ressourcen, die für den Erwerb fortschrittlicher Technologien benötigt werden, mangelndes Engagement für das mit der Innovation verbundene Risiko, unzureichende Zusammenarbeit zwischen Forschung und Produktion, schwieriger Übergang von Wissen und Innovation zum Markt usw. Daher ist es für Organisationen von wesentlicher Bedeutung, ihre derzeitige Innovationsleistung zu verstehen und zu erkennen, welche Dimensionen verbessert werden müssen.

Im Falle der Prozessinnovation spielt das Top-Management eine wichtige Rolle für den Erfolg dieser Aktivität (Elenkov und Manev 2005; Eveleens 2010). Innovation erfordert viel Kreativität, daher sind auch die Mitarbeiter und ihre Rolle in der Innovationstätigkeit wichtig (Somech und Drach-Zahavy 2013). Das Thema Innovationsmanagement wurde in der Literatur ausgiebig behandelt, von seiner Quelle (Mol und Birkinshaw 2009), seiner Entwicklung (Lopes et al. 2016), seinem Rahmen (Du Preez und Louw 2008) seiner Beziehung zur Managementleistung und zur Gesamtleistung der Organisation (Walker et al. 2011) bis hin zu anderen Studien über seine verschiedenen Dimensionen (Eveleens 2010; Volberda et al. 2014). Die Studien mit der größten Wirkung wurden von Personen durchgeführt, die direkt in den Innovationsprozess eingebunden sind. Wie jede andere Managementaktivität muss der Innovationsprozess geplant, organisiert, geleitet und kontrolliert werden (Hamel 2006). Aktivitäten und Entscheidungen im Bereich der Innovation umfassen zwei Hauptschritte, wobei der erste Schritt die Bewertung und Untersuchung der aktuellen Situation ist und der zweite darin besteht, Entscheidungen über identifizierte Möglichkeiten, Investitionen, Planung und Umsetzung von Innovationsprojekten zu treffen.

Fernez-Walch und Romon (2008) definierten Innovationsmanagement als „alle Aktivitäten und Optionen, die von einer Organisation durchgeführt werden, um die Entstehung von Innovationsprojekten zu fördern, über deren Einführung zu entscheiden und die neuen Produkte zu vermarkten oder neue Prozesse in der Organisation zu implementieren, um die Wettbewerbsfähigkeit zu steigern". Bestehende Forschungsergebnisse belegen, dass ein Überdenken des Bewertungsrahmens für Innovation ein entscheidender Faktor für das Management dieser Aktivität ist (Dziallas und Blind 2019).

Innovationsmanagement kann auch definiert werden als die Erfindung und Umsetzung einer Managementpraxis, eines Prozesses, einer Struktur oder einer Technik, die neu auf dem Stand der Technik ist und dazu dienen soll, organisatorische Ziele zu fördern (Birkinshaw et al. 2008). Der Prozess des Innovationsmanagements beeinflusst auch die Art und Weise, wie Manager Richtungen vorgeben, Entscheidungen treffen, Aktivitäten koordinieren und Mitarbeiter motivieren (Hamel 2006). Da Manager immer auf der Suche nach neuen Ideen sind, wie sie die Innovation in ihren Organisationen stärken können, sollten sie ein organisationsinternes Umfeld entwickeln, das auf

Motivation, kontinuierlicher Verbesserung und Training basiert (Donate et al. 2019). Eine andere Perspektive geht davon aus, dass neue Praktiken, Prozesse oder Strukturen von Schlüsselpersonen in Organisationen bewusst eingeführt werden, um die Leistung der Organisation zu verbessern (Vaccaro et al. 2012). Nach Adams et al. (2006) umfassen die sieben Elemente der Organisation, die im Innovationsmanagement berücksichtigt werden müssen, Inputs, Wissensmanagement, Innovationsstrategie, Organisationskultur, Portfoliomanagement, Projektmanagement und Kommerzialisierung.

In ihrem Beitrag definierten Rajapathirana und Hui (2018) Innovationsfähigkeit als die Fähigkeit, die zukünftigen Kundenbedürfnisse und -erwartungen zu verstehen und angemessen darauf zu reagieren, sowie die Anwendung von Wissen durch die Entwicklung einer organisationalen Innovationskultur, um neue Ideen zu schaffen und sie in erfolgreiche Innovationen umzusetzen. Es gibt Studien, die den Zusammenhang zwischen Innovationsfähigkeit und organisationalen Leistungsfähigkeit untersucht haben. Saunila (2014) untersuchte die Zusammenhänge zwischen verschiedenen Aspekten der Unternehmensleistung mit einigen Dimensionen der Innovationsfähigkeit, nämlich Organisationsstrukturen und Ideenfindung, partizipative Führungskultur und Know-how-Entwicklung, wobei sich herausstellte, dass die Aspekte der Innovationsfähigkeit die finanzielle Leistung stärker beeinflussen als die operative Leistung. Racela und Thoumrungroje (2019) zeigen in ihrem Beitrag auf, dass Kreativität und Innovationsfähigkeit durch Kundenorientierung gefördert werden, die den Ertrag und die finanzielle Leistungsfähigkeit von Unternehmen verbessern. Vicente et al. (2015) schlugen ein Innovationsfähigkeitsmodell vor, das auf vier Dimensionen aufbaut: Produktentwicklungsfähigkeit, Innovationsfähigkeit, strategische Fähigkeit und technologische Fähigkeit. Ganguly et al. (2019) zeigten in ihrer Studie, dass der stillschweigende Wissensaustausch und die Qualität des Wissens positiv mit der Innovationsfähigkeit korreliert ist. Auch die von Botelho (2020) durchgeführte Studie weist auf die Existenz eines positiven und signifikanten Einflusses der Organisationskultur und der Praktiken im Personalwesen auf die Innovationsfähigkeit von Unternehmen hin.

Um die Produkt- und Prozessinnovation zu intensivieren, sollten Manager sich um die Entwicklung von Wissensmanagementprozessen in Unternehmen bemühen. Da Innovation als ein kritischer Faktor für Unternehmen zur Erhaltung ihrer Wettbewerbsfähigkeit und Entwicklung angesehen wird, ist es wichtig, dass diese die Schlüsselfaktoren für die Förderung der Produkt- und Prozessinnovation eines Unternehmens bestimmen (Ju et al. 2006). Die Entwicklung der Innovationsfähigkeit ist positiv verbunden mit der Innovationsorientierung und der Verfügbarkeit von Ressourcen, zwei kritischen Faktoren für die Innovationsfähigkeit von Unternehmen (Silva et al. 2014).

Quality Function Deployment (QFD) gilt als wirksamer Rahmen für die Bewertung und den Vergleich mehrerer Kriterien, der von Dat et al. (2015) in ihrer Studie zur Unterstützung der Marktsegmentierungsauswahl und für den Bewertungsprozess verwendet wird.

3 Forschungsmethodik zur Entwicklung eines Bewertungsmodells der organisationalen Innovationsfähigkeit

Die zur Erreichung des Hauptziels angewandte Forschungsmethode war die problem-zentrierte Forschung. Nach Lancaster (2005) zielt diese Art der Forschung darauf ab, ein praktisches Problem, eine Frage oder ein Problem innerhalb einer Organisation zu unter-suchen, wobei das Hauptziel darin besteht, Handlungsempfehlungen zu geben und das Problem zu lösen.

Bei den meisten der in unserer Forschung verwendeten Daten handelt es sich um Sekundärdaten, die aus verschiedenen bibliographischen und numerischen Datenbanken gesammelt werden. Die Sammlung der Daten erfolgte unter Verwendung relevanter Schlüsselwörter, und die Ergebnisse wurden mithilfe Boolescher Operatoren und Syntax gefiltert. Die Daten wurden anhand verschiedener Kriterien ausgewertet und analysiert, wie dem Datum der Datensammlung, wobei versucht wurde, neuere bibliographische Quellen einzubeziehen; der Zuverlässigkeit der Daten; der Glaubwürdigkeit der Quelle; dem Inhalt der Daten usw. Da es sich bei den meisten der im Innovationsbereich ver-fügbaren Daten um qualitative Daten handelt, bestand die erste Herausforderung der Forschung darin, einige qualitative Daten in quantitative Daten umzuwandeln, die in ein Bewertungsmodell für die Innovationsfähigkeit von Organisationen einbezogen werden können. Zu diesem Zweck verwendeten wir eine Inhaltsanalyse und eine fundierte Analyse für die qualitativen Daten. Das Hauptziel dieses Papiers ist es, ein Instrument vorzuschlagen, das einer Organisation helfen kann, ihre aktuelle Innovations-leistung zu bewerten, um dann zu wachsen und sie zu erhalten. Das Modell kann auf progressive Weise entwickelt werden, von einem deskriptiven zu einem präskriptiven Modell. In der deskriptiven Phase wollen wir ein tieferes Verständnis der aktuellen Situation der Innovationsleistung erreichen. Die Hauptaktivitäten in dieser Phase wären die Umsetzung des Modells und die Sammlung von Informationen. In der prä-skriptiven Phase kann das ursprüngliche Modell angepasst und verbessert werden, um es an die Besonderheiten jeder Organisation anzupassen. Die erste Herausforderung besteht darin, über die notwendigen Instrumente zur Bewertung der aktuellen Situation zu verfügen. Um ein eigenes Instrument zu entwickeln, führen wir zunächst eine umfassende Literaturrecherche durch, die sich auf verschiedene Formen der Bewertung von Innovationsaktivitäten konzentriert. Um einen Überblick über die Innovations-leistung einer Organisation zu erhalten und ihrer Komplexität gerecht zu werden, müssen wir diese Aktivität in kleinere Teile unterteilen. Dabei haben wir acht miteinander ver-bundene Hauptdimensionen identifiziert, die einen wichtigen Einfluss auf die gesamte Innovationsleistung haben. Diese sind: 1) Visions- und Politikinnovation, 2) Strategie-innovation, 3) Netzwerkinnovation, 4) Personalinnovation, 5) Verwaltungsinnovation, 6) Prozessinnovation, 7) Produktinnovation und 8) Marketinginnovation.

Wir halten die Fähigkeit, die Innovationsleistung zu messen, für einen wichtigen Aktiv-posten jeder Organisation, da sonst beim Innovationsmanagement eine Kettenreaktion von mangelnder Kontrolle – über mangelnde Verbesserung – bis hin zu mangelnder Leistung auftreten kann. Auch wenn Innovation im Allgemeinen Aspekte hat, die nicht gemessen werden können, können einige ihrer Dimensionen quantifiziert und analysiert werden. Die Forschung auf diesem Gebiet beweist, dass es viele Möglichkeiten zur Messung der Innovationsproduktivität gibt, weshalb die Wahl der am besten geeigneten Mess-indikatoren eine gewisse Selektivität erfordert. Für eine genauere Wahl ist es notwendig, den Begriff Indikator zu definieren. In dieser Forschung betrachteten wir einen Indikator als etwas, das notwendig ist, um zu verstehen, wo wir stehen, wohin wir gehen und wie weit wir von einem bestimmten Ziel entfernt sind. Mit dieser Definition im Hinterkopf schlugen wir für jede Innovationsdimension eine Reihe von Indikatoren zur Messung der Innovationsfähigkeit der Organisation vor. Um die Bedeutung und die Korrelation zwischen den einzelnen Indikatorensätzen zu berechnen, verwendeten wir die Quality Function Deployment (QFD)-Methode. QFD ist eines der vielen Management-Tools, die moderne Organisationen einsetzen, um eine höhere Kundenzufriedenheit zu erreichen (Hallowell 2010). Die QFD, auch bekannt als das House of Quality (HoQ), besteht aus sechs Matrizen: die Kundenbedürfnisse, das technische Merkmal, die Beziehungsmatrix, die Korrelationsmatrix, die technische Bewertung; die Marktperspektive. Bei der QFD-Methode sind die durch Zeilen dargestellten Inputs – das sind die Kundenbedürfnisse und die Spalten – technische Anforderungen und bilden zusammen die Matrix der funktionalen Merkmale. Die Ausgabedaten stellen eine Zentralisierung aller Korrelationen dar, und es ist nützlich, die Anforderungen, Indikatoren und andere kritische Aspekte besser zu ver-stehen.

Als Hauptinstrument für unsere Forschung verwendeten wir das Softwarepaket Qualica QFD. Die Kundenbedürfnisse werden in unserem Fall durch Anforderungen an die Innovationsleistung und die technischen Merkmale durch messbare Indikatoren für jede Innovationsdimension dargestellt. Der Hauptteil des HoQ ist die Interrelations-matrix, deren Zellen die Korrelation zwischen der Bedeutung jedes technischen Merkmals (die Spalte) und der Reaktion auf das Kundenbedürfnis (die Zeile) darstellen.

Im Hinblick auf das Ziel des Papiers haben wir die Korrelation zwischen den acht Indikatorensätzen jeder Innovationsdimension bewertet, um die zwischen allen Innovationsdimensionen bestehenden Synergieeffekte in unser Modell einzubeziehen, unter Berücksichtigung der QFD-Einrichtung zur Identifizierung von Zusammenhängen zwischen mehreren Faktoren. Auf diese Weise haben wir die wichtigsten Teile bestimmt, die überwacht werden müssen, wobei wir das Innovations-Ökosystem und nicht nur die einfache Korrelation zwischen den Anforderungen an die organisationalen Innovations-fähigkeit und allen Indikatoren aus allen acht Dimensionen berücksichtigt haben. Dazu haben wir einen Algorithmus in acht Schritten entworfen Abb. 1, um die Wichtig-keitsstufen und die Gewichtung der einzelnen Indikatoren in der Gesamtpunktzahl der Innovationsleistung (IPS) zu erhalten.

Der Ausgangspunkt bei der Anwendung der QFD-Methode soll die wichtigsten Anforderungen an die Innovationsleistung definieren und einstufen. Vor allem weil

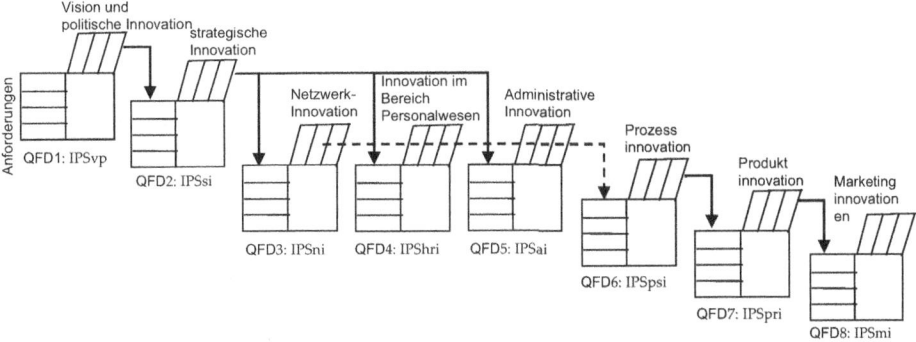

Abb. 1 Der Wasserfall-QFD-Algorithmus, der zur Identifizierung und Einstufung von Indikatoren der Innovationsfähigkeit von Organisationen verwendet wird

das Ergebnis des Bewertungsprozesses von der Organisation selbst verwendet werden soll, werden wir diejenigen Indikatoren betrachten, die von Organisationen bei der Bewertung der Innovationsleistung am häufigsten verfolgt werden. Diese Anforderungen wurden durch eine ausführliche Literaturrecherche und durch Diskussionen mit anderen lokalen Experten auf diesem Gebiet ermittelt. Die Hauptanforderungen wurden nach der Methode des Analytischen Hierarchieprozesses (AHP) priorisiert. Somit stellt jeder paarweise Vergleich eine Schätzung des Prioritätsverhältnisses oder -gewichts dar, das für jede Ebene der Hierarchie berechnet wird. Um die Ergebnisse über alle Ebenen zu synthetisieren, wurden die Prioritäten auf jeder Ebene nach der Priorität der übergeordneten Kriterien gewichtet, in Bezug auf die der Vergleich durchgeführt wurde. In diesem Stadium kann der Wasserfall-QFD-Algorithmus wie folgt angewendet werden:

- Schritt 1: Mit den Anforderungen an die Innovationsleistung (als Zeilen) stellten wir die erste QFD-Matrix auf und verglichen sie mit den Innovationsindikatoren für Vision und Politik (als Spalten).
- Schritt 2: Wir erstellten die zweite QFD-Matrix mit den Indikatoren für die Vision und die politische Innovation (als Zeilen) und bewerteten ihre Bedeutung anhand der Indikatoren für die strategische Innovation (als Spalten).
- Schritt 3: Wir gingen davon aus, dass sich die Strategieinnovation auf alle folgenden drei Innovationsdimensionen auswirkt: Netzwerk, Humanressourcen und administrative Innovation. Aus diesem Grund fügten wir in die nächsten drei HoQ-Diagramme Strategieinnovationsparameter als Zeilen ein. In diesem Schritt verglichen wir die Strategie-Innovationsindikatoren (als Zeilen) mit den Netzwerk-Innovationsindikatoren (als Spalten).
- Schritt 4: Wir behielten in den Matrixzeilen die Strategie-Innovationsparameter bei und bewerteten die Korrelation mit den Indikatoren für Humanressourcen-Innovation (als Spalten).

- Schritt 5: Wie im vorherigen Schritt verwendeten wir die Strategie-Innovations-Parameter (als Zeilen), um die Korrelation mit den administrativen Innovationsindikatoren (als Spalten) zu bestimmen.
- Schritt 6: In QFD6 fügten wir die Spalten aus den vorherigen drei QFD-Analysen – Netzwerk-, Humanressourcen- und administrative Innovationsindikatoren - (als Zeilen) ein und verglichen sie mit den Prozessinnovationsindikatoren (als Spalten).
- Schritt 7: Die Indikatoren für Prozessinnovation werden die Anforderungen (als Zeilen) in der nächsten QFD-Matrix darstellen, und wir gewichten sie im Vergleich zu den Produktinnovationsindikatoren (als Spalten).
- Schritt 8: In diesem Schritt haben wir Produktinnovationsindikatoren (als Zeilen) verwendet und deren Korrelationsgrad mit den Marketinginnovationsindikatoren (als Spalten) bewertet.
- Schritt 9: Im letzten Schritt des Algorithmus werden alle vorherigen Daten in ein Bewertungsmodell aufgenommen. Auf der Grundlage der starken und mäßigen Korrelation, die in der vorherigen QFD-Analyse identifiziert wurde, wird eine Liste von Indikatoren für die Innovationsfähigkeit der Organisation erstellt. Es wird eine Formel erstellt, um die gesamte Innovationsleistung einer Organisation zu bewerten.

4   Bestimmung der kritischen Leistungsanforderungen für Innovationen mit der AHP-Methode

Wir analysierten verschiedene Quellen mit Sekundärdaten, die in verschiedenen Datenbanken verfügbar waren. Hamel und Tenant (2015) identifizierte fünf Anforderungen an ein wirklich innovatives Unternehmen: Mitarbeiter, die gelehrt werden, als Innovatoren zu denken, eine klare und breit verinnerlichte Definition von Innovation, umfassende Innovationskennzahlen, verantwortliches Handeln, kompetente und innovative Führungskräfte, innovationsfreundliche Managementprozesse. Bezüglich der Qualitäten innovativer Unternehmen identifizierten De Jong et al. (2015) eine Reihe von acht wesentlichen Eigenschaften: streben, wählen, entdecken, entwickeln, beschleunigen, skalieren, erweitern und mobilisieren. In unserer Literaturrecherche fanden wir keine Studie mit einer allgemein akzeptierten Liste von Anforderungen an die Innovationsleistung, und wenn es solche gibt, bleibt deren Anwendbarkeit auf die Organisation unklar (Dziallas und Blind 2019). Daher sammelten wir einige zusätzliche Daten aus Diskussionen mit verschiedenen Experten und Wissenschaftlern. Die Diskussionen waren nicht in Form eines Interviews strukturiert, aber sie halfen uns bei der Entscheidung und Formulierung einer Liste von Anforderungen Tab. 1:

Die Hauptanforderungen mit Auswirkungen auf die Innovationsleistungsbewertung (IPS) der Organisation wurden mithilfe der AHP-Methode priorisiert Tab. 2. Diese Ergebnisse werden zur Priorisierung und Gewichtung in der QFD-Matrix verwendet.

Tab. 1 Die Liste der Anforderungen an die Innovationsleistung in einer Unternehmensorganisation. (Quelle: Angepasst aus Maier (2014))

Anforderungen		Beschreibung
Kapitalrendite	ROC	Eine Rentabilitätskennzahl zur Umwandlung von Innovationsinvestitionen in Gewinne
Wirtschaftliche Rentabilität	ERR	Die Effizienz des den produktiven Aktivitäten zugewiesenen Kapitals
Investitionsrendite	ROI	Ein Leistungsverhältnis für die Höhe der Rendite im Vergleich zur Investition
Rückgewinnungsrate	RR	Die Zeit, die benötigt wird, um das in ein Projekt investierte Kapital zurückzugewinnen
Wachstumsrate der Einnahmen	RGR	Das Einnahmenwachstum in einem Jahr
Wachstumsrate des Marktes	MGR	Die Zunahme in einem Marktsegment entweder durch Investitionen oder durch den Grad des Wettbewerbs
Wachstumsrate der neuen Produkte	GPR	Die Zunahme der Verkäufe von neuen Produkten
Betriebliche Einkommensrate	EBIT	Die Rentabilität des Produktionsprozesses über einen bestimmten Zeitraum
Rückgewinnungsrate von Vermögenswerten	ARR	Die Leistung der Ressourcenwiedergewinnung oder Bestandsauflösung
Betriebsgewinnmarge	PR	Die wirtschaftliche Rentabilität von Unternehmen
Produktivitätsrate	P	Die Effizienz der Arbeitsstunden im Organisationsprozess
Zahlungsfähigkeit des Unternehmens	S	Der Grad, in dem die Organisation ihren Zahlungsverpflichtungen nachkommen kann
Interne Rentabilität	IRR	Die Höhe der Aktualisierungsrate, die für aktualisierte Mittelzuflüsse benötigt wird, um veraltete Mittelabflüsse auszugleichen

Die wichtigsten 4 Anforderungen aus dem vorgeschlagenen Satz im Falle des Innovationsprozesses sind: die volkswirtschaftliche Rentabilität (16,8 %), die Kapitalrendite (15,2 %), die Investitionsrückgewinnungsrate/Innovation, die Umsatzwachstumsrate (13,8 %) und die interne Rendite (10,1 %). Die am wenigsten wichtigen Faktoren für das Geschäftsergebnis sind dagegen: Zahlungsfähigkeit des Unternehmens, Erholungsrate und Marktwachstumsrate.

Tab. 2 Kritische Leistungsanforderungen für Innovationen, die mit der AHP-Methode ermittelt wurden

	ROC	ERR	ROI	RR	RGR	MGR	GPR	EBIT	ARR	PR	P	S	IRR	Bedeutung (%)
ROC		-	O	5	O	4	3	+	2	2	+	9	+	11,3
ERR			+	8	O	7	7	2	4	3	3	9	+	16,8
ROI				8	-	7	6	3	5	4	+	9	+	15,2
RR					1/8	O	-	-	1/2	1/2	1/4	+	1/3	2,3
RGR						4	3	2	3	5	+	9	O	13,8
MGR							O	1/3	-	1/2	1/3	+	1/8	2,5
GPR								1/2	O	-	1/2	+	1/3	3,2
EBIT									O	O	O	7	-	6,4
ARR										O	-	+	1/2	4,3
PR											O	5	-	5,2
P												7	O	7,6
S													1/8	1,5
IRR														10,1

„+" etwas wichtig; O-Gleiche Bedeutung; „-"etwas unwichtig; 5-Starke Bedeutung; 9-Extreme Bedeutung; 1/x – reziprok

5   Das vorgeschlagene System von Indikatoren zur Messung der Innovationsfähigkeit von Organisationen

Um die organisationale Innovationsfähigkeit zu identifizieren und zu messen, wie im Fall der Anforderungen an die organisationalen Innovationsfähigkeit, haben wir eine Literaturrecherche durchgeführt und die Forschung ausgewählt, die Indikatoren der organisationalen Innovationsfähigkeit abdeckt (Blankley et al. 2012; De Jong und Brouwer 1999; Malinoski und Perry 2011; Edison et al. 2013), auf deren Grundlage wir unsere Indikatorensätze festgelegt haben. Die meisten Studien befassen sich nur mit drei Hauptinnovationstypen (Produktinnovation, Marketinginnovation und Prozess-innovation), sodass die Herausforderung darin bestand, messbare Indikatoren für andere Dimensionen mit Auswirkungen auf die gesamte Innovationsleistung einer Organisation zu finden, wie z. B. Visions- und Politikinnovation, Strategieinnovation, Netzwerk-innovation und administrative Innovation. Neben der Literaturübersicht sammeln wir einige zusätzliche Daten aus Diskussionen mit Experten aus Wirtschaft und Wissen-schaft. Aufgrund der hohen Anzahl von Indikatoren haben wir uns entschieden, diese zur besseren Übersicht in einer prägnanteren Form darzustellen: Tab. 3.

6   Bestimmung der Korrelation zwischen Indikatoren der organisationalen Innovationsfähigkeit mit QFD

Im folgenden Abschnitt stellen wir die Ergebnisse der Anwendung des Algorithmus Schritt für Schritt vor, wobei wir uns besonders auf starke Korrelationen zwischen ver-schiedenen Indikatorensätzen konzentrieren.

6.1   Die Korrelation zwischen „Innovationsindikatoren für Vision und Politik" und „Leistungsanforderungen der Innovation"

Die Ergebnisse, die mit der Qualica QFD-Software zur Analyse der Korrelation zwischen der Vision und den politischen Innovationsindikatoren und den Anforderungen an die Innovationsleistung erzielt wurden, sind in Tab. 4 vorgestellt.

Auf der Grundlage dieser Analyse würde die Formel des IPS für die Dimension Vision und politische Innovation lauten:

$$\bar{x} = \frac{\sum_{i=1}^{n} x_i}{n}. \qquad \text{(Gl. 1)}$$

wobei OFvp – sich auf andere Faktoren der Vision und politischen Innovation bezieht.

Das Beziehungsniveau zwischen den Innovationsindikatoren für Vision und Politik und den Anforderungen an die Innovationsleistung spiegelt sich in der Anzahl der signifikanten Korrelationen (mäßig und stark) wider. Diese Analyse zeigt eine starke

Tab. 3 Der vorgeschlagene Satz von Indikatoren zur Messung der Innovationsfähigkeit einer Organisation. (Quelle: Übernommen von Maier (2014))

Indikatoren für Vision und politische Innovation	
Periodizität der Analyse/Revision der Unternehmensvision Periodizität der Analyse der Innovationspolitik von Unternehmen Anzahl der Stunden, die für die Stärkung der Unternehmensvision vorgesehen sind	Die Anzahl der Stunden, die zur Stärkung der Innovationspolitik des Unternehmens aufgewendet werden Der Grad der Originalität/Nische der Vision des Unternehmens Die Einzigartigkeit der „Value Proposition" des Unternehmens
Indikatoren für strategische Innovation	
Die Neuheit des Geschäftsmodells Effizienz des Geschäftsmodells	Reife der strategischen Allianzen mit bestimmten Konkurrenten Reife der Innovationsstrategie des Unternehmens
Netzwerk-Innovationsindikatoren	
Die Heterogenität des Unternehmensnetzwerks Anzahl neuer Ideen, die von außerhalb der Organisation kommen	Anzahl der neuen Produkte/Dienstleistungen, die innerhalb des Netzwerks entwickelt wurden Mitwirkung innerhalb des Netzwerks
Indikatoren für Innovation im Bereich Personalwesen	
Anzahl der Forscher in der Organisation Anzahl der Spezialisierungskurse in Innovation Das professionelle Ausbildungsniveau der an der Forschung beteiligten Personen innerhalb der Organisation Anzahl der an allen Aspekten der Innovationsbemühungen beteiligten Personen/Gesamtzahl der Mitarbeiter des Unternehmens	Anzahl der von der Firma besuchten Forschungskonferenzen/Jahr Geeignete Bedingungen, um Forscher für die Organisation zu gewinnen Stimulierung des Forschungspersonals Kontinuierliche berufliche Weiterbildung des an der Forschung beteiligten Personals innerhalb der Organisation
Administrative Innovationsindikatoren	
Anzahl der Innovationsmanager Neue Methoden zur Bewertung des wirtschaftlichen Wertes von Rechten an geistigem Eigentum Anzahl der Innovationsprojekte im Verhältnis zur Anzahl der Mitarbeiter Neue Wege zur Verbesserung der Mitarbeiterzufriedenheit Grad der Autonomie bei der Arbeit Neue Wege zur Steigerung der Motivation Stabilität der Arbeitskräfte Anzahl und Qualität der internen Arbeitsverfahren im Zusammenhang mit dem Innovationsprozess Erfolgsquote von Forschungs- und Innovationsprojekten	Anzahl der am Innovationsprozess beteiligten Manager Anzahl neuer Ideen, die aus der Organisation kommen Neue Wege zur Bewertung einiger Aspekte des Innovationsprozesses Effektivität und Effizienz des Informationsflusses Neue Methoden zur Verbesserung der Arbeits- und Lebensbedingungen Komplementarität organisatorischer Innovationen (verschiedene organisatorische Innovationen können auf das gleiche Ergebnis abzielen, z. B.: Geschäftsintegration und flexible Arbeitsprogramme, die auf eine Erhöhung der Flexibilität abzielen) Die Anpassungsfähigkeit des Unternehmens

(Fortsetzung)

Tab. 3 (Fortsetzung)

Indikatoren für Prozessinnovation	
Anzahl der Produkte, die aufgrund von Qualitätsproblemen verschrottet oder wiederaufgebaut werden Die Anzahl der Produktvarianten Neue Wege zur Kostensenkung Neue Wege zur Produktivitätssteigerung Die Geschwindigkeit der Übernahme der neuesten technologischen Innovationen	Prozesseffizienz (Verhältnis zwischen Ergebnis und Aufwand) Neue Wege zur Verkürzung der Reaktionszeit gegenüber Kunden oder Lieferanten Neue Managementsysteme (falls erforderlich) Neue Wege zur Erhöhung der Flexibilität (Produkt, Prozess) Änderungsrate von Prozessen, Techniken und Technologien

Indikatoren für Produktinnovation	
Einkünfte aus neuen Produkten/Dienstleistungen Die Zeit für die Entwicklung der neuen Idee Verkauf neuer Produkte/Dienstleistungen Anzahl der Patente/Marken / Modelle Anzahl von Produkten/Dienstleistungen mit Änderungen im funktionalen und/oder technologischen Design Anzahl der Produkte mit Veränderungen bei den verwendeten Rohstoffen, Materialien und Komponenten Anzahl der Erzeugnisse mit Änderungen der Form, des Aussehens, der Abmessungen (ein neues Geschmacksmuster) Geschwindigkeit der Entwicklung neuer Produkte/Dienstleistungen Anzahl der Technologietransfer-Prozesse Anzahl der hergestellten Produkte und Technologien und Techniken mit nachweisbaren Auswirkungen (oder Anwendbarkeit in der Wirtschaft)	Kapitalrendite bei der Entwicklung eines neuen Produkts/einer neuen Dienstleistung Prozentualer Anteil der Ideen, die in einem neuen Produkt/einer neuen Dienstleistung materialisiert wurden Grad der Veränderung des Innovationsgrades während der Produktrealisierung Produkteffizienz (Verhältnis Ergebnis/Aufwand) Die Anzahl der Prototypen, die die Serienproduktion erreicht haben Anzahl der Produkte/Dienstleistungen mit den neuesten technologischen Innovationen Die Anzahl der durch eine Innovation abgeschlossenen Erfindungen Anzahl der registrierten nationalen und internationalen Patentanmeldungen Prozentualer Anteil der Innovationsprojekte von Jahr zu Jahr (Entwicklung der Innovationsprojekte) Anzahl der neu auf den Markt gebrachten Produkte/Dienstleistungen

(Fortsetzung)

Tab. 3 (Fortsetzung)

Indikatoren für Marketinginnovationen	
Die Anzahl signifikanter Änderungen an Design und Stil der Produktverpackung	Die Zahl der neuen Verträge
Die Anzahl der neuen Verkaufsmethoden	Die Anzahl der Innovationen zur Erhöhung des Marktanteils
Die Anzahl der Zusammenarbeit mit anderen Organisationen zur Vermarktung von Innovationen	Prozentualer Anteil des Gewinnwachstums aus Marketinginnovationen
Die Zahl der neuen Vertriebskanäle	Die Anzahl der neuen Präsentationsmethoden
Die Anzahl der Mitarbeiter, die sich mit Innovation im Marketing befassen/Gesamtanzahl der Mitarbeiter	Die Anzahl der Studien über den Wettbewerb
Die Zahl der neuen Marken	Die Anzahl der neuen Methoden zur Verbesserung des Images auf dem Markt
Die Zahl der neuen Märkte	Die Zahl der neuen Werbemethoden und -techniken
Die Zahl der neuen Kunden	Die Anzahl der Fragesteller, die das Feedback von den Kunden erhalten
Die Zahl der neuen Anbieter	Anzahl neuer Studien/Konzepte / Ansätze/zur Verbraucherpsychologie
Die Zahl der neuen nationalen/internationalen Partner	Anzahl neuer Methoden zur Steigerung der Kreativität von Marketingspezialisten
Analyse einer möglichen Ausfall-/Ausfall-/Fehlerrate	Rentabilität von Marketing-Innovationen (Gewinne) / investiertes Kapital
Die Anzahl der neuen Methoden zur Bedienung der Zielmärkte	Der Prozentsatz des für Werbung zugewiesenen Budgets

Korrelation zwischen der Innovationsleistung und dem „Grad der Originalität/Nische der Unternehmensvision" (OFV) und eine mäßige Korrelation mit der „Periodizität der Analyse der Innovationspolitik des Unternehmens" (FRI), mit der „Periodizität der Analyse/ Revision der Unternehmensvision" (FRV) und mit der „Einzigartigkeit der Value Proposition des Unternehmens" (OVP).

6.1.1 Korrelation zwischen „Strategie-Innovationsindikatoren" und „Innovationspolitik-Indikatoren"

Der zweite Schritt des Algorithmus, in dem wir den Grad der Korrelation zwischen den Parametern der Strategieinnovation und denen der Visions- und Politikinnovation beobachten können, ist in Tab. 5. Bei der Analyse der QFD-Ergebnisse können wir eine starke Korrelation zwischen Strategieinnovation und „Effizienz des Geschäftsmodells" (EBM) und „Reife der Innovationsstrategie des Unternehmens" (MIS) feststellen. Gleichzeitig ist die Strategieinnovation nur mäßig mit „der Neuheit des Geschäftsmodells" (NBM) und mit „der Reife der strategischen Allianzen mit bestimmten Wettbewerbern" (MAS) korreliert.

The previous results are useful in identifying the impact of strategic innovation on the IPS:

$$\bar{x} = \frac{\sum\limits_{i=1}^{n} w_i x_i}{\sum\limits_{i=1}^{n} w_i}. \tag{Gl. 2}$$

Tab. 4 Die Analyse der Innovationsindikatoren von Vision und Politik in Bezug auf die Leistungsanforderungen der Innovation

Vision und politische Innovation - 0, keine Korrelation; △ 1, mögliche Korrelation; O 3, einige Korrelationen; ● 3, starke Korrelationen; Bedarf	Periodizität der Überprüfung der Vision FRV	Periodizität der Analyse der Innovationspolitik FRI	Anzahl der Std. zur stärken der Vision HV	Anzahl der Std. zur stärken der Innovationspolitik HI	Originalität der Vision des Unternehmens OFV	Einzigartigkeit der „Value Proposition" OVP	Anzahl signifikanter Beziehungen	Bedeutung der Anforderungen	Relative Bedeutung (%)
ROC Kapitalrendite	△	△	-	-	●	△	1	0,1	10,7
ERR Wirtschaftliche Rentabilität	●	●	-	△	●	△	3	0,1	14,5
ROI Investitionsrendite	△	△	-	-	●	△	1	0,1	13,2
RR Rückgewinnungsrate	△	△	-	-	●	O	2	0,0	3,5
RGR Wachstumsrate der Einnahmen	△	O	-	-	●	O	3	0,1	10,5
MGR Wachstumsrate des Marktes	△	△	△	●	O	O	3	0,1	5,9
GPR Wachstumsrate der neuen Produkte	●	●	O	●	O	●	6	0,1	7,2
EBIT Betriebliche Einkommensrate	O	O	△	△	●	△	3	0,0	3,5
ARR Rückgewinnungsrate von Vermögenswerten	△	△	-	-	●	△	1	0,0	3,7

(Fortsetzung)

Tab. 4 (Fortsetzung)

Vision und politische Innovation - 0, keine Korrelation; △ 1, mögliche Korrelation; O 3, einige Korrelationen; ● 3, starke Korrelationen; Bedarf	Periodizität der Überprüfung der Vision FRV	Periodizität der Analyse der Innovationspolitik FRI	Anzahl der Std. zur stärken der Vision HV	Anzahl der Std. zur stärken der Innovationspolitik HI	Originalität der Vision des Unternehmens OFV	Einzigartigkeit der „Value Proposition" OVP	Anzahl signifikanter Beziehungen	Bedeutung der Anforderungen	Relative Bedeutung (%)
PR Betriebsgewinnmarge	O	O	-	-	●	△	3	0,0	4,6
P Produktivitätsrate	△	△	●	△	●	△	2	0,1	7,4
S Zahlungsfähigkeit des Unternehmens	△	O	-	-	●	O	3	0,1	7,5
IRR Interne Rentabilität	O	O	-	-	O	●	4	0,1	7,8
Anzahl signifikanter Beziehungen	5	7	2	2	13	6			
Bedeutung	15,8 %	17,6 %	5,0 %	7,4 %	40,0 %	14,2 %			
Bedeutungsindex	3,9	4,4	1,3	1,9	10	3,5			

Tab. 5 QFD Analyse der Strategie-Innovationsindikatoren in Bezug auf die Vision und Politik der Innovationsindikatoren

Strategie-Innovation: - 0, keine Korrelation; △ 1, mögliche Korrelation; O 3, einige Korrelationen; ● 9, starke Korrelationen; Vision und politische Innovation	Neuheit des Geschäftsmodells NBM	Effizienz des Geschäftsmodells EBM	Reife strategischer Allianzen MAS	Reife der Innovationsstrategie MIS	Anzahl signifikanter Beziehungen	Bedeutung der Anforderungen	Relative Bedeutung (%)
FRV	Periodizität der Überprüfung der Vision	O	●	△	●	3	0,2	15,5
FRI	Periodizität der Analyse der Innovationspolitik	●	●	O	●	4	0,2	12,9
HV	Anzahl der Std. zur stärken der Vision	O	●	O	O	4	0,1	7,7
HI	Anzahl der Std. zur stärk. der Innovationspolitik	O	●	O	O	4	0,1	4,8
OFV	Originalität der Vision des Unternehmens	O	O	●	●	4	0,3	8,3
OVP	Einzigartigkeit der Value Proposition	O	O	O	●	4	0,3	13,2
Anzahl signifikanter Beziehungen		6	6	5	6			
Bedeutung		19,5 %	34,1 %	14,5 %	31,9 %			
Bedeutungsindex		5,7	10,0	4,2	9,4			

6.2 Der Zusammenhang zwischen „Netzwerk-Innovationsindikatoren" und „Strategie der Innovationsindikatoren"

Der nächste Schritt im Algorithmus (QFD3 – IPSni) bestand darin, die Beziehungsebene zwischen Netzwerk-Innovationsindikatoren und Strategie-Innovationsindikatoren zu analysieren, wie in Tab. 6 zu sehen ist. In diesem Fall ergab die Analyse eine starke Korrelation zwischen der Strategieinnovation und „der Anzahl neuer Produkte/Dienstleistungen, die innerhalb des Netzwerks entwickelt werden" (NPN) und eine mäßige Korrelation mit „der Anzahl neuer Ideen, die von außerhalb der Organisation kommen" (NIO), mit und mit „dem Grad der Heterogenität des Unternehmensnetzwerks" (BNH).

Basierend auf dieser Analyse, würde die Formel der Einfluss der Netzwerkinnovation auf IPS lauten:

$$\hat{\sigma}^2 = \frac{\sum_{i=1}^{n} (x_i - \bar{x})^2}{n-1}.$$

(Gl. 3)

wobei OFni – sich auf andere Netzwerk-Innovationsfaktoren bezieht.

6.3 Die Korrelation zwischen „Humanressourcen-Innovationsindikatoren" und „Strategie der Innovationsindikatoren"

Schritt Nummer vier in der Analyse sollte den Grad der Korrelation zwischen den Indikatoren für strategische Innovation und den Indikatoren für Humanressourcen bewerten. Die QFD-Ergebnisse sind in der Tab. 7 enthalten. Hauptsächlich konzentrierten wir uns auf die starke Korrelation zwischen den Indikatoren. QFD4 zeigte eine starke Korrelation zwischen der Strategieinnovation und der „Anzahl der Forscher in der Organisation" (NRE) und eine mäßige Korrelation mit der „Anzahl der Spezialisierungskurse in Innovation" (NSC), mit der „kontinuierlichen beruflichen Weiterbildung des an der Forschung beteiligten Personals innerhalb der Organisation" (CPT) und mit der „Stimulierung des Forschungspersonals" (SRS).

Auf der Grundlage dieser Analyse lautet die Formel für die Auswirkungen der Innovation im Bereich der Humanressourcen auf IPS:

$$\hat{\sigma}_{\mathrm{MAD}} = \mathrm{median}(|x_i - \bar{x}_{\mathrm{median}}|),$$

(Gl. 4)

wobei OFhr – sich auf andere Humanressourcen-Innovationsfaktoren bezieht.

Tab. 6 QFD Analyse von Netzwerk-Innovationsindikatoren in Verbindung mit der Strategie der Innovationsindikatoren

Network innovation -0, keine Korrelation; △ 1, mögliche Korrelation; O 3, einige Korrelationen; ● 9, starke Korrelationen Innovationsstrategie	Geschäftsnetzwerk heterogen	Nr. Pro/ Dienstl. Entwickelt im Netzw	Beteiligung am Netzw	Netzwerkrentabilität	Kofinanzierung im Netzw	Objektives Zusammenwirken	Nr. der Ideen von ausserhalb des Netzw	Nr. der Kooperation	Anzahl signifikanter Beziehungen	Bedeutung der Anforderungen	Relative Bedeutung (%)
	BNH	NPN	IN	NP	CIN	OI	NIO	NC			
NBM Neuheit BM	O	●	△	△	△	△	△	O	3	0,3	42,0
EBM Effizienz BM	●	●	△	△	△	△	●	O	4	0,4	7,7
MAS Reife strateg. Allianzen	△	●	△	O	O	●	●	O	6	0,3	27,4
MIS Reife Innov. Strategie	●	●	●	●	●	O	●	●	8	0,1	22,9
Anzahl signifikanter Beziehungen	3	4	1	2	2	2	3	4			
Bedeutung	11,7 %	24,6 %	7,7 %	9,2 %	9,2 %	10,0 %	15,4 %	12 %			
Bedeutungsindex	4,8	10,0	3,1	3,8	3,8	4,1	6,3	4,9			

Tab. 7 QFD Analyse von Humanressourcen-Innovationsindikatoren in Verbindung mit Strategie-Innovationsindikatoren

Humanressourcen-Innovation -0, keine Korrelation; △ 1, mögliche Korrelation; O 3, einige Korrelationen; ● 9, starke Korrelationen Innovationsstrategie	Anzahl der Forscher NRE	Anzahl der Konferenzteilnahmen NCF	Anzahl Personen beteiligt an Innov NPP	Forschungsgeeignete Bedingungen ACR	Professionelles Ausbildungsniveau PTL	Kontinuierliche Berufsausbildung CPT	Stimulierung des Forschungspersonals SRS	Anzahl der Spezialisierungskurse NSC	Anzahl signifikanter Beziehungen	Bedeutung der Anforderungen	Relative Bedeutung (%)
NBM Neuheit BM	●	-	△	△	●	●	●	●	5	0,6	4,3
EBM Effizienz BM	●	△	△	△	△	O	O	△	3	0,1	12,9
MAS Reife strateg. Allianzen	△	△	△	△	-	△	-	●	1	0,1	4,8
MIS Reife Innov. Strategie	●	●	●	●	O	O	O	●	8	0,2	7,4
Anzahl signifikanter Beziehungen	3	1	1	1	2	3	3	3			
Bedeutung	30,2 %	3,3 %	4,2 %	4,2 %	9,8 %	15,6 %	14,7 %	18,0 %			
Bedeutungsindex	10,0	1,1	1,4	1,4	3,2	5,2	4,9	5,9			

6.4 Die Korrelation zwischen „administrativen Innovationsindikatoren" und „Strategie der Innovationsindikatoren"

Im fünften Schritt des Algorithmus analysierten wir die Beziehung zwischen Strategie-Innovationsindikatoren und administrativen Innovationsindikatoren, die in Tab. 8 zusammengefasst sind. So ergaben sich drei starke Korrelationen im Falle der Strategie-innovation und der „Anzahl der am Innovationsprozess beteiligten Manager" (NMI), mit „neuen Wegen zur Bewertung einiger Aspekte des Innovationsprozesses" (NWI) und auch mit dem Niveau der „Effektivität und Effizienz des Informationsflusses" (EEI). Eine mäßige Korrelation wurde zwischen Strategieinnovation und: „Anzahl der Innovations-projekte im Verhältnis zur Zahl der Beschäftigten" (IPE), „Neue Methoden zur Ver-besserung der Arbeits- und Lebensbedingungen" (WIW), „Neue Wege zur Verbesserung der Mitarbeiterzufriedenheit" (WIS) und „Stabilität der Belegschaft" (SW) festgestellt..

Auf der Grundlage dieser Daten legten wir die Formel für den administrativen Innovationseinfluss auf IPS wie folgt:

$$\hat{\sigma} = 1{,}4826\hat{\sigma}_{\text{MAD}}.$$

(Gl. 5)

wobei OFai – sich auf andere administrative Innovationsfaktoren bezieht.

6.5 Korrelation zwischen „Prozessinnovationsindikatoren" und „Netzwerk-, Personal- und Verwaltungsinnovationsindikatoren"

An diesem Punkt gibt es ein klares Verständnis des Mechanismus, in dem Strategie-innovation durch Netzwerk-, Personal- und Verwaltungsinnovation beeinflusst wird. Im nächsten Schritt haben wir die Korrelation zwischen Prozessinnovation und all diesen drei Dimensionen – Netzwerk-Humanressourcen und administrative Innovation – identifiziert. Die Ergebnisse des QFD sind in Tab. 9 enthalten. Die meisten starken Korrelationen mit einer wichtigen Auswirkung auf die vorherige drei Dimension der Innovation haben die „Änderungsrate bei Prozessen, Techniken und Technologien" (RCP), die „Prozesseffizienz (Verhältnis zwischen Ergebnis und Aufwand)" (PE) und die „neuen Managementsysteme (wo erforderlich)" (NWT). Eine mäßige Korrelation wurde mit „der Anzahl der Produktvarianten" (NPV) und „neuen Wegen zur Verkürzung der Reaktionszeit gegenüber Kunden oder Lieferanten" (NWP) festgestellt.

Basierend auf den obigen Ergebnissen die Formel für den Einfluss der Prozess-innovation auf IPS lautet:

$$\hat{\gamma} = \frac{\frac{1}{n}\sum_{i=1}^{n}(x_i - \bar{x})^3}{\left(\frac{1}{n}\sum_{i=1}^{n}(x_i - \bar{x})^2\right)^{1{,}5}}.$$

(Gl. 6)

Tab. 8 QFD Analyse von administrativen Innovationsindikatoren in Verbindung mit Strategie-Innovationsindikatoren

Vision und politische Innovation - 0, keine Korrelation; △ 1, mögliche Korrelation; O 3, einige Korrelationen; • 3, starke Korrelationen; Bedarf	Periodizität der Überprüfung der Vision FRV	Periodizität der Analyse der Innovationspolitik FRI	Anzahl der Std. zur stärken der Vision HV	Anzahl der Std. zur stärken der Innovationspolitik HI	Originalität der Vision des Unternehmens OFV	Einzigartigkeit der "Value Proposition" OVP	Anzahl signifikanter Beziehungen	Bedeutung der Anforderungen	Relative Bedeutung
ROC Kapitalrendite	△	△	-	-	•	△	1	0,1	10,7%
ERR Wirtschaftliche Rentabilität	•	•	-	△	•	△	3	0,1	14,5%
ROI Investitionsrendite	△	△	-	-	•	△	1	0,1	13,2%
RR Rückgewinnungsrate	△	△	-	-	•	O	2	0,0	3,5%
RGR Wachstumsrate der Einnahmen	△	O	-	-	•	O	3	0,1	10,5%
MGR Wachstumsrate des Marktes	△	△	△	•	O	O	3	0,1	5,9%
GPR Wachstumsrate der neuen Produkte	•	•	O	•	O	•	6	0,1	7,2%
EBIT Betriebliche Einkommensrate	O	O	△	△	•	△	3	0,0	3,5%
ARR Rückgewinnungsrate von Vermögenswerten	△	△	-	-	•	△	1	0,0	3,7%
PR Betriebsgewinnmarge	O	O	-	-	•	△	3	0,0	4,6%
P Produktivitätsrate	△	△	•	△	•	△	2	0,1	7,4%
S Zahlungsfähigkeit des Unternehmens	△	O	-	-	•	O	3	0,1	7,5%
IRR Interne Rentabilität	O	O	-	-	O	•	4	0,1	7,8%
Anzahl signifikanter Beziehungen	5	7	2	2	13	6			
Bedeutung	15,8%	17,6%	5,0%	7,4%	40,0%	14,2%			
Bedeutungsindex	3,9	4,4	1,3	1,9	10	3,5			

Tab. 9 QFD Analyse der Prozessinnovation im Zusammenhang mit Netzwerk-, Personal- und Verwaltungsinnovation

Prozessinnovation
- 0, keine Korrelation;
△ 1, mögliche Korrelation;
O 3, einige Korrelationen;
• 9, starke Korrelationen.
Netzwerk, Humanressourcen und administrative Innovation

		NPS	NPV	SAT	RCP	PE	NMS	NWC	NWT	NWF	NWP	Anzahl signifikanter Beziehungen	Bedeutung der Anforderungen	Relative Bedeutung
BNH	Heterogenitätsgrad des Unternehmensnetzwerks	-	O	O	•	•	•	△	•	△	O	7	0,0	23,7%
NPN	No Prod/Dienstl. entwickelt im Netzwerk	•	•	O	O	O	•	O	•	△	△	8	0,0	4,3%
IN	Beteiligung am Netzw.	-	O	O	•	•	•	△	•	O	O	8	0,0	15,5%
NP	Netzwerk-Rentabilität	•	•	O	•	•	O	•	O	O	•	10	0,0	12,9%
CIN	Kofinanzierung im Netz	•	•	•	•	O	O	•	O	O	•	10	0,0	7,7%
OI	Objekt. Zusammenwirk.	-	O	O	O	•	O	O	△	△	O	7	0,0	4,8%
NIO	Nr. Ideen von außen	△	O	•	•	O	O	△	△	O	△	6	0,0	15,5%
NC	Nr. der Kooperationen	O	-	•	O	△	O	△	△	O	△	5	0,0	12,9%
NRE	Anzahl Forscher	O	•	•	O	O	•	O	O	△	△	8	0,0	15,5%
NCF	Nr. Konferenzteilnahmen	-	△	•	△	O	•	•	-	-	O	5	0,0	12,9%
NPP	Nr. Personen in Innov.	O	△	O	O	O	•	△	•	O	△	7	0,0	7,7%
ACR	Kond. für Forschung	△	•	O	O	O	O	•	△	O	O	8	0,0	4,8%
PTL	Prof. Ausbildungsniveau	O	•	•	O	•	O	-	O	•	O	9	0,1	15,5%
CPT	Kontin. Berufsausbildung	△	•	•	△	O	O	•	•	O	O	8	0,0	12,9%
SRS	Stimul. Forschungspers.	△	•	O	O	O	•	O	O	•	△	8	0,0	15,5%
NSC	Nr. Spezialisierungskurse	-	O	O	O	O	•	O	•	O	•	9	0,0	12,9%
NMI	Nr. beteiligten Manager	△	△	•	△	•	O	O	△	•	O	6	0,0	7,7%
NQI	Nr. und quality. intern	△	•	O	•	O	•	O	•	O	O	9	0,0	4,8%
NWI	Neue Innov.bewert.wege	O	•	O	O	△	•	O	O	•	△	8	0,0	15,5%
NIP	Neue Bew.wege. ipr	O	O	O	•	O	•	△	•	O	•	9	0,0	12,9%
WIW	Neue Arbeitsverb.wege	△	O	O	•	O	•	O	O	O	O	9	0,0	15,5%
WIS	Neue Zufrieden.steig.w.	O	O	•	O	△	•	△	O	O	△	7	0,0	12,9%
AW	Arbeitsautonomie	△	O	•	O	O	•	O	O	O	•	9	0,0	7,7%
WM	Neue Motiv.steig.wege	△	O	O	O	•	•	△	O	O	•	8	0,0	4,8%

Spaltenüberschriften (NPS–NWP):
- NPS: Nr. der verschrottenden Produkte
- NPV: Nr. Produktvariationen
- SAT: Einführungsgeschwind. neuesten
- RCP: Änderungsrate bei Prozessen
- PE: Prozesseffizienz
- NMS: Neue Verwaltungssysteme
- NWC: Neue Wege Kostensenkung
- NWT: Neue Wege zur Zeitreduzierung
- NWF: Neue Wege zur Erhöhung der
- NWP: Neue Wege zur Produktionssteigerung

Tab. 9 (continued)

CO	Ergänzung. Organis.	O	O	O	O	O	•	O	O	•	O	10	0,0	15,5%
EEI	Effekt. U. effiz. Info.fluss	O	O	O	O	•	O	O	•	O	O	10	0,0	15,5%
SRP	Erfolgsquote R.I.-Proj.	•	O	O	O	O	△	O	•	O	•	9	0,0	12,9%
SW	Stabilität Arbeitskräfte	△	O	△	△	•	O	-	O	•	O	6	0,0	7,7%
IIO	Nr. Innov. Ideen Org.	O	O	△	O	O	•	O	O	•	O	9	0,0	4,8%
AO	Org. Anpassungsfähig.	△	O	O	O	O	O	•	O	•	O	9	0,0	15,5%
IPE	Nr. Innov.Prod.bz.Mitarb.	O	•	O	O	O	O	O	•	•	O	10	0,0	12,9%
Anzahl signifikanter Beziehungen		15	27	29	27	28	30	21	25	26	23			
Bedeutung		6,3%	9,9%	7,1%	15,6%	15,3%	13%	7%	12,8%	3,9%	9,%			
Bedeutungsindex		4	6,3	4,5	1	9,7	5,3	4,5	5,1	2,5	5,7			

wobei OFpsi – sich auf andere Prozessinnovationsfaktoren bezieht.

6.6   Die Korrelation zwischen „Produktinnovationsindikatoren" und „Prozessinnovationsindikatoren"

Der Algorithmus erreichte Schritt sieben, in dem wir den Grad der Korrelation zwischen Produkt- und Prozessinnovationsindikatoren analysierten. Wie in Tab. 10 zu sehen ist, wurde eine bedeutende Anzahl starker Korrelationen zwischen der Prozessinnovation und der „Anzahl der Produkte mit Änderungen der verwendeten Rohstoffe, Materialien und Komponenten" (NCM), der „Anzahl der Produkte mit Änderungen der Form, des Aussehens, der Abmessungen" (NCS), der „Anzahl der Produkte/Dienstleistungen

Tab. 10 Analyse von Produktinnovationsindikatoren in Verbindung mit Prozess-innovations-indikatoren

Produktinnovation - 0, keine Korrelation; △ 1, mögliche Korrelation; O 3, einige Korrelationen; • 9, starke	Einkünfte neue Prod.	Invest.rend.etw. Prod.	Entw.zeit neuer Ideen	Prozentsatz Ideen	Nr. Prod. Fkt.änderung	Nr. Prod. Mat. Änderung	Nr. Prod. Formänder.	Nr. Prod. letzte Tech.	Entw.geschw. neue Prod	Nr. neue Prod im Markt	Neu Pro/Dienstverkäufe	Nr.Patents/Hand./Mod.	Dg. Änderung Inn. duri	Produkteffizienz	Nr. der Prototypen ser	Nr. kompl.Erfindungen	Nr.Tech. Transfers	Nr. reg nat und int Prod.	Nr. dauer. Prod.u.Dienst	Prozent. inno pro yoy	Neue Met.Qualitätsverb.	Nr. impact Prod.u. Tech.	Anzahl signifik. Beziehungen/ relationships	Bedeutung der Anforderungen	Relative Bedeutung

Tab. 10 (continued)

Korrelationen. Prozessinnovation		INP	RIN	TDN	PIM	NCF	NCM	NCS	NCL	SDP	NIM	NPS	NPT	DCD	PEF	NPS	NIC	NTT	NRP	NPL	PIP	NMQ	NPI			
NPS	Nr. verschrott. Prod.	•	•	△	△	△	•	•	•	•	•	•	•	△	△	•	△	△	△	△	△	•	•	11	0,1	23,7%
NPV	Nr. Produktvarianten	•	•	△	•	•	•	•	•	•	•	•	•	△	•	•	O	O	△	△	△	△	•	•	16	0,2	4,3%
SAT	Geschw. neue Tech.	•	•	•	△	△	•	•	•	•	•	•	•	△	△	•	△	△	△	△	△	•	•	•	13	0,2	15,5%
RCP	Prozessänderungsrate	△	•	•	△	△	•	•	•	△	•	•	△	△	•	△	△	△	△	△	•	•	•	11	0,1	12,9%
PE	Prozesseffizienz	△	O	•	△	△	•	•	•	△	•	•	△	△	O	△	△	△	△	△	•	•	•	11	0,1	7,7%
NMS	Neue Verwalt.systeme	△	△	△	•	•	•	•	•	•	△	•	•	△	•	△	•	•	△	△	△	△	•	•	12	0,1	4,8%
NWC	Neue Kostensenk.weg	•	•	O	•	•	•	•	•	•	•	•	•	△	•	•	•	•	△	•	•	O	•	•	20	0,1	8,3%
NWT	Neue Zeitreduz.weg	△	O	•	△	△	•	•	•	•	•	•	•	△	△	O	△	△	△	△	△	•	•	•	12	0,1	2,8%
NWF	Neue Flexib.steig.weg	•	O	O	△	△	•	•	•	•	•	•	•	△	△	O	△	△	△	△	△	O	•	•	13	0,1	2,7%
NWP	Neue Prod.steig.weg	•	•	•	•	•	•	•	•	•	•	•	•	•	•	•	•	•	•	•	•	•	•	•	22	0,1	3,1%
Anzahl signifikanter Beziehungen		6	9	7	4	4	10	10	10	7	10	10	1	4	9	4	4	1	2	2	7	10	10			
Bedeutung		5,2%	6,2%	4,2%	2,4%	2,4%	7,4%	7,4%	7,4%	5,4%	7,4%	7,4%	1,1%	2,4%	6,2%	2,1%	2,1%	1,1%	1,1%	1,1%	4,3%	7,4%	7,4%			
Bedeutungsindex		4,0	6,3	4,5	1,0	9,7	5,3	5,3	5,3	5,3	5,3	5,3	5,3	5,3	4,5	5,1	2,5	2,5	2,5	2,5	2,5	2,5	5,7			

mit den neuesten technologischen Innovationen" (NCL), der „Anzahl der neu auf den Markt gebrachten Produkte/Dienstleistungen" (NIM) und dem „Verkauf neuer Produkte/Dienstleistungen" (NPS) festgestellt. Eine mäßige Korrelation wurde zwischen Prozessinnovation und „neuen Methoden zur Verbesserung der Produktqualität" (NMD) und der „Anzahl der hergestellten Produkte und Technologien und Techniken mit nachweisbaren Auswirkungen (oder Anwendbarkeit in der Wirtschaft)" (NPI) festgestellt.

Basierend auf der vorherigen Analyse die Formel für den Einfluss der Produktinnovation auf IPS lautet:

$$h = (n-1)p + 1,$$
$$Q_p = x_{\lfloor h \rfloor} + (h - \lfloor h \rfloor)\left(x_{\lfloor h \rfloor + 1} - x_{\lfloor h \rfloor}\right),$$

(Gl. 7)

wobei OFpri – sich auf andere Produktinnovationsfaktoren bezieht.

6.7 Die Korrelation zwischen „Marketinginnovationsindikatoren" und „Produktinnovationsindikatoren"

Die letzte im Algorithmus enthaltene Dimension war die Marketinginnovation. In diesem Fall hat das QFD die Korrelation zwischen Produkt- und Marketinginnovation gemessen, wie in Tab. 11 zu sehen ist. Bei der Analyse der Anzahl der signifikanten Beziehungen und der Bedeutung beobachteten wir die wichtigsten Korrelationen zwischen Produktinnovation und „der Anzahl der Innovationen zur Erhöhung des Marktanteils" (IIM), „dem prozentualen Anteil des für Werbung vorgesehenen Budgets" (PBA) und „der Anzahl neuer Werbemethoden und -techniken" (NMT). Es wurde eine mäßige Korrelation zwischen Produktinnovation und „der Anzahl neuer Marken" (NNB), „der Anzahl neuer Vertriebskanäle" (NCD), „der Anzahl neuer Verkaufsmethoden" (NSM), „der Anzahl neuer Märkte" (NNM) und „der Anzahl neuer Kunden" (NNC) festgestellt.

Basierend auf dem vorherigen QFD, die Formel für den Einfluss der Marketinginnovation auf das gesamte IPS lautet:

$$Z_i = \frac{x_i - \bar{x}}{\sigma}.$$

(Gl. 8)

wobei OFmi- sich auf andere Marketinginnovationsfaktoren bezieht.

Die Anforderungen und der Satz von Indikatoren für alle acht Innovationsdimensionen sind so konfiguriert, dass ihr Beitrag zur gesamten Innovationsleistung der Organisation gemessen werden kann. Auf diese Weise kann eine Organisation die Hauptdimensionen identifizieren, die verbessert werden müssen, und Lösungen zur Steigerung der IPS der Organisation vorschlagen.

7 Vorschlag für ein Bewertungsmodell der organisationalen Innovationsfähigkeit auf der Grundlage von acht Innovationsdimensionen

Bisher ist es uns gelungen, die Innovation in acht miteinander verbundene Dimensionen zu unterteilen und eine Formel vorzuschlagen, um jeden Indikatorensatz entsprechend seiner Bedeutung und seiner Korrelation mit den übrigen Innovationsparametern zu integrieren. Wir stützten unseren Ansatz auf mehrere Studien, die Einblicke in die Art und Weise vermittelten, wie die Innovationsleistung angesprochen und gemessen werden kann (Volberda et al. 2014; Zott et al. 2011; Ireland et al. 2003; Foss und Saebi 2017; Hamel 2007). Der letzte Schritt in unserem Algorithmus bestand darin, alle Dimensionen in eine Formel einzubeziehen, mit deren Hilfe die gesamte Innovationsleistung der

Tab. 11 QFD analysis of marketing innovation indicators in relation with product innovation indicators

Marketing-Innovation - 0, keine Korrelation; Δ 1, mögliche Korrelation; O 3, einige Korrelationen; ● 9, starke Korrelationen. Produktinnovation		CDP	NSM	NCD	COO	NNM	NEI	NNC	NNS	NNB	PPG	NCT	NMS	NMP	SRC	MII	IIM	PBA	PMI	NMT	QF	SCP	MIC	NP	APF	Anzahl signifik. Beziehungen	Bedeutung der Anforderungen	Relative Bedeutung
INP	Einkünfte n. Prod	●	●	●	●	O	O	●	O	●	Δ	Δ	Δ	Δ	Δ	●	●	O	●	Δ	●	O	O	●		17	0,1	23,7%
RIN	Rendite n. entw.P	●	●	●	●	O	O	●	O	●	Δ	Δ	Δ	Δ	Δ	●	●	O	●	Δ	●	O	O	●		17	0,1	4,3%
TDN	Entw.Zeit n. Ideen	Δ	Δ	Δ	Δ	●	Δ	Δ	O	●	Δ	O	O	O	O	O	●	Δ	Δ	●	O	Δ	●	●	Δ	13	0,0	15,5%
PIM	% material. Idden	Δ	Δ	Δ	Δ	Δ	Δ	Δ	Δ	Δ	Δ	Δ	Δ	Δ	Δ	Δ	●	O	●	O	Δ	●	O	O	O	7	0,0	12,9%
NCF	Nr. Prod Funk.änd.	●	●	●	●	●	●	●	O	●	●	O	●	O	●	●	O	O	O	●	●	O	24	0,0	7,7%
NCM	Nr. Prod. Mat.änd.	●	●	●	●	●	●	●	●	O	●	●	O	●	O	●	●	O	●	O	●	O	24	0,0	4,8%
NCS	Nr. Prod Formänd.	●	●	●	●	●	●	●	●	O	●	●	O	●	O	●	●	●	●	O	●	O	24	0,0	8,3%
NCL	Nr. Prod	●	●	●	●	●	●	●	●	●	●	●	O	●	●	O	O	O	●	O	●	●	24	0,0	2,8%

Tab. 11 (continued)

		Tech.änd.																										
SDP	Entw.Geschw.n.Pro	•	•	•	•	•	•	•	•	•	•	•	•	•	•	O	•	•	O	•	△	•	•	•	•	•	23	0,0	2,7%
NIM	Nr. n. Prod Markt	△	•	•	△	•	•	•	•	O	O	•	•	O	O	O	•	•	O	O	O	O	O	O	O	O	22	0,0	3,1%
NPS	N.Prod/Diens.värk.	O	•	•	△	•	•	•	•	O	O	•	•	O	O	O	O	•	•	O	O	O	O	O	O	O	23	0,1	3,9%
NPT	Nr.Patents/Mod.	△	△	△	△	O	△	△	O	△	△	△	△	△	△	•	•	△	O	O	O	O	O	O	O		10	0,0	5,0%
DCD	Dg. Inn.Änd.duri	•	O	•	△	•	O	O	O	O	O	•	•	•	•	•	•	O	•	△	•	O	•	O			22	0,0	5,3%
PEF	Produkteffizienz	•	O	•	•	•	O	△	•	△	△	•	•	O	O	O	•	•	△	O	O	O	•	•	O		20	0,1	15,5%
NPS	Nr.Prototypen ser	△	△	△	△	△	△	△	△	△	△	△	△	△	△	•	O	•	O	△	•	O	O				7	0,1	12,9%
NIC	Nr. kompl.Erfind.	△	△	△	△	O	△	△	O	△	△	△	O	O	O	O	•	•	O	O	O	O	O	O	O		15	0,0	7,7%
NTT	Nr.Tech.Transfers	△	O	△	△	O	△	△	O	△	△	△	O	O	O	O	•	•	O	O	O	O	O	O	O		16	0,1	15,5%
NRP	Nr.reg.nat.u.int.Pr.	△	△	△	△	O	△	△	O	△	△	△	O	O	O	O	•	•	O	O	O	O	O	O	O		15	0,0	12,9%
NPL	Nr.dauer.P.u.Diens	△	△	△	△	O	△	△	O	△	△	△	O	O	O	O	•	•	O	O	O	O	O	O	O		15	0,0	7,7%
PIP	% Inno pro yoy	•	•	•	•	•	•	•	•	•	•	•	•	•	•	•	•	•	•	•	•	•	•	•	•		24	0,1	15,5%
NMD	N.Met.Qualit.verb	•	•	•	•	•	•	•	•	•	•	•	•	•	•	•	•	•	•	•	•	•	•	•	O		24	0,0	12,9%
NPI	Nr.imp.Pr.u.Tech.	O	•	•	△	•	•	•	•	O	O	•	•	O	O	O	O	•	•	O	O	O	O	O	O	O	23	0,0	7,7%
Anzahl signifikanter Beziehungen		13	15	14	10	20	14	13	20	14	11	13	17	17	17	17	20	21	19	22	18	19	22	22	21				
Bedeutung		4,8%	4,9%	5,2%	4,4%	4,9%	3,6%	4,9%	3,9%	5,6%	1,7%	3,6%	3,6%	2,2%	3,3%	2,0%	6,3%	6,4%	2,9%	6,3%	1,9%	4,6%	1,4%	4,8%	3,9%				
Bedeutungsindex		7,5	7,7	8,2	6,9	7,7	5,6	7,7	6,1	8,8	2,7	5,7	5,7	3,5	5,1	3,1	10,0	10,0	4,6	9,2	9,7	1,6	9,7	5,6	6,1				

Organisation bewertet werden konnte. Wir nannten diesen Indikator, wie bereits erwähnt, den Innovation Performance Score (IPS). Die Formel für diesen Indikator lautet:

$$\hat{\sigma}_{\mathrm{rob}} = 1,4826 \mathrm{median}(|x_i - x_{\mathrm{median}}|). \qquad (\mathrm{Gl.}\ 9)$$

wobei:

IPS – die Gesamtpunktzahl der Innovationsleistung;

ipsi – die Leistung in jeder Innovationsdimension;

i – die Nummer der Innovationsdimension;

n – die Gesamtzahl der Innovationsdimensionen in der Organisation;

c – der Koeffizient für jeden Indikator in einer Innovationsdimension;

p – der Wert jedes Indikators in einer Innovationsdimension; p – der Wert jedes Indikators in einer Innovationsdimension

j – die Nummer jedes Indikators in einer Innovationsdimension;

m – die Gesamtzahl der in einer Innovationsdimension enthaltenen Indikatoren;

Innerhalb dieses Modells schlugen wir diese Formel vor, die einen Überblick bis hin zu einer detaillierten Perspektive auf die wichtigsten Faktoren, die das IPS einer Organisation beeinflussen, geben kann. Auf der Grundlage aller im vorherigen Abschnitt durchgeführten QFD identifizierten wir für jede Innovationsdimension den wichtigsten Satz von Indikatoren, wie in Tab. 12 dargestellt.

In unserer Vision hat die IPS-Evaluierung den Hauptzweck, Managern zu helfen, das gewünschte Leistungsniveau bei Innovationsaktivitäten zu erreichen. Meistens spiegeln sich die Ergebnisse der Innovationstätigkeit direkt im Grad der Zufriedenheit der Interessengruppen (Kunden, Gesellschaft, Mitarbeiter, Investoren usw.) und in der allgemeinen Leistung der Organisation wider. Um das erwartete Zufriedenheitsniveau zu erreichen, sollten Manager daher jede Innovationsdimension sorgfältig überwachen.

In das Bewertungsmodell haben wir einen Block von acht miteinander verbundenen Innovationsdimensionen aufgenommen, die vertikal miteinander verbunden sind, wie im Wasserfall-QFD-Algorithmus erläutert. Auf diese Weise analysierten wir die Leistung des Innovationssystems, wobei jede Dimension von der oberen Dimension beeinflusst wurde. Außerdem ist das IPS durch die individuelle Leistung jeder Dimension bedingt und reicht nicht aus, um nur irgendeine Dimension zu verbessern, um echte Fortschritte in diesem Bereich zu erzielen. Vision und Politik war die erste Dimension, der Punkt, an dem Innovation beginnen sollte. Wenn Innovation in der Vision und Politik der Organisation nicht vorhanden ist, macht es keinen Sinn, über die Innovationsleistung zu sprechen. Die nächste Dimension, die Strategie-Innovation, umfasst meistens Wachstumsstrategien, neue Geschäftsmodelle oder neue Aktivitäten, als Verbindung zwischen der allgemeinen Strategie der Organisation und dem Innovationsplan, als Instrument zur Umsetzung der Vision in die Tat. Netzwerk-, Personal- und Verwaltungsinnovation befinden sich auf der gleichen Ebene, da sie alle mehr als andere von der Strategieinnovation beeinflusst werden. Die Bedeutung der Netzwerkinnovation lässt sich am besten durch Chesbroughs Konzept der offenen Innovation (Chesbrough 2010; Chesbrough et al. 2011) beschreiben, als die Inside-Out- und Outside-In-Ströme und die Beziehungen zu anderen Organisationen, die die Innovationsleistung nutzen können. Humanressourcen sind ebenfalls eine Voraussetzung für den Erfolg, wobei talentierte Menschen ein Schlüsselaspekt der Innovationsaktivität sind. Das Modell wird durch die am häufigsten diskutierten Arten von Innovation, Prozess-, Produkt- und Marketinginnovation ergänzt. Anders als bei den anderen Dimensionen sind ihre Ergebnisse in diesem Fall oft sichtbar und greifbarer. Durch die Positionierung dieser drei Dimensionen in der Warteschlange des QFD-Algorithmus wollten wir betonen, dass

Tab. 12 Die Liste mit den wichtigsten Indikatoren für jede der acht Innovationsdimensionen, die in der IPS-Bewertung enthalten sind

Dimension		Indikator	
ipsvp	Vision und politische Innovation	OFV FRI FRV OVP	Originalität der Unternehmensvision Periodizität der Analyse der Innovationspolitik Periodizität der Analyse der Innovationspolitik Einzigartigkeit des Wertversprechens
ipssi	Strategie-Innovation	EBM MIS NBM MAS	Effizienz des Geschäftsmodells Reife der Innovationsstrategie Neuheit des Geschäftsmodells Reife von Allianzen mit Konkurrenten
Ipsni	Netzwerk-Innovation	NPN NIO NC BNH	Neue Produkte/Dienstleistungen, die innerhalb des Netzwerks entwickelt wurden Anzahl der Ideen, von außerhalb der Organisation Anzahl der Zusammenarbeit Die Heterogenität des Netzwerks
ipshr	Innovationen im Bereich der Human-ressourcen	NRE NSC CPT SRS	Zahl der Forscher Anzahl der Innovationskurse Kontinuierliche berufliche Weiterbildung des Forschungspersonals Stimulierung des Forschungspersonals
ipsai	Administrative Innovation	NMI NWI EEI IPE	Anzahl der am Innovationsprozess beteiligten Manager Neue Wege zur Bewertung innovativer Prozesse Effektivität und Effizienz des Informationsflusses Anzahl der Innovationsprojekte/Anzahl der Mitarbeiter
ipspsi	Prozess-innovation	RCP PE NWT NPV NWP	Veränderungsrate von Prozessen und Technologien Prozesseffizienz (Ergebnisse/Aufwand) Neue Verwaltungssysteme Die Anzahl der Produktvarianten Neue Wege zur Verkürzung der Reaktionszeit auf Kundenwünsche
ipspri	Produkt-innovation	NCM NCS NCL NIM NPS	Veränderungen bei den Rohstoffen der Produkte Änderungen in Form/Aussehen von Produkten Produkte mit neuesten technologischen Innovationen Neu auf den Markt gebrachte Produkte/Dienst-leistungen Verkauf neuer Produkte/Dienstleistungen
ipsmi	Marketing-innovation	PBA IIM NMT NNB NCD	Prozentsatz des für Werbung zugewiesenen Budgets Anzahl der Innovationen zur Erhöhung des Marktan-teils Zahl der neuen Werbemethoden Zahl der neuen Marken Zahl der neuen Vertriebskanäle

hinter diesen sichtbaren Ergebnissen der Innovation bestimmte Prozesse und Aktivitäten stehen, die im Hintergrund ebenso wichtig sind.

Ein weiterer wichtiger Beitrag des vorgeschlagenen Modells besteht darin, dass wir mithilfe der QFD-Analyse die wichtigsten Indikatoren unter Berücksichtigung aller Innovationsdimensionen ausgewählt haben; wir haben keinen allgemeinen Satz von Indikatoren zur Messung der Innovationsfähigkeit der Organisation vorgeschlagen, weil für den Umgang mit einer so komplexen Aktivität ein effizienteres Werkzeug erforderlich ist.

8 Schlussfolgerungen

Der Hauptzweck der Studie war die Entwicklung eines Bewertungsmodells für die Innovationsfähigkeit der Organisation, um die Gesamtleistung des Unternehmens weiter zu verbessern. Motiviert durch den ständigen Bedarf an besseren Möglichkeiten zur Bewältigung von Innovationsherausforderungen, ist ein Bewertungsmodell die beste Lösung für Organisationen, um sich im aktuellen und zukünftigen wirtschaftlichen Kontext anzupassen und sich auszuzeichnen. Wie der Literaturüberblick zeigt, könnte die Messung von Innovation zu wichtigen Ergebnissen führen, unabhängig von der Branche oder der Größe des Unternehmens. Von kleinen bis zu großen Unternehmen, von traditionellen bis hin zu High-Tech-Unternehmen hängt die Steigerung der Innovationsleistung in erster Linie von ihrer Fähigkeit ab, ihre Innovationsgrenzen zu verstehen und die besten Lösungen zu finden. Eine angemessene Bewertung der Innovationstätigkeit könnte generell einen bedeutenden Einfluss haben. Nach De Prato et al. (2015) könnten Innovationsprojekte zwischen 6 % und 30 % zusätzliche Einnahmen generieren, mit einem Durchschnitt von fast 20 %, was deutlich über den allgemeinen Umsatzwachstumsraten zwischen 5 und 10 % liegt. Auch die Messung von Innovation könnte zu Einsparungen führen, die im Durchschnitt etwa 10 % betragen. Das Bewertungsmodell sollte ein praktischeres Werkzeug für Manager und Praktiker schaffen, um den Grad der Innovationsfähigkeit in ihrer Organisation zu bewerten und die besten Optionen für Verbesserungen zu identifizieren. Dabei haben wir einen Wasserfall-QFD-Algorithmus erstellt, in den wir acht miteinander verbundene Dimensionen der Innovation einbezogen haben, und für jede dieser Dimensionen haben wir die Indikatoren für die Innovationsfähigkeit der Organisation mit der höchsten Auswirkung auf die gesamte Innovationsleistung identifiziert und in eine Rangfolge gebracht. Wir nahmen in unsere Analyse 13 Hauptanforderungen an die Innovationsleistung und 99 in Sets organisierte Metriken für jede Dimension der Innovation auf. Die allgemeine Liste der Metriken ist ebenfalls ein Beitrag unserer Studie zum Innovationsbereich. Darüber hinaus analysierten wir den Grad der Korrelation zwischen jedem Satz von Indikatoren, ausgehend von ihrer Bedeutung in Bezug auf die Anforderungen an die Innovationsleistung. Die Ergebnisse dieser Analyse ermöglichten es, die Liste mit den wichtigsten Indikatoren für jede der acht Innovationsdimensionen zu erstellen und so sehr spezifisch auf die Innovationsleistung innerhalb einer Organisation einzugehen. Die vorgeschlagene Bewertungsformel des IPS sammelte alle Ergebnisse der QFD-Analysen und bot eine Antwort auf die anfängliche Forschungsfrage. Dieses Evaluationsmodell, das das gesamte IPS und alle Formeln für jede der acht Innovationsdimensionen umfasst, kann von Unternehmen als Instrument und Methodik verwendet werden, um ihre Innovationsfähigkeit zu bewerten, sich den Gegebenheiten anzupassen und systematisch auf die Herausforderungen des Marktes zu reagieren.

Um ein hohes Niveau der Innovationsleistung zu erreichen, müssen alle Dimensionen gut funktionieren, und für jede einzelne kann eine spezifische Lösung erforderlich sein. Diese Vision ist ähnlich wie die von Kusiak (2007), der feststellte, dass das Erreichen von Innovationsleistung viele voneinander abhängige Teile braucht, um zusammenzuwirken, denn Innovation ist nicht nur eine Frage eines neuen Produkts, sondern eher ein Prozess, der eine kontinuierlich optimierte Struktur erfordert. Auf diese Weise könnte das Bewertungsmodell Managern helfen, die Schwachstellen der Innovation in ihrer Organisation zu verstehen, und ihnen die Möglichkeit geben, einzugreifen und sie zu korrigieren, um die Innovationsvorteile voll auszuschöpfen.

Für die zukünftige Forschung halten wir es für nützlich, ein Innovationsbewertungsmodell in bestimmten Bereichen (öffentlich oder privat) oder Branchen zu entwickeln. Eine andere Möglichkeit bestünde darin, in das Bewertungsmodell verschiedene Besonderheiten und Optionen aufzunehmen, sodass der Endbegünstigte das Modell entsprechend seinen Besonderheiten anpassen kann.

Literatur

Adams R, Bessant J, Phelps R (2006) Innovation management measurement: a review. Int J Manag Rev 8:21–47. https://doi.org/10.1111/j.1468-2370.2006.00119.x

Anderson N, Potočnik K, Zhou J (2014) Innovation and Creativity in Organizations: a state-of-the-science review, prospective commentary, and guiding framework. J Manage 40:1297–1333. https://doi.org/10.1177/0149206314527128

Bessant J, Lamming R, Noke H, Phillips W (2005) Managing innovation beyond the steady state. Technovation 25:1366–1376. doi: https://doi.org/10.1016/j.technovation.2005.04.007

Birkinshaw J, Hamel G, Mol MJ (2008) Management innovation. Acad Manag Rev 33:825–845

Blankley W, Heinamann C, Sithole M (2012) Providing and calculating innovation indicators. ASTII/HSRC/UIS Workshop. Human Sciences Research Council HSRC, Pretoria

Botelho C (2020) The influence of organizational culture and HRM on building innovative capability. Int J Product Perform Manag ahead-of-p. https://doi.org/10.1108/ijppm-05-2019-0228

Chesbrough H (2010) Business model innovation: opportunities and barriers. long range plann 43:354–363. doi: 10.1016/j.lrp.2009.07.010

Chesbrough H, Vanhaverbeke W, Bakici T, Lopez H (2011) Open innovation and public policy in Europe. Science|Business Publishing Ltd, Singapore

Council of the European Union E (2019) Conclusions on the future of a highly digitised Europe beyond 2020: boosting digital and economic competitiveness across the Union and digital cohesion, Brussels

Dat LQ, Phuong TT, Kao H-P, et al (2015) A new integrated fuzzy QFD approach for market segments evaluation and selection. Appl Math Model 39:3653–3665. https://doi.org/10.1016/j. apm.2014.11.051

De Jong JJP, Brouwer E (1999) Strategic Study Determinants of the innovative ability of SMEs. EIM Small Business Research and Consultancy, Zoetermeer

De Jong M, Marston N, Roth E (2015) The eight essentials of innovation. McKinsey Quaterly April:1–12

De Prato G, Nepelski D, Piroli G (2015) Innovation radar: identifying innovations and innovators with high potential in ICT FP7, CIP & H2020 projects. Publications Office, Luxembourg

Donate MJ, Ruiz-Monterrubio E, Sánchez de Pablo JD, Peña I (2019) Total quality management and high-performance work systems for social capital development: effects on company innovation capabilities. J Intellect Cap 21:87–114. https://doi.org/10.1108/JIC-07-2018-0116

Du Preez ND, Louw L (2008) A framework for managing the innovation process, PICMET '08–2008: Portland International Center for Management of Engineering and Technology, Proceedings, S 546–558

Dziallas M, Blind K (2019) Innovation indicators throughout the innovation process: an extensive literature analysis. Technovation 80–81:3–29. https://doi.org/10.1016/j.technovation.2018.05.005

Edison H, bin Ali N, Torkar R, (2013) Towards innovation measurement in the software industry. J Syst Softw 86:1390–1407. https://doi.org/10.1016/J.JSS.2013.01.013

Elenkov DS, Manev IM (2005) Top management leadership and influence on innovation: the role of sociocultural context. J Manage 31:381–402. https://doi.org/10.1177/0149206304272151

Eveleens C (2010) Innovation management; a literature review of innovation process models and their implications. Science 800(80):900–918

Fernez-Walch S, Romon F (2008) Dictionnaire du management de l'innovation, 1. Aufl. Vuibert, Paris

Foss NJ, Saebi T (2017) Fifteen years of research on business model innovation: how far have we come, and where should we go? J Manage 43:200–227. https://doi.org/10.1177/0149206316675927

Ganguly A, Talukdar A, Chatterjee D (2019) Evaluating the role of social capital, tacit knowledge sharing, knowledge quality and reciprocity in determining innovation capability of an organization. J Knowl Manag 23:1105–1135. https://doi.org/10.1108/JKM-03-2018-0190

Hallowell DL (2010) QFD: When and how does it fit in software development? iSixSigma. https://www.isixsigma.com/tools-templates/qfd-house-of-quality/qfd-when-and-how-does-it-fit-software-development/. Zugegriffen: 1 Mai 2019

Hamel G (2006) The why, what, and how of management innovation. Harv Bus Rev 84(72–84):163

Hamel G (2007) The future of management, 1. Aufl. Harvard Business School Press, Boston

Hamel G, Tennant N (2015) The 5 requirements of a truly innovative company. Harvard Bus Rev Digit, Artic

Hill CWL, Rothaermel FT (2003) The performance of incumbent firms in the face of radical technological innovation. Acad Manag Rev 28:257–274. https://doi.org/10.5465/AMR.2003.9416161

Ireland RD, Hitt MA, Sirmon DG (2003) A model of strategic entrepreneurship: the construct and its dimensions. J Manage 29:963–989. https://doi.org/10.1016/S0149-2063(03)00086-2

James SD, Leiblein MJ, Lu S (2013) How firms capture value from their innovations. J Manage 39:1123–1155. https://doi.org/10.1177/0149206313488211

Ju TL, Li CY, Lee TS (2006) A contingency model for knowledge management capability and innovation. Ind Manag Data Syst 106:855–877. https://doi.org/10.1108/02635570610671524

Kiehne J, Olaru M, Arp A-K, Fortmueller A (2019) Study on innovation economy in German Mittelstand. In: Soliman, KS (Hrsg) Education excellence and innovation management through vision 2020. Int business information managemenT ASSOC-IBIMA, 34 E Germantown Pike, NO. 327, Norristown, PA 19401 USA, S 7601–7612

Kusiak A (2007) Innovation science: a primer. Int J Comput Appl Technol 28:140–149. https://doi.org/10.1504/IJCAT.2007.013351

Lancaster G (2005) Research methods in management, a concise introduction to research in management and business consultancy, 1. Aufl. Elsevier Butterworth-Heinemann, Oxford

Lengnick-Hall CA (1992) Innovation and competitive advantage: what we know and what we need to learn. J Manage 18:399–429. https://doi.org/10.1177/014920639201800209

Lopes APVBV, Kissimoto KO, Salerno MS, et al (2016) Innovation management: a systematic literature analysis of the innovation management evolution. Brazilian J Oper Prod Manag 13:16–30. https://doi.org/10.14488/bjopm.2016.v13.n1.a2

Maier A (2014) Researches and contributions on the development of innovation management models. Technical University of Cluj-Napoca

Maier D, Olaru M, Weber G, Maier A (2014) Business Success by Understanding the Process of Innovation. In: Galbraith B (Hrsg) Proceedings of the 9th European Conference on Innovation and Entrepreneurship ECIE 2014. Academic Conferences and Publishing International Limited, Reading, S 534–538

Maier D, Maftei M, Maier A, Bitan GE (2019a) A review of product innovation management literature in the context of organization sustainable development. Amfiteatru Econ 21:816–829. https://doi.org/10.24818/EA/2019/S13/816

Maier D, Olaru M, Maftei M, et al (2019b) Integrated model for innovation and environment management systems. In: Soliman, KS (Hrsg) Education excellence and innovation management through vision 2020. Int business information management ASSOC-IBIMA, 34 E Germantown Pike, NO. 327, Norristown, PA 19401 USA, S 3593–3601

Maier D, Olaru M, Maftei M, Maier A (2019c) Framework for measuring product innovation to support sustainable development. In: Dinu V (Hrsg) 2019 Basiq international conference: new trends in sustainable business and consumption. ASE, Bucharest, S 640–648

Maier D, Sven-Joachim I, Fortmuller A, Maier A (2017) Development and operationalization of a model of innovation management system as part of an integrated quality-environment-safety system. AMFITEATRU Econ 19:302–314

Malinoski M, Perry GS (2011) How do I measure, "Innovation"?!? Balanc. Scorec, Inst

Miller WL (2001) Innovation for business growth. Res Manag 44:26–41. https://doi.org/10.1080/08956308.2001.11671451

Mol MJ, Birkinshaw J (2009) The sources of management innovation: when firms introduce new management practices. J Bus Res 62:1269–1280. https://doi.org/10.1016/J.JBUSRES.2009.01.001

Murswieck R, Dragan M, Maftei M et al (2019) A study on the relationship between cultural dimensions and innovation performance in the European Union countries. Appl Econ 52:2377–2391. https://doi.org/10.1080/00036846.2019.1690628

Organisation for Economic Co-Operation and Development (OECD) (2005) Oslo manual: proposed guidelines for collecting and interpreting technological innovation data

Racela OC, Thoumrungroje A (2019) When do customer orientation and innovation capabilities matter? An investigation of contextual impacts. Asia Pacific J Mark Logist 32:445–472. https://doi.org/10.1108/APJML-03-2019-0143

Rajapathirana RPJ, Hui Y (2018) Relationship between innovation capability, innovation type, and firm performance. J Innov Knowl 3:44–55. https://doi.org/10.1016/j.jik.2017.06.002

Saunila M (2014) Innovation capability for SME success: perspectives of financial and operational performance. J Adv Manag Res 11:163–175. https://doi.org/10.1108/JAMR-11-2013-0063

Schumpeter JA (1934) The theory of economic development. Harvard University Press, Cambridge

Silva GM, Gomes PJ, Lages LF, Pereira ZL (2014) The role of TQM in strategic product innovation: an empirical assessment. Int J Oper Prod Manag 34:1307–1337. https://doi.org/10.1108/IJOPM-03-2012-0098

Somech A, Drach-Zahavy A (2013) Translating team creativity to innovation implementation: the role of team composition and climate for innovation. J Manage 39:684–708. https://doi.org/10.1177/0149206310394187

Vaccaro IG, Jansen JJP, van den Bosch FAJ, Volberda HW (2012) Management innovation and leadership: the moderating role of organizational size. J Manag Stud 49:28–51. https://doi.org/10.1111/j.1467-6486.2010.00976.x

Vicente M, Abrantes JL, Teixeira MS (2015) Measuring innovation capability in exporting firms: the innovscale. Int Mark Rev 32:29–51. doi: 10.1108/IMR-09-2013-0208

Volberda HW, Van FAJ, Bosch D, Mihalache OR (2014) Advancing management innovation: synthesizing processes, levels of analysis, and change agents. Organ Stud 35:1245–1264. 10.1177/0170840614546155

Walker RM (2004) Innovation and organisational performance: evidence and a research agenda. AIM Res Work Pap Ser 1–56. https://dx.doi.org/10.2139/ssrn.1306909

Walker RM, Damanpour F, Devece CA (2011) Management innovation and organizational performance: the mediating effect of performance management. J Public Adm Res Theory 21:367–386. https://doi.org/10.1093/jopart/muq043

Zott C, Amit R, Massa L (2011) The business model: recent fevelopments and future research. J Manage 37:1019–1042. https://doi.org/10.1177/0149206311406265

 **Dorin Maier** ist Univ.-Doz. Dipl -Ing. Dr. Ing. Dr. rer. pol. an der Technischen Universität Cluj-Napoca Department of Civil Engineering and Management, Rumänien, wo er sein Diplom im Bauingenieurwesen und seinen Doktortitel im Bauingenieurwesens (2012) erwarb. Er erwarb auch einen Doktortitel in Wirtschaftswissenschaften, an der Wirtschaftsuniversität Bukarest, Rumänien. Das Forschungsthema seiner letzten Doktorarbeit ist „Entwicklung eines Innovationsmanagementsystems im Rahmen eines integrierten Managementsystems Qualität – Umwelt – Sicherheit, im Kontext der Globalisierung der Wirtschaft". Sein wichtigstes Forschungsgebiet ist Innovation, mit Fokus auf die Innovationsprozesse in Unternehmen, nachhaltige Entwicklung, Qualität und Innovation in den Bereichen Holzkonstruktionen und leichte Deckenkonstruktionen. Er ist Autor des Buches Innovationsmanagement und hat mehr als 90 publizierte wissenschaftliche Werke in internationalen Zeitschriften und Konferenzbände.

Marieta Olaru ist Univ.-Prof. Dipl.-Ök. Dr. rer. pol. an der Wirtschafts-universität Bukarest, Rumänien, Department of Business, Consumer Science and Quality Management, Betreuerin der Doktoranden im Bereich Business Administration, ehemalige Direktor der Doktorats-Schule für Business Administration, ehemalige Leiterin des UNESCO-Lehrstuhls für Business Administration. Als Gründungdirektor des Forschungszentrums für Business Administration hat Sie mehrere nationale Forschungsprojekte koordiniert und sie erhielt mehrere Forschungspreise. Sie hat mehr als 250 Fachbücher, wissenschaftliche Werke in internationalen Zeitschriften und Konferenzbände veröffent-licht. Eine harmonische Verflechtung der Lehr-, Forschungs- und Beratungstätigkeiten in Bereichen wie Qualitäts- und Innovations-management, Integrierte Managementsysteme (Qualität – Umwelt – Sicherheit – Soziale Verantwortung) gehören zu ihren Hauptaufgaben. Ihre Mitgliedschaft in mehreren Berufsorganisationen und Zerti-fizierungsstellen ermöglichen die Verwirklichung ihrer professionellen Ziele u. z. eine fachspezifische Integrierung ökonomischer, ökologischer und sozialer Aspekte in die nachhaltige Geschäftsprozesse.

Robert Bumbac ist Univ.-Lekt. Dipl.-Ök. Dr. rer. pol. an der Wirt-schaftsuniversität Bukarest, Rumänien, Department of Business, Consumer Science and Quality Management, wo er sein Diplom in Wirtschaft und seinen Doktortitel im Business Administration erwarb (2014). Er hat einen Bachelor im Handel, einen Master in Business Administration abgeschlossen. Er ist Mitglied des Business Administration Forschungszentrums und sein wichtigstes Forschungsgebiet ist Innovationsmanagement, mit Fokus auf die Bereichen wie Innovationsmodellen, Innovationsleistungen Lean Innovation, Design und Ästhetik. Er ist Koordinator der Entre-preneurship Students Society der Universität, Leiter EU -Projekte zur Förderung der unternehmerischen Initiativen von Studenten und Jugendlichen in Rumänien. Zuvor war er beim OMV Petrom, Abteilung für Strategy Corporate Development & Investor Relations tätig (2013), Berater des Ministers für Wirtschaft, Handel und Geschäftsbeziehungen (2016) Berater bei der Kanzlei des Premier-ministers Rumäniens (2016).

Andreea Elena Maier ist Univ. Lekt. Dipl.-Ing. Dr. an der Techni-schen Universität von Cluj-Napoca, Department of Electrical Machines, Marketing and Management, Rumänien, wo sie ihr Diplom im Bauingenieurwesen und ihr Doktortitel im Ingenieurwesen und Management (2013) erwarb. Ihr wichtigstes Forschungsgebiet ist Innovation, mit Fokus auf die Innovationsmanagementmodelle, Multilevel – Innovation und Innovationsmetriken. Sie hat Forschungs-aktivitäten auch in Bereichen wie interdisziplinäre Innovation und Personalmanagement, Organisationsleistung und nachhaltige Ent-wicklung. Sie ist Hauptautorin des Buches Innovationsmanagement und hat mehr als 80 publizierte wissenschaftliche Werke in Zeit-schriften und in Konferenzbände.

Mihaela Maftei ist Univ.-Doz. Dipl.-Ök. Dr. rer. pol. an der Wirtschaftsuniversität Bukarest, Rumänien, Department of Business, Consumer Science and Quality Management, wo sie ihren Doktortitel im Business Administration erwarb. Sie hat einen Bachelor in Management, einen Master in Personalmanagement und ein Weiterbildungsprogramm in Forschungs – Entwicklungs -und Innovationsprogrammen (FEI) beschlossen. Zuvor war sie in der Verwaltungseinheit der FEI-Programmen tätig und sie hatte Führungspositionen inne in Bereichen Qualitätssicherung und Personalmanagement innerhalb der Universität. Sie ist Mitglied des dortigen Business Administration Forschungszentrums. Ihr wichtigstes Forschungsgebiet ist Qualitätsmanagement, mit Fokus auf den Bereichen wie Qualitätsmanagementsystemen, Integrierte Management Systemen, Qualität und Innovation, und Nachhaltigkeit. Als Berater des Staatssekretärs im Ministerium für Bildung war sie mit den internen Managementkontrollen und Qualitätsmanagement tätig. Sie war auch Koordinator Qualitätsmanagement und Berater des Präsidenten des Nationalen Instituts für Verwaltung.

Roxana Maria Gavril ist PhD Studentin im dritten Jahr an der Wirtschaftsuniversität Bukarest, Rumänien, Doktoratsschule für Business Administration. Ihr Forschungsthema ist „Verbesserung des Vertragsmanagements im Kontext der digitalen Geschäften". Sie hat einen Bachelor und einen Master in Betriebswirtschaft und Innovationsmanagement, an der Wirtschaftsuniversität Bukarest, Rumänien beschlossen. Sie hat mehr als 25 wissenschaftliche Werke in Zeitschriften und in Konferenzbände veröffentlicht. Ihre 15-jährige Erfahrung im Vertrags- und Risikomanagement für Großprojekte in Branchen wie Bauwesen, Öl und Gas, Ingenieurwesen und Technologie umfasst über 1300 geprüfte kommerzielle Verträge, mehrere Vertragsverhandlungen und neu geschaffene Prozesse, die Innovationen in ihrem Bereich ermöglicht haben. Sie ist von internationalen Berufsorganisationen anerkannt und seit 2019 Ratsmitglied der International Association for Contract & Commercial Management (IACCM) für Öl und Gas.

Die Einstellung der Konsumenten gegenüber der Nutzung von neuen Technologien und künstlicher Intelligenz

Corina Pelau, Irina Ene und Ruxandra Badescu

1   Einleitung

Die verschiedenen Formen der künstlichen Intelligenz haben das Leben der Individuen erobert. Von Smartphones und Smartwatches bis hin zu Smart Homes gibt es in jedem Bereich unseres täglichen Lebens unterschiedliche Geräte, welche unser Leben steuern und beeinflussen. Der subtile Einfluss der künstlichen Intelligenz und ihr Eindringen in das Alltagsleben der Konsumenten wird immer komplexer, da wir Zeiten großer Veränderungen erleben, charakterisiert von der Erscheinung disruptiver Technologien oder innovative Geschäftsmodelle, die in jedem Moment sowohl das Leben der Konsumenten als auch die Geschäftswelt erschüttern können. Was vor zehn Jahren schwer vorstellbar war und eher als Teil eines Science-Fiction-Films zugeordnet war, wird heutzutage als normal oder sogar als ein „Muss" angesehen. Heutzutage gibt es selbstfahrende Autos, Kühlschränke welche ihre Einkaufslisten automatisch aktualisieren oder sogar selbst Essen bestellen, intelligente Häuser welche mithilfe des Internets der Dinge verwaltet werden und vieles mehr. All dies ist möglich durch die umfangreichen Investitionen in intelligente Systeme, die als eine der obersten Prioritäten vieler Unternehmen in der ganzen Welt sind.

Trotz des zunehmenden Einsatzes der verschiedenen Formen der Automatisierung, der Technologie, welche in der Lage ist Daten zu sammeln und zu bearbeiten, gibt es eine anhaltende Diskussion über die allgemeine Bereitschaft der Gesellschaft, diese Veränderungen und technologischen Trends zu akzeptieren (Lee und See 2004). Es gibt

C. Pelau (✉)
Bucharest University of Economic Studies, Bukarest, Rumänien

I. Ene · R. Badescu
Bucharest University of Economic Studies, Bukarest, Rumänien

© Springer-Verlag GmbH Deutschland, ein Teil von Springer Nature 2021   63
M. Bodemann et al. (Hrsg.), *Zukunftsfähigkeit durch Innovation,*
Digitalisierung und Technologien, Organisationskompetenz Zukunftsfähigkeit,
https://doi.org/10.1007/978-3-662-62148-6_4

selbstverständlich Argumente für die Nutzung von intelligenten Technologien als auch Gegenargumente. Die Entwicklung von Computers, Handys oder Smartphones haben drastischen Veränderungen in der Geschäftswelt in den letzten Jahrzehnten gebracht. Mit der Entwicklung der Technologie müssen Unternehmen ihre Vorgehensweise ändern, um den neuen Voraussetzungen zu entsprechen. Auch die Art und Weise wie sich Konsumenten verhalten, wurde beeinflusst. Es ist aber wichtig zu verstehen, welche Innovationen bedeutungsvoll sind und welche keinen großen Einfluss haben.

Einerseits, ist die Entwicklung der Technologie mit sehr vielen Vorteilen verbunden, wie zum Beispiel Kostensenkung, Steigerung der Effizienz, Zeitersparnis und es können Wettbewerbsvorteile durch Innovationen geschaffen werden. Die große Herausforderung ist es Kundenzufriedenheit zu schaffen und zu behalten. In manchen Fällen haben die Roboter nicht die Antworten zu allen von den Konsumenten gestellten Fragen und können nicht so flexibel wie die Menschen interagieren. Zusätzlich können sie auch nicht verfügbar in Falle eines Systemfehlers sein, was schwer den Konsumenten zu erklären ist.

In diesem Beitrag werden die Ergebnisse einer Forschung über die Einstellung der Konsumenten gegenüber der Nutzung und Interaktion von künstlicher Intelligenz und Roboter. Es wird ein Vergleich zwischen der Wahrnehmung der Konsumenten gegenüber Robotern, die funktionale Rollen oder soziale Rollen in der Gesellschaft einnehmen können, angestellt.

2 Literatur zum Thema künstliche Intelligenz

Die schnelle Entwicklung der künstlichen Intelligenz (KI) ist derzeit eines der am meisten diskutierten Themen sowohl in den akademischen Kreisen als auch in der Geschäftswelt. Die Idee der „Singularität", definiert als der Moment, in welchem die künstliche Intelligenz die menschliche Intelligenz übertrifft, sorgt sowohl für Aufregung und schafft Angst zur gleichen Zeit. Mit jedem Schritt nach vorne gibt es eine wachsende Angst, dass unsere eigenen Kreationen unseren Intellekt übertreffen wird und sich gegen uns wenden könnten (Rinesi 2015). In Bezug auf die Fähigkeit des Menschen, künstliches Bewusstsein zu entwerfen, gibt es zwei Meinungsströme. Einige gehen davon aus, dass es noch einen langen Weg gibt, da es noch kein dokumentiertes Verständnis dafür gibt, wie man menschenähnliche Motivation, Empathie und soziales Denken in einem künstlichen Intelligenzsystem modelliert (Haladjian und Montemayor 2016). Andere scheinen zu glauben, dass dies einfach eine technische Herausforderung sein könnte; sobald die technischen Grenzen überwunden sind, wird das künstliche autonome Denken möglich sein (Graziano 2015). Dieses Thema wird sowohl in wissenschaftlichen Kreisen, als auch in der Geschäftsumwelt und Medien stark debattiert, was aktiv die Bereitschaft der Menschen beeinflusst, sich an diesen Veränderungen zu gewöhnen und diese zu übernehmen. Lee und See (2004) behaupten, dass der Widerstand gegenüber intelligenten Anwendungen eher auftritt, in den Situationen, in denen die menschliche

Entscheidung durch autonome Maschinen oder Systeme ersetzt oder ergänzt wird (Lee und See 2004). Je fortgeschrittener die autonome Funktion einer Maschine ist, desto schwieriger ist es, von Menschen akzeptiert zu werden.

Der Grad der Akzeptanz künstlicher Intelligenz ist für die meisten Unternehmen, welche intelligente Automatisierungssysteme benutzen, von großem Interesse (Hengstler et al. 2016). Business Intelligence und Analytics beziehen sich auf die Kombination von Datenbanken, Analysetools, Methoden, Architekturen und Anwendungen zur Unterstützung von Entscheidungsprozessen (Schebesch et al. 2010) und sie werden in vielen Branchen eingesetzt. Mithilfe dieser Systeme werden Verhaltensprofilen der Konsumenten erstellt und sie werden als Differenzierungsmerkmale für die Schaffung von Wettbewerbsvorteile benutzt. Ebenso kann man mithilfe der gewonnenen Informationen neue Lösung zu geschäftlicher Herausforderungen finden (Minelli et al. 2012). Für die meisten Unternehmen steht es auf der Prioritätenliste die Vorteile und Risiken der Umsetzung intelligenter Technologien zu analysieren und zu verstehen. Während die Vorteile in der Regel überwiegen, besteht die eigentliche Herausforderung in der Bereitschaft des Unternehmens, das Risiko einer Ablehnung aufgrund des mangelnden Vertrauens in maschinelle Entscheidungen einzugehen.

Um die Frage des Vertrauens in künstliche Intelligenz anzugehen, müssen wir zunächst definieren, was „Vertrauen" bedeutet. Ein gängiger Ansatz definiert Vertrauen als die Bereitschaft einer Partei, für die Handlungen einer anderen Partei anfällig zu sein, basierend auf der Erwartung, dass die andere Partei eine bestimmte Handlung ausführt, unabhängig von jeder Überwachung oder Kontrolle (Mayer et al. 1995). Lee und See definieren Vertrauen in Automatisierung durch die Bereitschaft der Menschen sich auf die Entscheidungen und Aktionen der Technologie zu verlassen. Ihrer Meinung nach ist Vertrauen der Schlüssel zur Akzeptanz der neuen Technologien (Lee und See 2004). Nach einer Studie von Hengstler et al. (2016) gibt es vier wesentliche Faktoren welche das Vertrauen der Individuen gegenüber Technologien beeinflussen und zwar: Die Betriebssicherheit, die Datensicherheit, der Grad an Verwendbarkeit der Technologie und das Design. Durch Betriebssicherheit wird das Vorgehen nach gut vordefinierten Standards verstanden. Die Datensicherheit beinhaltet korrekte Algorithmen und einen guten Datenschutz. Die Verwendbarkeit bezieht sich auf der einfachen und intuitiven Steuerung der Maschine oder Technologie, wobei das Design sich auf die äußere Erscheinung der Maschine bezieht (Hengstler et al. 2016).

In Bezug auf Vertrauen, betont McKnight et al. (2002) die entscheidende Rolle des anfänglichen Vertrauens in der frühen Phase der Implementierung einer Technologie. Die Bereitschaft der Konsumenten, die Implementierung einer neuen Technologie zu akzeptieren und sich an diese Veränderungen anzupassen, hängen von ihrer Verwendung ab, in dem Sinne, dass ein Konsument eine Technologie nur akzeptieren kann, wenn er weiß, wie er sie verwendet. Diese Erfahrung kann sich im Laufe der Zeit zur Verlässlichkeit und Vertrauen umwandeln und führt letztendlich zur Akzeptanz. Lee und See (2004) unterstützen diese Theorie und behaupten, dass, wenn ein System anfänglich nicht vertrauenswürdig ist, dann wird es nicht verwendet. Wenn es nicht verwendet wird, so wird das Subjekt keinen Kontakt zu seinen Fähigkeiten haben, daher ist es eher unwahrscheinlich dass das Vertrauen entsteht.

MacVaugh und Schiavone (2010) erklären, dass es jedoch viele interne oder externe Faktoren gibt, welche das Vertrauen der Konsumenten gegenüber einer Technologie beeinflussen. Zum Beispiel für einige Konsumenten hängt das Vertrauen in der Automatisierung direkt von der Leistungsfähigkeit des künstlichen Systems ab (Lee und Moray 1994). Individuelle Unterschiede, wie der kulturelle Hintergrund der Menschen, frühere Erfahrungen, persönliche Überzeugungen oder der Widerstand gegen Veränderungen, sind weitere Faktoren welche das Vertrauen gegenüber Technologien erklären (Rotter 1971). Mollenkopf et al. (2005) bewies in seiner Studie, dass der Einsatz von Technologie vom Alter und Einkommen abhängen. Die Ergebnisse zeigen, dass die Nutzung neuer Technologien durch ältere Menschen eher gering ist (Tracken et al. 2005; Pelau und Ene 2018). Insbesondere Menschen mit niedrigem Einkommen und niedrigem Bildungsniveau benutzen Technologien weniger als Menschen mit hohem Einkommen oder hoher Bildung (Mollenkopf et al. 2005).

Die Entwicklung der künstlichen Intelligenz und Robotern ist mit mehreren positiven und negativen Emotionen verbunden. Einerseits ist der Einsatz von Robotern mit positiven Emotionen und Einstellungen verbunden, welche auf eine höhere Leistung und Effizienz zurückzuführen sind. Dabei sind der Lernaufwand für Steuerung von Roboter, das hedonische Vergnügen und die Faszination ihrer Nutzung weitere wichtige Elemente für die Akzeptanz der künstlichen Intelligenz. Eine höhere Leistung bezieht sich auf die Situation, in der die Roboter, besser, effizienter oder schneller bestimmte Aktivitäten ausführen können im Vergleich zu Menschen (Lu et al. 2019). Auf diese Weise erhöhen Roboter den Komfort und das Wohlbefinden des Menschen. Der Aufwand für die Steuerung der Roboter beschreibt die wahrgenommene Schwierigkeit des Konsumenten/Individuums, eine neue Technologie oder eine neue Form der künstlichen Intelligenz zu benutzen. Mehrere Studien haben gezeigt, dass dieser Lernaufwand für die Steuerung des Roboters von der Fähigkeit des Konsumenten abhängt, aber auch von sozialen Normen und sozialem Druck. Wenn mehrere Personen in einer sozialen Gruppe eine neue Technologie verwenden, muss der Einzelne diese auch verwenden (Hall und Henningsen 2008; Hsu und Lin 2008). Das hedonische Vergnügen und die Faszination des Einsatzes von Robotern beziehen sich auf die positiven Gefühle, die mit dem Einsatz von Robotern verbunden sind, und auf die Zufriedenheit, neuartige Technologien für persönliches Interesse und Unterhaltung einzusetzen (Fryer et al. 2017) Pfadenauer, 2015). Mehrere Studien betrachten die hedonische Motivation als einen der Hauptfaktoren, die sich positiv auswirken, und sind ein wichtiger Faktor für die Bereitschaft der Konsumenten, neue Technologien einzusetzen (Allam et al. 2019; Law et al. 2018).

Roboter erzeugen nicht nur positive Gefühle, sondern auch Angst und negative Emotionen. Diese sind insbesondere verbunden mit der Bedrohung der Manipulation von einem besser informierten System mit künstlicher Intelligenz sowie die Bedrohung der Selbstverwirklichung der Menschen (Huang und Rust 2018). Die Verwendung von Robotern und künstlicher Intelligenz hängt eng mit der Bereitstellung von persönlichen Daten, die von dem System mit künstlicher Intelligenz gespeichert und bearbeitet werden. Ein Roboter oder ein intelligentes System kann nur effizient verwendet werden, wenn er Zugriff auf persönliche Informationen und Daten hat. Angesichts der Tatsache, dass der Roboter immer mehr Informationen über seinen Benutzer sammelt und aus Erfahrungen lernen kann, können wir uns fragen, ob die Menschen immer in der Lage sein werden, die Kontrolle über die Robotersysteme und die künstliche Intelligenz zu behalten (Kaplan und Haenlein 2019). Hier stellt sich die Frage, inwieweit intelligente Systeme diese Informationen für den Zweck des Menschen verwenden oder ihre Bedeutung falsch interpretieren. Ein weiterer Aspekt ist die Gefahr der Selbstidentität der Konsumenten. Sobald das System der künstlichen Intelligenz eine zunehmende Leistung aufweist und komplexer wird, wird es für die Konsumenten schwieriger, sie zu verstehen und zu kontrollieren (Kaplan und Haenlein 2019).

3   Methodologie der Forschung

Das Ziel unserer Forschung ist es die Einstellung der Konsumenten gegenüber künstlicher Intelligenz und Roboter zu determinieren, abhängig von den Rollen, welche diese in der Gesellschaft einnehmen. Roboter können funktionale Rollen als Hilfestellung für die alltäglichen Aktivitäten der Menschen einnehmen oder sie können soziale Rollen einnehmen indem sie dem Menschen gleichgestellt werden. In unserer Forschung machen wir einen komparativen Vergleich zwischen den Einstellungen der Konsumenten gegenüber diese funktionale oder soziale Rolle der künstlichen Intelligenz und Roboter. Um dieses Ziel zu erreichen wurden die Befragten mit zwei Konditionen auseinandergesetzt. In der funktionalen Kondition, mussten sich die Befragten vorstellen, dass der Roboter als Hilfestellung für den Befragten steht und untergeordnete Aktivitäten ausführt (z. B. Dokumente oder Kaffee bringen). In der sozialen Kondition sind die Roboter dem Befragten gleichgestellt und diese mussten sich die Situation vorstellen, dass sie gemeinsam mit dem Roboter unterschiedlich Aktivitäten ausführen (z. B. Schach oder Brettspiele spielen). Für beide Konditionen wurden mehrere Faktoren bewertet, ähnlich wie sie durch Gursoy et al. (2019) und Lu et al. (2019) beschreiben werden. Es werden insbesondere die Effizienz der Nutzung von Roboter (4 Items), die verbesserte Lebensqualität welches mit Hilfe von Roboter erreicht wird (3 Items), das hedonische Vergnügen der Nutzung von künstlicher Intelligenz (3 Items), der soziale Druck um diese neue Technologien zu benutzen (3 Items), der Aufwand für die Lernprozesse für die Steuerung der künstlichen Intelligenz (3 Items), die Kaufbereitschaft der Konsumenten um Roboter oder Geräte mit künstlicher Intelligenz zu akquirieren (3 Items) sowie die Probleme der Selbstverwirklichung und Kommunikation mit anderen Menschen, welche von der Nutzung intelligenter Geräte beeinträchtigt wird (5 Items).

Die Stichprobe der Forschung umfasst 370 Befragte, aus welchen 239 gehören zu der Altersgruppe jünger als 40 Jahre (Jüngere Generation) und 131 gehören zu der Altersgruppe älter als 40 Jahre (ältere Generation). Alle Befragten haben die Ergebnisse in beide Konditionen bewertet. Die Befragung wurde in Dezember 2019 ausgeführt. Die Validität der Daten wird von dem Cronbach Alpha Wert von 0,904 (>0,7) gegeben.

4   Ergebnisse der Forschung

Die Ergebnisse der Forschung zeigen dass die jüngere Generation die Unterschiede zwischen der funktionalen und der sozialen Kondition besser wahrnehmen und diese haben Effekte insbesondere auf die Wahrnehmung der verbesserten Lebensqualität. Es kann beobachtet werden, dass die Generation jünger als 40 Jahre in einer signifikanten Weise einer Verbesserung der Lebensqualität Dank der funktionalen Beziehung zu den Robotern empfindet. Für diesen Faktor bewerten die Konsumenten dass ihr Leben leichter ist ($F = 6,126$, $p = 0,014$, $M_{funk} = 5,38 > M_{soz} = 5,03$), dass sie Dank der Roboter mehr Freizeit zur Verfügung haben ($F = 4,264$, $p = 0,039$, $M_{funk} = 5,51 > M_{soz} = 5,21$) und dass sie sich auf die komplexen Probleme konzentrieren können, da die Roboter die einfachen Sachen erledigen ($F = 11,321$, $p = 0,001$, $M_{funk} = 5,51 > M_{soz} = 5,02$). Für alle drei Merkmale ist der Durchschnitt der Bewertungen höher für die funktionale Kondition im Vergleich zu der sozialen Kondition. Für die Generation älter als 40 Jahre sind auch die Durchschnitte für dieses Merkmal höher für die funktionale Kondition, ohne aber einen signifikanten Unterschied zu der sozialen Kondition zu haben (siehe Tab. 1).

Für den Faktor der Existenz eines sozialen Druckes für die Nutzung von künstlichen Intelligenz und Roboter gibt es keine eindeutige Ergebnisse. Für die jüngere Generation gibt es einen einzigen signifikanten Unterschied zwischen den zwei Konditionen für das Merkmal, dass alle geschätzte Menschen Roboter verwenden ($F = 2,738$, $p = 0,099$), wobei diese Auswertung höher für die soziale Kondition ist ($M_{soz} = 3,32 > M_{funk} = 3,03$). Für die Generation älter als 40 Jahre ist das Merkmal, betreffend der Tatsache, dass die Fähigkeit mit einem Roboter zu interagieren von anderen geschätzt wird, das einzige Merkmal ist, für welche signifikante Unterschiede zwischen den zwei Konditionen existieren ($F = 3,130$, $p = 0,078$). In diesem Falle ist die Wertschätzung höher für die funktionale Kondition ($M_{funk} = 4,63 > M_{soz} = 4,28$). Auch für die jüngere Generation ist die Wertschätzung der Nutzung von funktionalen Roboter höher ($M_{funk} = 4,24 > M_{soz} = 4,06$), ohne dabei signifikante Unterschiede zu haben ($p = 0,266 > 0,10$).

Im Falle des Faktors Selbstverwirklichung gibt es zwei Merkmale mit signifikanten Unterschieden zwischen den zwei Konditionen, ohne dabei eine bestimmte Präferenz für eine von ihnen zu haben. Die Tatsache, dass die Interaktion mit einem Roboter nicht die sozialen Beziehungen mit Freunde und Familie beeinflussen wird in signifikanter Weise höher bewertet für die soziale Kondition ($F = 3,328$, $p = 0,069$, $M_{soz} = 4,89 > M_{funk} = 4,56$) für die junge Generation. Das Ergebnis ist umgekehrt, mit höheren Durchschnitten für die funktionale Kondition für die ältere Generation ohne signifikante Unterschiede zu haben. Eine streng professionelle Beziehung zu den Roboter wird höher bewertet in der funktionalen Kondition, mit signifikante Unter-

Tab. 1 Ergebnisse der Forschung

Faktor	Item	Jüngere Generation			Ältere Generation		
		M_{funk}	M_{soz}	F	M_{funk}	M_{soz}	F
Effizienz	Der Roboter führt die Aktivitäten effizienter aus	4,64	4,62	,029	4,65	4,83	,712
	Der Roboter erledigt die Aufgaben genauer	4,61	4,66	,084	4,70	5,02	2,226
	Roboter machen weniger Fehler	4,73	4,67	,134	4,98	4,88	,224
	Der Roboter erledigt die Aktivitäten schneller	5,00	5,03	,052	5,15	5,15	,000
Lebensquali-tät	Aktivitäten des Roboters erleichtern mir das Leben	5,38	5,03	6,12**	5,32	5,20	,415
	Dank des Roboters habe ich mehr Freizeit	5,51	5,21	4,26**	5,38	5,32	,080
	Fokus auf wichtiges, wegen Roboter Hilfe	5,51	5,02	11,3***	5,53	5,35	,917
Hedonisches Vergnügen	Die Interaktion mit dem Roboter macht Spaß	4,42	4,68	2,506	4,78	4,77	,001
	Die Interaktion mit dem Roboter ist faszinierend	4,68	4,87	1,566	5,00	4,97	,025
	Interaktion mit Roboter ist wie Science Fiction Film	4,32	4,23	,260	4,65	4,62	,018
Sozialer Druck	Die Fähigkeit, mit Robotern zu inter-agieren, wird von anderen Menschen sehr geschätzt	4,24	4,06	1,239	4,63	4,28	3,13*
	Alle meine Freunde haben Roboter als Hilfe	3,04	3,22	1,096	3,32	3,12	,589
	Alle geschätzten Menschen verwenden Roboter	3,03	3,32	2,738*	3,30	3,17	,267
Lernprozesse	Interaktion mit Robotern erfordert Lernprozesse	5,05	4,89	1,017	5,22	5,22	,002
	Bin bereit Roboter-Befehle zu lernen	5,10	5,16	,172	5,00	5,00	,000
	Es ist einfacher Aktivitäten selbst auszuführen, als Befehle einem Roboter zu geben	4,46	4,45	,002	4,69	4,43	1,580

(Fortsetzung)

Tab. 1 (Fortsetzung)

Faktor	Item	Jüngere Generation			Ältere Generation		
		M_{funk}	M_{soz}	F	M_{funk}	M_{soz}	F
Kaufbereit-schaft	Bin bereit mit Roboter-Assistenten zu interagieren	4,48	4,78	3,748*	4,83	4,62	1,041
	Wünsche ein Roboter der bei täglichen Aktivitäten hilft	4,99	4,83	1,029	4,85	4,76	,179
	Bin bereit einen Roboter Assistenten zu kaufen	4,53	4,41	,597	4,57	4,57	,000
Selbstverwirk-lichung	Interaktion mit Roboter schadet nicht meinen sozialen Beziehungen zu Familie und Freunden	4,56	4,89	3,328*	4,64	4,49	,383
	Interaktion mit Roboter ist streng professionell und beeinflusst nicht Gefühle ggü. andere Menschen	5,14	4,73	5,30**	5,19	4,99	,943
	Ich werde nicht abhängig von einem Roboter sein	4,82	4,84	,009	5,04	5,09	,048
	Aktivitäten mit einem Roboter beeinträchtigen nicht meine Persönlichkeit	5,18	4,93	2,232	5,23	5,10	,419
	Aktivitäten mit Roboter beinträchtigen nicht meine menschliche und soziale Fähigkeiten	5,07	5,11	,049	5,01	5,00	,001

Quelle: Eigene Forschungsergebnisse

schiede für die jüngere Generation ($F = 5,308$, $p = 0,022$, $M_{funk} = 5,14 > M_{soz} = 4,73$). Für die anderen Items dieses Faktors gibt es keine Unterschiede für die zwei Konditionen und auch nicht zwischen den zwei Generationen.

Für das hedonische Vergnügen der Nutzung der künstlichen Intelligenz, der notwendigen Lernprozessen für die Steuerung von Robotern und künstlichen Intelligenz, sowie der wahrgenommenen Effizienz der Nutzung von Robotern, gibt es keine große Unterschiede zwischen den zwei Konditionen. Im Falle des hedonischen Vergnügen und der wahrgenommenen Effizienz, gibt es eher signifikante Unterschiede zwischen den zwei Generationen. Auf einer sehr interessanten Weise ist die Bewertung des hedonischen Vergnügens höher für die ältere Generation für alle drei Merkmale Spass ($F = 2,943$, $p = 0,087$, $M_{alt} = 4,78 > M_{jung} = 4,55$), Faszination ($F = 2,781$, $p = 0,096$, $M_{alt} = 4,99 > M_{jung} = 4,77$) und Science-Fiction Gefühl ($F = 6,202$, $p = 0,013$, $M_{alt} = 4,64 > M_{jung} = 4,27$).

Im Falle der Kaufbereitschaft oder des Wunsches nach einen intelligenten Assistenten sind die Bewertungen unterschiedlich. Im Falle der jungen Generation ist die Bereitschaft mit dem Roboter zu interagieren höher in der sozialen Kondition ($F = 3,748$, $p = 0,053$, $M_{soz} = 4,78 > M_{funk} = 4,48$). Die Situation ist umgekehrt im Falle der älteren Generation ($M_{soz} = 4,62 < M_{funk} = 4,83$), ohne signifikante Unterschiede zu haben. Im Falle eines Hilfe-Roboters tendiert die Präferenz der beiden Generationen in Richtung der funktionalen Kondition, wobei bei der allgemeinen Bereitschaft einen Roboter-Assistenten zu kaufen, keine Unterschiede zwischen den zwei Konditionen existieren.

5 Schlussfolgerungen

Die Ergebnisse der Forschung zeigen, dass die Konsumenten keine eindeutige Einstellung gegenüber der künstlichen Intelligenz oder Roboter haben, sondern diese hängt sehr stark ab von der Situation oder der Beziehung, in welcher die Nutzung oder Interaktion zu den Robotern stattfindet. Es kann beobachtet werden, dass im Falle der Verbesserung der Lebensqualität funktionale Roboter bevorzugt werden, wobei im Falle der Interaktion die soziale Kondition bevorzugt wird. Daher kann die Einstellung gegenüber künstlicher Intelligenz und Robotern nicht im Allgemeinen betrachtet werden, sondern es muss abhängig von der Situation, in welcher die Nutzung stattfindet, detailliert werden. Diese kann auch einer der Gründe sein wieso es kein einheitliches Ergebnis für die Faktoren Effizienz, Lernprozesse oder hedonisches Vergnügen gibt. Konsumenten können sich viele Situationen der Nutzung von künstlicher Intelligenz vorstellen und daher gibt es unterschiedliche Bewertungen. Dieses Ergebnis wurde auch in anderen Forschungen bestätigt, in welcher die Bevorzugung einer bestimmter Roboter-Art (mit anthropomorphischen Charakteristika oder in Form eines Hologramms) oder die Präferenz gegenüber einer Situation (menschlich oder maschinell) sehr stark von der Situation abhängig war (Pelau und Ene 2020).

Eines der Limitierungen der Forschung besteht in der Tatsache das beide Konditionen (funktional und sozial) in derselben Forschung erfasst worden sind. Es kann sein, dass die Konsumenten die beiden Konditionen nicht eindeutig als funktional und sozial wahrgenommen haben. Aus diesem Grund kann es sein das die Unterschiede zwischen den zwei Konditionen nicht so klar hervorgehoben worden sind. Ebenso sollten die Rollen klarer definiert werden und es sollte getestete werden inwiefern Konsumenten bestimmte Situationen als funktional oder sozial wahrnehmen.

Das Thema der Messung der Einstellung gegenüber künstlicher Intelligenz und Roboter ist aktueller denn je und wie die Ergebnisse zeigen benötigt es weitere Studien, um diese Beziehung zu fundamentieren. Es ist wichtig alle Situationen zu verstehen in welche Konsumenten und Roboter interagieren, um die ganzen psychologischen Prozesse, die diese Interaktion charakterisieren, zu verstehen. Die Beziehung zwischen Konsumenten und künstlicher Intelligenz/Roboter ist viel komplexer als es scheint, da die Entwicklung der künstlichen Intelligenz das Leben der Konsumenten in großer

Weise verändert hat und weiter verändern wird. Deshalb ist es wichtig zu verstehen, welche die Wahrnehmung der Konsumenten ist, um die Entwicklung der künstlichen Intelligenz so zu gestalten, dass sie von diesen akzeptiert wird. Die Beziehung zwischen Konsumenten und künstlichen Intelligenz ist ein spannendes Thema, das in der Zukunft intensiv erforscht wird; und diese initiale Forschung zeigt, dass es viel komplexer ist, als es scheint.

Literatur

Allam H, Bliemel M, Spiteri L, Blustein J, Ali-Hassan H (2019) Applying a multidimensional hedonic concept of intrinsic motivation on social tagging tools: a theoretical model and empirical validation. Int J Inf Manag 45:211–222

Fryer LK, Ainley M, Thompson A, Gibson A, Sherlock Z (2017) Stimulating and sustaining interest in a language course: an experimental comparison of Chatbot and Human task partners. Computers in Human Behav 75:461–468

Graziano MSA (2015) Build-a-brain: we could build an artificial brain that believes itself to be conscious. Does that mean we have solved the hard problem? https://aeon.co/essays/can-we-make-consciousness-into-an-engineering-problem. Zugegriffen: 24. Febr. 2018

Gursoy D, Chi OH, Lu L, Nunkoo R (2019) Consumers acceptance of Artificially Intelligent (AI) device use in service delivery. Int J Infor Manag 49:157–169

Haladjian HH, Montemayor C (2016) Artificial consciousness and the consciousness-attention dissociation. Conscious Cogn 45:210–225

Hall B, Henningsen DD (2008) Social facilitation and human – computer interaction. Computers Human Behav 24(6):2965–2971

Hengstler M, Enkel E, Duelli S (2016) Applied artificial intelligence and trust-the case of autonomous vehicles and medical assistance devices. Techn Forecast Social Change 105:105–120

Huang MH, Rust R (2018) Artificial intelligence in service. J Ser Res 21(2):155–172

Hsu CL, Lin JCC (2008) Acceptance of blog usage: the roles of technology acceptance, social influence and knowledge sharing motivation. Inf Manag 45(1):65–74

Kaplan, A.; Haenlein, M. (2019). Rulers of the world, unite! The challenges and opportunities of artificial intelligence, Business Horizons.

Law, R., Chan, I. C. C., & Wang, L. (2018). A comprehensive review of mobile technology use in hospitality and tourism. Journal of Hospitality Marketing & Management, 27(6), 626–648.

Lee JD, Moray N (1994) Trust, self-confidence, and operators' adaptation to automation. Int J Human-Computer Stud 40(1994):153–184

Lee JD, See KA (2004) Trust in automation: designing for appropriate reliance. Hum Factors 46(1):50–80

Lu L, Cai R, Gursoy D (2019) Developing and validating a service robot integration willingness scale. Int J Hosp Manag 80:36–51

MacVaugh J, Schiavone F (2010) Limits to the diffusion of innovation: a literature review and integrative model. Eur J Innov Manag 13(2):197–221

Mayer RC, Davis JH, Schoorman FD (1995) An integrative model of organizational trust. Acad Manage Rev 20(3):709–734

McKnight DH, Choudhury V, Kacmar C (2002) The impact of initial consumer trust on intentions to transact with a web site: a trust building model. J Strat Inf Sys 11(3):297–323

Minelli M, Chambers M, Dhiraj A (2012) Big data, big analytics: emerging business intelligence and analytic trends for today's businesses. Wiley, New Jersey

Pelau C, Ene I (2020) Interaction between consumers and emerging forms of artificial intelligence: a discriminant analysis. Studia Universitatis Vasile Goldis, Economic Series (in press)

Pelau C, Ene I (2018) Consumers' perception on human-like artificial intelligence devices, Proceedings of the 4th BASIQ International Conference on New Trends in Sustainable Business and Consumption (BASIQ), 197–203

Pfadenhauer M (2015) The contemporary appeal of artificial companions: social robots as vehicles to cultural worlds of experience. Inf Soc 31(3):284–293

Rinesi M (2015) The price of the internet of things will be a vague dread of a malicious world. https://ieet.org/index.php/IEET2/more/. Zugegriffen: 24. Febr. 2018

Rotter JB (1971) Generalized expectancies for interpersonal trust. Am Psych. 26:443–452

Schebesch KB, Pop NA, Pelau C (2010) A new paradigm in contemporary marketing – computational marketing. Romanian J Market 1(2):36–73

Tacken M, Marcellini F, Mollenkopf H, Ruoppila I, Széman Z (2005) Use and acceptance of new technology by older people. Findings of the International MOBILATE survey: 'Enhancing mobility in later life'. Gerontechnology 3(3):126–137

Corina Pelau ist Professor an der Wirtschaftsuniversität Bukarest, Rumänien (Bucharest University of Economic Studies, Romania), UNESCO Lehrstuhl für Business Administration (mit Unterricht in Fremdsprachen) mit dem Forschungsschwerpunkt Betriebswirtschaftslehre insbesondere Marketing und Konsumentenverhalten. Sie hat einen Doktortitel in Marketing (2008) von der Wirtschaftsuniversität Bukarest, Rumänien und einen Master in „International Business" (2006) von der Friedrich-Alexander-Universität Erlangen Nürnberg, Deutschland. Ihr wichtigstes Forschungsgebiet ist Konsumentenverhalten mit Fokus auf der Interaktion zwischen Konsumenten, Artifizieller Intelligenz und neue Technologien sowie das nachhaltige Konsumentenverhalten. Sie ist Autorin von 5 Büchern und hat mehr als 60 Artikel in wissenschaftliche Zeitschriften oder bei internationalen Konferenzen veröffentlicht. Für ihre Forschungsarbeit erhielt sie mehrere Preise wie zum Beispiel Best Paper Award von AFER (Verein der Wirtschaftswissenschaftlichen Fakultäten in Rumänien) in 2018.

Irina Ene ist derzeit Doktorandin in den 3. Jahrgang an der Wirtschafts-universität Bukarest, Rumänien (Bucharest University of Economic Studies, Romania), Doktorschule für Business Administration. Ihr Forschungsthema ist das Konsumentenverhalten und -toleranz gegenüber Artifizieller Intelligenz und disruptive Technologien. Sie hat einen Bachelor und einen Master in Betriebswirtschaftslehre an der Wirtschaftsuniversität Bukarest, Rumänien abgeschlossen. Während Ihres Bachelorstudiums, hat Sie mittels eines Erasmusprogramms ein Semester an der Philipps-Universität Marburg, Deutschland studiert. Sie hat bis jetzt mehr als 12 Artikeln in wissenschaftliche Zeitschriften oder bei nationale und internationale Konferenzen veröffentlicht, mit dem Schwerpunkt auf Konsumentenreaktion auf den Eingriff der artifiziellen Intelligenz in dem Alltagsleben.

Ruxandra Bădescu ist Doktorandin an der Wirtschaftsuniversität Bukarest, Rumänien (Bucharest University of Economic Studies, Romania), Doktorschule für Business Administration. Das Hauptthema ihrer wissenschaftlichen Forschung bezieht sich auf den neurowissenschaftlichen Ansatz zur Informationsüberflutung und dessen Auswirkungen auf die Kommunikation zwischen Konsumenten und Unternehmen. Sie hat einen Bachelor-Abschluss in Betriebswirtschaftslehre an der Wirtschaftsuniversität in Bukarest und ein Erasmus-Stipendium an der Handelsfakultät der Wirtschaftsuniversität in Bratislava. Sie hat ihren Master in Betriebswirtschaftslehre in deutscher Sprache mit dem Thema Ethik der Neuromarketing-Forschungen abgeschlossen. Die bisher verfassten Artikel haben als Hauptthemen Neuromarketing und Konsumentenverhalten insbesondere die Berücksichtigung der Ethik in Bezug auf Neuromarketing und künstliche Intelligenz.

Teil II
Organisationswandel und Umgang mit Organisationseinheiten und Resssourcen

Die Theorie der institutionellen Rollenmodelle als Grundlagentheorie für Transformationsprozesse in Organisationen

Wolfgang H. Schulz, Oliver Franck und Stanley Smolka

1   Einleitung

Das 21. Jahrhundert ist geprägt von gesellschaftlichen Veränderungen, wie sie die Welt zuvor noch nicht gesehen hat. Der Grund hierfür liegt neben der stetig ansteigenden Globalisierung in der allumfassenden und tiefgreifenden Digitalisierung, die in allen gesellschaftlichen und wirtschaftlichen Bereichen hineindringt. Diese führt einerseits zu einer enormen und leistungsfähigen Vernetzung zwischen diversen Akteuren und andererseits zu einer regelrechten Neuerschaffung der Welt. Diese neuerschaffene Welt zeichnet sich durch ihre unzähligen Potenziale und Lösungsmöglichkeiten für Herausforderungen mit bisher ungeahnten Ausmaßen aus. An dieser Stelle sei beispielhaft an die „digital economy", „sharing economy", das Gesundheitswesen sowie an die autonome Mobilität erinnert. Im öffentlichen Diskurs ist das Thema Urbanisierung und Mobilität – man denke an den sogenannten „Dieselgate" – seit einigen Jahren omnipräsent.

Neben den vielzähligen neuen Geschäftsmodellen im Bereich der Mobilität, wie beispielsweise die „sharing economy" mit den deutschen Vertretern „Car2Go" und „DriveNow", werden neue Mobilitätskonzepte beziehungsweise mit „ShareNow" neue Kooperationskonzepte entwickelt, mit denen eine Reduzierung des Individualverkehrs

W. H. Schulz (✉) · O. Franck · S. Smolka
Zeppelin Universität, Friedrichshafen, Deutschland
E-Mail: wolfgang.schulz@zu.de

O. Franck
E-Mail: oliver.franck@zu.de

S. Smolka
E-Mail: stanley.smolka@zu.de

© Springer-Verlag GmbH Deutschland, ein Teil von Springer Nature 2021
M. Bodemann et al. (Hrsg.), *Zukunftsfähigkeit durch Innovation,*
Digitalisierung und Technologien, Organisationskompetenz Zukunftsfähigkeit,
https://doi.org/10.1007/978-3-662-62148-6_5

und folglich eine Reduzierung der emissions- und staubedingten Kosten in den Innenstädte realisiert werden sollen.

Die stets fortschreitende Vernetzung von Stakeholdern sorgt gleichzeitig für eine stetige Vernetzung von Individualbedürfnissen, die auf dem Markt zusammentreffen. Das Thema Mobilität zeigt eindrucksvoll, wie viele unterschiedliche gesellschaftliche Akteure miteinander agieren und kooperieren, um sowohl ökonomische, ökologische als auch gesellschaftliche Ziele in den Einklang bringen zu können. Bei der Entwicklung von neuen Mobilitätsangeboten reicht es ergo nicht mehr aus, die Forschungs- und Entwicklungsabteilungen bei der Entwicklung neuer Angebote selbstständig agieren zu lassen. Bei der Entwicklung von neuen Produkten und Konzepten muss bereits vor und bei der Entwicklung die gesamte Wertschöpfungskette inklusive aller beteiligten Stakeholder berücksichtigt werden. In der Vergangenheit war es für die einzelnen Marktakteure relativ einfach, eigene Lösungen zu kreieren und diese gewinnbringend am Markt zu platzieren und entsprechend zu monetarisieren. Selbstverständlich war es bereits damals eine Teamarbeit des gesamten Unternehmens. Was für die Automobilindustrie neu ist, ist der Umgang mit externen Stakeholdern, deren Bedarfe befriedigt werden und überdies in die eigene Entwicklungsarbeit miteinbezogen werden müssen. Mit der vermehrten Digitalisierung ist die Automobilindustrie einerseits gefordert, sowohl internes als auch gleichzeitig auf externes Wissen zuzugreifen und diese entsprechend aufzubauen, weil sie nicht gleichzeitig in zwei unabhängig voneinander agierenden Systemen operieren können. Der Grund hierfür liegt unter anderem in den Transaktionskosten und die notwendigen Ressourcen, die eingesetzt werden müssen. Nicht nur die Kooperationsfähigkeit ist eine Kompetenz, die seitens der Organisationen erlernt werden muss, sondern diese müssen in einem rechtlich gültigen und widerspruchsfreien Rahmen erfolgen. Hier sei beispielsweise das Handeln beziehungsweise Kooperieren marktmächtiger Unternehmen erwähnt, das diskriminierungsfrei erfolgen und mit dem bestehenden Wettbewerbsrecht im Einklang stehen muss.

Die Berücksichtigung von diversen gesellschaftlichen Stakeholdern bedarf einem neuen Führungsverständnis, das mit dem Spagat zwischen den unterschiedlichen Wertvorstellungen und Zielen umgehen kann.

Der nachfolgende Beitrag beginnt mit einer Propädeutik zur neuen soziologischen Systemtheorie, greift das Phänomen der hybriden Organisationen auf, gefolgt von einer Einführung in die relationale Führung mit anschließendem Kontextbezug zur Theorie der institutionellen Rollenmodell nach Prof. Dr. Schulz.

2   Hybride Organisationen – ein evolutionäres Phänomen?

Das Wesen der Digitalisierung beeinflusst sowohl den Sektor des Marktes, des Staates sowie der Zivilgesellschaft in unmittelbarer Konsequenz. Bis dato ist keine punktuelle Fokussierung der Digitalisierung zu beobachten. Sie tritt überall auf und schafft Effizienzgewinne in jedem gesellschaftlichen Sektor. Gleichzeitig ist seit einigen

Jahren eine Fokuserweiterung von For-Profit-Organisationen (FPO) und Non-Profit-Organisationen (NPO) zu beobachten. Der Grund hierfür besteht in den transsektoralen Aktivitäten, die Sektorgrenzen verschieben oder gar auflösen. Demnach entwickeln sich Organisationen ebenfalls weiter und bilden sich auf der nächsten organisationalen Entwicklungsstufe zu Hybriden aus, die befähigt sind, zwischen den Sektorgrenzen agieren zu können (Jansen 2013).

Diese Kompetenz der Entdifferenzierung ist in den Organisationen institutionell verankert. So vereinen Non-Profit-Organisationen gemeinschaftliche, staatliche und marktnahe Elemente, indem sie verschiedene Ziele gleichzeitig verfolgen, diverse Organisationskulturen integrieren und multiple Ressourcen nutzen. NPOs sind infolgedessen hybride Konstrukte jenseits von Markt, Staat und Zivilgesellschaft. Aus diesem Grund lassen sich keine trennscharfen sektoralen Abgrenzungen zwischen den Sektoren von Markt, Staat und Zivilgesellschaft finden (Schulz 2010, S. 36). An dieser Stelle sei unter anderem an das „Social Entrepreneurship" sowie an Wohlfahrtsorganisationen erinnert, die verschiedene Sektorlogiken miteinander kombinieren und als starke hybride Organisationen wahrgenommen werden können (Scheuerle et al. 2013, S. 125). Innerhalb der Gesellschaft existieren die Sektoren Mark, Staat und Zivilgesellschaft, die bestimmte individuelle Logiken verfolgen und das Handeln des einzelnen Akteurs steuern beziehungsweise beeinflussen. Hybride Organisationen folgen somit nicht mehr ausschließlich ihrer ursächlichen Sektorlogik, die sich aus ihrem Organisationszweck ergibt, sondern nehmen mindestens eine weitere Sektorlogik – beispielsweise die des Marktes oder der Politik – in ihr Aktivitätskalkül mit auf und agieren somit als Zwitter (Simić und Predović 2014, S. 365). Infolgedessen kreieren diese neuen hybriden Organisationen unterschiedliche Formen der Ressourcenallokation und verfolgen multiple Organisationsziele, die einen Ausgleich zwischen Eigen- und Gemeinwohlinteressen schaffen. Die Handlungslogiken der hybriden Organisationen führen einerseits zur Auflösung traditioneller Sektorgrenzen und andererseits schaffen diese gleichzeitig neue intersektorale Orientierungsgrößen, die zu einem völlig neuen Wettbewerb zwischen den Organisationen des Marktes, des Staates sowie der Zivilgesellschaft führen (Kordesch 2017, S. 100).

Als Treiber für diese Hybridisierung sind auf der einen Seite in der zunehmenden Nachhaltigkeitsintegration seitens der For-Profit-Organisationen und auf der anderen Seite in der zunehmenden Ökonomisierung von Non-Profit-Organisationen zu identifizieren. Folglich scheinen alle Organisationen des 21. Jahrhunderts als Hybride zu gelten. Aus diesem Grund schlagen unter anderem Glänzel und Schmitz vor, eine schärfere Definition von hybriden Organisationen vorzunehmen, um jene von „gewöhnlichen" Organisationen mit ausgeprägtem Corporate-Social-Responsibility-Verhalten und Shared Value Ansatz unterscheiden zu können. Schließlich ist die Art und Weise des intersektoralen und transsektoralen Agierens von hybriden Organisationen durch die Bündelung und Verwendung unterschiedlicher sektorspezifischer Ressourcen gekennzeichnet. Es geht grundsätzlich nicht mehr um das „entweder oder", sondern vielmehr um das „sowohl als auch". Überdies hinaus ist in allen hybriden Organisationen eine multiple Zielsetzung zu beobachten, die auf diverse Sektoren wirken und gleichwertig nebeneinanderstehen und erfüllt werden. Erst dann, wenn diese beiden Bedingungen erfüllt sind, handelt es sich per Definition um hybride Organisationen (Glänzel und Schmitz 2012, S. 185).

Folgt man dieser Unterscheidung lassen sich klassische For-Profit-Organisationen und Non-Profit-Organisationen von hybriden Organisationen klar abgrenzen. FPOs verwenden ihre Mittel hauptsächlich, um ihren Überschuss und somit ihren Shareholder Value zu maximieren. Während NPOs die ihnen zur Verfügung gestellten Mittel dahingehend verwenden, ihre gemeinwohlorientierte Aufgabe – gemäß ihrer Solidaritätslogik – zu erfüllen. Mit Blick auf die real existierenden Organisationen ist festzustellen, dass sie sich diversen Sektorlogiken widmen und unterschiedliche Ressourcen verwenden, jedoch des Öfteren eine Sektorlogik in Bezug auf die zu erreichenden Organisationsziele als dominant erscheint. Bei der Mehrzahl der FPOs darf unstrittig konstatiert werden, dass soziale und nachhaltige Ziele als relevant betrachtet werden und Zielsetzungen in diesem Bereich existieren, die Sektorlogik des Marktes und dem damit einhergehenden Ziel der Profitmaximierung stets vorrangig fokussiert und realisiert wird (Glänzel und Schmitz 2012, S. 186). Für For-Profit-Organisationen werden die Zielfunktionen des Dritten Sektors zu Mitteln innerhalb ihrer Marktlogik und vice versa ordnen Non-Profit-Organisationen Instrumente des Marktes ihrer eigenen Solidaritätslogik unter. Aufgrund dessen lässt sich allgemein festhalten, dass der Einsatz von hybriden Mitteln beobachtbar ist, ihre Ziele als hybrid erscheinen, jedoch stets die natürliche Sektorlogik dominiert. Jene Asymmetrie zeigt auf, weshalb die meisten Organisationen lediglich eine schwache Hybridität aufweisen, intersektoral agieren, jedoch keine vollendete Hybridität aufweisen (Glänzel und Schmitz 2012, S. 187). Für den weiteren Management- und Leadership-Diskurs im 21. Jahrhundert ist diese trennscharfe Unterscheidung von fundamentaler Bedeutung. Die Ausführungen zur transaktionalen Führung und ihre spätere Weiterentwicklung zur transformationalen Führung, die beide ihren Ursprung in der Transaktionskostentheorie von Ronald Coase und gewiss ihre Bedeutung im 20. Jahrhundert haben, stoßen bei intersektoral agierenden hybriden Organisationen an ihre Grenzen. Der Grund hierfür liegt in der gleichzeitigen Vermittlungs- und Mediationsleistung der hybriden Organisationen genau zwischen den Sektoren. Diese müssen in der Lage sein, ein breites Spektrum von Signalen empfangen, verstehen und reagieren zu können sowie darauf bezugnehmend interne und externe Entscheidungen zu treffen. Folglich bedingt dies gleichzeitig eine Übersetzung des jeweils sektorspezifischen Codes in die Codes anderer beteiligter Sektorlogiken. In letzter Konsequenz wird deutlich, weshalb hybride Organisationen (Führungs-) Personal mit unterschiedlichen Hintergründen und Kompetenzen benötigen, damit die notwendigen Übersetzungs- und Interpretationsleistungen erbracht werden können (Glänzel und Schmitz 2012, S. 197).

3   Relationale Führung – Führungskompetenz für Hybride Organisationen

Die transaktionale und transformationale Führungskompetenzen hatte bis zu Beginn des 21. Jahrhunderts den sektoral agierenden Organisationen einen Bärendienst erwiesen. Die zunehmende Intersektoralität – die hybride Organisationen herausbildet – benötigt jedoch eine Weiterentwicklung der Führungskompetenzen, als die reine Betrachtung von Transaktionskosten und der Herbeiführung von Effizienz- und Arbitragegewinnen.

Das Führungsmodell der transaktionalen Führung postuliert einen Austauschprozess zwischen Führungskräften und Geführten, indem der Mitarbeiter sich an vorab vertraglich definierte Vereinbarungen und Verhaltensregeln orientiert und diese konsequent einhält. Im Gegenzug dieser Transaktion erhält der Auftragnehmer eine entsprechende Gegenleistung und wählt ein Anstrengungsniveau, der seinen individuellen Nutzen maximiert. Folglich liegt hier ein klassisches Prinzipal-Agent-Problem vor (Zingel 2015, S. 21). Dieses Führungsmodell geht im Kern auf die Transaktionskostentheorie des britischen Wirtschaftswissenschaftlers Ronald Coase zurück. Die Theorie der Transaktionskosten versucht zu erklären, weshalb Tauschprozesse von Gütern und Dienstleistungen sowie die Übertragung von Verfügungsrechten stets mit Kosten für die jeweiligen Akteure oder Organisationen verbunden sind. Schließlich muss für jede Art „Tauschgeschäft" ein Vertrag abgeschlossen werden. Folgerichtig unterscheidet man zwischen Transaktionskosten, die vor Vertragsabschluss und Transaktionskosten, die nach Vertragsabschluss anfallen (Coase 1937; Ebers und Gotsch 2014, S. 225 f.). Im Rahmen der Transaktionskostentheorie besteht die Aufgabe darin, das institutionelle Arrangement zur Transaktionsabwicklung zu bestimmen und nachfolgend auszuwählen, bei dem die geringsten Kosten anfallen (Jung 1999, S. 27).

Die transaktionale Führung ist eine Prozesstheorie, die auf eine soziale Interaktion abstellt, deren Ergebnis auf den Austausch von Leistung und Belohnung resultiert und damit einhergehend keine Eigenschaft von Personen, Status oder Machtposition per se darstellt. Die transaktionale Führung wurde durch James Burns zum „Transformational Leadership" weiterentwickelt, bei dem der Austauschprozess um die Faktoren „Ethik" und „Werte" erweitert wurden. Die Werte der Integrität, Freiheit, Gleichheit und Gerechtigkeit sollen die Eigenständigkeit und moralische Zugehörigkeit der Unternehmensführung stärken und folglich das Leistungsverhalten positiv beeinflussen sowie einen ethisch-moralischen Ankerpunkt bei Vertrags- und Kooperationsbeziehungen bieten (Wieland 2017, S. 242).

Die Konzepte des transaktionalen und transformationalen Leaderships bleiben im Kontext des Marktes auf die Beziehung von Manager und Mitarbeiter beschränkt, da beide eine transaktionskostenoptimale Koordination von Interessen voraussetzen, die auf Vertragsbeziehungen beruhen. Mit Blick auf die transformationale Führung basiert der Führungsanspruch zusätzlich auf eine gemeinsame moralische Überzeugung – aller beteiligten Akteure – über den Sinn, dem Zweck der Organisationsleistung sowie der entsprechenden Interessen (Wieland 2017, S. 243).

Für die Theorie der relationalen Führung nach Wieland spielt die Ressourcentheorie nach Penrose eine bedeutende Rolle. Wie erwähnt, stellt das Unternehmen ein Bündel von Ressourcen dar, das vom Management einer Unternehmung für die Produktion von Gütern und Dienstleistungen gelenkt wird, die anschließend mit Profit auf dem Markt verkauft werden sollen. Die Grenzen des Unternehmens werden durch die Ressourcenkoordination bestimmt. Der Markt unterscheidet sich von der Unternehmung insofern, als dass der Markt keiner administrativen Struktur untergeordnet ist. Aus diesem Grund sind Unternehmer nach Penrose permanent auf der Suche nach Profit und versuchen ihr Unternehmen zu erweitern, um noch höhere Profite erwirtschaften zu können. Hierbei spielen Ressourcen eine fundamentale Bedeutung, weil diese die Grundlage bilden, um Dienstleistungen zu erbringen beziehungsweise Güter zu produzieren. Die effektive Ressourcenverwendung findet erst dann statt, wenn Ressourcen mit anderen Ressourcen kombiniert werden. Für die Unternehmenserweiterung nimmt vor allem die menschliche Ressource eine bedeutende Rolle ein, denn der Erweiterung eines Unternehmens geht eine exakte Planung und Lenkung der Mitarbeiter voraus. Jenes tritt in der Regel vor allem nach einer erfolgreichen Unternehmensexpansion auf, da Produktionskapazitäten zunächst einmal angepasst werden müssen und dies asynchron stattfindet. Darüber hinaus können ungenutzte Ressourcen durch zusätzliche Erfahrungen und neues Wissen entstehen. Gleichzeitig stellen ungenutzte Ressourcen einen möglichen Stimulus für Wachstum und Innovationen dar und geben die Richtung des Unternehmenswachstums vor (Penrose 1959, S. XIX).

Mit ihren Ausführungen bietet Penrose unterschiedliche Einsichten in das Wachstum sowie die effiziente Wachstumsgeschwindigkeit von Unternehmen. Nichtsdestotrotz geht die Theorie von Penrose weit über die Theorie des Wachstums von Unternehmen hinaus. Schließlich integriert Penrose eindrucksvoll, eine Theorie über effektives Management von Unternehmensressourcen und Strategien zur Diversifikation. Damit einhergehend beschreibt Penrose den kausalen Zusammenhang zwischen den Ressourcen, Fähigkeiten und Wettbewerbsvorteilen. Mittels eines effektiven und innovativen Managements von Ressourcen schaffen es Unternehmen einen ökonomischen Wert zu kreieren. Zu beachten gilt, dass Penrose die Begrifflichkeiten der produktiven Ressourcen sowie der produktiven Fähigkeit in aller Deutlichkeit unterscheidet. Die Fähigkeiten, die ein Bündel an Ressourcen liefert, unterscheiden sich in Abhängigkeit davon, wie die jeweiligen Fähigkeiten eingesetzt werden. Somit führt der kreative Einsatz von Ressourcen dazu, dass Unternehmen einer charakteristisch-identischen Industrie beziehungsweise Branche unterschiedliche Chancen besitzen und finanzielle Resultate erzielen können. Des Weiteren weist Penrose eine kausale Beziehung zwischen Ressourcen sowie der Erzeugung von produktiven Chancen für Innovation und Wachstum auf. Die Funktion eines Managers liegt in letzter Konsequenz in der Transformation von Ressourcen eines Unternehmens in die Fähigkeiten sowie in neue Produktapplikationen. Mit Blick auf die dynamischen Fähigkeiten einer Unternehmung führen neue Ressourcenkombinationen zu Innovationen und damit einhergehend zu ökonomischen Wertschöpfungen, die im besten Fall dem Unternehmen Wettbewerbsvorteile verschaffen (Kor und Mahoney 2004, S. 184 f.). Last but not least stellt der Zugang zu Management- und Techniktalenten das Fundament für die potenzielle Wachstumsrate eines Unternehmens in einer spezifischen Zeiteinheit dar. Das gegenwärtige Wissen sowie die nicht ausgelasteten Ressourcen von Unternehmen stellen die Variablen dar, welche die Richtung des Unternehmenswachstums vorgeben (Penrose 1959, S. 77). Folgt man der Ressourcenperspektive ist Leadership eine individuelle und organisationale Ressource, die sowohl privaten, öffentlichen als auch hybriden Organisationen zur Verfügung steht und einen beträchtlichen Einfluss auf die Produktivität der materiellen und immateriellen Ressourcen vorweist. Jene Ressourcen werden in die bestehenden Teams der Organisation eingebracht und können nicht vollends über autoritäre Dynamiken kontrolliert werden (Wieland 2017, S. 241).

In Hinblick zu der evolutionären Organisationsentwicklung hin zu hybriden Organisationen wird deutlich, dass den relationalen Führungskonzepten eine zunehmende Bedeutung zukommt. Der Grund hierfür liegt im Beziehungsgeflecht, dass alle existierenden Stakeholder einbezieht und folglich nicht nur auf Mitarbeiter und sonstigen transaktionsbefindlichen Akteuren in einer Organisation abzielt. Zudem versteht sie Führung als eine freiwillige Entscheidung der Geführten, Weisungsbefugnisse durch Status oder Position anzuerkennen und diese zu akzeptieren. Damit einhergehend bricht die relationale Führung nicht nur die Unterscheidung zwischen Führenden und Geführten auf, sondern bezeichnet darüber hinaus einen interaktiven Prozess aller Teilnehmer. Ziel jenes Leadership-Konzeptes ist es, das Verständnis von relationalen Dynamiken innerhalb und außerhalb von Organisationen zu verbessern. Dies schließt die existierenden Spannungs- und Kooperationsfelder von Organisationen mit seiner Umwelt und der dahinter liegenden sozialen Prozesse mit ein. Die relationale Führung bezieht sich demnach sowohl auf die zwischen menschlichen Beziehungen als Ergebnisse von oder als Kontext für relationale Dynamiken, welche die sozialen Interaktionen und Konstruktionen miteinschließen (Uhl-Bien 2006). Die zunehmende Globalisierung führt zu einer rapiden Zunahme von gesellschaftlicher Komplexität, die einerseits Unsicherheit und Risiken im ökonomischen Handeln und Entscheiden mit sich bringen. A priori führt dies zu Konsequenzen auf Seiten der Führung von Menschen und Organisationen. Demzufolge wird die Fähigkeit der Unternehmensführung auf rasant zunehmende intra- und interorganisationale sowie intersektorale Erwartungsunsicherheiten zukunftsfähige Antworten finden müssen, um sowohl sozialen als auch wirtschaftlichen Erfolg sicherstellen zu können, zum entscheidenden Wertschöpfungsfaktor (Wieland 2017, S. 168). Die relationale Führung begünstigt mithilfe adaptiver Prozesse sowie durch formale und informale Governancestrukturen Lernprozesse zu erschaffen, die alle Relationen zwischen den dazugehörigen Stakeholdern abdeckt und folglich die Ressourcenallokation sowie Ressourcentransaktionen zur effizientesten Wirkung entfalten können. Führung ist demzufolge ein Resultat eines dynamischen Prozesses der sozialen Konstruktion von relationalen Kooperationen, der das Ziel verfolgt, wechselseitige Vorteile (Kooperationsrente) aller Stakeholder zu erreichen (Wieland 2017, S. 249 f.). Die Schaffung beziehungsweise Mehrung der Kooperationsrente ist nur dann möglich, wenn das grundlegende Fundament der Kooperation, folglich der Kooperationsbereitschaft, der Kooperationsfähigkeit sowie der Kooperationsrente gegeben ist. Sehen sich Organisationen und vordergründig die jeweiligen Führungskräfte nicht in der Lage, diese Grundbausteine zu erfüllen, werden sie im zunehmend dichter werdenden Organisations- und Kooperationsnetz regelrecht Schiffbruch erleiden. Die Ursache hierfür liegt in der bereits ausgeführten Zunahme der Intersektoralität sowie in der zunehmenden Hybridisierung von Organisationen. Im 21. Jahrhundert existieren innerhalb der Sektoren keine Markt- oder Positionsmacht, die es ermöglicht, über die Interessen Dritter hinwegzusehen, ohne dass der eigenen Position beziehungsweise Organisation geschadet wird, so wie es unter anderem die Automobilindustrie seinerzeit erlebt. Dies gilt universell für alle Sektoren und Organisationen, unabhängig davon wie groß oder wie hoch ihre Marktkapitalisierung ausgeprägt ist. Organisationen müssen ihre Führungskräfte befähigen und in die Lage versetzen, intersektoral agieren und damit einhergehend die Logik der diversen Sektoren sowie deren Vertreter verstehen und zielführend in ihr Kooperationsnetzwerk einpflegen zu können. Neben der relationalen Führung kann das institutionelle Rollenmodell als ein möglicher Lösungsansatz gesehen werden.

Nach umfassenden Erläuterungen zum Thema der intersektoralen Kooperations- und Sektorenlogiken, ist es wichtig einige einleitende Sätze zum Thema der soziologischen Systemtheorie zu formulieren, die als Grundlage für die späteren Ausführungen zur Theorie der institutionellen Rollenmodelle dienen soll.

4 Soziologische Systemtheorie als Grundpfeiler des IRM

Um ein tieferes Verständnis für das institutionelle Rollenmodell (IRM) entwickeln zu können, ist es notwendig die Grundlagendisziplinen, die dem Modell als Fundament dienen, näher zu erläutern. Gleichzeitig muss auf die notwendigen Limitierungen hingewiesen werden, da eine vollständige Aufarbeitung der neuen soziologischen Systemtheorie nach Niklas Luhmann den Rahmen dieses Aufsatzes sprengen und dem Begründer nicht gerecht werden könnte. Einer der zentralen Grundpfeiler des IRM ist die neue soziologische Systemtheorie nach dem deutschen Soziologen Niklas Luhmann. Grundlage der neuen soziologischen Systemtheorie stellt die Differenz von System und Umwelt dar. Zu berücksichtigen ist jedoch, dass zwischen geschlossenen und offenen Systemen unterschieden wird. Die Divergenz beider Arten besteht darin, dass die Umwelt für das geschlossene System keine Bedeutung hat, während sich ein offenes System in einer Beziehung mit seiner Umwelt befindet. Unabhängig davon, wie diese Austauschbeziehung definiert ist und in welcher Art und Weise sowie Intensität diese vollzogen wird (Luhmann 2012, S. 22).

Ein System besteht aus einem oder mehreren Elementen. Zwischen diesen Elementen existieren Beziehungen (Relationen). Die Summe aller Elemente und deren Beziehungen zueinander werden als Gesamtsystem bezeichnet. Mit Blick auf den Grundgedanken der Systemtheorie – ergo der Differenz von System und Umwelt – wird deutlich, dass sich unendlich viele Systeme ausdifferenzieren können.

Hierbei ist es irrelevant, ob sich ein neues System aus einem bereits existierenden Gesamtsystem ausdifferenziert – beispielhaft sei an die Gründung von Tochterunternehmen erinnert – oder sich vollständig neu herausbilden. Bei dem ersten Fall kann man davon sprechen, dass das ursprüngliche Gesamtsystem als Umwelt des neu transformierten Systems wahrgenommen wird und sich dieses neue System von dem Gesamtsystem ausdifferenziert hat. Infolgedessen lässt sich festhalten, dass ein ausdifferenziertes System – aufgrund der hohen Komplexität von System und Umwelt – aus unterschiedlichen System-Umwelt-Differenzen besteht. Aufgrund dessen ist offensichtlich, weshalb mehrere Teilsysteme ein Gesamtsystem und dessen Umwelt rekonstruieren (Luhmann 2012, S. 22). An dieser Stelle sei beispielsweise an die unzähligen Konglomerate, Holdings und Kooperationsnetzwerke innerhalb des Wirtschaftssystems erinnert.

Des Weiteren ist zu konstatieren, dass sich Systeme nicht nur von ihrer Umwelt ausdifferenzieren und sich folglich von der Umwelt mithilfe einer „Grenze" abgrenzen, sondern sich gleichzeitig adaptiv und strukturell an ihrer Umwelt orientieren. Dies ist der Grund, weshalb Systeme ohne Umwelt nicht existieren können. Demzufolge ist die Grenzerhaltung des Systems zur Umwelt gleichzeitig Teil der Systemerhaltung. Schließlich wäre ohne Grenze keine Differenzierung und somit keine Reproduktion möglich. Festzuhalten dabei ist jedoch, dass diese Grenzen nicht als feste, undurchlässige „Mauern", sondern eher als Zellmembranen verstanden werden, die semipermeable Charakteristiken aufweisen, die sowohl einen Austausch als auch Zusammenhänge zwischen System und Umwelt – trotz Ausdifferenzierung – zulassen (Luhmann 2012, S. 35). Beispielhaft sei an den menschlichen Organismus erinnert. Jede Körperzelle differenziert sich vom Gesamtsystem (Umwelt) aus und bildet somit ihr eigenes System, sofern wir die einzelnen Zellkörper als Elemente definieren. Unter den einzelnen Zellkörpern findet schlussendlich ein reger Austausch von Materialien und Informationen innerhalb der Körperzelle mithilfe des endoplasmatischen Retikulums und sonstigen zellinternen Transportsystemen statt. Gleichzeitig findet ebenfalls ein Material- und Informationsaustausch zwischen den einzelnen Körperzellen untereinander statt. Zoomt man bei der Betrachtung der einzelnen tierischen Zellen langsam heraus, fällt auf, dass ein gesamtes Bündel aus Millionen von Zellen ein Teilsystem des tierischen beziehungsweise menschlichen Organismus bilden. Jede noch so kleine Zelle ist Teil des Ganzen, das lediglich nur ein „Teilsystem" des gesamten menschlichen Organismus darstellt. Das menschliche Gesamtsystem ist jedoch nur dann überlebensfähig und kann sich selbst reproduzieren, wenn jede einzelne Körperzelle ihre Funktion erfüllt und alle Körperzellen sowie organischen Teilsysteme miteinander in Beziehung stehen. Dieser kurze medizinischer Abriss soll lediglich als praktisches Beispiel dienen. Mit Blick auf das

Wirtschaftssystem lassen sich dieselben Parallelen ziehen, wenngleich hier die Evolution von kleinen und mittelständischen Unternehmen bis hin zu international agierenden Konzernkonglomeraten und ganzen Wirtschaftssystemen. Diese Beispiele verdeutlichen den Mehrwert des noch näher auszuführenden Institutionellen Rollenmodells. Der Vorteil dieses Modells liegt darin, dass sowohl von der Mikroebene bis hin zur Makroebene wirtschaftliche Prozesse analysiert, entwickelt und strukturiert werden können. So können mithilfe des Institutionellen Rollenmodells auf der Mikroebene einzelne Geschäftsprozesse analysiert, optimiert und entwickelt werden. Auf der Mesoebene können beispielsweise weitreichende Unternehmensstrategien entworfen und auf der Makroebene komplexe Kooperationsmodelle analysiert, optimiert und entwickelt werden.

5   Betreibermodelle in der ökonomischen Hemisphäre: eine gegenwartsdiagnostische Analyse

Für die weiteren theoretischen Ausführungen ist es zwingend erforderlich, die verschiedenen Entwicklungsetappen zu beschreiben, um den Ursprung des Institutionellen Rollenmodells nachvollziehen zu können. In der Theorie werden die Betreibermodelle in drei Arten unterteilt:

1. Der Betreiber ist vollständig im öffentlichen Besitz
2. Ein Betreiber mit öffentlichen und privaten Beteiligungen
3. Betreiber vollständig im Privatbesitz

Die Auswahl des Betreibermodells ergibt sich in der Regel aus einer multikriteriellen Bewertung, die bestimmte Ziele und Anforderungen definiert. Die Bewertung kann sich sowohl auf qualitative als auch auf quantitative Faktoren stützen, um die Entscheidungen mit einer empirischen Grundlage zu untermauern.

Die Rollenverteilung zwischen den Unternehmen in alternativen Betreibermodellen muss der gesamten Lieferkette entsprechen. Die Elemente der Lieferkette umfassen die organisatorischen Funktionen Beschaffung, Produktion und Vertrieb. Im Falle eines Dienstleistungsangebots umfassen die Elemente der Lieferkette (analog zu den organisatorischen Funktionen): Datenerfassung, Datenverarbeitung und Bereitstellung von Dienstleistungen. Abb. 1 zeigt eine typische Rollenverteilung eines Operators.

Jedes Betreibermodell muss vorab strukturiert werden, um funktionsfähig zu sein. Die primäre Ebene, die geregelt werden muss, ist die operativ-organisatorische Strukturierung des Betreiberkonzepts. Die operativ-organisatorische Ebene umfasst die Wahl der Rechtsform der Organisation, die Definition der Kapital- und die Festlegung der Aktionärsstruktur. Darüber hinaus muss im Vorfeld festgelegt werden, wie die Finanzierung durch Investoren und die Vermarktung von Dienstleistungen oder Produkten erfolgen soll. Dies stellen klassische Handlungen und Entscheidungen dar, die im Rahmen der Organisation eines Betreibermodells getroffen werden müssen (Schulz et al. 2019).

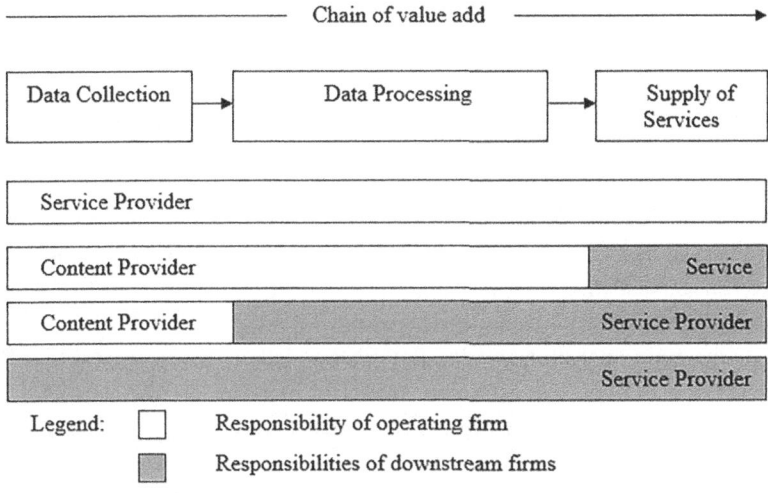

Abb. 1 Rollenverteilung in alternativen Betreiberkonzepten

6 Handlungsfelder und Interventionsinstrumente

Wie bereits zuvor erwähnt wurde, zeichnet sich die neue soziologische Systemtheorie durch die Differenzierung von System und Umwelt aus. Gewisse Umwelteffekte können dazu führen, dass Betreibermodell versagen. Ferner kann ein Betreibermodell von innen heraus, sprich aus dem System heraus versagen, aufgrund der fehlenden Bereitschaft ein Betreibermodell einzuführen. Sofern Marktversagen zu beobachten ist und folglich Betreibermodelle weder konzipiert noch operativ eingesetzt werden, geht die Verantwortung für die Umsetzung auf den Staat über. Dieser verfügt über einen größeren Handlungsspielraum als es klassischen Organisationen aufweisen. Dies ist insbesondere auf hoheitliche Kompetenzbereiche zurückzuführen. Der Staat kann mittels eines Rechtsaktes ihren Kompetenzbereich beliebig erweitern und folglich bestimmte Aufgaben und Funktionen übernehmen. Die Tätigkeitsbereiche, die vom Staat erfüllt werden können, sind Bereiche, wie zum Beispiel: die Ordnungs-, Wettbewerbs-, Forschungs-, Industrie-, Mittelstands- und Umweltpolitik (Schulz et al. 2019).

Die aktuelle Lage rund um SARS-CoV-2 erhöht das Insolvenzrisiko vieler Unternehmen und kann zu einem möglichen Marktversagen führen. Vor vierzig Jahren konnten wir in der Wirtschaftspolitik einen Paradigmenwechsel konstatierten, der das Transportgewerbe und anderen Netzindustrien tiefgründig verändern sollte. Diese Industrien wurden nicht mehr als Aufgabe der staatlichen Daseinsvorsoge gesehen. Das Transportgewerbe sowie die Netzindustrien wurden privatisiert und dereguliert. Damit sollte Wettbewerb ermöglicht, Effizienzverbesserungen erreicht und Wachstumspotenziale erzielt werden. Es ist festzustellen, dass die Finanzkrise 2008/2009 deutete an, dass das Banken- und Finanzsystem nicht als wettbewerblicher Ausnahmebereich hätte gelten sollen. Aufgrund dessen müssen die Haushaltspolitik sicherstellen, dass aufgrund der massiven Überschuldung und das von innen etablierte marktwirtschaftliche System angesichts des exogenen Schocks – hervorgerufen durch die Corona-Krise – nicht kollabiert. Folglich müssen nicht nur die Verhaltensregeln eingehalten und durchgesetzt werden, sondern systemrelevante Industrien mit entsprechenden wirtschaftspolitischen Maßnahmen (z. B. Steuersenkungen und -stundungen, zinslose Kredite etc.) gestützt werden. Steuern, die eine allokative Wirkung aufweisen, wie beispielsweise die Luft-verkehrssteuer, sollten zeitlich begrenzt ausgesetzt werden. Ferner kann ein temporärer Erlass der Sozialabgaben die Liquiditätssituation von Unternehmen entlasten und folg-lich für mehr Stabilität im Wirtschaftssystem sorgen.

Um das theoretische Konstrukt der Betreibermodell in einen praktischen Rahmen zu platzieren, ist es von Interesse, ein konkretes Beispiel anzubringen. Im Aufsatz von Schulz, Joisten und Arnegger wurde der Aspekt der *Cooperative Transport Safety Systems* genutzt. In diesem Zusammenhang ist zu klären, ob neben den Mitteln des Marktversagens weitere wirtschaftliche Hindernisse für die Entwicklung und Umsetzung kooperativer Verkehrssicherheitssysteme bestehen. Aus systemtheoretischer Perspektive sind diese Faktoren in der Umwelt anzusiedeln, die einen maßgeblichen Einfluss auf den Einführungserfolg von kooperativen Verkehrssicherheitssysteme haben (Schulz et al. 2019).

Um die Erfolgswahrscheinlichkeit eines Projekts zu ermitteln, ist eine Beachtung des Nutzen-Kosten-Quotienten von zentraler Relevanz. Ist das Nutzen-Kosten-Quotienten im Vergleich zu anderen Maßnahmen der Verkehrssicherheit zu gering, entstehen aus sozialer Sicht Marktumsetzungsbarrieren. Es bestehen folglich keinerlei ökonomische Anreize ein System einzuführen, das relativ gesehen einen geringen Nutzen-Kosten-Quotienten vorweist, wie die bereits bestehenden Verkehrssicherheitssysteme. Konsequenterweise werden Verkehrssicherheitssysteme eingeführt, die eine höhere Nutzen-Kosten-Relation vorweisen. Beispielsweise kann bei einem Car-to-Infrastructure-Verkehrssicherheitssystem staatliches Versagen nicht ausgeschlossen werden, aufgrund einer unvorteilhaften Nutzen-Kosten-Relation für den Staat. Folglich werden Ressourcen anderweitig eingesetzt. Im Rahmen der Analyse der Marktumsetzungsbarrieren kann zwischen Mikro- und Makrobarrieren unterschieden werden. Als Beispiel für Mikro-barrieren können folgende Beispiele angebracht werden. Die Suche nach Verkehrsdaten wird durch die Definition von *property rights* limitiert und beeinflusst. Diese müssen stets berücksichtigt werden, um sich im geltenden rechtlichen Rahmen zu bewegen, was die Verfügung über gewisse Inhalte angeht. Rechtliche, regulatorische Lücken können mög-licherweise in den Verkehrsregeln und im Haftungselement des Systemausfalls gefunden werden. Solange kooperative Systeme betroffen sind, besteht keine Regelungslücke. Erste Anwendungen, die ausschließlich informativen Charakter haben, wenn der Fahrer noch Teil des Regelkreises ist, entsprechen dem aktuellen Rechtsrahmen und berühren nicht die Verantwortung des Fahrers oder die Produkthaftung (vorausgesetzt, dass die Ver-wendung für den vorgesehenen Zweck erfolgt). Die fortschreitende Automatisierung von Fahrerfunktionen (automatisiertes/vollautonomes Fahren) kann zu Haftungsfragen für

OEMs führen, wenn Schäden nicht nachweislich durch Fehlverhalten Dritter oder durch Fehlverhalten des Fahrers verursacht werden; die Haftung des Fahrers ist in Deutschland jedoch auf die verschuldensabhängige Haftung beschränkt (BASt 2012; Westhoff 2012). Dies sind klassische Beispiele für Mikro-Barrieren. Diese müssen tiefgehend bedacht werden, bei einer Marktumsetzung. Ferner gibt es Makro-Barrieren, die im Bereich der Instandhaltung und Bereitstellung der Infrastruktur entstehen, wenn aufgrund von Haushaltsdefiziten die Qualität der Verkehrsinfrastrukturen abnimmt und/oder das Ausmaß des Infrastrukturausbaus die jeweilige Verkehrsnachfrage nicht adäquat deckt (Schulz et al. 2019).

Die Marktumsetzung von gewissen Verkehrssicherheitssysteme können auch systemimmanent sein. Folglich kann die Einführung eines kooperativen Verkehrssystem aus dem System (abhängig wie dieses definiert wird) heraus behindert werden. Dies können beispielsweise OEMs oder auch Automobilhersteller sein. Die Automobilindustrie will beispielsweise das finanzielle Risiko, das sich aus der Umsetzung von kooperativen Systemen ergibt (z. B. Kosten für Rückrufaktionen, Schadenersatzansprüche bei technischem Versagen), nicht tragen, aufgrund einer bestimmten Risikoaversion seitens des Managements. In diesem Fall wird das System, selbst bei einem hohen Kosten-Nutzen-Quotienten, letztlich nicht umgesetzt werden und es kommt zu einem Marktversagen. Die Ziele der Unternehmen sind nicht kongruent mit der Verkehrspolitik, weil der Druck der Umweltpolitik zu hoch ist und/oder der Wettbewerbsdruck eine abweichende Strategie erfordert. Aufgrund von divergierenden Interessen und Ziele befindet sich der gesamte Markt nicht in einem wohlfahrtmaximierenden Zustand (Schulz und Wieker 2016).

Mögliche Interventionsinstrumente sind bekannt (z. B. Nudging, Selbstverpflichtung, finanzielle Anreize, gesetzliche Bestimmungen und Vorschriften). Entscheidend ist jedoch, diese Interventionsinstrumente auf der Grundlage einer Kosten-Nutzen-Analyse zu bewerten, um optimale Unterstützungs- und Durchsetzungsstrategien für die Regierung zu ermitteln, die die Gesamtwohlfahrt einer Volkswirtschaft maximieren (Schulz et al. 2019).

7 Betreibermodell versus Rollenmodell

Vollständig private und öffentlich-private Betreibermodelle im Bereich der kooperativen Verkehrssysteme leiden im Vergleich zu vollständig öffentlichen Betreibergesellschaften an systemimmanenten Schwächen, die aus ihrer betrieblichen, organisatorischen Gesellschafterstruktur resultieren:

- die Tendenz zur Instabilität aufgrund des Gewinndrucks.
- mangelnde Anpassungsfähigkeit und Innovationsbereitschaft.
- Die Neigung der Betreiberfirmen zur Instabilität resultiert aus der Gewinnorientierung. Folglich ist es für Führungskräfte zwingend erforderlich zu jeder Zeit auf

Fixkosten und Variable Kosten zu achten, um dem Gewinnmaximierungspostulat gerecht zu werden. Produkt- und Dienstleistungsinnovation, die auf die aktuellen Kundenbedarfe abzielen, sind erforderlich und dienen der Gewinnmaximierung. Wird dieser Zustand nicht erreicht, so kann es geschehen, dass eine Abwärtsspirale eingeleitet wird. Aufgrund der Informationsasymmetrie bezüglich des Kundennutzens ist ein Marktwachstum im Allgemeinen schwieriger zu erreichen als bei selbsterklärenden Produkten. Diese Dynamiken führen zwangsweise zu einer gewissen Instabilität, mit denen die Betreiberfirmen umgehen müssen, um fortexistieren zu können. Ferner existieren Informationsasymmetrien zwischen den Betreibern und den Konsumenten. Dies trägt zusätzlich zur Instabilität des Systems bei. Folge Argumentations-/ Problemkette kann identifiziert werden:

- Aufgrund dieser Probleme im Hinblick auf das Marktwachstum und bedingt durch versteckte Merkmale kommt es zu einer Verzögerung beim Erreichen des maximalen Verkaufsvolumens.
- Mit geeigneten unternehmerischen Mitteln können verborgene Merkmale für die Kunden transparent gemacht werden. Dies erfordert eine zusätzliche Finanzierung. Die Bereitschaft der Aktionäre zu einer solchen „externen Finanzspritze" ist in der Regel eher gering.
- Das Ausbleiben der erwarteten Gewinne durch das Marktwachstum in Verbindung mit den Gewinnerwartungen der Aktionäre steht dem Druck auf den Betreiber entgegen, die Kosten zu senken.
- Die Bemühungen um Kostensenkung verringern auch den Spielraum für unternehmerische Maßnahmen zur Wiederbelebung des Marktwachstums.
- Die finanzielle Unfähigkeit, diese verborgenen Eigenschaften durch unternehmerisches Handeln zu überwinden, verhindert weitere Nachfrageeffekte.
- Aufgrund der schrumpfenden Marktnachfrage steigt der Kostendruck.
- Dieser Abwärtstrend beschleunigt sich von selbst, sodass der Betreiber letztendlich aus dem Markt ausscheidet.

Dies sind gewisse Nachteile für rein private oder öffentlich-private Betreiber, die den Staat als Financier nicht im Hintergrund haben, um gewisse systemimmanente Schwächen auszugleichen. Betreiber mit Regierungsbeteiligung können diesen Abwärtstrend stoppen. Dies ist jedoch nur insofern möglich, als das die Regierung bereit ist, die finanziellen Ressourcen zur Verfügung zu stellen, um gewisse Teilbereiche des öffentlichen und/oder teil-öffentlichen Betreibers finanziell zu sichern. Problematisch erweist sich lediglich die Tatsache, dass mit der zunehmenden Bereitschaft des Staates, finanzielle Lücken zu schließen, die Bereitschaft des Betreibers, sich finanziell an den unternehmerischen Maßnahmen zu beteiligen, abnimmt. Insofern stellt sich die Frage, ob für den Staat ein vollständig öffentlicher Betreiber effizienter ist als ein öffentlich-privater Betreiber (Schulz et al. 2019).

Der oben erwähnte Abwärtstrend unterstreicht, dass ein erhebliches Problem auf das Verhalten der Aktionäre zurückzuführen ist. Da die Aktionäre an individuelle Unternehmensstrategien gebunden sind, die sich bei Aktionären in der Rechtsform einer Aktiengesellschaft mit flexibler Aktionärsstruktur recht schnell ändern können, besteht ein erhebliches Konfliktpotenzial bei der operativen und strategischen Entscheidungsfindung. Dies stellt zudem ein typisches Prinzipal-Agent-Problem dar, aufgrund von divergierenden Interessen zwischen den Kapitalgebern (Prinzipal) und der Unternehmensleitung (Agent). Die Betreiberfirmen sind ständig durch *moral hazard* bedroht. Dies ist insbesondere dann der Fall, wenn die Betreiberfirma einen neuen Dienst in der Organisation einführen möchte. Hier besteht möglicherweise das Problem, dass einige Aktionäre diese Umsetzung untergraben, weil dies ihren eigenen Interessen widerspricht. Letztlich befindet sich die Betreiberfirma in der Rationalitätsfalle: Die Interessen der Betreiberfirma weichen von den Interessen bestimmter Aktionäre ab. Das moralische Risiko und die Rationalitätsfalle der Betreiberfirma sind schließlich auch der Grund für mangelnde Anpassungsfähigkeit an veränderte Marktanforderungen und die geringe Innovationsbereitschaft für neue Produkte oder Dienstleistungen. Darüber hinaus tragen diese divergierenden Interessen zur Instabilität der Betreiberfirma bei. Um diese dilemmatischen Situationen lösen zu können, wurde der Versuch unternommen eine konzeptionelle Anpassung vorzunehmen, um die Defizite des Betreibermodells zu überwinden. Hierfür wurde das institutionelle Rollenmodell entwickelt, welches die Einführung von institutionellen Strukturen vorsieht, um geschlossene Eigentümerstrukturen zu ersetzen (Schulz et al. 2019).

Das institutionelle Rollenmodell bildet ein bestimmtes Regulierungssystem dar, mit dem ökonomischen Paradigma, die Einkommensunsicherheit zu reduzieren. Diese Struktur verfolgt somit nicht das Ziel der Gewinnmaximierung, wie es in den Aktionärsstrukturen von Betreibermodellen der Fall ist (Schneider 1995). Die Grundlage des institutionellen Rollenmodells ist, dass definierte Rollen von verschiedenen Akteuren übernommen werden können. Die Erfüllung dieser Rolle ist wichtiger als das Eigeninteresse der Akteure. Im Gegensatz zu Betreibermodellen ermöglichen institutionelle Rollenmodelle eine größere Flexibilität, was auch die Anpassungsfähigkeit an sich ändernde Marktbedingungen erhöht. Dies führt dazu, dass sich das System deutlich besser an die sich verändernde Umwelt anpassen kann. Folglich wurde die Resilienz des Systems gesteigert, welches für die Überlebensfähigkeit eines sozialen Systems von zentraler Bedeutung ist (Schulz et al. 2019).

8　Das Institutionelle Rollenmodell

Als Institutionen werden unter anderem Firmen, Behörden, Verbände und Gerichte bezeichnet. Ökonomisch gesehen ist eine Institution ein soziales Subsystem mit Entscheidungsrechten und -pflichten. Institutionen sind dazu da das Verhalten, Kommunikation und Handeln zwischen Individuen auf eine bestimmte Art und Weise zu regulieren.

Institutionen entstehen, um diverse Formen von Unsicherheiten durch verbesserte Planung und Vorhersagbarkeit bei bestehender Informationsasymmetrie zu verringern. Deshalb erlegt eine Institution Regeln auf, an die sich die einzelnen Personen anpassen und untereinander koordinieren müssen. Die Personen können sich mittels dieser Regeln in einem vordefinierten Rahmen bewegen und sind folglich zu jedem Zeitpunkt handlungsfähig (Schneider 2007).

Auch Betreiber können als Institutionen betrachtet werden. Der Begriff Institution kann als übergeordneter Begriff verstanden und dessen Betrachtungspunkt kann auf unterschiedlichen Ebenen angesetzt werden. Auf einer unteren semantischen Ebene befinden sich das institutionelle Rollen- und Betreibermodell sowie eine Reihe weiterer institutioneller Varianten (z. B. Staat, Unternehmen, Markt). Der Begriff der Institution kann jedoch missverständlich sein und um Zweideutigkeiten und Wortspiele wie das Unternehmen ist eine Institution vs. eine Organisation zu vermeiden, wird in Konsequenz die Definition von Schneider (1995) verwendet, um die Institution zu definieren: Die Institution wird als Oberbegriff für Regelsysteme (Verordnungen) und Handlungssysteme (Organisationen) verstanden (Schulz et al. 2019).

Der Begriff Rolle wird in der Psychologie und Technik verwendet. Um mögliche Missverständnisse mit psychologischen Begrifflichkeiten zu vermeiden, ist es ratsam anstelle des Begriffs „Rollenmodelle", den Begriff des „institutionellen Rollenmodells" zu etablieren (Herb 2013). Das Konzept der institutionellen Rollenmodelle umfasst mehr als nur Betreibermodelle, denn Betreibermodelle beschreiben eine hierarchisch organisierte Zusammenarbeit. Betreibermodelle umfassen per Definition vordefinierte statische Rollen, die eine begrenzte Dynamik vorweisen und folglich nicht beliebig erweiterbar sind. Aufgrund dessen fehlt dem System, die nötige Agilität, um sich auf eine stetig verändernde Umwelt anpassen zu können. Die konkrete Umsetzung von Maßnahmen wird von Betreiberfirmen übernommen und durchgeführt. Der richtige Begriff für die Umsetzung institutioneller Rollenmodelle ist die institutionelle rollen-basierte Zusammenarbeit zwischen den relevanten Institutionen.

Das entscheidende Merkmal einer Rolle sind die Aktionen, die von der ent-sprechenden Rolle übernommen werden. Die Konsistenz ist das entscheidende Kriterium, um Aktionen einer bestimmten Rolle zuzuordnen. Dieser Prozess erfolgt in einer strukturierten Art und Weise, um sicherzustellen, dass die Kongruenz von Aktionen und Rollen gegeben ist. Um die Wirksamkeit der Aktionen sicherstellen zu können, gibt es gewisse Rahmenbedingungen, die erfüllt werden müssen. Die Prämisse der Komplementarität und/oder Neutralität ist einer der zentralen Eigenschaften, um den Definitionsbereich einer Aktion festzulegen. Ferner dürfen die festgelegten Aktionen untereinander zu keinem Zeitpunkt in einer konfliktbehafteten Beziehung zueinander-stehen und müssen zu jedem Zeitpunkt widerspruchsfrei sein. Darüber hinaus ist die Messbarkeit der Effektivität einer Aktion von zentraler Bedeutung, um systembezogene Anpassungen durchführen zu können und entsprechend den verändernden Rahmen-bedingungen zu kalibrieren. Zuletzt können bestimmte Aktionen zusammengefasst und von Akteuren durchgeführt werden (Schulz et al. 2019).

Des Weiteren muss die Wichtigkeit einer Rolle ebenfalls beurteilt werden mit der entsprechenden Berücksichtigung des Komplexitätsgrads dieser Rolle. In bestimmten Fällen kann es sein, dass eine Rolle unverhältnismäßig wichtig ist und folglich ein einzelner Akteur ressourcenmäßig nicht ausreichend ist, um die Rolle entsprechend den Qualitätsstandards zu erfüllen. Aufgrund dessen ist es zwingend erforderlich, zusätzliche Rollen zu definieren und einzuführen. Eine Erhöhung der Komplexität in Bezug auf die Rollen, um die Rollen erfüllen zu können, ist unter bestimmten Umständen zielführend. Die Definition neuer Rollen führt dazu, dass diese granularer aufgegliedert und folglich besser auf unterschiedliche Akteure aufgeteilt werden können (Schulz et al. 2019).

9 Entwicklung eines Rollenmodells: Organisation in einer entropischen Umwelt

Die Entwicklung eines Rollenmodells folgt einem bestimmten Schema, das der Abb. 2 zu entnehmen ist. Diese Entwicklung folgt einem standardisierten und strukturierten Prozess. Ferner ist der Grundsatz der Anonymität ein elementarer Bestandteil des institutionellen Rollenmodells, um dem Prinzip der Objektivität gerecht zu werden.

Die IRM Matrix weist eine bestimmte Struktur auf, beginnend mit der operativen Dimension und dem Merkmal der Aktionsintensität, die in niedrig, mittel und hoch eingestuft werden kann. Ferner wird die temporale Dimension berücksichtigt und wird mittels der Marktphasen (Entwicklung, Wachstum, Reifungsrückgang, Stagnation und Wiederbelebung) beschrieben. Die temporale Dimension muss nicht ausschließlich mittels Marktphasen beschrieben werden, sondern ist projektspezifisch zu bestimmen. Folglich darf die Definition der Marktphasen nicht statisch betrachtet werden, sondern muss individuell an das entsprechende institutionelle Rollenmodell angepasst werden. Jede Marktphase zeichnet sich dadurch aus, dass diese feingliedriger unterteilt werden kann, um die temporalen Dimensionen granularer abzudecken.

Zudem definiert Prof. Dieter Schneider sechs Meta-Rollen, die für einen nachhaltigen Markterfolg von zentraler Bedeutung sind (Schneider 1995):

- Die Unternehmensführung/Unternehmensleitung beschäftigt sich primär mit der Aufgabe Geschäftsfunktionen zu identifizieren und diese zu organisieren, um die Unternehmensziele zu erfüllen.
- Verteilung, die bei kooperativen Fahrassistenzsystemen dem Angebot von Dienstleistungen gleichkommt. Schließlich umfasst die betriebswirtschaftliche Funktion die Marktprozesstätigkeit. Dazu gehören Themen wie z. B. die Wissenssammlungen und -verbreitungen, Verkaufsverhandlungen, Vertragsabschluss durch Austausch von Verfügungsrechten.
- Beschaffung ist eine zentrale Rolle, die darum bemüht ist, die notwendigen Ressourcen zu organisieren, um einen funktionsfähigen Produktionsprozess gewährleisten zu können.

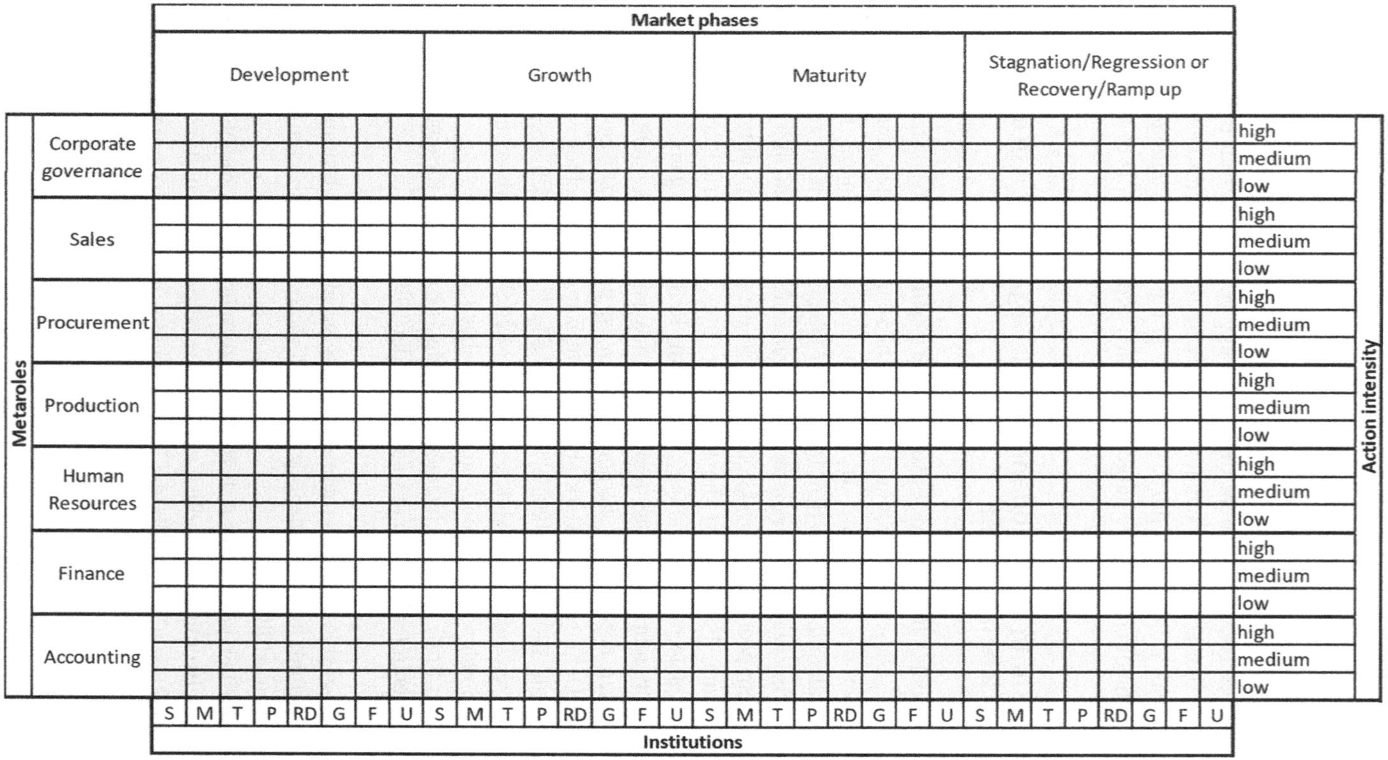

Abb. 2 Zuordnungsmatrix für Institutionen und Rollen. 2016 (Quelle: eigene Darstellung, siehe auch Schulz und Wieker) einschließlich abgekürzter Institutionen: S: Wissenschaft, M: Marketing, T: Technik, P: Produktion, RD: Forschung und Entwicklung, G: Regierung, F: Firma, U: Universität

- Die Produktion als tatsächliche Umsetzung und Zwischenschritt zwischen den Aktivität Beschaffung und Vertrieb.
- Die Finanzierung umfasst die Aktivitäten externe Finanzierung, interne Finanzierung, interne Investitionen.
- Buchhaltung nicht als Regulierungssystem, sondern als eine Aktivität, die eine buchhalterische Bewertung des Erfolgs ermöglicht. Die buchhalterische Bewertung des Erfolgs ist zwingend erforderlich, um die Effektivität der Rollenzuordnung und der Tätigkeiten messen zu können.

Für die Entwicklung eines institutionellen Rollenmodells ist es entscheidend, dass primär die für den Unternehmenszweck relevanten Rollen zu identifizieren und zu organisieren sind. Folglich können bestimmte Meta-Rollen in Rollen aufgeteilt werden, um die Granularität und die nötige Komplexität aufzubringen, um die Unternehmensziele zu erfüllen (Schulz et al. 2019).

Grundsätzlich kann die Anzahl der Institutionen beliebig erweitert oder eingegrenzt werden und unterliegt somit zu keiner Zeit einer numerischen Begrenzung. Jedoch ist zu beachten, dass je mehr Institutionen involviert sind, je komplexer das institutionelle Rollenmodell wird. Jedoch geht es im institutionellen Rollenmodell primär darum, die relevanten Institutionen, Rollen und Markphasen zu identifizieren. Dies muss prozessual gewährleistet werden, weswegen diese Dimensionen in enger Zusammenarbeit mit den Akteuren ermittelt wird. Hierfür können unterschiedliche Methoden genutzt werden, wie z. B. Umfragen oder Besprechungen im Rahmen eines Workshops, die die notwendige Empirie vorweisen, um die methodische Genauigkeit gewährleisten zu können (Schulz et al. 2019).

Die Theorie der institutionellen Rollenmodelle (IRM) ist ein dynamisches Modell, das sich entsprechend diverser Inputfaktoren, wie zum Beispiel die Marktphase oder die beteiligten Akteure, anpassen lässt (Abb. 3). Die Marktphase ist ein elementarer Bestandteil des Modells, um die Berücksichtigung der temporalen Dimension gewährleisten zu können. Dies ist einer der zentralen Defizite, das in den modelltheoretischen Ausarbeitungen (z. B. die klassischen Betreibermodelle) zu beobachten ist. Insbesondere, wenn Organisationen betrachtet werden, ist die Berücksichtigung der temporalen Dimension elementar, um die entsprechende Komplexität der Organisation adäquat erfassen zu können. Die primäre Zielsetzung, die das IRM verfolgt, ist eine Reduzierung der Unsicherheit für alle beteiligten Akteure und die Entwicklung von Vertrauen, gemeinsamer Interessen und Kooperationen. Das IRM findet ihren Ursprung und zieht ihre Bestandteile aus drei unterschiedlichen Disziplinen heraus: Die Institutionenökonomik, die Systemtheorie nach Luhmann und die Systemdynamik. Folglich besteht das IRM aus einer ökonomischen, gesellschaftlichen und mechanischen Komponente, die zwingend erforderlich ist, um eine ganzheitliche Erfassung der Organisation zu gewährleisten. Es ist daher eine komplexe Struktur, aufgrund der interdependenten Beziehung zwischen den drei Disziplinen. Jedoch ist dieses Gebilde zwingend notwendig, um die Komplexität des zu untersuchenden Gegenstands adäquat

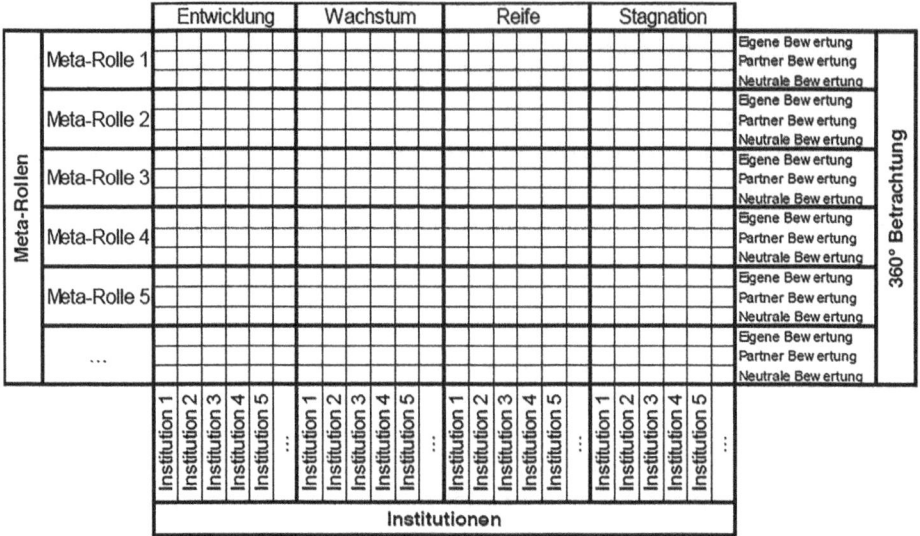

Abb. 3 Theoretische Darstellung der IRM Matrix

erfassen und um eine diskriminierungsfreie Koordination ermöglichen zu können. Die Bedingung der diskriminierungsfreien Koordination ist ein weiterer zentraler Bestandteil des IRM. Die zunehmende Gesellschafts- und Unternehmenskomplexität geht mir einem stärkeren Kooperationsbedürfnis einher. Die bestehenden rechtlichen Rahmenbedingungen sehen vor, dass eine Kooperation zwingend diskriminierungsfrei sein muss. Dieser rechtliche Aspekt wird in dem institutionellen Rollenmodell berücksichtigt. Das IRM besteht aus drei Kernelementen: erstens das Element der *„Rollen und Funktionen"*, zweitens das Element der *„Akteure"* und drittens das Element der *„Regeln"*. Die konkreten Eigenschaften dieser drei Elemente und ihre interdependente Beziehung sind Gegenstand der weiterführenden Erläuterungen (Schulz et al. 2019). Die zentralen Eigenschaften des IRM sind für das Verständnis der weitergehenden Ausführungen von zentraler Relevanz:

- Eine widerspruchsfreie Definition von Aktionen innerhalb einer Rolle.
- Die Möglichkeit einer Mehrfachbesetzung von einzelnen Rollen durch verschiedene
- Akteure.
- Die Institutionen befolgen systembedingte Regeln.
- Die Aufstellung von Regeln durch die Institutionen.
- Die Vorrangigkeit des übergeordneten Ziels und die Erfüllung der Rolle anstelle von individuellen Interessenverfolgungen.

Die Theorie der institutionellen Rollenmodelle kann mittels eines fünf-Schritte umfassenden Ablaufprozesses beschrieben werden:

1. **Schritt: Identifizierung und Definition von Meta-Rollen**
   Es werden konkrete Handlungen analysiert und herausgearbeitet, die dem Zweck der Zielerreichung dienen. Die zu erreichende Zielsetzung wurde im Vorfeld genau analysiert. Eine dingliche Voraussetzung eines Ziels ist ihre Operationalisierbarkeit und ihre Messbarkeit. Handlungen werden gemäß ihres Zielerreichungsbeitrages bewertet und entsprechend eingeordnet. Die Handlungen werden in den entsprechenden Projekten und/oder Problemlösungsprozessen angewandt und schließlich zu „Rollen" zusammengefasst. Unter gewissen Umständen kann es zu der Situation kommen, dass sich gewisse Rollen gegenseitig ergänzen. Sofern dies der Fall ist, können diese Rollen zu „Meta-Rollen" zusammengefasst werden. Darüber hinaus stehen gewisse Rollen im Widerspruch zueinander, welches dazu führt, dass diese Rolle eine eigene „Meta-Rolle" erfordert (Schulz et al. 2019).

2. **Schritt: Identifizierung und Benennung der Institutionen**
   Die Institution wird als übergeordnete Instanz verstanden, die aus Regelsystemen (Verordnungen) und Handlungssystemen (Organisationen) besteht. Folglich umfasst der Begriff „Institutionen", Organisationen, wie zum Beispiel Unternehmen, wissenschaftliche Einrichtungen, kirchliche, staatliche und nicht-staatliche Organisationen.

3. **Schritt: Welche Institution ist am geeignetsten, um eine bestimmte Rolle zu übernehmen?**
   Dem IRM liegt eine konkrete Kodierung zu Grunde, die im Nachfolgenden erläutert wird. Die Kodierung wird nicht statisch betrachtet und kann projektbezogen angepasst werden:

   1 = Die Rolle soll nicht übernommen werden.

   2 = Die Rolle könnte übernommen werden, bislang liegen jedoch keinerlei Erfahrungen vor in Bezug auf die Wahrnehmung der Rolle.

   3 = Die Rolle könnte übernommen werden, bislang liegt jedoch nur ein begrenzter Erfahrungsschatz vor in Bezug auf die Wahrnehmung der Rolle.

   4 = Die Rolle sollte seitens der Institution übernommen werden, da bereits Erfahrungen in der Wahrnehmung der Rolle vorliegen.

   5 = Die Rolle sollte übernommen werden, bedingt durch ein Alleinstellungsmerkmal der Institution.

Die Zuordnung der Rollen erfolgt sowohl durch die involvierten Institutionen als auch durch Experten. Diese Bewertung kann um eine neutrale Einschätzung (neutrales Individuum) erweitert werden, um eine 360 Grad Perspektive gewährleisten zu können. Im Optimalfall stimmen die Bewertungen der drei Entitäten alle überein. Für den Auswertungsprozess wird ein bestimmter Algorithmus verwendet, mittels dessen diverse Indizes (wie z. B. einen Harmonieindex) berechnet werden.

4. **Schritt: Die finalen Verhandlungen für die endgültige Rollenverteilung zwischen den beteiligten Institutionen**

   Einzelne Rollen können durch mehrere Akteure übernommen werden und folglich entsteht eine Koordinierungsaufgabe zwischen den verschiedenen Akteuren.

5. **Schritt: Um dem gesamten Konstrukt einen verbindlichen Rahmen zu bieten, ist eine rechtliche Vereinbarung zwischen den verschiedenen Institutionen zwingend notwendig.** (Schulz et al. 2019).

10   Schlussbemerkung

Die Komplexität, die die heutigen Gesellschaften vorweisen, erfordert hochkomplexe und hochdynamische Modelle. Hierfür wurde das institutionelle Rollenmodell entwickelt, das insbesondere seine Wirkung im Rahmen von Markteinführungen und Organisations-umstrukturierungen (Change-Management, Krisenmanagement etc.) entfalten kann. Das institutionelle Rollenmodelle zeichnet sich durch seine hohe dynamische Komponente aus, die sowohl eine Stakerholderanalyse als auch eine Umsetzungsstrategie ermöglicht. Der Vorteil dieses Modells liegt darin, dass sowohl von der Mikroebene bis hin zur Makroebene wirtschaftliche Prozesse analysiert, entwickelt und strukturiert werden können. So können mithilfe des Institutionellen Rollenmodells auf der Mikroebene einzelne Geschäftsprozesse analysiert, optimiert und entwickelt werden. Auf der Mesoebene können beispielsweise weitreichende Unternehmensstrategien entwickelt und auf der Makroebene komplexe Kooperationsmodelle analysiert, optimiert und entwickelt werden. Um eine institutionelle rollenbasierte Zusammenarbeit zu ermöglich, ist es zielführend, die IRM Matrix für Institutionen und Rollen zunächst theoretisch zu vervollständigen (Abb. 2).

Aufgrund der gesellschaftlichen und strukturellen Komplexitätserweiterungen – beispielhaft sei die Digitalisierung oder die aktuelle *Corona-Krise* erwähnt – sind einzelne Unternehmen nicht mehr fähig, den technologischen Fortschritt allein zu bestehen oder ihm den Weg zu ebnen. Aber mit der Forschung bietet die Joint-Venture-Politik eine geeignete Möglichkeit, die Kompetenzen mehrerer Unternehmen zu bündeln, um das Risiko zu diversifizieren (Schulz et al. 2019). Aufgrund dessen sind Unternehmen gezwungen ein kooperatistisches Verhalten zu wählen, um sich Wett-bewerbsvorteile zu sichern. Bedingt durch die Markdominanz einzelner Akteure kann dies zu wettbewerbsrechtlichen Herausforderungen führen, die mittels des Institutionellen Rollenmodells behoben werden können.

Literatur

BASt (2012) Bundesanstalt für Straßenwesen, Rechtsfolgen zunehmender Fahrzeugauto-matisierung, BASt-Bericht F 83, Bergisch Gladbach

Coase RH (1937). The nature of the firm. *Economica*:4(16). Nov. 1937, 368–405

Ebers M, Gotsch W (2014). Institutionenökonomische Theorien der Organisation. In: Kieser A, Ebers M (Hrsg) Organisationstheorien, 7 Aufl. Kohlhammer, Stuttgart, S 195–255.

Gasser T. & Westhoff D. (2012): BASt-study: Definitions of Automation and Legal Issues in Germany. German Federal Highway Research Institute Legal Issues in Germany

Glänzel G, Schmitz B (2012) Hybride Organisationen – Spezial- oder Regelfall? In: Anheier HK, Schröer A, Then V (Hrsg) Soziale Investitionen. VS Verlag, Wiesbaden, S 181–203

Herb T (2013) Organisationsarchitektur Kooperativer Systeme. Straßenverkehrstechnik 57(2):65–68

Jansen SA (2013) Skalierung von sozialer Wirksamkeit Thesen, Tests und Trends zur Organisation und Innovation von Sozialunternehmen und deren Wirksamkeitsskalierung. In: Jansen SA, Heinze RG, Beckmann M (Hrsg) Sozialunternehmen in Deutschland. Springer VS, Wiesbaden, S 79–99

Jung S (1999) Das Management von Geschäftsbeziehungen. Springer Fachmedien, Wiesbaden

Kor Y, Mahoney J (2004) Edith Penrose's (1959) contributions to the resource-based view of strategic management. J Manag Stud 41(1):183–191

Kordesch R. M (2017): Zivilgesellschaft. Zukunft und Auftrag konfessionell geprägter Organisationen im deutschen Sozialsektor. In: Wieland J., Wegner G., Kordesch R. M. (2017): Luther 2017: Protestantische Ressourcen der nächsten Moderne. Velbrück Wissenschaft. k. O.

Luther (2017) Protestantische Ressourcen der nächsten Moderne. Velbrück, Weilerswist-Metternich, S 95–107

Luhmann, N. (2012). *Soziale Systeme*, 15. Aufl. Suhrkamp, Frankfurt a. M.

Penrose E (1959) The theory of the growth of the firm. Oxford University Press, Oxford

Scheuerle T, Schmitz B, Hölz M (2013) Governancestrukturen bei Sozialunternehmen in Deutschland in verschiedenen Stadien der Organisationsentwicklung. In: Jansen SA, Heinze RG, Beckmann M (Hrsg) Sozialunterehmen in Deutschland. Springer VS, Wiesbaden, S 125–152

Schneider D (1995) Betriebswirtschaftslehre, Bd 1: Grundlagen. Vahlen, München

Schneider D (2007) Betriebswirtschaftslehre, Bd 3: Theorie der Unternehmung. Metropolis, München

Schulz AD (2010) Organisationen zwischen Markt, Staat und Zivilgesellschaft. VS Verlag, Wiesbaden

Schulz WH, Joisten N, Arnegger B (2019) Development of the institutional role model as a contribution to the implementation of co-operative transport systems (July 16). https://ssrn.com/abstract=3421107, https://doi.org/10.2139/ssrn.3421107

Schulz WH, Wieker H (2016) Co-operative Intelligent Transport Systems:Neue Marktchancen durch den Systemverbund aus Automobil-und Telekommunikationsindustrie. Future Telco III – Powerplay für Kommu-nikationsunternehmen, S 138–150, Köln

Simić Ž, Predović F (2014) Managerialismus und Hybridisierung von NPOs – Veränderungen und Folgen. In: Zimmer A, Simsa R (Hrsg) Forschung zu Zivilgesellschaft, NPOs und Engagement. Springer VS, Wiesbaden, S 357–369

Uh M (2006) Relational leadership theory: exploring the social processes of leadership and organizing. Leadership Q 17:654–676

Wieland J (2017a) Protestantische Führungsprinzipien und moderne Organisation Unsicherheit – Risiko – Charakter. In: Wieland J, Wegner G, Kordesch RM (Hrsg) Luther 2017: Protestantische Ressourcen der nächsten Moderne. Velbrück, Weilerswist-Metternich, S 166–182

Wieland J (2017b) Relationale Führung und intersektorale Governance. In: Lehmann M, Tyrell M (Hrsg) Komplexe Freiheit. Springer VS, Wiesbaden, S 237–257

Zingel M (2015) Transformationale Führung in der multidisziplinären Immobilienwirtschaft. Springer Gabler, Wiesbaden

Univ.- Prof. Dr. Wolfgang H. Schulz ist ein international bekannter Ökonom auf dem Gebiet der Mobilitäts- und Verkehrsökonomie. Er ist Inhaber des Lehrstuhls für Mobilität, Handel und Logistik an der Zeppelin Universität in Deutschland. Darüber hinaus ist er im Beirat des Verkehrsministeriums von Nordrhein-Westfalen tätig. Seine Entwicklung der Theorie des Institutionellen Rollenmodells (IRM) wird in einer Vielzahl von Entwicklungsprojekten im gesamten Mobilitätssektor eingesetzt und ermöglicht so eine diskriminierungsfreie Zuordnung von Aufgaben zur idealen Institution. Sein aktueller Forschungsschwerpunkt ist die Bedeutung der künstlichen Intelligenz für die Automobilindustrie

Oliver Franck ist ein Wirtschaftswissenschaftler mit einem verkehrswissenschaftlichen Schwerpunkt. Nach einem erfolgreichen Bachelor- und Masterabschluss an der Zeppelin Universität mit einem Auslandsaufenthalt in den USA, begann er im September 2019 eine Promotion, im Rahmen derer er sich der Analyse von Marktverhaltensweisen von Mobilitätsindustrien widmet. Diese Analyse erfolgt mittels der Nutzung eines industrieökonomischen Ansatzes, um den Einfluss exogener Faktoren systematisch zu ermitteln

Stanley Smolka ist interdisziplinärer Querdenker zwischen Markt, Staat und Zivilgesellschaft und hat das Studienprogramm „Sociology, Politics & Economics" an der Zeppelin Universität mit dem Bachelor of Arts erfolgreich absolviert. Überdies sammelte er mehrjährige Berufserfahrung in den Themen der Prozessanalyse, Prozessoptimierung sowie Prozessautomatisierung. Seine Forschungsschwerpunkte liegen im guten und richtigen Management in Bezug auf Komplexität, Innovation und Digitalisierung sowie im relationalen Leadership

Die Rolle der Hierarchie in weniger hierarchischen Organisationen

Anna Abrell

1 Einleitung

Im letzten Jahrhundert forschten viele Wissenschaftler nach dem richtigen Organisationsdesign, welches Koordination und Zusammenarbeit gewährleistet, um Organisationen effizient zu machen. Bürokratische und hierarchische Organisationen galten in der Vergangenheit als die optimale Organisationsform. Durch ein Gehorsams- und Berichtsverhältnis zwischen Mitarbeitern und Vorgesetzten wird die Effizienz der Organisation maximiert (Weber 1946). Dieses vorherrschende Paradigma hat sich geändert. Es entstanden und entstehen neue innovative Organisationsformen.

Verschiedene Wissenschaftler weisen auf die Grenzen von Führungshierarchien hin. Sie fordern daher, die traditionellen bürokratischen Organisationsformen zu ersetzen (Adler 2001; Courpasson und Clegg 2006; Lee und Edmondson 2017; Magee und Galinsky 2008; Mintzberg 1980; Volberda 1996). Hierarchien seien insbesondere unter dynamischen Marktbedingungen unflexibel und ineffizient (Adler 2001; Lee und Edmondson 2017). Stattdessen werden weniger hierarchische Organisationsformen populär. Sie gelten als besser geeignet, um eine Organisation zu befähigen, sich an schnelle Veränderungen der Kundenanforderungen oder kurzfristige Marktveränderungen anzupassen. Gerade flexiblere und flachere Organisationsformen können sich unter ständig ändernden Bedingungen schnell anpassen, da sie für komplexe und nicht routinemäßige Problemlösungen besser geeignet sind (Lee und Edmondson 2017; Volberda 1996).

Eine Art dieser innovativen und flexiblen Form sind Unternehmen mit Strukturen der Selbstorganisation (Lee und Edmondson 2017). Zunehmend erforschen Wissenschaftler,

A. Abrell (✉)
Wiesbaden, Deutschland

© Springer-Verlag GmbH Deutschland, ein Teil von Springer Nature 2021   101
M. Bodemann et al. (Hrsg.), *Zukunftsfähigkeit durch Innovation,*
Digitalisierung und Technologien, Organisationskompetenz Zukunftsfähigkeit,
https://doi.org/10.1007/978-3-662-62148-6_6

wie in weniger hierarchischen Organisationen kollektives Handeln ermöglicht wird. Organisationen mit Strukturen der Selbstorganisation verbreiten sich immer mehr und gelten nach Laloux (2015a) als die vorherrschende Organisationsform in den nächsten Jahrzehnten. Für diese Organisationsform wird im Folgenden aufgrund der Lesbarkeit und in Anlehnung an den englischen Begriff *self-managing organisations* (Lee und Edmondson 2017) der Begriff *selbststeuernde Organisation* verwendet.

Andere Wissenschaftler befürchten, zu impulsiv und einseitig bei der Erforschung neuer und innovativer Organisationsformen zu sein (Lumby 2019). Sie weisen auf das allgegenwärtige Fortbestehen bürokratischer Elemente und Führungshierarchien hin, selbst in Organisationen, welche die formale Hierarchie verringert oder abgeschafft haben (Courpasson 2000; Kärreman und Alvesson 2004; Lumby 2019; Magee und Galinsky 2008). Dieses Paradoxon der beständigen Hierarchien in innovativen, selbststeuernden Organisationen wurde bisher noch nicht wissenschaftlich untersucht. Zudem gibt es nur wenig Forschung auf dem Gebiet der selbststeuernden Organisation (Lee und Edmondson 2017). Diese vorliegende Studie befasst sich daher mit den folgenden Forschungsfragen: *Warum sind Hierarchien in selbststeuernden Organisationen immer noch vorhanden, wann entstehen Hierarchien und wie beeinflussen sie das kollektive Handeln und die Koordination in solchen Organisationen?*

Die vorliegende Studie trägt durch die Beantwortung dieser Fragen auf unterschiedliche Weise zur vorhandenen Literatur bei. Erstens liefert sie ein besseres Verständnis dafür, wie formale und informelle Hierarchien entstehen und wie sie die Entscheidungsfindung und Koordination zwischen Personen in selbststeuernden Organisationen beeinflussen (Lumby 2019). Zweitens ergänzt diese Forschung die wenig vorhandene Literatur in Bezug auf selbststeuernde Organisationen. In diesem Zusammenhang berücksichtigt die Studie die laufende Diskussion (Volberda 1996), ob innovative und neue Organisationsformen in dynamischen Marktbedingungen effizienter sind.

Die Forschungsfragen werden mithilfe einer qualitativen Fallstudie an einer innovativen, selbststeuernden Organisation analysiert, die als Soziokratie (Endenburg 1988) strukturiert ist. Soziokratien sind horizontal aufgebaut und bestehen aus mehreren Kreisen, in denen die Mitarbeiter verschiedene Rollen übernehmen. Die Entscheidungsprozesse sind dezentral und zielen darauf ab, die Meinung jedes Mitarbeiters zu berücksichtigen. Die analysierte Organisation wurde ausgewählt, weil sie sehr früh in ihrer Unternehmensgeschichte soziokratische Strukturen implementiert hat. Dies stellt sicher, dass mögliche vorhandene Hierarchien nicht auf früheren hierarchischen Strukturen beruhen. Vielmehr ermöglicht die Fallstudie, die zugrunde liegenden Mechanismen zu analysieren, welche Hierarchien in weniger hierarchischen Organisationen entstehen lassen.

2 Hierarchie als traditioneller Koordinationsmechanismus in Organisationen

2.1 Verschiedene Konzepte der Hierarchie

Der Begriff Hierarchie beschreibt eine Befehls- und Kontrollordnung und wird bestimmt durch die sozialen Über- und Unterordnungsverhältnisse innerhalb von Gruppen, Institutionen, Organisationen und Gesellschaften (Brockhaus o. J.; Miura 2013). Es gibt eine große Vielfalt an Definitionen von Hierarchie als Form der Koordination. Die in diesem Teil beschriebenen Konzepte sind für die vorliegende Forschung wesentlich.

Reihlen (2004) unterscheidet vier Arten von Hierarchien: 1) autokratische Hierarchie, 2) kompetitive Hierarchie, 3) partizipative Hierarchie und 4) fluktuierende Hierarchie. In **autokratischen Hierarchien** bestimmt die Organisationsspitze die Vorgesetzten ohne jegliche Beteiligung der Mitarbeiter. Vorgesetzte erwarten von ihren Mitarbeitern, dass sie ihren Entscheidungen gehorchen und sich in Übereinstimmung mit der hierarchischen Ordnung verhalten (Reihlen 2004; Reihlen und Mone 2012). Der autokratische Typ der Hierarchie ist üblicherweise dann gemeint, wenn von einer Organisationshierarchie gesprochen wird. In **kompetitiven Hierarchien** bleibt die Autorität bei den Vorgesetzten. Sie haben nach wie vor die Autorität, ihre Mitarbeiter zu kontrollieren und von ihnen Gehorsam einzufordern. Die Vorgesetzten werden jedoch nicht von der Spitze der Organisation bestimmt, sondern von den Mitarbeitern selbst. Diese können sich also beteiligen, indem sie die Person bestimmen, welche dann die Autorität zur Entscheidungsfindung hat (Reihlen 2004; Reihlen und Mone 2012). In **partizipativen Hierarchien** werden formale und autokratische Ordnungsstrukturen durch Selbstorganisation ersetzt, welche die Beteiligung der Mitarbeiter am Entscheidungsprozess explizit fördert. Die Selbstorganisation findet in partizipativen Hierarchiestrukturen jedoch in einem strukturierten Kontext innerhalb einer hierarchischen Ordnung statt. Die Selbstorganisation dient der intrinsischen Motivation der Mitarbeiter. Zudem erhält diese Struktur die Koordinationsfähigkeit einer Organisation (Reihlen 2004; Reihlen und Mone 2012). In **fluktuierenden Hierarchien** entscheiden die Mitarbeiter regelmäßig selbst über Zuständigkeiten, Kompetenzen und Mitbestimmung. Sie schaffen eine situative Hierarchie. Diese Hierarchie ist abhängig von dem Problem, das gelöst werden muss. In dezentralen Entscheidungsprozessen bestimmen die Mitarbeiter, wer welche Rolle übernimmt, um der Situation am besten gerecht zu werden (Reihlen 2004). Diese Art der Hierarchie durchbricht die starre Ordnungs- und Kontrollstruktur von herkömmlichen Hierarchien. Stattdessen findet in fluktuierenden Hierarchien eine eher horizontale Koordination statt, die konsensbasierte Entscheidungsprozesse ermöglicht. Diese Struktur wird als **Heterarchie** bezeichnet (Reihlen 1999; Reihlen und Mone 2012).

Diefenbach und Sillince (2011) unterscheiden dagegen zwei verschiedene Formen der Hierarchie in Organisationen: die informelle und die formale Hierarchie.

- **Informelle Hierarchien** können sich in Gruppen spontan herausbilden. Dies passiert auf der Grundlage von gegenseitiger Beurteilung über Kompetenz, Reputation und Macht der anderen Gruppenmitglieder (Blau und Scott 2003; Magee und Galinsky 2008). Solche informellen hierarchischen Strukturen finden sich z. B. in Peer-Gruppen, Nachbarschaften, Gemeinschaften oder Arbeitsorganisationen. Menschen in Gruppen ordnen sich schnell in eine bestimme Anführer-Nachfolger-Struktur ein (van Vugt et al. 2008). Dieses Phänomen hat seine Wurzeln in der Evolution des Menschen als Herdentier (Barkow et al. 1975; Baumeister und Leary 1995; Darwin 2014). Die Neigung des Menschen, Hierarchien zu entwickeln, liegt in den Vorteilen, welche Hierarchien für Gruppen haben (Anderson und Brown 2010). Hierarchische Strukturen helfen Gruppen vielfältige Probleme zu lösen, z. B. in Bezug auf kollektives Handeln, Entscheidungsfindung, gruppeninterne Friedenssicherung, Konfliktlösung sowie gruppenübergreifendes Konkurrenzdenken (van Vugt et al. 2008). Diefenbach und Sillince (2011) schreiben, dass soziale Hierarchien informell sind, weil die hierarchische Ordnung nicht durch Linienführung vorgegeben ist, sondern sich informell unter Gleichgestellten aufgrund der Eigenschaften und Persönlichkeitsmerkmale der Gruppenmitglieder entwickelt. Informelle Hierarchie definieren Diefenbach und Sillince (2011) als „personenabhängige soziale Dominanz- und Unterordnungsverhältnisse, die aus sozialer Interaktion entstehen und durch wiederholte soziale Prozesse im Laufe der Zeit beständig werden" (Diefenbach und Sillince 2011, S. 1517).
- In **formalen Hierarchien** prägt die klassische Pyramide die Organisationsstruktur. Die formale Hierarchie basiert auf Webers (1946) Werken zur Organisationstheorie. Er entwickelte einen Ansatz für eine typische Organisation, in der die Führungshierarchie eine Schlüsselrolle für die Effizienz der Organisation spielt. Nach Weber (1980) bedeutet Hierarchie die vertikale Integration und Anordnung von Rollen und Positionen in Verbindung mit einer festgelegten pyramidalen Struktur der Organisation. Jede Rolle oder Position ist personenunabhängig, aber klar definiert und innerhalb der Top-Down-Struktur positioniert. Jede Position steht dabei unter dem Befehl und der Kontrolle einer übergeordneten Position. Der Vorgesetzte kontrolliert, ob der Mitarbeiter seine mit der Position verbundenen Verantwortlichkeiten und Pflichten korrekt ausführt (Magee und Galinsky 2008; Weber 1980). Ebenso kann er Regeln durchsetzen, während der Mitarbeiter Bericht erstatten und Informationen nach oben weiterleiten muss (Ahuja und Carley 1999). Regeln sind dabei das Mittel zur Ausübung der Autorität (Grant 1996).

2.2   Hierarchie als Koordinationsmechanismus

Hierarchie gilt als der Mechanismus, welcher Koordination und Zusammenarbeit in Organisationen am besten sicherstellt (Grant 1996). Koordination ist in Organisationen erforderlich, um grundlegende Probleme zu lösen, die in Gruppen mit vielen Einzelpersonen vielfach auftreten (Grant 1996). Das kollektive Handeln einer Gruppe erfordert geplante und koordinierte Aktivitäten (Mishin 2007). Daher sind Koordination und Zusammenarbeit für Organisationen unerlässlich, um erfolgreiches und zielgerichtetes Handeln zu gewährleisten (Grant 1996; Ostrom 1998). Auch gemäß Simon (1996) ist die Hierarchie aufgrund ihrer problemlösenden Eigenschaften die beste Lösung, um komplexe Systeme, wie Organisationen es sind, zu koordinieren. Halevy et al. (2011) nennen mehrere Gründe, warum Hierarchien die Koordination und Zusammenarbeit in Organisationen erleichtern:

1. Hierarchien befriedigen durch ihre klare Befehlskette das menschliche Bedürfnis nach Macht, Sicherheit und Struktur. Diese Kette ermöglicht es den Mitarbeitern, belohnt zu werden und die Chance zu haben, vorwärts zu kommen.
2. Hierarchien bieten Anreize und Motivation, mit zunehmendem Status und zunehmender Macht in der Befehlskette weiter aufzusteigen. Dies wiederum befriedigt das Bedürfnis nach Wertschätzung (siehe auch Magee und Galinsky 2008).
3. Das Besitzen von Macht und Status innerhalb einer Hierarchie führt dazu, dass Menschen sich ziel- und aufgabenorientierter verhalten. Dieses Verhalten erleichtert den organisatorischen Erfolg.
4. Hierarchien vereinfachen komplexe Strukturen, da jedes Mitglied in der hierarchischen Befehlskette seine zugewiesene Position hat. Diese Arbeitsteilung ermöglicht es den Menschen, ihr Bedürfnis nach Sicherheit zu befriedigen, und erleichtert die Koordination und Interaktion der Mitglieder einer Hierarchie.
5. Hierarchien können Konflikte mindern und Kontrolle in Situationen der Uneinigkeit gewährleisten (siehe auch Anderson und Brown 2010).

Diese fünf Funktionen zeigen, dass die Hierarchie als wesentlicher psychologischer und funktioneller Mechanismus dient, um die Koordination und Zusammenarbeit innerhalb einer Organisation zu gewährleisten. Wie Magee und Galinsky (2008) feststellen, „wird deutlich, dass sich die Hierarchie als ein dominanter Modus der sozialen Beziehungen herausgebildet hat, weil sie Gruppen und Organisationen hilft, zu überleben und zu wachsen" (S. 363).

2.3 Grenzen der Hierarchie in Organisationen

Dennoch erhielten in den letzten Jahrzehnten die Grenzen und Einschränkungen von Führungshierarchien erhebliche Aufmerksamkeit, da starre strukturelle Hierarchien Organisationen im Umgang mit zunehmend dynamischen Marktbedingungen ineffizient machen (Leavitt 2004). Anderson und Brown (2010) stellten in ihrer Untersuchung fest, dass die Auswirkungen des Hierarchiegrads hoch inkonsistent sind. Einerseits unterstützen einige Studien das Argument, dass steilere Hierarchien zu besserer Effizienz und Leistung führen. Andererseits gibt es aber auch Studien, die betonen, dass steilere

Hierarchien innerhalb von Organisationen zu schlechterer Leistung führen, da Einstellung, Motivation und Zufriedenheit der einzelnen Mitarbeiter abnehmen. Darüber hinaus stellen Magee und Galinsky (2008) fest, dass ein hohes Maß an Hierarchie zu korruptem Verhalten führen kann. Den meisten Forschern zufolge besteht der größte Nachteil von Hierarchien jedoch darin, dass sie unter den Bedingungen dynamischer und sich verändernder Märkte unflexibel und ineffizient sind (Adler 2001; Barker 1993; Burns und Stalker 1961; Courpasson und Clegg 2006; Gardner 1976; Lee und Edmondson 2017; Magee und Galinsky 2008; Mintzberg 1980). Dieser Nachteil tritt auf, weil die Hierarchie unter stabilen Bedingungen gut funktioniert, wenn z. B. Routineaufgaben zu erledigen sind oder der Wissenstransfer nach unten sinnvoll ist und Organisationen einen festen Plan ohne plötzliche Umweltveränderungen ausführen sollen (Adler 2001; Lee und Edmondson 2017).

Technologische Innovationen, sich schnell ändernde Konsumentenanforderungen, kurze Produktlebenszyklen und ein zunehmend wettbewerbsorientierter Markt zwingen moderne Organisationen jedoch dazu, sich mit komplexen, nicht-routinemäßigen Problemen auseinanderzusetzen (Lee und Edmondson 2017; Volberda 1996). Diese Probleme erfordern von Organisationen eine kreative und kollaborative Kommunikation über funktionale Grenzen hinweg. Eine solche Art des Zusammenarbeitens können Vorgesetzte nicht einfach befehlen oder von ihren Mitarbeitern verlangen (Adler 2001). Viele Forscher heben die oben erwähnten Grenzen der Hierarchie als besonders problematisch für moderne Organisationen hervor (Lee und Edmondson 2017). Daher müssen sich in einem dynamischen Umfeld die Strukturen in modernen Organisationen in Richtung einer organischen Organisationsform verändern (Burns und Stalker 1961). In **organischen Organisationen** ist die Macht auf sehr wenige Hierarchieebenen verteilt. Konzepte von Demokratie, Mitarbeiter-Empowerment, Vertrauen und Autonomie prägen den Koordinationsmechanismus solcher Organisationen (Lumby 2019). Diese innovative Art der Führung ist daher besser geeignet, mit zunehmend dynamischen Marktbedingungen umzugehen.

3   Innovative Organisationsformen ohne Hierarchie

3.1   Heterarchische Organisationen

Die Transformation traditioneller hierarchischer und mechanistischer Organisationen zu flachen und gemeinschaftlich kontrollierten Organisationen mit Strukturen der Selbstorganisation begann in den 1980er Jahren. Damals kamen die ersten Bewegungen von Mitbestimmung, Mitarbeiterbeteiligung, Autonomie und Selbstorganisation auf. In den letzten Jahrzehnten mündete diese Bewegung in ein postbürokratisches Zeitalter. Ein Zeitalter mit verschiedenen Konzepten neuer und innovativer Organisationsformen mit flacheren hierarchischen Strukturen, verteilter Autorität, fluiden Teams und gemeinsamer Kontrolle (Barker 1993).

Postbürokratische Organisationsformen zielen darauf ab, agiler zu werden, um mit dem volatilen, unsicheren, komplexen und unklaren wirtschaftlichen Umfeld besser zurechtzukommen. Dadurch erzielen sie einen Wettbewerbsvorteil. Schnelle Innovationszyklen sowie technologischer und digitaler Fortschritt zwingen Organisationen dazu, ihre traditionellen Führungsstrukturen zu ändern und nach mehr Flexibilität und Agilität zu streben (Lee und Edmondson 2017). Um diese Ziele zu erreichen, entwickelte sich ein weiterer Archetyp von Organisationen, die heterarchische Organisation.

Im Vergleich zur Hierarchie ist die Heterarchie der Archetyp einer nicht-hierarchischen Organisation (Hedlund 1986; Hejl 1992; Reihlen 1999; Reihlen und Mone 2012). Heterarchien versprechen, die Barrieren moderner Wettbewerbssituationen und innovativer Anforderungen zu überwinden, da organisatorische Flexibilität durch Selbstorganisation, hohe Autonomie und Eigeninitiative erreicht wird (Reihlen 1999; Reihlen und Mone 2012). Heterarchien werden als Verhandlungssystem bezeichnet, weil Entscheidungen horizontal getroffen werden. Das steht im Gegensatz zum Weisungsprinzip einer Hierarchie (Scharpf 1993a; Willke 1995). In Anlehnung an die aristotelische Tradition der Verhandlungsordnung haben Entscheidungsträger in Heterarchien gleiche Entscheidungsrechte. Dennoch sind die Entscheidungsträger voneinander abhängig, da Entscheidungen im Konsens und in gegenseitigem Einvernehmen getroffen werden. Während des Entscheidungsprozesses beeinflussen sich die Mitarbeiter gegenseitig, da sie Informationen und Meinungen austauschen. Dieser Prozess der gegenseitigen Beeinflussung und des Dialogs wird als gemeinschaftlicher Entscheidungsprozess definiert (Reihlen 1999; Reihlen und Mone 2012). Gemeinschaftliche Entscheidungsprozesse erfordern, dass Organisationen die größtmögliche Beteiligung der Mitarbeiter an einem solchen Prozess bieten. Jeder Mitarbeiter sollte daher in der Lage sein, sich am Entscheidungsprozess zu beteiligen. Voraussetzung dafür ist, dass alle gleichen Zugang zu allen Informationen und zu den kognitiven Leistungen und Fähigkeiten der Kollegen haben (Bunge 1998).

Diese Form der gemeinschaftlichen Entscheidungsfindung stößt jedoch an ihre Grenzen, wenn zu viele Personen beteiligt sind. Scharpf (1993b) nennt dies „das Problem der großen Zahl" (S. 16). Wenn eine große Zahl an Menschen am Entscheidungsprozess beteiligt ist, erhöht dies die Anzahl an Transaktionen zwischen den Teilnehmern des Prozesses. Durch diese Zunahme entsteht ein Koordinationsproblem, das große Organisationen nahezu entscheidungsunfähig macht (Hejl 1992). Als problemlösender Mechanismus entstehen fluktuierende und temporäre Hierarchien. Hejl (1992) hebt hervor, „damit ein System sich selbst regulieren kann, muss es heterarchisch organisiert sein und gleichzeitig temporäre Hierarchien zulassen" (S. 129). Um ein Problem zu lösen, werden in Heterarchien Autorität und Entscheidungskompetenzen denjenigen Mitarbeitern zugewiesen, die das meiste Wissen und die meisten Kompetenzen in einem Bereich haben (Hedlund 1994). Dies führt zu temporären Hierarchien. Sie sind deshalb temporär, weil diese Hierarchie mit der Lösung des Problems verschwindet und andere hierarchische Anordnungen entstehen, sobald ein neues Problem auftaucht.

Eine zusätzliche Form der Hierarchie entsteht durch Unterschiede in Interessen, Kompetenzen und Erfahrungen. Nicht jeder Mitarbeiter kann sich in gleicher Weise am Entscheidungsprozess beteiligen, da Menschen unterschiedliche Kompetenzen und Interessen haben. Das führt dazu, dass sie nicht in der Lage sind, zu jedem Thema gleichermaßen beizutragen (Reihlen 1999). Daher entsteht in diesen Situationen eine Expertenhierarchie. Personen werden aufgrund ihrer beruflichen Qualifikation und ihres Wissens für bestimmte Aufgaben ausgewählt. Entscheidungsbefugnis entsteht also nicht durch formale Zuweisung, sondern durch Kompetenz und Wissen in einem bestimmten Bereich, in dem ein Problem gelöst werden muss (Willke 1989).

3.2   Informelle Koordinationsmechanismen

In Organisationen mit weniger Hierarchieebenen entstehen informelle Koordinations-formen. Informelle oder natürliche Hierarchien entwickeln sich auf einer sozio-dynamischen Ebene, wenn Mitarbeiter auf der Grundlage gemeinsamer Regeln miteinander interagieren (Accard 2015). Diese können sogar noch wirkungsvoller sein als die formale Kontrolle in hierarchischen Organisationen. Barker (1993) fand heraus, dass sich in selbstorganisierten Teams ein gemeinschaftliches Kontrollsystem unter den Gruppenmitgliedern entwickelt. Dieses System basiert auf gemeinsamen Regeln, Normen und Werten, auf die sich die Mitglieder des Teams oder der Organisation kollektiv geeinigt haben und die ihr Verhalten prägen. Da das Kontrollsystem aus der Gruppe heraus entsteht, ist es sogar noch ausgeprägter und wirkungsvoller als traditionelle, von außen auferlegte Kontrollmechanismen (Accard 2015; Barker 1993).

Darüber hinaus wird die informelle Kontrolle in weniger hierarchischen Organisationen durch informelle Hierarchien durchgesetzt. Wenn formale Hierarchien abgebaut werden, entsteht eine neue Form der Hierarchie, die auf der Erfahrung, den Fähigkeiten und dem Ruf des Einzelnen aufbaut (Laloux 2015b; Oedzes et al. 2019). Laloux (2015b) weist darauf hin, dass auch in diesem Fall diese informellen Hierarchien einen stärkeren Koordinationsmechanismus darstellen als traditionelle Hierarchien. Insbesondere unter unsicheren Bedingungen und bei hoch komplexen Aufgaben nimmt der Grad informeller Hierarchie zu, um Probleme der Koordination und Konflikte zu lösen (Oedzes et al. 2019; Stewart et al. 2012).

In weniger hierarchischen Organisationen wird von allen Mitarbeitern gefordert, verantwortungsbewusst und rechenschaftspflichtig zu sein. Bei der rollenbasierten Verteilung von Aufgaben ist jeder Mitarbeiter für seine eigenen Handlungen verantwortlich und kann dafür zur Rechenschaft gezogen werden (Robertson 2016). Da sich weniger hierarchische Organisationen durch gemeinsame Entscheidungsfindung koordinieren, ist auch die Gruppe verantwortlich. Diese Gruppenverantwortung kann nur funktionieren, wenn es eine kollektive Denkweise gibt. Dazu gehört, dass jeder Mitarbeiter die Verantwortung ernst nimmt, die seine Rolle beinhaltet (De Leede, Nijhof und Fisscher 1999; Valentine und Edmondson 2015).

Obwohl es noch wenig Forschung darüber gibt, wie weniger hierarchische Organisationen effektive Formen der Kontrolle bilden (Barker 1993; Ellinger und Gregory 2018), zeigen die oben genannten Beispiele, dass informelle Kontrollmechanismen entstehen, wenn formale Kontrollmechanismen wie Führungshierarchien fehlen.

3.3   Selbststeuernde Organisationen

Innovative Organisationsformen folgen vermehrt dem Grundsatz, traditionelle Hierarchien vollständig abzubauen und stattdessen Selbstorganisation und Mitarbeiterautonomie in der gesamten Organisation zu implementieren. Die **selbststeuernde Organisation** stellt eine Organisationform dar, in der Koordination und Kontrolle so reorganisiert werden, dass die Mitarbeiter Aufgaben selbstständig und ohne externe Einflussnahme oder Kontrolle durchführen können (Purser und Cabana 1999). In selbststeuernden Organisationen werden alle Hierarchieebenen abgebaut. Die Mitarbeiter haben das höchste Maß an Autonomie und Verantwortung (Laloux 2015b; Lee und Edmondson 2017). Selbststeuernde Organisationen sind heterarchische Organisationen, die sich in ihrem Grad der Strukturierung unterscheiden. Während heterarchische Organisationen alle Organisationen umfassen, die eher horizontal organisiert sind, weisen selbststeuernde Organisationen eine spezifische systematische Struktur auf.

In ihrer Forschung definieren Lee und Edmondson (2017) die selbststeuernde Organisation und zeigen ihre Grenzen auf. Die Autoren stellten eine neue Forschungsagenda vor, die selbststeuernde Organisationen von früheren Konzepten weniger hierarchischer Organisationen unterscheidet.

▶ **Selbststeuernde Organisationen** Nach Lee und Edmondson (2017) sind selbststeuernde Organisationen *(self-managing organisations)* als solche definiert, welche „die Autorität in einer formalen und systematischen Weise in der gesamten Organisation radikal dezentralisieren" (S. 40).

Folgende Bestandteile sind für eine selbststeuernde Organisation charakteristisch:

- In selbststeuernden Organisationen findet eine **radikale Dezentralisierung** statt. Die formale Autoritäts- und Berichtsbeziehung zwischen Vorgesetzten und Mitarbeitern wird abgeschafft. Autorität und Entscheidungsbefugnisse werden auf die Mitarbeiter verteilt ohne Berücksichtigung ihrer Ausbildung, ihres Dienstalters oder ihrer früheren hierarchischen Ebene. Außerdem ist Autorität personenunabhängig und kann sich ändern.
- Zudem ist ein wichtiges Merkmal von selbststeuernden Organisationen, dass sie ihre Arbeitsabläufe **formalisieren.** Das bedeutet, dass ein System von Regeln und Abläufen festlegt wird, das definiert, wie die Autorität in der Organisation verteilt ist.

Diese Formalisierung soll es den Mitarbeitern erleichtern, alte hierarchische Denkweisen zu überwinden, und gibt eine Leitlinie für die neuen Arbeitsrichtlinien vor.

- Zuletzt charakterisiert die **organisationsweite Umsetzung** der dezentralen Autorität selbststeuernde Organisationen und unterscheidet sie z. B. von selbstorganisierten Teams.

Zwei bekannte Organisationsmodelle selbststeuernder Organisationen sind Holakratie (Robertson 2016) und Soziokratie (Endenburg 1988). Ihre Struktur kann man als Kreisstruktur beschreiben, sodass diese auch als **Kreisorganisationen** bekannt sind (Saxena und Jagota 2016). Im Allgemeinen verspricht Robertson (2016) durch die Einführung von Holakratie, dass die Organisation durch klar definierte und verteilte Autorität innovativ, schlank und anpassungsfähig wird. Diese Struktur gewährleistet hoch effiziente Meetings und zielgerichtete Arbeit. Ihr wird auch eine hohe Flexibilität und Reaktionsfähigkeit zugesprochen (Kumar und Mukherjee 2018). Obwohl es noch wenig empirische Belege dafür gibt, ob Soziokratien oder Holakratien die versprochenen Vorteile erfüllen können, haben viele kleine und mittlere Organisationen, insbesondere in technologiebezogenen Industrien, diese erfolgreich eingeführt (Laloux 2015b; van de Kamp 2014; Kumar und Mukherjee 2018).

Beide Organisationsmodelle ähneln sich sehr in ihrem Aufbau und ihrer Struktur, sodass im Nachfolgenden lediglich die Soziokratie vorgestellt wird.

3.4   Soziokratische Organisationen

Soziokratie leitet sich ab vom lateinischen Wort „socius", das Gefährte bedeutet, und dem griechischen Wort „kratein", welches Regieren bedeutet (Saxena und Jagota 2016). Buck und Endenburg (2010) beschreiben Soziokratie als eine Herrschaftsform von Menschen, die sozial verbunden (socius) sind. Gerard Endenburg entwickelte das soziokratische Organisationsmodell in den 1960er Jahren, um Organisationen effizienter zu machen, indem sie mit strategischen Veränderungen besser umgehen können (Romme 1995). Im Gegensatz zu traditionellen Organisationen mit einer Hierarchie von Positionen basiert dieses System auf einer Hierarchie von Kreisen, daher wird sie Kreisorganisation genannt (Saxena und Jagota 2016). Die Abb. 1 zeigt die Unterschiede im Organisationsmodell zwischen einer Hierarchie und einer Soziokratie.

Die Grundprinzipien der Soziokratie werden im Folgenden erläutert:

1. Alle Entscheidungen werden im **Konsent** getroffen. Im Gegensatz zur Konsensfindung, bei der alle mit der Entscheidung einverstanden sein müssen, ist es bei der Konsentfindung notwendig, dass keiner der Beteiligten mehr einen begründeten Einwand gegen eine Entscheidung vorbringt, warum diese nicht umgesetzt werden soll (Eckstein 2016; Romme 1995).

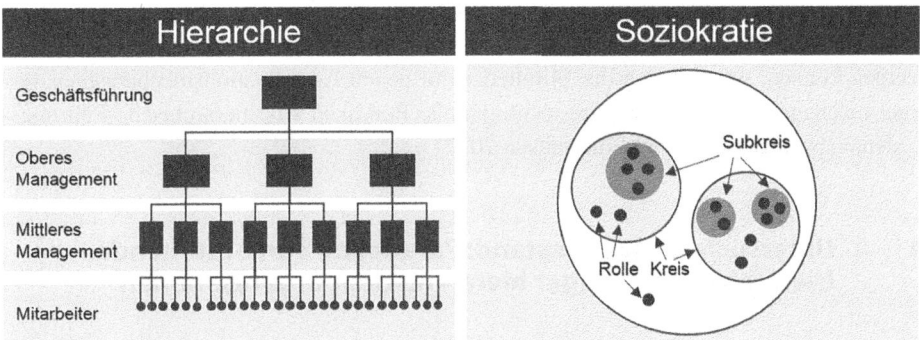

Abb. 1 Hierarchie vs. Soziokratie (Quelle: eigene Darstellung)

2. Die Organisationseinheiten sind **selbstorganisierte Kreise.** Alle Mitglieder eines Kreises streben ein gemeinsames Ziel an. Entscheidungen im Kreis werden im Konsent getroffen und in jedem Kreis haben die Mitglieder die gleichen Entscheidungsbefugnisse. Diese Entscheidungen werden in Kreissitzungen getroffen, in denen die Mitglieder auch darüber entscheiden, wie sie zusammenarbeiten, indem sie gemeinsame Regeln und Normen festlegen (Endenburg 1988; Romme 1995). Die Kreise bestehen wiederum aus Subkreisen.

3. Personen werden im Konsent für **Aufgaben und Rollen ausgewählt.** Die Mitarbeiter definieren diese Rollen selbst. Jede der Rollen dient einem bestimmten Zweck im Kreis und in der Organisation. Die Rollen und Kreise sind personenunabhängig und entwickeln sich entsprechend den Zielen und Aufgaben der Organisation, um diese zu erfüllen. Zu den Kreisen und Rollen gehören Autorität und Verantwortung. So haben die Mitarbeiter, welche die Rolle erfüllen, auch die damit verbundenen Verantwortlichkeiten und die Entscheidungsgewalt.

4. Diese Kreise sind **doppelt miteinander verbunden.** Das Konzept der Doppelverknüpfung dient dem Informationsaustausch und der Koordination zwischen den Kreisen. In jedem Kreis gibt es zwei besondere Rollen, die sicherstellen, dass die in der Kreissitzung getroffenen Entscheidungen mit den übergeordneten Kreisen und den Subkreisen übereinstimmen. Zum einen werden die Subkreise durch eine Vertreterrolle *(rep-link)* repräsentiert, der die Meinung des Subkreises vertritt. Diese Rolle stellt auch sicher, dass Informationen über die Arbeit des Subkreises auf transparente Weise weitergegeben werden. Zum anderen hat jeder Kreis eine Leitrolle *(lead-link),* welche die zu besetzenden Rollen verwaltet und auch die Anliegen und Meinungen eines übergeordneten Kreises vermittelt (Endenburg 1988; Robertson 2016).

Dennoch müssen auch herausfordernde Aspekte der Soziokratie als selbststeuernde Organisation angesprochen werden. Eine notwendige Voraussetzung für eine selbststeuernde Organisation ist das Bewusstsein eines jeden Mitarbeiters, wie er seine eigenen Verantwortlichkeiten und Aufgaben bewältigen und kontrollieren kann (Robertson 2016). Damit diese neuen Organisationsformen erfolgreich umgesetzt werden können, müssen sich die Mitglieder mit neuen Koordinationsmechanismen vertraut machen und bereit sein, alte institutionelle Praktiken wie hierarchische Führungssysteme abzulegen (Lee und Edmondson 2017).

4 Untersuchungsgegenstand: Paradoxon von bestehenden Hierarchien in weniger hierarchischen Organisationen

Da Hierarchien ein allgegenwärtiges Phänomen sind, das in jeder Art von Gruppe auftritt, argumentieren einige Forscher, dass auch in selbststeuernden Organisationen Hierarchien fortbestehen. Andersen (2002) nimmt in diesem Zusammenhang eine radikale Position ein. Er behauptet, dass jede Organisation ausnahmslos hierarchisch ist. Seinem Forschungsbeitrag zufolge ist es nicht möglich Hierarchien zu beseitigen, da sie die natürliche Struktur und innere Logik einer Organisation ausmachen. Downs (1967) behauptet, dass alle alternativen Wege der Hierarchie scheitern werden, da die Geschichte keine langanhaltende Gruppe oder Organisation ohne Struktur oder Hierarchien hervorgebracht hat. Darüber hinaus argumentiert Jaques (1990) drastisch, dass das Organisieren ohne Hierarchien gegen die menschliche Natur sei.

Forscher geben mehrere mögliche Erklärungen für das Fortbestehen von Hierarchien, selbst wenn versucht wird, diese zu unterbinden. Zhang et al. (2015) fanden heraus, dass Menschen die Strukturen von Hierarchien schnell erfassen können, was sie reizvoll für Menschen machen. Sie können Hierarchien besser wahrnehmen und verstehen als z. B. egalitäre Verhältnisstrukturen. Selbst wenn Menschen behaupten, dass sie Hierarchien nicht mögen, bleibt der Reiz von Hierarchien bestehen. Dies könnte eine Erklärung dafür sein, warum Hierarchien in weniger hierarchischen Organisationen fortbestehen.

Eine weitere Erklärung liefert Csar (2017). Seiner Meinung nach ist Selbstorganisation in der Theorie eine sehr effiziente Organisationsform. Allerdings machen es zwischenmenschliche Dynamiken und Widersprüche sowie das Streben nach Macht und Autorität fast unmöglich, dass selbststeuernde Organisationen in ihrem vollen Umfang verwirklicht werden. Obwohl Richtlinien zur Lösung von Konflikten in der selbststeuernden Organisation vorgegeben werden, ist nach Ansicht von Csar (2017) nicht klar, ob diese Richtlinien und Regeln in jedem spezifischen Kontext und mit den im Konflikt interagierenden Individuen angewendet werden können. Zusätzlich merkt er an, dass organisatorische und zwischenmenschliche Herausforderungen sogar erst durch die Unterdrückung von Hierarchien entstehen können. Dies würde zu einem unbeabsichtigten Effekt führen und die Effizienz der Organisation mindern.

Auch andere Wissenschaftler unterstützen die Meinung, dass Hierarchien in weniger hierarchischen Organisationen aufgrund von Konflikten und Krisen fortbestehen. Konflikte innerhalb einer Gruppe schaden der Zusammenarbeit und vermindern daher die Effektivität von Teams (DeDreu und West 2001). Auch in selbstorganisierten Teams scheinen Konflikte ein Grund für die Gruppe zu sein, ihre Strukturen wieder in weniger autonome Formen zu verändern (Langfred 2007). Murshed et al. (2015) zeigen in ihrer Studie, dass in Krisenzeiten die Entscheidungsgewalt auf höhere Hierarchieebenen wechselt. Dort treffen verantwortliche Führungskräfte Entscheidungen und erteilen funktionale Befehle, um die Krise zu lösen.

Diese Ergebnisse könnten auch auf selbststeuernde Organisationen übertragen werden. Hierarchien treten in selbststeuernden Organisationen möglicherweise noch immer auf, weil sie in Konflikt- und Krisenzeiten eine wirksamere Koordination und Zusammenarbeit ermöglichen. Wie oben beschrieben gibt es ein augenscheinliches Paradoxon hinsichtlich der allgegenwärtigen Präsenz bürokratischer und hierarchischer Strukturen selbst in Organisationen, in denen Hierarchien bewusst abgeschafft werden (Anderson und Brown 2010; Lumby 2019; Magee und Galinsky 2008; Volberda 1996). Bislang wurde noch nicht untersucht, wie und in welchen Kontexten oder Prozessen sich Autorität wieder verdichtet und dadurch hierarchische Strukturen entstehen. Dieses offenkundige Paradoxon verlangt nach einem tiefgreifenden Verständnis dafür, wie und warum auch in selbststeuernden Organisationen Hierarchien entstehen (Lee und Edmondson 2017). Daher befasst sich die vorliegende Untersuchung mit der Rolle der Hierarchie in selbststeuernden Organisationen am Beispiel einer soziokratischen Organisation.

5 Untersuchungsmethodik

5.1 Forschungsdesign

Um Einblicke in entstehende hierarchische Strukturen innerhalb einer selbststeuernden Organisation zu gewinnen, wird analysiert, wie Mitarbeiter Machtbeziehungen und Koordinationsmechanismen interpretieren und erleben. Darüber hinaus werden Koordinationssituationen herausgearbeitet, in denen Hierarchien auftreten können. Die Studie nimmt daher eine interpretative Perspektive ein, da sie sich auf ein tiefes Verständnis und eine Interpretation des menschlichen Verhaltens und der sozialen Realität konzentriert (Bryman und Bell 2015; Saunders, Lewis und Thornhill 2016). In der Epistemologie des Interpretativismus durchläuft ein Mensch einen Interpretationsprozess der eigenen Rolle und der Rolle der anderen, um der sozialen Welt um sich herum einen Sinn zu geben. Diese Perspektive wird vor allem in komplexen Geschäftskontexten wie dem Handeln von Organisationen angewandt (Saunders et al. 2016). Forscher müssen sich in die soziale Welt der Forschungsteilnehmer begeben, um deren Denkweise zu verstehen. Dies ist wichtig, um einen tiefen Einblick in die Interpretation der Teilnehmer über ihr Verhalten und ihre Einstellung zu erhalten (Snape und Spencer 2003).

Das notwendige Verständnis über die soziale Umwelt der Teilnehmer macht einen induktiven qualitativen Forschungsansatz am angemessensten. Persönliche Tiefeninterviews dienen dazu, Schlüsselfaktoren für die Entstehung von Hierarchien zu identifizieren. Dieser

Interview-Stil konzentriert sich auf das Individuum und ermöglicht, ein tiefes Verständnis der Person und der zugrunde liegenden Prozesse zu erhalten, in denen der Teilnehmer seine soziale Realität konstruiert (Bryman und Bell 2015). Dieser Ansatz basiert auf der Annahme, dass Menschen in Organisationen ihre Handlungen kennen und ihre zugrundeliegenden Gedanken und Absichten erklären können (Gioia et al. 2013). Tiefeninterviews wurden als Interviewmethode gewählt, weil sich die Interviewpartner als soziale Akteure verhalten und ihre unterschiedlichen Perspektiven dazu dienen, die konstruierte soziale Wirklichkeit zu beschreiben und zu veranschaulichen (Saunders et al. 2016). Zudem eignen sich Tiefeninterviews am besten, um sowohl Echtzeitdaten als auch rückblickende Informationen über die Erfahrungen der Beschäftigten zu erheben (Gioia et al. 2013).

Es werden verschiedene lokale Koordinationskonflikte innerhalb einer Soziokratie analysiert, die sowohl bei Meetings als auch im Tagesgeschäft auftreten. Da Koordinationsprobleme höchstwahrscheinlich zu zentralisierten Koordinationsmechanismen führen, dienen sie am besten zur Analyse, wie und warum Hierarchien entstehen. Für die Analyse wird ein Start-up ausgewählt, welches unmittelbar nach seiner Gründung soziokratische Strukturen implementiert hat. Dies ist wichtig, weil in Organisationen, in denen frühere Führungshierarchien abgeschafft und die Organisation in eine selbststeuernde Organisation umgewandelt wurde, die Wahrscheinlichkeit größer zu sein scheint, dass Mitarbeiter in die früheren hierarchischen Strukturen zurückfallen. In einer selbststeuernden Organisation, die gleich zu Beginn soziokratische Strukturen implementiert hat, ist davon auszugehen, dass es weniger hierarchisches Denken unter den Mitarbeitern gibt. Daher untersucht die Studie Koordinationskonflikte in einer originär selbststeuernden Organisation, um zu analysieren, wodurch und wie Hierarchien entstehen.

Die zugrunde liegende Forschung basiert auf einer Einzelfallstudie. Einzelfallstudien eignen sich zur Analyse komplexer Mechanismen und Phänomene, die paradox sind (Siggelkow 2007). Daher ermöglicht es dieses Forschungsdesign, ein holistisches Verständnis und eine Interpretation der besonderen Merkmale von Hierarchien in selbststeuernden Organisationen zu gewinnen.

5.2 Datenerhebung- und Analyse

Die Forschung basiert auf Primär- und Sekundärdaten aus dem Fall. Die Primärdaten stammen aus Tiefeninterviews mit den acht Geschäftsführern der Organisation, d. h. es wurden insgesamt acht Interviews geführt.

Die Durchführung der Interviews war in zwei Phasen unterteilt. In der ersten Phase, im Mai und Juni 2019, wurden sechs der Interviews durchgeführt. In der zweiten Phase, im Juli 2019, wurden die restlichen zwei Interviews durchgeführt, nachdem die ersten erhobenen Daten analysiert worden waren. In den zwei letzteren Interviews wurden Themen diskutiert, die bis dahin unklar geblieben waren. Darüber hinaus wurden in der zweiten Phase die ersten vorläufigen Ergebnisse aus den Daten und die sich daraus abzeichnenden Konzepte überprüft. Diese wurden sukzessive in die nächsten Interviews mit den Mitarbeitern integriert, um die Effektivität zu erhöhen und alle relevanten Aspekte der Thematik zu erheben. Diese Methode wird angewandt, um die Validität der Forschung zu erhöhen (Corbin und Strauss 1990). Die Daten wurden in Interviews mit einer Dauer von 40 bis 50 Minuten erhoben. Die Mitglieder der Organisation sind in Deutschland und den Niederlanden verstreut. Deshalb wurden alle Interviews via Skype oder Telefon durchgeführt. Alle Mitglieder sind es gewohnt, aus der Ferne zu arbeiten und komplexe Diskussionen und Besprechungen über Online-Meetings abzuhalten. Es wird daher davon ausgegangen, dass die Teilnehmer ihre Meinungen und ihr Verhalten ehrlich und offen ohne jegliche Voreingenommenheit aufgrund der Art des Interviews äußern und erklären konnten.

Die Datenanalyse folgte dem induktiven Ansatz der Grounded Theory, welcher es ermöglicht, Theoriekonzepte aus empirischen Daten abzuleiten (Steinke 1999). Die Daten wurden in vier Schritten analysiert. Im ersten Schritt wurden die generierten Tonaufnahmen mithilfe der Software Express Scribe aus der Audiodatendatei transkribiert. Die Abschrift erfolgte gemäß Kuckartz et al. (2008) nach einfachen und leicht verständlichen Transkriptionsregeln. Dabei steht nicht die Sprache, sondern der Inhalt des Textes im Vordergrund. Anschließend wurden die Daten in das Softwareprogramm MAXQDA übertragen, das eine systematische zeilenweise Kodierung und Analyse der Daten nach Corbin und Strauss (1990) ermöglichte. Dabei wurde offenes Kodieren (*open coding*) verwendet, welches eine Aufschlüsselung der Daten und die Zuordnung von Codes zu bestimmten Ereignissen, Aktionen und Dimensionen beinhaltet. In diesem zweiten Schritt wurden insgesamt 70 Codes erster Ordnung identifiziert.

Im dritten Schritt wurde gemäß Strauss und Corbin (1996) axiales Kodieren (*axial coding*) angewandt, um Beziehungen zwischen diesen Konzepten erster Ordnung zu identifizieren. Diese Kodierung umfasst den Vergleich und die Konzeptualisierung der Daten. Nach der Entwicklung von Themen und Konzepten zweiter Ordnung wurden diese, wie von Gioia et al. (2013) vorgeschlagen, zu Dimensionen aggregiert.

In Anlehnung an Langley (1999) umfasste der vierte Schritt eine Visualisierung der Kernkategorien und der Unterkategorien. Die Kategorien wurden in einer Übersichtskarte angeordnet, mit deren Hilfe die Wechselwirkungen und Einflussmechanismen zwischen den Kategorien veranschaulicht wurden. In diesem Schritt ließ sich ein Prozessmodell identifizieren, welches in Abschn. 7 erläutert wird.

6   Der untersuchte Fall

Die der Forschungsarbeit zugrundeliegende Organisation wurde aus mehreren Gründen ausgewählt, die wichtig sind, um entstehende Hierarchien in weniger hierarchischen Organisationen zu erfassen: Erstens ist die Organisation als Soziokratie strukturiert. Zweitens handelt es sich bei der Organisation um ein Start-up-Unternehmen, das zu Beginn demokratisch organisiert war und nach seiner Gründung relativ schnell soziokratische Strukturen einführte. Dies ist wichtig, weil dadurch sichergestellt wird, dass es nur sehr wenige hierarchische Strukturen gab, bevor die Organisation zu einer Soziokratie wurde. Daher ist es weniger wahrscheinlich, dass entstehende Hierarchien mit alten hierarchischen Strukturen zusammenhängen. Drittens ist entscheidend, dass alle Personen aus einem Kreis bzw. alle Personen, die eine andere Art von Einheit bilden, befragt werden. Dieses Verfahren bietet die Möglichkeit, einen ganzheitlichen Blick auf die zugrunde liegenden Prozesse und Bedingungen zu werfen, unter denen Hierarchien entstehen können. Die ausgewählte Organisation erfüllt alle oben genannten Kriterien und eignet sich daher ideal für das Forschungsthema.

Die analysierte Organisation wurde 2015 von drei Gründern als ein Beraternetzwerk gegründet, das sich darauf spezialisiert hat, Organisationen zu beraten, wie sie effizienter und zielgerichteter zusammenarbeiten können. Von Anfang an war ihr Kernprinzip, auf Augenhöhe mit ihren Partnern und Kunden zu arbeiten. Entscheidungen wurden demokratisch getroffen und jeder konnte an der Entscheidungsfindung teilhaben. Bald darauf traten weitere Mitglieder dem Netzwerk bei, was die Organisation sehr komplex machte. Gleichzeitig stießen die Gründer der Organisation auf das Prinzip der Entscheidungsfindung nach dem Konsentprinzip, das für sie sehr reizvoll war. Anfang 2018 führten sie soziokratische Strukturen ein. Somit schafften sie klarere Strukturen in ihrer Zusammenarbeit innerhalb der Organisation und ihres Netzwerks.

Heute ist die Organisation rechtlich als Vereins-GmbH strukturiert. Der Verein ist Eigentümer der GmbH. Er besteht derzeit aus acht Mitgliedern, die alle auch Geschäftsführer der GmbH sind. Diese Rechtsform ermöglicht es Mitglieder und Geschäftsführer, ohne aufwendige bürokratische Formalitäten, problemlos zu wechseln. Es war für die Mitglieder sehr wichtig, dass jeder von ihnen offiziell als Geschäftsführer eingetragen ist. So werden sie von außen als gleichberechtigt angesehen. Zusätzlich zu den Mitgliedern der Organisation sind mehrere freiberufliche Berater mit der Organisation verbunden.

Die Organisationsstruktur ist in Abb. 2 dargestellt. Die acht Geschäftsführer bilden den *General Company Circle,* der es jedem Mitglied der Organisation ermöglicht, an wichtigen strategischen und personellen Entscheidungen mitzuwirken. Innerhalb des *General Company Circle* gibt es vier Subkreise: *Beratung, Finanzen, Kultur* und *Subjects.* Der größte und präsenteste Subkreis ist der *Beraterkreis,* der die Rollen der Berater, des Projekt- und Sales-Support und des Lead-Links umfasst. Der *Beraterkreis* wiederum enthält den Subkreis *Generelle Supportfunktion.* Dieser Kreis umfasst weitere Rollen wie Website-Verwaltung, Datensicherheit und Tool-Administration.

Nachdem die Organisation als ein Netzwerk mit demokratischen Strukturen und Grundsätzen gestartet ist, ist sie auch heute durch eine Kultur der Gleichberechtigung gekennzeichnet. Die acht Mitglieder des Vereins haben langjährige freundschaftliche Beziehungen. Die Atmosphäre ist dadurch freundschaftlich und harmonisch. Vertrauen und gegenseitiges Verständnis sind wichtige Grundsätze für die Zusammenarbeit in der Organisation.

Insgesamt diente die untersuchte Organisation sehr gut für die Studie, da die Bedingungen für vorhandene formale oder informelle Hierarchien begrenzt waren. So konnten diejenigen Mechanismen analysiert werden, die das Entstehen informeller Hierarchien in weniger hierarchischen Organisationen fördern oder verhindern.

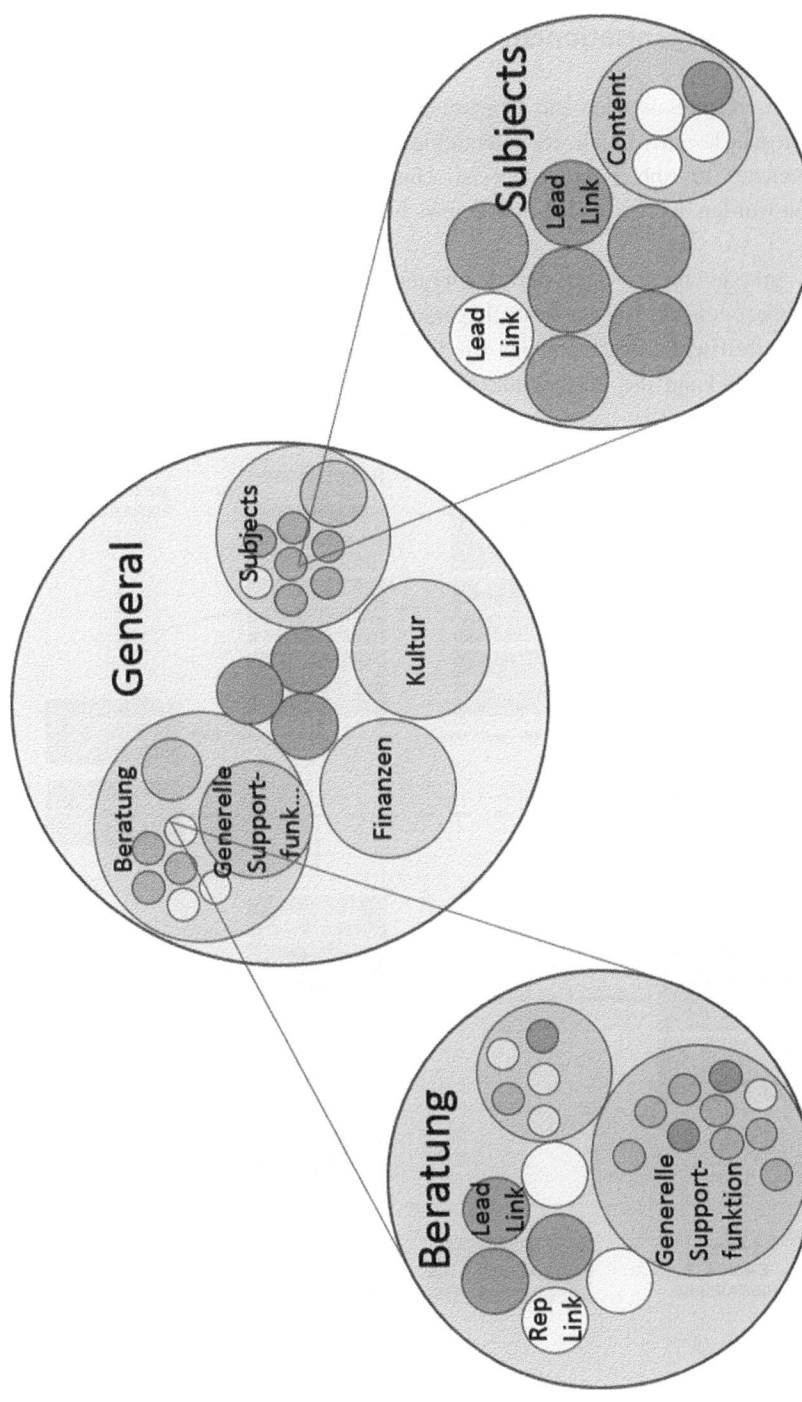

Abb. 2 Organisationsstruktur (Quelle: eigene vereinfachte Darstellung in Anlehnung an die analysierte Organisation)

7 Untersuchungsergebnisse: Über die Hierarchie in Kreisorganisationen

Im folgenden Kapitel werden die Ergebnisse der Datenanalyse vorgestellt. Aus den Ergebnissen wurde ein Modell der Hierarchie in selbststeuernden Organisationen entwickelt, welches in Abb. 3 dargestellt ist. Hinsichtlich der verschiedenen Arten von Hierarchien wurden durch die Tiefeninterviews folgende Arten identifiziert:

- Erstens gibt es in der analysierten Organisation eine informelle Hierarchie, die personenbezogen ist. Sie ist deshalb personenbezogen, da sich die Hierarchie aus personenspezifischen Unterschieden wie Interessen, Kompetenz und Charakter ergibt. Grundsätzlich kann die personenbezogene Hierarchie sowohl dynamisch als auch

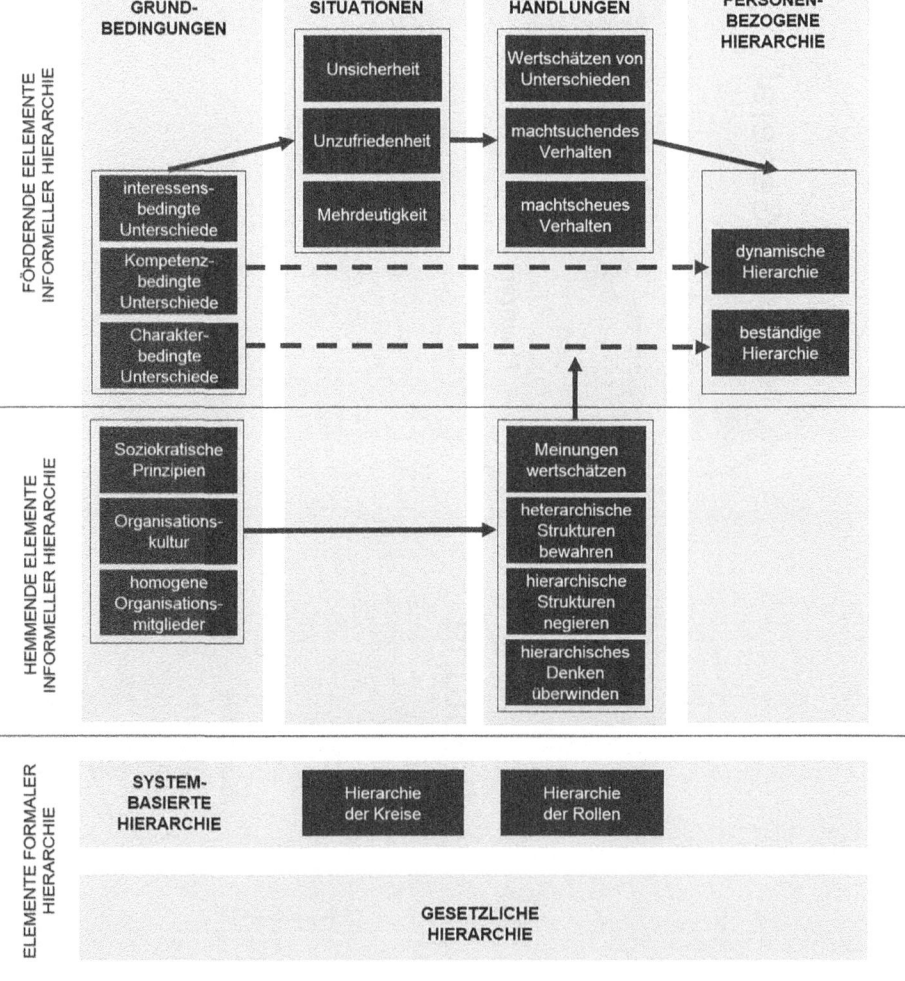

Abb. 3 Modell der Hierarchie in selbststeuernden Organisationen (Quelle: eigene Darstellung)

beständig sein. Die dynamische Hierarchie kann sich eher verändern. Das ergibt sich hauptsächlich aus Unterschieden in den Interessen der Personen, die sich im Laufe der Zeit ändern können. Basiert die Hierarchie eher auf Charakter und Kompetenz, verfestigt sie sich im Laufe der Zeit und wird beständig.

Mehrere Faktoren beeinflussen, wie stark die informelle Hierarchie ausgeprägt ist. Dazu gehören machtsuchendes Verhalten ebenso wie machtscheues Verhalten von Mitgliedern der Organisation. Dieses Verhalten tritt insbesondere in Situationen der Unsicherheit, Unzufriedenheit und Mehrdeutigkeit auf. Außerdem können informelle Hierarchien dadurch verstärkt werden, wenn die Mitglieder der Organisation die Unterschiede zwischen ihnen wahrnehmen, wertschätzen und fördern. Denn so werden die unterschiedlichen Erfahrungen und Fähigkeiten jedes einzelnen verstärkt. In der analysierten selbststeuernden Organisation verhindern mehrere Faktoren, dass stark ausgeprägte informelle Hierarchien entstehen. Zu nennen sind hier vor allem die soziokratischen Prinzipien wie die Konsentfindung, die homogene Zusammensetzung der Organisationsmitglieder und die Organisationskultur.

- Zweitens gibt es in der analysierten selbststeuernden Organisation formale Hierarchien. Hierzu gehören die systembedingte Hierarchie von Kreisen und Rollen sowie die vom deutschen Recht geforderte gesetzliche Hierarchie.

8   Diskussion der Ergebnisse

8.1   Dynamische informelle Hierarchien ermöglichen kollektives Handeln

Dynamische informelle Hierarchien entstehen in der analysierten selbststeuernden Organisation aufgrund von Unterschieden in Interessen, Kompetenzen und Charakter-eigenschaften. Entscheidungskompetenz und Autorität in bestimmten Themen werden den Mitgliedern der Organisation zugewiesen, die am besten geeignet sind, die Rolle zu erfüllen oder das Problem zu lösen. In Anlehnung an Reihlen (2004) können diese dynamischen Hierarchien als fluktuierende Hierarchien kategorisiert werden, da den Mit-gliedern der Organisation je nach ihren Fähigkeiten regelmäßig Verantwortlichkeiten und Entscheidungsbefugnisse zugewiesen werden.

Fluktuierende Hierarchien in der untersuchten Soziokratie haben zwei Dimensionen:

1. Fluktuierende Hierarchien entstehen bei der Zuweisung von Rollen an bestimmte Personen. In diesem Prozess entscheiden die Mitglieder, wer offiziell die Ver-antwortung für die Lösung eines Problems erhält oder wer geeignet ist, eine Aufgabe zu übernehmen. Ihre Entscheidung beruht vornehmlich auf Erfahrung, Wissen und Kompetenz, über welche die Person auf dem jeweiligen Gebiet verfügt. Dieser Ent-scheidungsprozess in der analysierten Organisation steht im Einklang mit mehreren Theorien über informelle Hierarchien und dezentrale Entscheidungsfindung

(Diefenbach und Sillince 2011; Hedlund 1986; Reihlen 1999). Nachdem die Verantwortung für eine Rolle oder eine Aufgabe übertragen wurde, entwickelt sich eine Anführer-Nachfolger-Beziehung (van Vugt et al. 2008). Das passiert, da die anderen Mitglieder der Organisation dann eher den Meinungen und Vorschlägen des Rolleninhabers folgen. Der Rolleninhaber hat also in gewisser Weise Macht in diesem spezifischen Thema und kann andere beeinflussen. Status und Macht werden also durch Wissen erlangt (Willke 1989).

2. Fluktuierende Hierarchien entwickeln sich nicht nur offiziell durch Rollenzuteilung, sondern auch inoffiziell. Solche inoffiziellen fluktuierende Hierarchien entstehen außerhalb des formalen Zuweisungsprozesses einer Rolle oder Aufgabe an eine Person. Stattdessen entstehen sie spontan, wenn Aufgaben und Probleme gelöst werden müssen, die keine Rollenzuweisung erfordern. Wenn zum Beispiel ein Mitglied der Organisation einen neuen Kunden mit einem Pitch überzeugen will und einen Kollegen um Hilfe bittet, der sehr gut im Verkaufen, Präsentieren und Überzeugen von Menschen ist. In diesem Fall entstehen in den Bereichen Präsentieren und Pitchen hierarchische Ordnungen, die zeitlich begrenzt sind. Diese Hierarchien entstehen, wenn Probleme sehr schnell gelöst werden müssen, obwohl die Mitglieder der Organisation sie nicht offiziell zuweisen. Diese Art von inoffiziell fluktuierenden Hierarchien, die in horizontal koordinierten Organisationen, wie z. B. in Soziokratien entstehen, wurde in der Literatur bisher noch nicht behandelt.

Ein weiterer Aspekt fluktuierender Hierarchien, der im analysierten Fall beobachtet wurde, ist die unterschiedliche Fähigkeit der Mitarbeiter, sich gleichberechtigt am Entscheidungsprozess zu beteiligen. Menschen in Heterarchien sind aufgrund ihres Wissens und ihrer Erfahrung nicht in der Lage, alle in gleicher Weise zu einer Entscheidung beizutragen (Reihlen 1999; Reihlen und Mone 2012). Im vorliegenden Fall wurde dies bei den verschiedenen Arten von Rollen – extern und intern – festgestellt. Die externen Rollen umfassten hauptsächlich projektbezogene Beratungsarbeit. Die internen Rollen konzentrierten sich dagegen auf Verwaltung und Organisationsentwicklung. Die beiden Mitglieder, die in erster Linie die internen Rollen innehaben, haben keinen Beratungshintergrund. Sie sind daher nicht in der Lage, an Entscheidungen, die die externen Rollen hinsichtlich der Beratungsarbeit betreffen, gleichberechtigt mitzuwirken. Diese Art der Hierarchie wird in der Forschung zu Heterarchien thematisiert und ist ein Beispiel für eine Expertenhierarchie (Willke 1989). Die Ergebnisse legen jedoch nahe, diese Hierarchie nicht unter einer fluktuierenden Hierarchie, sondern eher unter einer beständigen Hierarchie zu kategorisieren, da sie sich absehbar nicht ändern wird. Sie ist aus mehreren Gründen beständig: Erstens basiert diese Rolle nicht auf einem Problem, das gelöst werden muss. Sie löst sich daher im Laufe der Zeit nicht auf. Zweitens sind diese Rollen wiederkehrend und erfordern detailliertes Wissen und Fachwissen. Dies führt zu einer klaren Festlegung und einer gewissen Dauerhaftigkeit der Rollen. In Anlehnung an Adler (2001) sowie Lee und Edmondson (2017) können diese beständigen Hierarchien am besten unter stabilen Bedingungen mit routinemäßigen Aufgaben wirken. Mithin kann die Häufigkeit von Routineaufgaben daher starre Rollen und beständige Hierarchien beeinflussen.

Ein wichtiges Ergebnis der Studie ist, dass informelle – sowohl fluktuierende als auch beständige – Hierarchien in selbststeuernden Organisationen kollektives Handeln und Koordination erleichtern. Da kollektives Handeln koordinierte Aktivitäten erfordert (Mishin 2007), dienen informelle Hierarchien dazu, das Koordinationsproblem in komplexen Situationen zu lösen (Halevy 2008; Simon 1996). Komplexität in selbststeuernden Organisationen entsteht, wenn zu viele Menschen zu viele Transaktionen innerhalb eines Entscheidungsprozesses tätigen. Dieses macht die Organisation entscheidungsunfähig (Hejl 1992). Informelle Hierarchien reduzieren die Komplexität durch eine klare Ordnung der Verantwortlichkeiten und Entscheidungsbefugnisse (Anderson und Brown 2010). Dieses Ergebnis steht auch im Einklang mit Oedzes et al. (2019), die herausfanden, dass der Grad informeller Hierarchien zunimmt, wenn zur Lösung von Koordinationsproblemen und Konflikten hochkomplexe Aufgaben erfüllt werden müssen.

Obwohl weniger hierarchische Organisationen darauf abzielen, Hierarchien abzubauen und in dezentralisierten Entscheidungsprozessen horizontal zu koordinieren, entstehen also sowohl fluktuierende als auch beständige Hierarchien, um die Komplexität der großen Zahl zu reduzieren (Scharpf 1993a; Scharpf 1993b) und die Organisation effizienter zu machen (Magee und Galinsky 2008).

8.2 Der Einfluss von soziokratischen Prinzipien, Organisationskultur und Persönlichkeit auf informelle Hierarchien

In der untersuchten Organisation wurden drei Faktoren identifiziert, welche die Entstehung informeller Hierarchien beeinflussen. Diese Einflussfaktoren können auf die Makro-, Meso- und Mikroebene kategorisiert werden:

Makro-Ebene: Aus der Makroperspektive haben soziokratische Grundsätze in einer heterarchischen Organisation einen erheblichen Einfluss auf den Abbau informeller Hierarchien. Sie reduzieren sowohl machtsuchendes als auch machtscheues Verhalten. Sie verhindern auch, dass Menschen durch Mehrheitsentscheidungen überstimmt werden. Egalisierende Strukturen in der Organisation werden so gefördert.

Erstens verhindert das als kooperativer Entscheidungsprozess bezeichnete runde Sprechverfahren während der Entscheidungsfindung (Reihlen 1999) das Entstehen informeller Hierarchien. Das Einzigartige an diesem Prozess ist, dass durch das runde Sprechverfahren jeder gezwungen ist, sich an der Diskussion zu beteiligen und seine Meinung zu äußern. Wie von Bunge (1998) beschrieben gewährleistet dieser soziokratische Grundsatz einerseits die größtmögliche Beteiligung am Entscheidungsprozess. Andererseits stellt es aber auch sicher, dass sich die Mitarbeiter aktiv an diesem Prozess beteiligen, wie von Popper (1963) gefordert. Obwohl die Mitarbeiter gleichberechtigten Zugang zum Entscheidungsprozess und zu allen Informationen und Kenntnissen ihrer Kollegen haben, die sie während des Entscheidungsprozesses austauschen, können immer noch informelle Hierarchien entstehen. Diese können aufgrund dominanten Verhaltens oder alten hierarchischen Denkens fortbestehen. Im analysierten Fall stellten die Mitglieder der Organisation eine Diskrepanz zwischen den drei Gründern und den anderen Mitgliedern der Organisation fest. Vor allem zu Beginn wurde die Meinung dieser drei Gründer gewichtiger geschätzt als andere Meinungen, weil die neueren Mitglieder die Leistungen und das Engagement der Gründer für das Unternehmen schätzten. Im Laufe der Zeit machten die drei Gründer deutlich, dass die Meinung aller wichtig und wertvoll für die Organisation ist. Die Einbeziehung der Meinungen aller bestärkte die Mitglieder darin, ihre Meinung aktiv zum Ausdruck zu bringen und sich am Entscheidungsprozess noch mehr zu beteiligen. Dieser Lernprozess war unerlässlich, um altes hierarchisches Denken zu überwinden und Vertrauen in den soziokratischen Entscheidungsprozess und seine Ergebnisse zu entwickeln.

Zweitens verhindert die Methode der Konsentbeschlussfassung innerhalb soziokratischer Verfahren, dass sich eine „Tyrannei einer mittelmäßigen Mehrheit" (Reihlen 1999, S. 288) entwickelt. Reihlen (1999) beschreibt eine Situation, in der Mitglieder einer heterarchischen Organisation nicht bereit sind, sich selbst einzuschränken und anderen ihre Meinung mit einer mittelmäßigen Mehrheit aufzwingen wollen. Dies würde allerdings der Organisation in ihrem Handeln schaden, da nicht alle Mitarbeiter die Entscheidung unterstützen. Diese möglichen Nachteile einer heterarchischen Organisation können in soziokratischen Organisationen nicht auftreten. Voraussetzung für den Beschluss einer Entscheidung ist, dass niemand einen begründeten Einwand gegen die Entscheidung hat (Endenburg 1988). Dies gewährleistet eine wertvollere und nachhaltigere Entscheidung im Vergleich zu traditionellen heterarchischen Organisationen, in denen die Entwicklung von Mehrheiten möglich ist.

So verhindern soziokratische Prinzipien und das erlernte Vertrauen in ihre Wirkung, dass in weniger hierarchischen Organisationen informelle Hierarchien entstehen. Fehlt dieses Vertrauen und werden soziokratische Prinzipien nicht beharrlich umgesetzt, dann ist es wahrscheinlich, dass sich unbewusst informelle Hierarchien herausbilden.

Meso-Ebene: Aus der Mesoperspektive betrachtet beeinflusst die Organisationskultur die Entstehung oder den Abbau informeller Hierarchien innerhalb selbststeuernder Organisationen. Informelle Kontrollmechanismen, die sich aus der Organisationskultur ergeben, sowie ein hohes gruppeninternes Vertrauen sind wichtige Faktoren, um informelle Hierarchien zu reduzieren oder zu verhindern.

Erstens entsteht in selbststeuernden Organisationen wie der Soziokratie informelle Kontrolle durch die Normen, Überzeugungen und Werte, die die Mitarbeiter teilen. Diese leiten ihr Handeln und ermöglichen eine effiziente Koordination (Kärreman und Alvesson 2004; McKenna et al. 2010). Barker (1993) bezeichnet diesen informellen Kontrollmechanismus als gemeinschaftliche Kontrolle, die entsteht, wenn formale Hierarchien abgebaut werden. Ein informelles Kontrollsystem wird auf der Grundlage vereinbarter und kollektiver Verhaltensweisen und Regeln entwickelt, die das organisatorische Handeln prägen. Auch Hales (2002) sowie Manz und Sims (1987) beschreiben diese Form der informellen Koordination, die oft restriktiver ist als die formale Koordination.

Im analysierten Fall führen ein hohes Maß an Kommunikation, Transparenz und Vertrauen innerhalb der Gruppe zu einer Organisationskultur, die auf Gleichberechtigung und Selbstverwirklichung jedes Mitarbeiters setzt. Die Mitglieder der analysierten Organisation entwickelten ein Koordinations- und Kontrollsystem, das auf der gleichberechtigten und fairen Behandlung jedes Mitglieds, hohem Vertrauen in die Kompetenz des anderen und dem Verständnis für persönliche Situationen beruht. Diese Art der informellen Koordination stellt sicher, dass die selbststeuernde Struktur mit niedrigen Hierarchien erfolgreich ist. Dies wiederum steht im Einklang mit Anderson und Brown (2010), die behaupten, dass die Wirksamkeit von steileren oder flacheren Hierarchien von der Kommunikation, vom Vertrauen und von der Zusammenarbeit innerhalb der Gruppe abhängt. Da das gemeinschaftliche Kontrollsystem das Verhalten der Organisationsmitglieder wirksam koordiniert, fördern flache Hierarchien den Erfolg. Informelle Hierarchien, die sich zur Koordination des Verhaltens herausbilden können, sind dann nicht immer erforderlich.

Zweitens beeinflusst die Form der Organisationskultur auch, ob das Problem der großen Zahl (Hejl 1992) in einer selbststeuernden Organisation auftritt. Mit steigender Anzahl der an einem Entscheidungsprozess beteiligten Personen nehmen auch die Transaktionen zu, wodurch der Entscheidungsprozess immer schwieriger wird. In der analysierten Organisation ist das Problem der großen Zahl noch nicht aufgetreten, da die Organisation eine relativ geschlossene Organisationskultur hat. Da es für die Mitglieder der Organisation von entscheidender Bedeutung ist, dass Neuzugänge in die Organisation passen, ist es für sie nicht leicht, neue Mitglieder zu finden, die zu integrieren wären. Daher verhindert ihre kleine Struktur von acht Mitgliedern, dass zu viele Transaktionen den Entscheidungsprozess erschweren.

Beobachtet wurde, dass der kooperative Entscheidungsprozess sehr lange dauert, weil jede Meinung gehört und berücksichtigt wird. Auch Reihlen (1999) erwähnte diesen Nachteil in seiner Arbeit über heterarchische Organisationen. Er betont jedoch auch, dass diese Entscheidungen mit größerer Wahrscheinlichkeit nachhaltiger sind, da jeder Einwand berücksichtigt wird. Dies ist auch ein Ergebnis in dem analysierten Fall, in dem die Mitglieder davon ausgehen, dass ihre Entscheidungen aufgrund des langen Entscheidungsprozesses tragfähiger sind. Daher ist der Entscheidungsprozess bei der gegenwärtigen Anzahl der am Prozess beteiligten Personen tatsächlich sehr lang. Je größer die Anzahl der Personen wird, desto länger wird der Prozess sein und desto eher könnte es dazu führen, dass sich die Gruppe unschlüssig ist.

Mikro-Ebene: Aus der Sicht der Mikroperspektive verhindern die Persönlichkeiten der Beschäftigten, dass informelle Hierarchien entstehen. Es bedarf bestimmter Charakterzüge, die Organisationen ohne Hierarchien effizient machen. Für selbststeuernde Organisationen ist es entscheidend, Mitarbeiter zu haben, die eine intrinsische Motivation, Selbstachtung, Selbstbeschränkung und Leistungswillen haben (Reihlen 1999). Dies steht im Einklang mit den Ergebnissen des analysierten Falles. Die intrinsische Motivation und der Leistungswille sind die Hauptfaktoren, welche die analysierte Organisation vorwärts bringen und die Innovation fördern. Die Mitglieder ermutigen sich auch gegenseitig mit ihrem Leistungswillen. Selbstbeschränkung und Kooperationsbereitschaft sind wichtige Charaktereigenschaften, die dafür sorgen, dass Entscheidungen kooperativ getroffen werden. Egoismus und machtsüchtiges Verhalten würden diesen Prozess stören und wahrscheinlich zu informellen Hierarchien führen, die dem Ergebnis der Entscheidungen schaden können. Jeder hat eine Verantwortung für die gesamte Gruppe. Denn nach De Leede et al. (1999) sowie Valentine und Edmondson (2015) funktioniert das Kollektiv nur, wenn jedes Mitglied seine Rolle ernst nimmt und sich kooperativ verhält.

Da die analysierte Organisation aus sehr homogenen Mitgliedern besteht, die alle die oben beschriebenen Charaktereigenschaften aufweisen, werden informelle Hierarchien durch diese persönlichen Eigenschaften verhindert. Selbststeuernde Organisationen benötigen daher Mitarbeiter mit einem hohen Grad an Selbstbeschränkung einerseits und intrinsischer Motivation andererseits. Ohne diese wichtigen Eigenschaften würde das System der selbststeuernden Organisationen nicht funktionieren, weil sich dann ein machtsuchendes Verhalten und somit Hierarchien herausbilden würden.

Zusammenfassung

Für die Effizienz von Organisationen ohne Hierarchien sind entscheidend: das Organisationssystem, die Organisationskultur und die in diesen Organisationen arbeitenden Persönlichkeiten. Diese Faktoren tragen dazu bei, das Entstehen von informellen Hierarchien zu erschweren. Außerdem verhindern sie egoistisches Verhalten, welches der Zusammenarbeit innerhalb von Organisationen schaden könnte. Daher müssen die Bedingungen auf Makro-, Meso- und Mikroebene einschließlich ihrer Auswirkungen auf informelle Hierarchien berücksichtigt werden, um die 'Effizienz von Organisationen zu gewährleisten. ◄

8.3   Formale Hierarchie als strukturgebende Funktion

Formale Hierarchien bestehen auch in weniger hierarchischen Organisationen fort, weil sie sowohl intern für Entscheidungsprozesse als auch extern zur Einhaltung gesetzlicher Vorschriften als strukturgebende Funktion dienen. Intern definiert das soziokratische System eine Hierarchie von Kreisen und Subkreisen, die gleichzeitig eine Hierarchie der Rollen schafft. Obwohl diese formale Hierarchie nicht als Führungsautorität von Personen definiert ist, gibt sie doch eine hierarchische Struktur der Entscheidungsfindung und der Verantwortlichkeiten von Kreisen und Rollen vor. Wenn eine Entscheidung in einem Subkreis nicht getroffen werden kann, wird die Entscheidung an den nächsthöheren Kreis weitergeleitet, wo sie diskutiert und entschieden wird. Diese Form der formalen Hierarchie ermöglicht einen effizienten Entscheidungsprozess. Sie löst auch das Problem der großen Zahl (Hejl 1992), da nicht jeder an jeder Entscheidung teilnimmt, sondern nur an den Entscheidungen, welche die Person betrifft. Dadurch werden auch die Transaktionen innerhalb des Prozesses reduziert. So gibt die Hierarchie der Kreise und Rollen der Organisation eine Struktur, die die Entscheidungsfindung und das kollektive Handeln erleichtern, indem sie klare Verantwortlichkeiten schafft.

Nach außen hin erfordern die gesetzlichen Anforderungen aus dem Gesellschaftsrecht, dem Betriebsverfassungsrecht, dem Arbeitsrecht und dem Recht auf unternehmerische Mitbestimmung, dass auch selbststeuernde Organisationen formale Verantwortlichkeiten und haftungsrelevante Verpflichtungen festlegen (Reihlen 1999). Im deutschen Recht muss eine GmbH einen Geschäftsführer haben, der für die Leitung der Organisation verantwortlich ist (§ 6 GmbHG). In selbststeuernden Organisationen ist jedoch jeder Mitarbeiter für die Kontrolle und Steuerung der Organisation verantwortlich, sowohl dezentral in Rollen als auch zentral als Kollektiv (Reihlen 1999). Der rechtliche Rahmen einer Organisation sieht ein hierarchisches Modell vor. Bislang gibt es kein geeignetes Konzept und keine geeignete Rechtsform, welche die dezentrale Form der selbststeuernden Organisation abbilden kann. Gesetzliche Vorgaben zwingen diese Organisationen daher zu einer minimalen Form formaler Hierarchien, die ihre Anerkennung als Organisation gewährleistet. So gibt es mindestens eine Person, die nach außen hin die Verantwortung für die Organisation trägt, obwohl die internen Strukturen gleiche Entscheidungsrechte für alle vorsehen. Die analysierte Organisation löste dieses Problem, indem sie jedes Mitglied zum Geschäftsführer ernannte. Nach außen hin hat jedes der acht Mitglieder die gleichen Rechte und Pflichten. Dies ist für die Mitglieder der Organisation sehr wichtig. Wenn die Organisation jedoch wächst, wäre das gegenwärtige Konzept nicht mehr tragfähig und würde wahrscheinlich aufgelöst. Infolgedessen würde sich in dieser Organisation eine formale Hierarchie herausbilden. Diese darf die internen Strukturen und Abläufe nicht beeinflussen, sondern hat nur eine formale Funktion nach außen. Dennoch schafft sie ein gewisses ambivalentes Gefühl, da die Mitglieder der Organisation auch nach außen hin selbstorganisiert sein wollen.

Zusammenfassend lässt sich sagen, dass selbst in weniger hierarchischen Organisationen eine formale Hierarchie besteht, die der Organisation sowohl nach innen als auch nach außen eine Struktur verleiht. Wenn diese Strukturen transparent diskutiert werden und jedes Mitglied akzeptiert, dass es diese formale Hierarchie geben muss, ist es unwahrscheinlich, dass formale Hierarchien die horizontale Form der Koordination und des kollektiven Handelns weitreichend beeinflussen.

8.4 Praktische Auswirkungen der Forschungsergebnisse

Erkenntnisse über Hierarchien in weniger hierarchischen Organisationen haben auch praktische Auswirkungen für selbststeuernde Organisationen oder für diejenigen, die nicht-hierarchische Strukturen einführen wollen. Organisationen, die bereits weniger hierarchisch organisiert sind, können in ihrem Tagesgeschäft auf Schwierigkeiten und Konflikte stoßen, die durch machtsüchtiges Verhalten oder unterdrückte informelle Hierarchien erklärbar sind.

Um kollektives Handeln und eine effiziente Zusammenarbeit innerhalb selbststeuernder Organisationen zu fördern, sollten ihre Mitglieder offizielle und inoffizielle fluktuierende Hierarchien proaktiv unterstützen. Während offizielle fluktuierende Hierarchien im Laufe des Rollenverteilungsprozesses entstehen und daher relativ auffällig sind, erscheinen inoffizielle fluktuierende Hierarchien natürlich und sollten von den Mitgliedern der Organisation ausdrücklich wahrgenommen und gefördert werden. Die Wertschätzung von Unterschieden in Charakter, Begabungen, Kompetenz und Erfahrung und das Bewusstsein, dass sie fluktuierende Hierarchien schaffen, sind zwei wichtige Maßnahmen, die solche Organisationen umsetzen sollten. Unter Berücksichtigung von fluktuierenden Hierarchien können die Mitglieder der Organisation in komplexen Situationen, die hierarchische Strukturen erfordern, effizienter handeln. Csar (2017) argumentiert in diesem Zusammenhang auch, dass die Unterdrückung von Hierarchien zu zwischenmenschlichen Konflikten führen kann. Um dies zu verhindern, sollte die Organisation akzeptieren, dass es auch in selbststeuernden Organisationen Hierarchien gibt. Sie sollten auch akzeptieren, dass diese Hierarchien nicht unterdrückt werden sollten, sondern dass sie wertvoll für die Organisation und wesentlich für ihr kollektives Handeln sind.

Ein weiterer Aspekt, der für selbststeuernde Organisationen von wesentlicher Bedeutung ist, ist machtsüchtiges und machtscheues Verhalten der Mitglieder aufzuzeigen und es proaktiv und transparent zu diskutieren. Da dieses Verhalten zu schlechten Entscheidungen für das Team führen kann (Anderson und Brown 2010; Keltner et al. 2001), sollte es sehr früh angegangen werden. Es sollten die Motive für dieses Verhalten identifiziert werden, um ihnen entgegenzuwirken. Motive könnten z. B. das Streben nach Status und Anerkennung oder dominante Charaktereigenschaften sein. Andererseits könnten Menschen mit sehr geringem Selbstwertgefühl sehr machtscheu handeln. Sie könnten nicht in der Lage sein, ihre Meinung zu äußern, aber regelmäßig andere Meinungen unterstützen. Andere Motive können sich aus Situationen von Ungewissheit und Unzufriedenheit ergeben, wenn Mitarbeiter unsicher sind, wie sie sich in bestimmten Situationen verhalten sollen. Dann ist es sehr wichtig, offen über informelle Hierarchien zu sprechen und darüber, ob sie der Organisation nützen oder schaden.

Besonders für Organisationen, die vor kurzem soziokratische Strukturen eingeführt haben oder gerade einführen, ist es wichtig, die aktuelle Organisationskultur und die Persönlichkeitsmerkmale aller beteiligten Mitarbeiter zu berücksichtigen. Die Bedeutung der intrinsischen Motivation, der Selbstreflexion, der Selbstbeschränkung und des Leistungswillens sollte allen Mitarbeitern deutlich gemacht werden. Eine sich selbst steuernde Organisation kann nur funktionieren, wenn die richtigen Personen das System tragen. Je größer die Organisation ist, desto wahrscheinlicher sind unterschiedliche Meinungen und Ziele. So kann das Problem der großen Zahl (Hejl 1992) leicht auftreten. Bei der Implementierung neuer horizontaler Strukturen ist es auch wichtig zu erwähnen, dass der Lern- und Anpassungsprozess sehr lange dauern kann und dass sich das Vertrauen in die Effizienz dieses Systems erst mit der Zeit entwickeln muss. Es ist ein Prozess, der Geduld erfordert, aber am Ende die Mühe wert ist. Die Organisation profitiert von der neuen Entscheidungsstruktur ebenso wie die Mitarbeiter, die Erfüllung in ihrer täglichen Arbeit finden.

9 Fazit und kritische Würdigung der Studie

Vor dem Hintergrund der Digitalisierung und sich schnell verändernder Märkte strukturieren sich Organisationen zunehmend weniger hierarchisch. Horizontale und dezentralisierte Entscheidungsprozesse und -befugnisse versprechen, Organisationen flexibler und anpassungsfähiger an die Märkte zu machen. Hierarchien werden stattdessen als unflexibel und ungeeignet insbesondere für moderne Organisationen angesehen, da ihre starre Struktur für innovative und kreative Entscheidungen nicht geeignet zu sein scheint (Lee und Edmondson 2017).

Diese Studie zeigt jedoch, dass auch in selbststeuernden Organisationen verschiedene Formen der Hierarchie existieren. Erstens entstehen aufgrund von Unterschieden in Charakter, Erfahrung, Kompetenz und Begabungen der Menschen in einer sozialen Gruppe natürliche und informelle Anführer-Nachfolger-Strukturen. In selbststeuernden Organisationen treten diese als offizielle und inoffizielle fluktuierende Hierarchien auf. Zweitens entstehen auch in selbststeuernden Organisationen beständige Hierarchien. Diese treten als Expertenhierarchien auf. Es ist unwahrscheinlich, dass sie sich ändern, da sie in Situationen entstehen, in denen routinemäßige und sich wiederholende Aufgaben in einem Themengebiet ausgeführt werden müssen, welches spezielles Fachwissen erfordert. Alle diese Hierarchien entstehen, weil sie kollektives Handeln erleichtern, indem sie die Komplexität des Entscheidungsprozesses reduzieren. Drittens gibt es auch formale Elemente der Hierarchie in selbststeuernden Organisationen. Diese umfassen die formale Struktur von Kreisen und Subkreisen sowie die Rechtsform der Organisation. Die formalen Elemente geben nach außen hin eine klare Struktur und Hierarchie vor.

Die Rolle, welche formale und informelle Hierarchie in selbststeuernden Organisationen am Beispiel der Soziokratie hat, hängt von mehreren Einflussfaktoren ab: Erstens sollten die Mitglieder der Organisation soziokratische Prinzipien einhalten und Vertrauen in diese Prinzipien haben, damit selbststeuernde Organisationen erfolgreich sein können. Zweitens sollte die Organisationskultur Möglichkeiten zur Beteiligung an der Entscheidungsfindung fördern. Drittens sollten die Mitglieder selbst über geeignete Charaktereigenschaften verfügen, die es ihnen ermöglichen, in selbststeuernden Organisationen zu arbeiten und diese effizienter zu gestalten. Organisationen, die nicht-hierarchische Strukturen implementieren, sollten keine Formen der Hierarchie unterdrücken. Stattdessen sollten sie sich deren Existenz bewusst sein und sie in transparenter Weise zum Nutzen der Organisation einsetzen.

Da es sich bei dieser Forschung um eine qualitative Studie handelt, die sich nur auf einen Einzelfall konzentriert, sind die Ergebnisse nur begrenzt verallgemeinerbar und auf andere selbststeuernde Organisationen übertragbar (Eisenhardt 1989). Die Ergebnisse basieren auf spezifischen Fallbedingungen. Andere Organisationen mit z. B. einer vielfältigeren Belegschaft oder einer offenen Organisationskultur können andere Ergebnisse hervorbringen. Darüber hinaus wurde die Forschung von einer einzigen Person durchgeführt. So konnten nicht mehrere Personen die Daten kodieren, um eine Triangulation in der Kodierung zu erreichen (Flick 2010). Dennoch wurden die Ergebnisse und Codes mit einigen außenstehenden Personen diskutiert, um Validität zu erreichen. Eine weitere Einschränkung der Studie ist die Interviewmethode über Skype und Telefon. Bei dieser gehen einige Informationen verloren, da sich die Befragten nicht persönlich sehen. Über das Telefon oder Skype kann der Befragte in eine Situation geraten, in der er Gefühle und Meinungen nicht offen ausdrücken kann (Mey und Mruck 2010). Nichtsdestotrotz wurde diese Interviewmethode gewählt, weil die Befragten geografisch weit verteilt sind und sie es gewohnt sind, wichtige Themen per Telefon und Skype zu bearbeiten und zu diskutieren. Es wird daher davon ausgegangen, dass in diesem Fall nur eine geringe Menge an Informationen verloren ging. Schließlich ist diese Studie in den Ergebnissen eingeschränkt, weil die untersuchte Organisation während ihrer Existenz kaum einer Krisensituation ausgesetzt war. In der Annahme, dass Krisensituationen zu einer Zentralisierung der Entscheidungsfindung führen würden, wurden die Befragten gebeten, ihr mögliches Handeln in der Krise zu erläutern. Alle Befragten bestätigten, dass auch in möglichen Krisensituationen der Entscheidungsprozess nicht verändert werden würde, sondern dass sie an einer dezentralen Entscheidungsfindung festhalten würden. Die tatsächlichen Folgen von Krisen konnten nicht untersucht werden.

Die genannten Einschränkungen eröffnen Möglichkeiten für weitere Forschung. Auf der Grundlage der Ergebnisse dieser Studie werden mehrere weitere Forschungsthemen vorgeschlagen. Das Verständnis von informellen Hierarchien in innovativen weniger hierarchischen Organisationen könnte vertieft werden, wenn solche Hierarchien in anderen selbststeuernden Organisationen untersucht werden würden. Dies gilt insbesondere in Organisationen mit einer größeren Anzahl an Mitarbeitern. Es wird erwartet, dass derartige selbststeuernde Organisationen stärker ausgeprägte informelle und fluktuierende Hierarchien aufweisen werden als die in dieser Studie analysierte Organisation. Mit mehr Mitarbeitern nimmt die Heterogenität in der Organisation zu, was wiederum das Entstehen informeller Hierarchien wahrscheinlicher macht (Magee und Galinsky 2008). Es wird zudem empfohlen, den Unterschied zwischen fluktuierenden Hierarchien und beständigen Hierarchien in selbststeuernden Organisationen weiter zu erforschen. Es gibt Raum für weitere Untersuchungen, ob diese Unterschiede unter den Mitarbeitern sichtbar sind. Zusätzlich könnte untersucht werden, inwieweit sich fluktuierende und beständige informelle Hierarchien in ihrem Einfluss zur Koordination von Unternehmen unterscheiden. Da es sich bei der analysierten Organisation um eine deutsche Organisation handelte, können die Ergebnisse nur auf deutsche oder maximal westliche Kulturen übertragen werden. Dennoch sind selbststeuernde Organisationen ein weltweites Phänomen. Es wird daher vorgeschlagen, auch zu analysieren, wie nationale Kulturen die Rolle der Hierarchie in weniger hierarchischen Organisationen beeinflussen. Es wird angenommen, dass in Ländern mit starker Machtdistanz (Hofstede 1980) die Mitarbeiter eher in hierarchischen Strukturen denken, was informelle Hierarchien in selbststeuernden Organisationen stärken würde.

Abschließend könnte in weiteren Forschungsarbeiten untersucht werden, welche Organisationen für weniger hierarchische Strukturen geeignet sind. Diese Studie zeigt, dass Mitarbeiter in solchen Organisationen bestimmte Persönlichkeitsmerkmale aufweisen müssen. Doch nicht nur der Charakter der Mitarbeiter, sondern auch die Größe des Unternehmens, die Branche, in der es tätig ist, oder seine Organisationskultur beeinflussen die Eignung zur Selbstorganisation.

Zusammenfassend trägt diese Studie am Beispiel einer ausgewählten Fallstudie zu einem besseren Verständnis bei, wie Menschen in Zukunft zusammenarbeiten können, um sinnstiftende und effektive Organisationen zu schaffen.

Literatur

Accard P (2015) Complex hierarchy: the strategic advantages of a trade-off between hierarchical supervision and self-organizing. Eur Manag J 33:89–103

Adler PS (2001) Market, hierarchy, and trust: the knowledge economy and the future of capitalism. Organ Sci 12:215–234

Ahuja MK, Carley KM (1999) Network structure in virtual organizations. Organ Sci 10:741–757

Andersen JA (2002) Organizational design: two lessons to learn before reorganizing. Int J Org Theory Behav 5:343–358

Anderson C, Brown CE (2010) The functions and dysfunctions of hierarchy. Res Organ Behav 30:55–89

Barker JR (1993) Tightening the iron cage: concertive control in self-managing teams. Adm Sci Q 38:408

Barkow JH, Akiwowo AA, Barua TK, Chance MRA, Chapple ED et al (1975) Prestige and culture: a biosocial interpretation [and comments and replies]. Curr Anthropol 16:553–572

Baumeister RF, Leary MR (1995) The need to belong: desire for interpersonal attachments as a fundamental human motivation. Psychol Bull 117:497–529

Blau PM, Scott WR (2003) Formal organizations: a comparative approach. Stanford University Press, Stanford

Brockhaus (o. J.) Hierarchie (Sozialwissenschaften). http://brockhaus.de/ecs/enzy/article/hierarchie-sozialwissenschaften. Zugegriffen: 5. Apr. 2019

Bryman A, Bell E (2015) Business research methods, 4. Aufl. Oxford University Press, Oxford

Buck JA, Endenburg G (2010) The creative forces of self-organization. Sociocratic center. http://www.habitatreimagined.com/wp-content/uploads/2011/03/Creative-Forces-of-Self-Organization1-4.pdf. Zugegriffen: 4. Juli 2019

Bunge M (1998) Social science under debate: a philosophical perspective. University of Toronto Press, Toronto

Burns TM, Stalker GM (1961) The management of innovation. Tavistock Publications, London

Corbin J, Strauss A (1990) Grounded theory research: procedures, canons and evaluative criteria. Z Soziol 19:418–427

Courpasson D (2000) Managerial strategies of domination: power in soft bureaucracies. Organ Stud 21:141–161

Courpasson D, Clegg S (2006) Dissolving the iron cages? Tocqueville, Michels, bureaucracy and the perpetuation of elite power. Organization 13:319–343

Csar M (2017) Holacracy: Heilsbringer für die Organisation der Zukunft oder gut verkauftes Rollenspiel? Gruppe. Interaktion. Organisation. Z Angewandte Organisationspsychologie (GIO) 48:155–158

Darwin C (2014) A naturalist's voyage round the world: the voyage of the beagle. Skyhorse Publishing, New York

DeDreu CKW, West MA (2001) Minority dissent and team innovation: the importance of participation in decision making. J Appl Psychol 86:1191–1201

De Leede J, Nijhof AHJ, Fisscher OAM (1999) The myth of self-managing teams: a reflection on the allocation of responsibilities between individuals, teams and the organisation. J Bus Ethics 21:203–215

Diefenbach T, Sillince JAA (2011) Formal and informal hierarchy in different types of organization. Organ Stud 32:1515–1537

Downs A (1967) Inside bureaucracy. Rand corporation research study, 1. Aufl. Little Brown, Boston

Eckstein J (2016) Sociocracy: An organization model for large-scale agile development. In: Proceedings of the scientific workshop proceedings of XP2016. S 1–5

Eisenhardt KM (1989) Building theories from case study research. Acad Manag Rev 14:532–550

Ellinger EW, Gregory RW (2018) Owning without ownership: how self-managing organizations reshape internal corporate governance. Acad Manag Proc 2018:16363

Endenburg G (1988) Sociocracy: the organization of decision-making: „no-objection" as the principle of sociocracy. Stichting Sociocratisch Centrum, Rotterdam

Flick U (2010) Triangulation. In: Mey G, Mruck K (Hrsg) Handbuch Qualitative Forschung in der Psychologie, 1. Aufl. Verlag für Sozialwissenschaften (GWV), Wiesbaden, S 278–289

Gardner N (1976) The non-hierarchical organization of the future: theory vs reality. Public Adm Rev 36:591

Gioia DA, Corley KG, Hamilton AL (2013) Seeking qualitative rigor in inductive research. Organ Res Methods 16:15–31

Grant RM (1996) Toward a knowledge-based theory of the firm. Strateg Manag J 17:109–122

Hales C (2002) ‚Bureaucracy-lite' and continuities in managerial work. Br J Manag 13:51–66

Halevy N (2008) Team negotiation: social, epistemic, economic, and psychological consequences of subgroup conflict. Pers Soc Psychol Bull 34:1687–1702

Halevy N, Chou EY, Galinsky AD (2011) A functional model of hierarchy. Organ Psychol Rev 1:32–52

Hedlund G (1986) The hypermodern MNC – a heterarchy? Human Resource Manage 25:9–35

Hedlund G (1994) A model of knowledge management and the N-form corporation. Strateg Manag J 15:73–90

Hejl PM (1992) Politik, Pluralismus und gesellschaftliche Selbstregelung. In: Bußhoff H (Hrsg) Politische Steuerung. Steuerbarkeit und Steuerungsfähigkeit; Beiträge zur Grundlagendis- kussion, 1. Aufl. Nomos, Baden-Baden, S 107–142

Hofstede G (1980) Culture's consequences: international differences in work-related values. Sage, Beverly Hills

Jaques E (1990) In praise of hierarchy. Harvard Bus Rev 68:127–133

Kärreman D, Alvesson M (2004) Cages in Tandem: management control, social identity, and identification in a knowledge-intensive firm. Organization 11:149–175

Keltner D, Capps L, Kring AM, Young RC, Heerey EA (2001) Just teasing: a conceptual analysis and empirical review. Psychol Bull 127:229–248

Kuckartz U, Dresing T, Rädiker S, Stefer C (2008) Qualitative Evaluation: Der Einstieg in die Praxis, 2. Aufl. VS Verlag/GWV Fachverlage GmbH, Wiesbaden

Kumar SV, Mukherjee S (2018) Holacracy – the future of organizing? The case of Zappos. Human Resource Manage Int Digest 26:12–15

Laloux F (2015a) A future more powerful than hierarchy. Workforce Solution Rev 6:12–14

Laloux F (2015b) Reinventing organizations: Ein Leitfaden zur Gestaltung sinnstiftender Formen der Zusammenarbeit. Vahlen, München

Langfred CW (2007) The downside of self-management: a longitudinal study of the effects of conflict on trust, autonomy, and task interdependence in self-managing teams. Acad Manag J 50:885–900

Langley A (1999) Strategies for theorizing from process data. Acad Manag Rev 24:691–710

Leavitt HJ (2004) Top down: why hierarchies are here to stay and how to manage them more effectively. Harvard Business School Press, Boston

Lee MY, Edmondson AC (2017) Self-managing organizations: exploring the limits of less-hierarchical organizing. Res Organ Behav 37:35–58

Lumby J (2019) Distributed leadership and bureaucracy. Educ Manage Adm Leadersh 47:5–19

Magee JC, Galinsky AD (2008) Social hierarchy: the self-reinforcing nature of power and status. Acad Manag Ann 2:351–398

Manz CC, Sims HP (1987) Leading workers to lead themselves: the external leadership of self-managing work teams. Adm Sci Q 32:106

McKenna S, Garcia-Lorenzo L, Bridgman T (2010) Managing, managerial control and managerial identity in the post-bureaucratic world. J Manage Dev 29:128–136

Mey G, Mruck K (2010) Interviews. In: Mey G, Mruck K (Hrsg) Handbuch Qualitative Forschung in der Psychologie, 1. Aufl. VS Verlag, Wiesbaden, S. 423–435

Mintzberg H (1980) Structure in 5's: a synthesis of the research on organization design. Manage Sci 26:322–341

Mishin S (2007) Optimal organizational hierarchies in firms. J Bus Econ Manag 8:79–99

Miura S (2013) Hierarchy. Encyclopædia britannica: https://www.britannica.com/topic/hierarchy-social-science. Zugegriffen: 5. Apr. 2019

Murshed STH, Uddin S, Hossain L (2015) Transitivity, hierarchy and reciprocity of organizational communication network during crisis. Int J Organ Anal 23:2–20

Oedzes JJ, van der Vegt GS, Rink FA, Walter F (2019) On the origins of informal hierarchy: the interactive role of formal leadership and task complexity. J Organ Behav 40:311–324

Ostrom E (1998) A behavioral approach to the rational choice theory of collective action: presidential address, american political science association, 1997. Am Polit Sci Rev 92:1–22

Popper KR (1963) The open society and its enemies, 4. Aufl. Princeton University Press, New York

Purser RE, Cabana S (1999) The role of management in a self-managing organization. National Productivity Review 18:41–45

Reihlen M, Mone M (2012) Professional service firms, knowledge-based competition, and the heterarchical organization form. In: Reihlen M, Werr A (Hrsg) Handbook of research on entrepreneurship in professional services. Edward Elgar, Cheltenham, S 107–126

Reihlen M (1999) Moderne, postmoderne und heterarchische Organisation. In: Schreyögg G (Hrsg) Organisation und Postmoderne. Gabler, Wiesbaden, S 265–303

Reihlen M (2004) Hierarchie (hierarchy). In: Schreyögg G, von Werder A (Hrsg) Handwörterbuch Unternehmensführung und Organisation (HWO), 4. Aufl. Schäffer-Poeschel, Stuttgart, S 407–413

Robertson B (2016) Holacracy, 1. Aufl. Vahlen, München

Romme AGL (1995) The sociocratic model of organizing. Strateg Chang 4:209–215

Saunders M, Lewis P, Thornhill A (2016) Research methods for business students, 7. Aufl. Pearson, Harlow

Saxena A, Jagota R (2016) Could sociocracy be the way to MSME governance? Indian J Corp Governance 9:173–185

Scharpf FW (1993a) Coordination in hierarchies and networks. In: Scharpf FW (Hrsg) Games in hierarchies and networks: analytical and empirical approaches to the study of governance institutions. Campus, Frankfurt a. M., S 125–165

Scharpf FW (1993b) Positive und negative Koordination in Verhandlungssystemen. MPIFG discussion paper 93/1. Max-Planck-Institut für Gesellschaftsforschung, Köln

Siggelkow N (2007) Persuasion with case studies. Acad Manag J 50:20–24

Simon HA (1996) The sciences of the artificial, 3. Aufl. MIT Press, Cambridge

Snape D, Spencer L (2003) The foundations of qualitative research. In: Ritchie J, Lewis J (Hrsg) Qualitative research practice: a guide for social science students and researchers. Sage, London, S 2–23

Steinke I (1999) Kriterien qualitativer Forschung: Ansätze zur Bewertung qualitativ-empirischer Sozialforschung. Juventa, Weinheim

Stewart GL, Courtright SH, Barrick MR (2012) Peer-based control in self-managing teams: linking rational and normative influence with individual and group performance. J Appl Psychol 97:435–447

Strauss AL, Corbin JM (1996) Grounded theory: Grundlagen qualitativer Sozialforschung. Psychologie-Verlag-Union, Beltz

Valentine MA, Edmondson AC (2015) Team scaffolds: how mesolevel structures enable role-based coordination in temporary groups. Organ Sci 26:405–422

van de Kamp P (2014). Holacracy – a radical approach to organizational design. In: Dekkers H, Leeuwis W, Plantevin I (Hrsg) Elements of the software development process: influences on project success and failure. University of Amsterdam, Amsterdam, S 13–26

van Vugt M, Hogan R, Kaiser RB (2008) Leadership, followership, and evolution: Some lessons from the past. Am Psychol 63:182–196

Volberda HW (1996) Toward the flexible form: how to remain vital in hypercompetitive environments. Organ Sci 7:359–374

Weber M (1946) From max weber: essays in sociology. (Gerth, H. Heinrich, Hrsg.). Oxford University Press, New York

Weber M (1980) Wirtschaft und Gesellschaft. Mohr (Siebeck), Tübingen

Willke H (1995) Systemtheorie III: Steuerungstheorie: Grundzüge einer Theorie der Steuerung komplexer Sozialsysteme. Fischer, Stuttgart

Willke H (1989) Systemtheorie entwickelter Gesellschaften: Dynamik und Riskanz moderner gesellschaftlicher Selbstorganisation. Juventa, Weinheim

Zhang Y, Waldman DA, Han Y-L, Li X-B (2015) Paradoxical leader behaviors in people management: antecedents and consequences. Acad Manag J 58:538–566

Anna Abrell ist seit 2019 als Project Manager im Strategic Development bei GLS Germany tätig. Sie absolvierte ein duales Studium mit der Fachrichtung International Business an der DHBW Mannheim und arbeitete danach in einem mittelständischen Logistikunternehmen, in dem sie bereits früh Führungserfahrung sammelte. Von 2017 bis 2019 absolvierte sie ihr Masterstudium mit dem Schwerpunkt Management & Business Development an der Leuphana Universität Lüneburg. Kernthemen des Studiums waren u. a. die strategische Weiterentwicklung von Unternehmen, Entrepreneurship, Innovationsmanagement und Organisationstheorie. In ihrer Masterarbeit erforschte sie die Rolle der Hierarchie in selbststeuernden Organisationen

Selbststeuernde Teams als Werkzeug zum erfolgreichen Umgang mit der digitalen Transformation

Benjamin Grab und Marieta Olaru

Stellt man den Herausforderungen der digitalen Transformation, die historische Veränderung bei der Mitarbeiterführung in Unternehmen gegenüber, bewegen wir uns von den Anfängen des bürokratischen Taylorismus, über die Beachtung von Mitarbeiterbedürfnissen und Teilhabe, hin zur breiten Mitarbeitermitbestimmung. Letzteres mündet in die Implementierung von selbststeuernden Einheiten, die bereits seit den 1950er Jahren in verschiedenen Formen zum Einsatz kommen. Innovationsdruck, veränderte Kundenbedürfnisse und strategische Überlegungen in der digitalen Ära haben dem Konzept der Selbststeuerung frisches Leben eingehaucht. Unternehmen setzen verstärkt, im Rahmen ihrer eigenen digitalen Transformationsreise, den Fokus darauf. Die Umsetzungsmöglichkeiten sind dabei ebenso vielfältig, wie der Reifegrad der Implementierung. Die Erfahrungen internationaler Firmen bieten dabei interessante Rückschlüsse. (Trist und Bamforth 1951; Hamel 2012a; Bernstein et al. 2016; Kumar und Mukherjee 2018; Smite et al. 2019).

Die Erkenntnisse aus den individuellen Business Cases bilden das Fundament für eine breite Umfrage unter internationalen Fach- und Führungskräften. Diese dient dem Zweck die Chancen und Risiken von selbststeuernden Teams zu bewerten, die generelle Haltung zu den Prinzipien zu hinterfragen und letztlich die Grundvoraussetzungen für eine erfolgreiche Einführung solcher Strukturen zu verstehen. Im Kern geht es darum, selbststeuernde Teams als Werkzeug im Rahmen der digitalen Transformation zu bewerten und einzuordnen. Die positive Wahrnehmung des Themas durch die Teil-

B. Grab (✉)
World Trade Center Residence, Abu Dhabi, United Arab Emirates

M. Olaru
Department of Business, Consumer Sciences and Quality Management, The Bucharest University of Economic Studies, Bukarest, Rumänien

© Springer-Verlag GmbH Deutschland, ein Teil von Springer Nature 2021   135
M. Bodemann et al. (Hrsg.), *Zukunftsfähigkeit durch Innovation,*
Digitalisierung und Technologien, Organisationskompetenz Zukunftsfähigkeit,
https://doi.org/10.1007/978-3-662-62148-6_7

nehmer der Umfrage ist dabei ermutigend, jedoch werden klare Erwartungen hinsichtlich Ressourcenausstattung, Unterstützung durch das Senior Managements und Auswahl, sowie Weiterbildung der betroffenen Mitarbeiter deutlich. Diese Punkte gilt es im Rahmen eines dezidierten Digitalisierungs-Fahrplans aufzunehmen und unternehmensindividuell zu realisieren.

Daraus folgend behandelt der abschließende Teil einen detaillierten Plan zur erfolgreichen Einführung selbststeuernder Teams. Um eine solche Transformation im Unternehmensumfeld erfolgreich abschließen zu können, behandelt der Drei-Stufen-Plan alle relevanten Ebenen. Der „Digital Transformation Star" ermöglicht es Unternehmen im ersten Schritt eine strukturierte Aufnahme ihrer strategischen Kernelemente vorzunehmen. Im nächsten Schritt wird der Grad der digitalen Reife erfasst. Mithilfe eines entsprechenden Tools können Unternehmen ihren eigenen, operativen Stand der digitalen Transformation bestimmen und entsprechende Maßnahmen aufsetzen. Abschließend werden die Maßnahmen in einen mehrstufigen Umsetzungsplan überführt und anhand von Best-Practice Elementen initiiert. Ziel dieses Vorgehens ist die Schaffung einer beweglichen, widerstandsfähigen und kundenorientierten Organisation, die in der Lage ist nachhaltig und zukunftsorientiert im neuen Marktumfeld zu agieren. Die Balance zwischen Stabilität und Flexibilität ist dabei ebenso entscheidend, wie der Mut des Managements Kontrolle abzugeben und neue Ideen, hierarchieunabhängig zuzulassen. Abhängig von der erfolgreichen Umsetzung, kann das Konzept der Selbststeuerung ein wichtiges Puzzle-Teil einer zukunftsfähigen Organisation sein. (Grab et al. 2019a).

1   Die Kraft der digitalen Transformation

Künstliche Intelligenz, Big Data, Internet der Dinge und soziale Netzwerke – die Themenfelder der digitalen Transformation sind vielseitig und stellen Unternehmen aktuell vor erhebliche Herausforderungen. Aufgrund der Fülle an unterschiedlichen Symptomen fällt es häufig schwer eine treffende Definition für die vielschichtigen, tiefgreifenden und fundamentalen Veränderungen zu finden. Mit Blick auf die Dynamik der Marktverwerfungen lassen sich zahlreiche parallelen zwischen der digitalen Transformation und dem Phänomen der Plattentektonik der Erdplatten ziehen. In beiden Fällen handelt es sich um Zusammenhänge mit einem hohen Maß an Komplexität. Dies wird mit einem Blick auf die zahlreichen Einfluss Faktoren deutlich. Unter diesen Gegebenheiten ist es ebenfalls schwierig konkrete Prognosen zu stellen. In Bezug auf die digitale Transformation bedeutet dies, dass Unternehmen Lösungsansätze entwickeln müssen, um die eigenen Organisationen innerhalb eines unsicheren Marktumfelds zukunftsfähig zu machen. In der Plattentektonik versuchen sich Staaten und Unternehmen bestmöglich für Naturkatastrophen zu rüsten, die in unmittelbarem Zusammenhang mit Erdbewegungen stehen. Technische Hilfsmittel können in beiden Fällen helfen den Grad der Unsicherheit zu reduzieren, jedoch ist ein hohes Maß an Adaptionsfähigkeit und Flexibilität von betroffenen Organisationen erforderlich.

1.1   Regionale Verteilung der digitalen Entwicklung

Was die regionalen Ausprägungen angehen, so gibt es erhebliche Unterschiede. Die Auswirkungen der Plattentektonik, wie Erdbeben oder Vulkanausbrüche sind stark von der jeweiligen Örtlichkeit getrieben. Dies ist auch bei der digitalen Transformation ein Faktor. Einen guten Überblick über den aktuellen Stand der Digitalisierung einzelner Länder bietet der Digital Evolution Index, welcher gemeinschaftlich von der Harvard Business Review, Fletcher School der Tufts University und Master Card entwickelt wurde und mehr als 60 Staaten abdeckt. Im Kern geht es darum, die Tiefe und Reife des Digitalisierungsgrads mit Hilfe von 170 Indikatoren zu messen. Dabei treten deutliche Unterschiede bezüglich der politischen Motivation, der wirtschaftlichen Leistungsfähigkeit, dem Bildungsgrad und der finanziellen Möglichkeiten länderspezifischer Initiativen zu Tage. Abb. 1 verdeutlicht die länderspezifischen Diskrepanzen in Bezug auf den digitalen Reifegrad.

Um die Ergebnisse der zahlreichen Indikatoren sinnvoll zu strukturieren, haben Chakravorti et al. (2017) die untersuchten Staaten in vier Kategorien unterteilt:

Die Kategorie „Stand out" umfasst Länder mit einem außergewöhnlichen Maß an digitaler Reife mit gleichzeitigem starkem Antrieb zur weiteren Entwicklung der bestehenden Kapazitäten. Aufgrund ihrer aktuellen Vorteile sind sie bestens positioniert Firmen und Kunden gleichermaßen die Vorteile der Digitalisierung ernten zu lassen. Dies verlangt jedoch ein stetiges Investment in Infrastruktur und Menschen, sowie eine vorrausschauende Politik. Das Beispiel der Vereinigten Arabischen Emiraten zeigt, dass solche Prozesse kein Selbstläufer sind. Das weitläufige Verbot von populären Voice over Internet-Dienstleistern aus Sicherheitsgründen wurde von Teilen der Wirtschaft deutlich kritisiert. Diese Einschränkungen wurden im Zuge der Corona Pandemie jedoch teilweise gelockert, was den Zugang zu solchen Dienstleistungen erheblich erleichtert hat. Trotz solcher temporären Rückschläge teilen sich die Vereinigten Arabischen Emirate mit Neuseeland und Singapur den Spitzenplatz des Rankings. (McLoughlin und Castro 2019).

In der Gruppe der "Stall out"-Nationen finden sich vor allem Staaten mit einer starken digitalen Reife und einem hohen Maß an wirtschaftlicher Entwicklung. Gleichzeitig benötigen sie neue Impulse, um den Motor der digitalen Transformation wieder in Fahrt zu bekommen. Gezielte Investitionen im Verbund mit unterstützenden Regularien können das digitale Ökosystem mittelfristig wieder auf das Niveau der besten Länder heben. Sollte dies ausbleiben besteht für Staaten, wie den USA, Frankreich, das Vereinigte Königreich und Deutschland auch die Gefahr den Anschluss zu verlieren. Hinsichtlich der anglo-amerikanischen Staaten zeigen aktuelle Studien einen positiveren Trend. (Chakravorti et al. 2019; Commission E 2020).

Die Kategorie der „Break Out"-Staaten vereint eine moderate digitale Reife. Die jüngsten Aktivitäten auf politischer und wirtschaftlicher Seite geben jedoch Grund für eine positivere Einschätzung. Für diese Nationen geht es darum die positive Dynamik zu

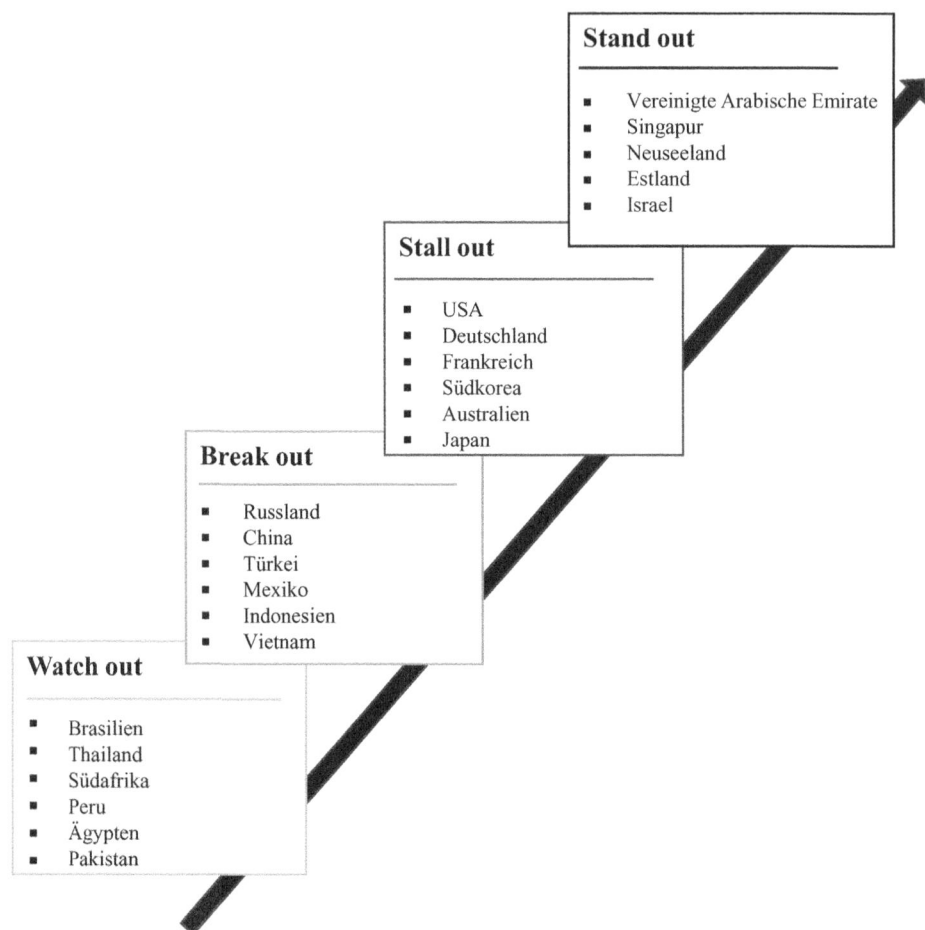

Abb. 1 Länderrangliste des Digital Evolution Index. (Eigene Darstellung auf Basis von Chakravorti et al. 2017)

nutzen und weiter konsequent in Infrastruktur und Ausbildung zu investieren, um den Anschluss an die Spitze sukzessive zu herzustellen. Jedoch ist bei einer Einschätzung der Länder zu beachten, dass die Gruppe ausgesprochen heterogen ist. Während wirtschaftliche Schwergewichte, wie Russland und China durch staatliche Lenkung beeinflusst werden, kämpfen Staaten wie Kamerun in erster Linie um die finanziellen Mittel für eine tragfähige digitale Transformation im Land. (Chakravorti et al. 2019).

Das Feld der "Watch out"-Staaten verbindet in erster Linie ein sehr geringes Maß an digitaler Reife. Zudem sind aktuell keine wesentlichen Treiber erkennbar, die einen positiven Ausblick zulassen. Durch das Fehlen einer digitalen Agenda treten die bestehende Hürden noch stärker zu Tage. Politischer Stillstand, das Fehlen qualifizierter

Mitarbeiter und ein Mangel an adäquater Infrastruktur erschweren das Leben für Kunden und Firmen gleichermaßen. Erhebliche Anstrengungen aller Stakeholder in Verbindung mit einem klaren Plan der digitalen Transformation sind notwendig, um den Anschluss zu den führenden Nationen herzustellen. Dies wird durch die Tatsache erschwert, dass hier vor allem Staaten zu finden sind, die reich sind an Einwohnern und Staatsgebiet, jedoch häufig nicht über die notwendigen finanziellen Reserven verfügen – wie etwa Ägypten oder Pakistan. (Billon et al. 2010; Chakravorti et al. 2017).

In Summe liefert die Studie interessante Rückschlüsse zur globalen Verteilung des digitalen Entwicklungsstands. Kleinere Staaten, wie die Vereinigten Arabischen Emiraten, Singapur oder Neuseeland liefern einen guten Mix aus wirtschaftsfreundlicher Politik, exzellenter Infrastruktur und einer gut ausgebildeten Bevölkerung und stehen daher an der Spitze. Generell steht der asiatische Kontinent durch eine junge und digitalaffine Gesellschaft an einem guten Punkt, um von der digitalen Transformation zu partizipieren. Im Unterschied dazu, sehen sich die Wirtschaftsmächte Westeuropas und Nordamerikas mit der Herausforderung konfrontiert eine Balance zu finden zwischen stärkerer Regulierung des digitalen Raums und der Unterstützung neuer Industrien. An dieser Stelle wird es zu einem spannenden Wettstreit zwischen bestandswahrenden Lobbyverbänden und disruptiven Kräften kommen. Inwieweit es den Ländern gelingen wird, den Anschluss zu den führenden Staaten wieder herzustellen wird sich zeigen. (Billon et al. 2010; Chakravorti et al. 2017).

1.2   Veränderung zentraler Marktmechanismen

Hinsichtlich der Herausforderungen der digitalen Transformation sind drei Elemente von entscheidender Bedeutung: Technologie, Prozesse und Menschen. Aus der Vergangenheit heraus verfügen Organisationen zumeist über Systeme und Anweisungen, die auf alle drei Elemente eingehen und Veränderungen abbilden können. Dies stößt jedoch im aktuellen Marktumfeld an seine Grenzen. Analog der Plattentektonik zeigt sich in Bezug auf die digitale Transformation noch eine weitere Gemeinsamkeit – die Verschiebung von Fundamentalkräften. Während die Kontinentalverschiebung teilweise riesige Erdmassen bewegt, bezieht sich dies im digitalen Kontext auf die Aushebelung der gängigen Marktmechanismen.

Dawson et al. (2016) macht diesen Veränderungsprozess an den fundamentalen Marktmechanismen fest: Angebot und Nachfrage. In diesem Zusammenhang werden sechs wesentliche Kernelemente des Wandels beschrieben. Der erste Teil umfasst drei Elemente mit geringerem Druck zum Wandel, wohingegen der zweite Teil durch einen signifikanten Druck zum Wandel gekennzeichnet ist. Auf Basis dieser Erkenntnisse sind Unternehmen in der Lage Handlungsempfehlungen zu entwickeln, um den fundamentalen Herausforderungen zu begegnen. Im Folgenden schauen wir uns die einzelnen Elemente gesondert an.

Die erste Hälfte der Elemente ist durch einen geringeren Druck zum Wandel gekennzeichnet:

- Angebote entschlüsseln: Die Herausforderung zusätzliche Angebote zu schaffen, ist eng verbunden mit der Fähigkeit digitaler Lösungen zuvor unwirtschaftliche Angebote profitabel zu machen. Der Erfolg der Internetbank N26 zeigt die Möglichkeiten auf, wie arbeitsintensive Arbeitsschritte z. B. Kontoantrag und Finanzabwicklung, mit Hilfe von digitalen Prozessen Mehrwert für Kunden und Anbieter stiften. (Leignel et al. 2019)
- Neue Märkte eröffnen: Die Eröffnung neuer Märkte im digitalen Kontext ist eng verbunden mit zwei wesentlichen Faktoren. Im ersten Schritt werden bestehende Transaktionskosten deutlich gesenkt, wohingegen im zweiten Schritt weitere, bestehende Hürden aus dem Weg geräumt werden. Häufig handelt es sich dabei, um das Auflösen der Informations-Asymmetrie zwischen Anbietern und Kunden. Wikipedia bietet in diesem Zusammenhang ein interessantes Beispiel. Das Schwarmwissen von Internetnutzern wird dabei verwendet Wissen schnell und günstig zur Verfügung zu stellen. Zudem sollen spezielle Rollenprofile die Qualität und Aktualität von Einträgen sicherstellen. Vor diesem Hintergrund sind die Verkäufe von papierhaften Enzyklopädien signifikant gesunken. (Mosconi et al. 2019)
- Nachfrage entzerren: Digitale Lösungen bieten eine Vielzahl von Möglichkeiten, um Kunden stärker auf Augenhöhe mit Anbietern zu bringen. Markttransparenz wird gestärkt durch Preisvergleichsseiten und einer Vielzahl von Portalen für Kundenbewertungen. Kunden haben somit die Möglichkeit sich besser zu informieren und stärken somit ihre Verhandlungsposition. Darüber hinaus bieten digitale Lösungen die Chance eine neue Kundenerfahrung zu genießen. Der schwedische Musikstream-Anbieter Spotify bietet legalen Zugang zu einer breiten Auswahl an Musikoptionen, ohne dass Kunden sich auf einzelne Label oder Interpreten beschränken müssten. (Leignel et al. 2019)

Bezüglich der zweiten Hälfte der Elemente steigt der Druck zum Wandel ganz erheblich. In diesem Zusammenhang sind die wirkenden Kräfte fundamental, was deutliche Auswirkungen auf die Arbeit betroffener Firmen hat. Bleiben korrigierende Maßnahmen aus, kann dies die Existenz von Unternehmen infrage stellen. In jedem Fall wirken sich die unten beschriebenen Elemente auf die Profitabilität von Firmen aus:

- Wirtschaftssysteme neu denken: Firmen schaffen überlegene, interne Wirtschaftssysteme in dem sie ihre Wertschöpfungsketten flexibler und adaptiver gestalten. Das Ziel besteht in der Schaffung einer schlanken Kostenstruktur in Verbindung mit Systemen, die sich zügig auf sich verändernde Markt- und Kundenbedingungen anpassen können. (Graham 2019)
- Netzwerke nutzen: Überlegene Fähigkeiten in wesentlichen unternehmerischen Teilbereichen wie Datenverarbeitung, Innovationsmanagement, Logistik und Marketing

haben Firmen wie Google und Facebook befähigt ihr Firmenwissen für immer neue Marktchancen zu nutzen. Auf Basis des Plattform-Gedankens dieser Firmen können neue Aktivitäten schnell skaliert werden, um auf etwaige Marktveränderungen zu reagieren. Darüber hinaus bietet der modulare Aufbau der Systeme die Möglichkeit neue Produkte und Dienstleistungen anzubieten. (Mosconi et al. 2019)

- Neue Angebote schaffen: Unternehmen, die es schaffen Kunden ein vollkommen neues Werteangebot zu unterbreiten, gehören zu den erfolgreichsten Anbietern der digitalen Zeit. Das Ziel besteht darin Angebote zu schaffen bevor Kunden diese Wünsche entsprechend formulieren können. Die Vermarktung des I-Pads von Apple gehört in diese Kategorie, da zu dieser Zeit ein solches Produkt als wenig marktreif galt. Trotzdem wurde es zu einem großen Markterfolg und steht sinnbildlich für ein Höchstmaß an Kundenbewusstsein. (Graham 2019; Phelan 2020)

Diese fundamentalen Veränderungen haben das Potenzial die Art und Weise zu verändern, wie Unternehmen planen, operieren und sich entwickeln. Wie zuvor angesprochen bezieht sich dies auf drei Kernelemente: Technologie, Prozesse und Menschen. Um diese wirkungsvoll zusammen zu bringen, müssen Unternehmen Organisationen schaffen, die sowohl stabil als auch flexibel sind. Dies bezieht sich auf die Adaptionsfähigkeit neuer Technologien und Prozesse, sowie die Veränderungsbereitschaft von Mitarbeitern und Organisationen. Wie dies gelingen kann, schauen wir uns gemeinsam im folgenden Kapitel an. (Graham 2019; Leignel et al. 2019).

2 Entwicklung der Mitarbeiterführung

Schaut man sich die Historie der Mitarbeiterführung an, so werden die unterschiedlichen Bedürfnisse der jeweiligen Wirtschaftsära sichtbar. In Bezug auf die ressourcenbasierte Wirtschaft werden vor allem die Bedürfnisse der Unternehmensbesitzer deutlich, die von den Versprechungen der industriellen Revolution profitieren wollten. Qualität und Effizienz erhielten Einzug durch die Entwicklung der Fließbandproduktion und der menschliche Faktor war dabei gleichgestellt mit allen anderen Rohmaterialien. Die klassische Theorie der Mitarbeiterführung legt daher den Fokus auf die streng hierarchische Organisation, die volle Kontrolle und Entscheidungsgewalt in die Hände der Geschäftsführung legt. Eine Einbindung von Arbeitern in den firmenweiten Entscheidungsprozess ist unter diesen Gesichtspunkten undenkbar. (Taylor 1911; Scott und Mitchell 1976; Hackman und Oldham 1980; Weber und Andreski 1983).

2.1 Vom industriellen Zeitalter zur digitalen Wirtschaft

Im Übergang von der ressourcen-basierten zur wissensbasierten Wirtschaft veränderte sich ebenfalls der Blick auf das Thema Mitarbeiterführung. Zum ersten Mal werden die Bedürfnisse der Mitarbeiter beachtet und in Überlegungen miteinbezogen. Ihr Status steigt erheblich und Maslow (1954) wird einer der bedeutendsten Vertreter der Theoretiker im Bereich der zwischenmenschlichen Beziehungen. Die Frage nach dem Wohlbefinden und der Motivation von Mitarbeitern wird erstmals adressiert.

Im Zuge der vollständigen Verbreitung der wissensbasierten Wirtschaft nimmt die Bedeutung der partizipativen Management-Schule zu. Die Bedeutung von zentralen Motiven der zwischenmenschlichen Zusammenarbeit, wie Vertrauen und Beziehungen, steigt deutlich und wird als elementar für das Verhältnis von Mitarbeitern und Organisation angesehen. Auf dieser Basis werden Mitarbeiter stärker in den Entscheidungsprozess mit einbezogen und neue Konzepte wie Selbstverwirklichung, Mitarbeiterbindung und Arbeitszufriedenheit ebnen den Weg zu autonomen Arbeitsmodellen. (Roethlisberger and Dickson 1939; Anthony 1978; Hackman 1978; Lawler 1986).

Durch die Evolution von der wissensbasierten zur digitalen Arbeitswelt nimmt die Bedeutung der Systemtheoretiker zu. In diesem Zusammenhang sind zwei Treiber entscheidend: Technik und Soziales. Die Interkonnektivität dieser beiden Punkte ist der wesentliche Bestandteil des wissenschaftlichen Diskurses und wird als Hauptfolgsfaktor von Unternehmen betrachtet. In diesem Zusammenhang sollen neben den internen Entscheidungsträgern auch die Bedürfnisse anderer Stakeholder, wie z. B. Geschäftspartner, Kunden und Regulatoren beachtet werden. Selbststeuerung ist ein elementarer Baustein, um das Zusammenspiel zwischen sozialen und technischen Arbeitsfeldern effizient zu gestalten. (Trist und Bamforth 1951; Pasmore et al. 1982; Holt 1990).

Durch die Anhänger der Kontingenz-Theorie wurde das Konzept der Selbststeuerung in Unternehmen auf die nächste Stufe gehoben. Der Schwerpunkt der Forschung liegt auf den Hauptmechanismen von Hochleistungsorganisationen. Autonomes Arbeiten, durch die Unterstützung klarer strategischer Ziele und einer umfassenden Kommunikation, steht hierbei im Fokus der wissenschaftlichen Arbeit. Die zahlreichen Möglichkeiten der Selbststeuerung werden umfassend beleuchtet. (Cummings 1978; Önday 2019).

2.2   Das Prinzip der Selbststeuerung

Tjepkema (2003) hat die wesentlichen Kernelemente von selbststeuernden Teams zusammengefasst, um die Unterschiede zu traditionellen Formen der unternehmensweiten Zusammenarbeit deutlich zu machen:

1. Selbststeuernde Teams bringen Mitarbeiter mit verschiedenen Fähigkeiten zusammen. Diese übernehmen Verantwortung für die Erreichung eines gemeinsamen Ziels. Im Austausch mit dem Kunden werden Meilensteine und finale Produktwünsche besprochen. Dies geschieht gewöhnlich ohne die Beteiligung des höheren

Managements. In diesem Zusammenhang herrscht Autonomie in der Ausgestaltung der Kundenbeziehung.

2. Arbeitsprozesse und Entscheidungswege sind in der Hoheit des jeweiligen Teams. Mitglieder entscheiden gemeinsam über das richtige Vorgehen und monitoren dies regelmäßig, um bei Bedarf gegensteuern zu können.

3. Um den Kundenwünschen gerecht werden zu können, muss das Team über adäquate Ressourcen verfügen. Dies beinhaltet Mitarbeiter, mit den notwendigen sozialen und fachlichen Fähigkeiten, den Zugang zu entscheidenden Informationen, sowie einen realistischen zeitlichen Horizont und Entscheidungsbefugnis.

Hackman (1978) unterstreicht die Notwendigkeit wesentlicher Komponenten, die für den Erfolg selbststeuernder Einheiten entscheidend sind. Dabei kommen Maßnahmen zur Steigerung der Leistungsfähigkeit, wie etwa gesonderte Anreizsysteme, Feedback-Runden und Teambuilding-Konzepte besondere Bedeutung zu.

Wenngleich Unternehmen schon seit mehreren Dekaden mit dem Thema Selbst-steuerung experimentieren, sind die Initiativen häufig hinter den gesteckten Erwartungen zurückgeblieben. Dies bezieht sich sowohl auf das Fehlen von Leistungsverbesserungen, innerbetrieblicher Zusammenarbeit und signifikanter Lernerfolge. Yeatts und Hyten (1998) führen diesen Zustand auf drei Hürden zurück, die Unternehmen für den Erfolg von selbststeuernden Einheiten adressieren müssen:

1. Die Einstellung des oberen Managements ist von zentraler Bedeutung für das Gelingen von Selbststeuerung in Unternehmen. Dies ist besonders entscheidend in einer Transformation von hierarchischen zu autonomen Organisationen, in denen die Entscheidungsfindung dezentral gesteuert werden soll. Kommunikative Unter-stützung, Moderation und Ausdauer sind wesentliche Bausteine, um das Risiko einer verfehlten Transformation zu minimieren. (Grab et al. 2019b)

2. Die Einbettung von selbststeuernden Teams in eine traditionelle, hierarchische Organisation ist mit zahlreichen Problemen behaftet. Im schlechtesten Fall arbeiten zwei konträre Systeme unter einem Dach und inner-betriebliche Zusammenarbeit wird durch einen Konflikt der Kulturen gestört. Kollaborative, vorwärtsgewandte und kundenorientierte Arbeit wird somit unmöglich gemacht. (Grab et al. 2019c)

3. Als Stilmittel der Organisationsentwicklung in komplexen, unsicheren und volatilen Zeiten sollen autonom arbeitende Teams häufig sowohl eine verbesserte Performance als auch firmenweites Lernen ermöglichen. Der Leistungsanstieg wird dabei häufig mit einer höheren Mitarbeitermotivation erklärt, da mehr Freiheit in der Wahl der Arbeitsansätze besteht. Gleichermaßen erleichtert der interdisziplinäre Charakter von selbststeuernden Teams den Wissensaustausch unter den Mitgliedern. Die Erwartung an Leistungssteigerung bei gleichzeitiger Lernerwartung ist dabei jedoch wenig realistisch. (Annosi et al. 2019; Kristensson, P. et al. 2019)

2.3   Der Einfluss der digitalen Transformation auf Selbststeuerung

Im Hinblick auf die fundamentalen Herausforderungen der digitalen Transformation bieten selbststeuernde Teams die Möglichkeit schneller, gezielter und direkter auf sich verändernde Kundenwünsche und Marktgegebenheiten zu reagieren. Gleichzeitig ist es wichtig die notwendigen Rahmenbedingungen zu verstehen, um Selbststeuerung gewinnbringend einsetzen zu können. Eine dreidimensionale Betrachtung macht den positiven Einfluss der digitalen Transformation auf die Einführung des Konzepts der Selbststeuerung deutlich (siehe Abb. 2).

Die individuelle Ebene

Das Internet hat verändert wie Menschen einkaufen, kommunizieren und arbeiten. Der Einfluss auf die Gesellschaft ist immens. Dies wird vor allem bei einem Blick auf jüngere Generationen sichtbar, die das Leben ohne die Online-Welt nicht kennen. Somit ist auch die Wahrnehmung dieser Hilfsmittel eine andere. Das Internet ist eine Welt des Austauschs. Information werden in Sekundenschnelle über den ganzen Erdball gesendet und eröffnen vollkommen neue Möglichkeiten zur Kollaboration. Länder- und Kulturgrenzen halten Menschen nicht mehr davon ab Gleichgesinnte zu finden. Gleichzeitig sinkt die

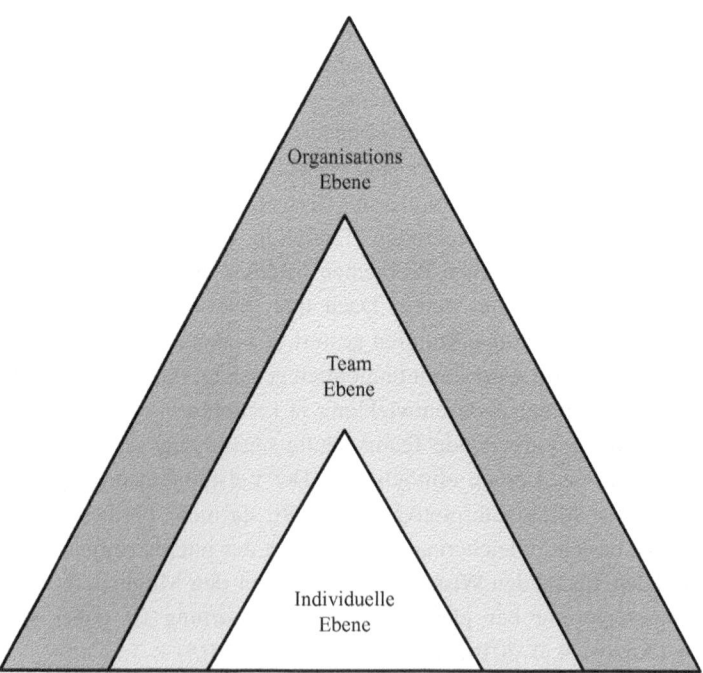

Abb. 2 Organisatorische Einflussebenen der digitalen Transformation

Relevanz von Status und Hierarchie im digitalen Umfeld. Fähigkeiten, die richtige Einstellung, sowie neue Ideen bieten ein Gegengewicht zum Klassen- und Hierarchiedenken vieler traditioneller Organisationen. In diesem Kulturkampf haben es Unternehmen schwerer Talente mit den richtigen digitalen Fähigkeiten für sich zu begeistern. Entsprechende Firmenportale ermöglichen es zudem Bewerbern einen Blick in die Firmen zu werfen und die Kultur und Gegebenheiten kennenzulernen. Der Druck auf Unternehmen wächst daher mehr Teilhabe zuzulassen und gleichzeitig den Sinn der Arbeit stärker in den Mittelpunkt der Überlegungen zu stellen. (Hamel 2012b; Stahl 2018, Grab et al. 2019b).

Die Team-Ebene

Im Hinblick auf die rapiden technischen Veränderungen wird sich der Arbeitsplatz der Zukunft signifikant verändern. Dies beinhaltet die Arbeitsabläufe von Arbeitern und Akademikern gleichermaßen. Mit steigendem Entwicklungsgrad der Bereiche Robotik und künstliche Intelligenz werden einfache Arbeitsschritte sukzessive automatisiert. Mit Blick auf eine Studie von Manyika und Sneader (2018), die insgesamt 800 verschiedene Berufe umfasst, können ungefähr die Hälfte aller Arbeitsaktivitäten automatisiert werden. Dies bedeutet nicht, dass diese Berufsbilder komplett verschwinden, jedoch ist der Einfluss auf die Arbeitsplatzbeschreibungen erheblich. Durch den Wegfall einfacher, repetitiver Arbeiten steigt die Nachfrage nach Mitarbeitern mit gut entwickelten Problemlösungskompetenzen. Gleichzeitig sind kommunikative Fähigkeiten notwendig, um über Fachgrenzen hinweg zusammenarbeiten zu können. Anpassungen sind daher dringend notwendig, damit Organisationen den Herausforderungen begegnen können. Schnellere Entscheidungswege, firmenweites Lernen und mehr Autonomie in der Ausübung der Arbeit stellen wichtige Komponenten dar. Selbststeuernde Teams sind daher ein wichtiger Baustein zukunftsorientierter Organisationen. (Hamel 2012b; Landrum 2017; Grab et al. 2018).

Die Organisationsebene

Den Weg des innerbetrieblichen Wandels zu beschreiten kann ein Schwieriger sein, aufgrund von unterschiedlichen Interessen verschiedener Stakeholder. Im Hinblick auf die Herausforderungen der digitalen Transformation ist die Bereitschaft zum Wandel jedoch ein existenzielles Thema, welches schnelle und tiefgreifende Entscheidungen erfordert. Der Druck wächst auf Unternehmen stetig neue Produkte und Dienstleistungen zu produzieren. Innovationsmanagement ist somit ein zentraler Bestandteil der digitalen Strategie. Neue Marktteilnehmer versuchen Wettbewerbsanteile zu übernehmen, Geschäftsmodelle werden obsolet, Profite ausgedünnt, die Verhandlungsposition von Kunden verbessert sich durch größere Transparenz und Unternehmen finden sich in einem herausfordernden Marktumfeld wieder. Der Aufbau von kundenorientierten, flexiblen und wandelbaren Organisationen ist sowohl schwierig als auch existenziell wichtig. Dafür sind wesentliche Verhaltungsänderungen notwendig, um den Bedürfnissen hinsichtlich besserer Kommunikation und Zusammenarbeit Rechnung zu tragen.

Es gilt als Hierarchien, Macht und Kontrolle zu durchbrechen, um Innovationskraft und Kundenbedürfnisse in das Zentrum der Arbeit zu setzen. Dies kommt in vielen Unternehmen einer Revolution gleich, die es möglich macht simultan mehrere Strategien zu verfolgen. (Hamel 2012b; Schallmo et al. 2016; Ross 2017; Newman 2018, Grab et al. 2019a).

Die Herausforderungen von Unternehmen der digitalen Transformation zu begegnen sind gewaltig. In diesem Zusammenhang wird der Imperativ zum organisatorischen Wandel deutlich. Selbststeuerung kann dabei einen wichtigen Beitrag leisten. Die Möglichkeiten sind dabei vielfältig, was das kommende Kapital anhand von zahlreichen Praxisbeispielen belegt.

3   Selbststeuerung in der Praxis

Das Konzept der Selbststeuerung hat sich seit seinem Ursprung im letzten Jahrhundert deutlich entwickelt und besteht in der Praxis in den verschiedensten Ausprägungen. Nach Bernstein et al. (2016) teilen diese unterschiedlichen Ansätze jedoch drei wesentliche Charakteristika:

1 – Teams definieren den organisatorischen Aufbau
Im Hinblick auf Selbststeuerung haben Teams unterschiedliche Bezeichnungen. Die Namen reichen von Circles, Tribes zu Cabals. Sie alle teilen ein wesentliches Element. Sie sind die Antriebsachse der Organisationen. Um dieser Rolle gerecht zu werden, sind verschiedene Rollenprofile innerhalb der Teams verankert. Ziel ist es den vorgegebenen Kundenwunsch zu realisieren. Gegenüber traditionellen Organisationen ist die Zahl der Teams höher – getrieben durch einen höheren Grad der Spezialisierung. Die Flexibilität der Selbststeuerung muss dabei einem gesteigerten Koordinationsaufwand gegenübergestellt werden. (Ghali et al. 2018).

2 – Teams steuern sich selbst
Während selbststeuernde Teams keinen hierarchischen Charakter haben, sind sie trotzdem Teil der erweiterten Organisationsstruktur. In diesem Zusammenhang haben diese Teams die Möglichkeit Einfluss auf die Gesamtarchitektur der Organisation zu nehmen. Gleichwohl gibt es Prozesse, die den Rahmen geben und den Wandel im Unternehmen leiten. Dieses Konstrukt lässt sich mit dem einer Verfassung vergleichen. Der Vertrag bildet den großen Rahmen, ohne die Details der täglichen Arbeit festzulegen. Teams haben somit ausreichend Autonomie, um ihre internen Abläufe zu bestimmen. Das ausgewählte Konstrukt ermöglicht es Firmen eine Balance zwischen Stabilität und Flexibilität herzustellen. (Hamel 2012a).

3 – Führung hängt vom jeweiligen Kontext ab

In selbststeuernden Organisationen das Thema Führung ist nicht allein bezogen auf einzelne Positionen. Im Gegensatz dazu steht es im Verhältnis mit Rollenprofilen, welche sich mit dem jeweiligen Kontext ändern können. Der Einsatz von technischen Hilfsmitteln vereinfacht den Wechsel zwischen unterschiedlichen Rollen und Teammitgliedern und schafft Transparenz über die internen Abläufe. Informationen werden allen zugänglich gemacht, was ein deutlicher Unterschied zu traditionellen Unternehmen darstellt. Zudem bieten technische Lösungen die Möglichkeit den erhöhten Koordinationsaufwand zu bewältigen und eine Übersicht zu Meilensteinen und Zielen zu liefern. (Kumar und Mukherjee 2018; Grab et al. 2019c).

Nach der kurzen Darstellung der Kerncharakteristika von selbststeuernden Teams geben die folgenden Sektionen einen Überblick über unterschiedlichen Ausprägungen des Konzepts in der Praxis. Ziel ist es verschiedene Facetten hinsichtlich Kommunikation, Struktur, Zusammenarbeit und Führungsverständnis aufzuzeigen.

3.1   Der Kunde ist König: Holacracy als Mittel der Kundenzentrierung

Am Beispiel eines amerikanischen Online-Unternehmens für Schuhe und Bekleidung wird im Folgenden ein besonders kundenzentrierter Ansatz der Selbststeuerung vorgestellt. Den turbulenten Anfangsjahren zum Trotz, die vor allem durch das Marktumfeld der Dot.com-Blase und fehlender Investorengelder geprägt waren, hat sich die Organisation erfolgreich etabliert und den außergewöhnlichen Selbststeuerungsansatzes namens Holacracy umgesetzt. (McGregor 2014; Ordonez 2018).

Im Kern des Markenverständnisses der Firma steht die Nähe zum Kunden. Als Online-Händler ist diese Einstellung von zentraler Bedeutung, um dem eigenen Anspruch nach herausragendem Kundenservice gerecht zu werden. Die Auswahl des Unternehmenssitzes in Las Vegas als Mekka der Serviceindustrie war daher eine logische Wahl, um Zugang zu den besten Mitarbeitern zu bekommen. Der nächste Schritt wurde dann im Jahr 2015 vollzogen mit der Einführung eines selbststeuernden Systems namens Holacracy, mit dem Ziel innerbetriebliche Silos einzureißen und alle grundlegenden Strukturen zu verändern. (de Leeuw et al. 2016; Solomon 2017).

Holacracy fördert neben einer besonderen Form der Organisation auch eine entsprechende Unternehmenskultur. Im Wesentlichen besteht die Struktur aus drei überlappenden Ebenen: Company Circles, Circles und Rollenprofilen. Auf der obersten Stufe steht der Company Circle, wo die großen strategischen Leitlinien und Programme zusammenlaufen. Dies ist der Stabilitätsanker und Wertemotor für die gesamte Organisation, um Mitarbeitern einen Rahmen für die Arbeit über Circles hinweg zu ermöglichen. Zeitgleich existieren 500 Circles gleichzeitig und arbeiten parallel an unterschiedlichen Fragestellungen. Für Transparenz sorgt eine entsprechende Software, welche die Kommunikation, Verantwortlichkeiten und Zielerreichung ermöglicht.

Zudem sind in dem System alle Rollen der jeweiligen Mitarbeiter hinterlegt. Im Schnitt hält jeder Mitarbeiter sieben verschiedene Rollen. Diese sind gekoppelt an Projektverantwortlichkeiten und Entscheidungsbefugnisse. Darüber hinaus werden die Entwicklungspräferenzen der Mitarbeiter mit den Unternehmenszielen gekoppelt. Gleichzeit stellt eine Struktur von Abzeichen sicher, dass Qualitätsstandards über die Organisation hinweg bestehen. Erfahrene Mitarbeiter können entsprechende Abzeichen verleihen und sorgen somit für Weiterbildungsanreize für Kollegen. In der täglichen Arbeit können Mitarbeiter in unterschiedlichen Rollen und Circles arbeiten und sich weiterentwickeln. (Bernstein et al. 2016; Silverstein et al. 2016; Kumar und Mukherjee 2018).

Hinsichtlich der kulturellen Perspektive legt die Organisation großen Wert auf die Bewahrung einer Haltung, die das Kundenwohl in das Zentrum der Überlegungen stellt. In diesem Zusammenhang fördert das Talentmanagement die Zusammenstellung einer Gruppe von Menschen, die sich sympathisch sind und gerne miteinander arbeiten. Diese oberflächliche Beschreibung nimmt Form an, wenn man sich die Auswahlkriterien für neue Mitarbeiter anschaut. Diese unterteilen sich zu zur Hälfte aus Fähigkeiten und Kulturverständnis. Um sich gegenüber den betroffenen Circles vorzustellen, können Kandidaten Videos von sich einreichen oder Zugang zu ihren Social Media-Profilen geben. Somit können die neuen Kollegen bereits vor den Eingangsinterviews ein besseres Bild der Kandidaten bekommen. Diese sind von Anfang an stark in den Recruiting-Prozess involviert und nutzen die zehn Kernwerte des Unternehmens, u. a. Affinität zum Wandel, Kundenbewusstsein, Leidenschaft, Respekt und Spaß, um neue Kollegen einschätzen zu können. Im Zuge dessen ist das Recruiting-Team mit 15 Mitarbeitern verhältnismäßig überschaubar. Gleichzeitig bekommen sie Unterstützung durch Social Media-Kollegen, die bei der Suche nach Talenten ebenfalls aktiv sind. (Wisenberg Brin 2014; Solomon 2017; Kumar und Mukherjee 2018).

Nach der erfolgreichen Einstellung der Kollegen beginnt eine vierwöchige Einarbeitungsphase. Währenddessen haben die neuen Mitarbeiter die Möglichkeit jederzeit aus der Firma auszuscheiden und einen Bonus von USD 2000 zu erhalten. Auf diesem Weg soll verhindert werden, dass Mitarbeiter im Unternehmen bleiben, obwohl sie nicht vollständig vom Konzept überzeugt sind. Laut der Firma entscheiden sich rund 2 % der neuen Mitarbeiter für ein Ausscheiden zu den genannten Konditionen. (Feloni 2015).

Vor- und Nachteile

1 – Den Wandel aktiv steuern

Das Holacracy-System wird von Personen sehr unterschiedlich erlebt und wahrgenommen, somit kommt es wenig überraschend, dass auch die Meinungen darüber stark voneinander abweichen. Mit der vollständigen Umstellung auf die Organisationsform in 2015 wurde Kollegen angeboten mit einer Abfindung aus dem Unternehmen auszuscheiden. Rund 20 % der Mitarbeiter entschieden sich für das Angebot der Firma und votierten mit den Füßen gegen die neuen Strukturen. Im Rahmen ihrer Exit-Interviews unterstrichen die Kollegen neben der fehlenden Substanz bei Holacracy, vor allem die Unsicherheiten in Bezug auf die zukünftige Entlohnung, innerbetriebliche Zusammenarbeit und das wenig greifbare Konstrukt der Rollen. Auch wenn höhere Fluktuationszahlen bei Transformationsprogrammen nicht ungewöhnlich sind, hat es die Organisation in den Augen einiger Mitarbeiter versäumt wichtige Antworten auf die zentralen Fragestellungen des Unternehmens zu geben. (Cosack et al. 2010; Kumar und Mukherjee 2018).

2 – Neue Rollen sorgen für neue Herausforderungen

Das System unterschiedlicher Rollen ermöglicht es Mitarbeitern unterschiedliche Fähigkeiten gezielt zu entwickeln. Gleichzeitig besteht über das System der Abzeichen unternehmensweit Klarheit über die zu Verfügung stehenden Fähigkeiten. Im Kern geht es darum, die Möglichkeit der persönlichen Entfaltung mit den Bedürfnissen der Firma zu synchronisieren. Diese Art von Mitarbeiterbefähigung und Wahlfreiheit erfordert Mitarbeiter, die mit solchen Rahmenbedingungen klarkommen. Ein hohes Maß an Verantwortungsgefühl, Eigenmotivation, Entscheidungsfreude und Problemlösungskompetenz ist unabdingbar. Zudem spielen die unmittelbaren Kollegen – durch das Fehlen einer festen Führungskraft – eine zentrale Rolle bei der Motivation, was Fluch und Segen zugleich sein kann. Neben der Frage der Motivation kann auch die Vielzahl der unterschiedlichen Rollen zur Belastung werden, da aufgrund der zahlreichen Verantwortlichkeiten einzelne Kollegen an ihre Belastungsgrenzen gebracht werden. Der Koordinationsaufwand zwischen allen Beteiligten im Unternehmen ist immens, sodass die Anforderungen an den internen Marktplatz der Arbeit massiv sind. (Bernstein et al. 2016; Kumar und Mukherjee 2018).

3 – Neue Mitarbeiter an Bord holen

Der aktuelle Bewerbungsprozess der Organisation ist darauf abgestellt Mitarbeiter zu gewinnen, die die Kultur des Unternehmens mittragen wollen. Darin begründet ist die Erhaltung der zentralen Werte der Organisation und eine verbesserte Zusammenarbeit unter den Kollegen. Gleichzeitig soll der Prozess schnell und schlank gestaltet werden und die frühzeitige Einbindung der Fachkollegen stellt einen direkten Arbeitsbezug sicher. Über den Abschiedsbonus ergibt sich eine weitere Möglichkeit zweifelnden neuen Mitarbeitern den Ausstieg zu ermöglichen. Gleichzeitig zieht der starke Fokus auf das Internet als wesentliches Bewerbertool Kritik nach sich. Dies bezieht sich in erster Linie auf die Ausgrenzung von Kandidaten mit Behinderung, sowie Datenschutzbedenken bei der Bereitstellung von Social Media-Auftritten. Ein weiterer Kritikpunkt liegt in der familiären Arbeitsumgebung, die Fragen offenlässt, ob wichtige Auseinandersetzungen zu neuen Initiativen dem Wohl der betrieblichen Harmonie geopfert werden. (Wisenberg Brin 2014; Feloni 2015; Silverstein et al. 2016; Solomon 2017).

3.2   Die Kraft der Beziehungen: Verträge für mehr Verantwortung

Die Frage nach der Innovationskraft des nächsten Beispielbetriebs ist eng verbunden mit der Haltung seines Gründers. Nach der Etablierung der ersten Fabrik für die Verarbeitung von Tomatenprodukten im Jahr 1990 schlug er seinen rund 20 Mitarbeitern das Konzept der Selbststeuerung vor. Sein Vorschlag umfasste ein System der Zusammenarbeit auf der Basis von werte-gebundenen Verträgen. Die zwei zentralen Werte sind, das kein Mitarbeiter aufgrund von Status oder Einfluss eine Entscheidung in seinem Sinn verbiegen kann und dass Vereinbarungen unter Kollegen zwingend einzuhalten sind. Der Hintergrund für die Wahl dieses Konzepts liegt in der tiefen Überzeugung, dass Mitarbeiter im Unternehmen ihre Probleme eigenständig lösen können. So wie sie es auch in ihrem Privatleben tun. Dahinter verbirgt sich weniger ein humanistischer Ansatz, als vielmehr der Wunsch ein effizientes und produktives Unternehmen zu sein. (Morgan 2015; Kirkpatrick 2017).

Alle Einheiten verfügen über eigene Zielbilder und jeder der Mitarbeiter ist Teil einer Einheit. Teamgrößen werden bewusst klein gehalten, um größtmögliche Flexibilität und Verantwortlichkeit zum Tragen zu bringen. Mitarbeiter sollen Verantwortung für ihre Tätigkeiten übernehmen, was dem übergeordneten Ziel der Firma entspricht alle Mitarbeiter zu befähigen ausgewogene Entscheidungen im Sinne des Unternehmens zu treffen. (Hamel 2012a; Francesca et al. 2013).

Der zentrale Baustein der Selbststeuerung des Unternehmens ist ein System namens CLOU („colleague letters of understanding"). Diese Struktur regelt sämtliche Beziehungen zwischen Mitarbeitern der Firma und externen Stakeholdern. Alle Verträge verfügen über zwei wesentliche Komponenten. Zum einen legen sie die persönlichen, kommerziellen Ziele jedes Mitarbeiters dar und zum anderen wird die Basis für Verhandlungen mit internen Stakeholdern festgelegt. Dies beinhaltet sowohl Kollegen innerhalb der eigenen Einheit als auch aus anderen Teilen der Organisation. Gemeinsame Vereinbarungen zwischen Kollegen werden innerhalb eines einstündigen Treffens festgehalten. Durch das Fehlen von Führungskräften ist dieses Medium der Koordination unerlässlich. Alles in allem ergibt sich daraus ein umfangreiches Vertragsnetzwerk, welches im Rahmen eines jährlichen Treffens auf Ebene der Einheiten gesamthaft besprochen wird. Dies schafft Transparenz über Ziele und Interessenveränderungen auf persönlicher Ebene und ermöglicht es neuen Kollegen zügig mit dem Prozess vertraut zu werden. Im Nachgang werden alle Verträge unternehmensweit zugänglich gemacht. (Hamel 2012b; Francesca et al. 2013; Buchanan 2013).

Neben der persönlichen Ebene gibt es auch einen entsprechenden Prozess bei allen Einheiten. Dies soll sicherstellen, dass alle Unternehmensziele abgedeckt sind und die Beziehungen zu externen Lieferanten und Stakeholdern funktionieren. Jede Einheit verfügt über ihre eigene Gewinn-und-Verlust-Rechnung, was Verhandlungen zwischen Einheiten intensiviert. Letztlich verfolgt die Struktur das Ziel Kosten zu senken und effizient zu arbeiten. (Hamel 2012b; Kirkpatrick 2017).

Vor-und-Nachteile

1 – Vorteile auf allen Seiten

Verhandlungen und der Aufbau von nachhaltigen Beziehungen sind Kernbestandteile des firmenweiten Selbstverständnisses. Dies ersetzt verschiedene Kostenblöcke, die in anderen Unternehmen Standard sind. Zum Beispiel wird der Einkauf selbstständig von den Mitarbeitern getätigt. Dies verschlankt nicht nur Prozesse, sondern spart zusätzlich Gehaltskosten. Zudem wird das Jobprofil vielfältiger, was mit dem Ziel verbunden ist die Arbeitsmotivation zu erhöhen. Was Karrierepfade angeht, so ist die Firma aufgrund seiner flachen Hierarchien nicht in der Lage Mitarbeiter über Beförderungen zu belohnen. Gleichwohl verfügt die Firma über ein umfangreiches Anreizsystem, um Mitarbeiter entsprechend zu entlohnen. Ein entsprechendes Komitee, welches sich aus gewählten Vertretern zusammensetzt, entscheidet auf der Basis der jeweiligen Jahresverträge über Lohnanpassungen. Durch die schlanken Unternehmensstrukturen und den Verzicht auf Führungskräfte liegen die durchschnittlichen Löhne rund 15 % über dem Markt. Zusätzliche Leistungen sind sogar 35 % höher als der Standard. (Hamel 2012a; Francesca et al. 2013; Kirkpatrick 2017).

2 – Umfassende Fähigkeiten sind elementar

Das System der Organisation steht in einem starken Kontrast zu traditionellen Organisationen und deren Unternehmensführung. Diese neue Form der Arbeit erfordert ein hohes Maß an Eigenständigkeit, Verantwortungsgefühl und Motivation. Gleichzeitig ist Zeit erforderlich, damit sich Mitarbeiter an die neuen Strukturen gewöhnen können und neue Fähigkeiten erlernen. Dies betrifft neben fachlichem Können, auch eine ganz Reihe von Soft Skills, unter anderem Kommunikationsstärke, Verhandlungsgeschick, Problemlösungskompetenz und Konfliktfähigkeit. All das sind wesentliche Komponenten, um das Geflecht an Beziehungen gesund und stabil zu halten. Unzulänglichkeiten können hierbei schnell zu einem Problem für das komplette System werden. (Hamel 2012b; Francesca et al. 2013; Morgan 2014).

3 – Ein neues Denken ist erforderlich

In Abwesenheit von Führungskräften und zahlreichen Stabsfunktionen bedarf es einem neuen Denkansatz bezüglich zentraler Unternehmenseinheiten. Das Risikomanagement liefert hierbei ein interessantes Beispiel. Die Kontrollfunktion wird dabei nicht einer Einheit verordnet, sondern über das Geflecht an Verträgen auf alle Schultern verteilt. Die Beziehung unter den Mitarbeitern soll dabei als Schutzschild gegenüber unlauteren Aktivitäten dienen. Letztlich kann das System also nur greifen, wenn jeder Mitarbeiter seine Rolle als Risikomanager ernst nimmt und täglich lebt. (Hamel 2012b; Francesca et al. 2013; Morgan 2014).

3.3 Die Organisation macht die Musik: Agiles Arbeiten skalieren

Analog mit anderen IT Firmen startete das schwedische Unternehmen aus dem Musik-Business seine Organisation, um die Scrum-Methodik aufzubauen. Ziel war es Mitarbeiter aus verschiedenen Bereichen zusammen zu bringen und auf einen gemeinsamen Kundenwunsch hinzuarbeiten. Durch das rasante Wachstum der Mitarbeiterzahlen entschied sich das Unternehmen Veränderungen in der Organisationsstruktur vorzunehmen, um der steigenden Komplexität innerhalb der Firma Rechnung zu tragen. Die Entscheidung wurde getroffen die Scrum Methodik durch das Agile Scaling Model zu ersetzen. (Cristal et al. 2008; Hron und Obwegeser 2018; Bloomberg 2019; Rossberg 2019).

Über das neue Modell ist das Unternehmen in der Lage eine Organisationsstruktur über alle Auslandsstandorte und insgesamt 1600 Mitarbeiter zu schaffen. Komponenten der Scrum-Methodik spielen auch zukünftig eine Rolle in der täglichen Arbeit allerdings hat die Gesamtstruktur mehr Tiefe bekommen. In Summe besteht die Organisation aus sieben verschiedenen Ebenen und Rollenbildern. Diese stellen über ihre Funktionalitäten die internen Abläufe sicher.

1. Squads sind die kleinsten Einheiten innerhalb der Organisation und bestehen normalerweise zwischen 6–12 Mitarbeitern. Sie sind nicht an die Nutzung der Scrum-Methode gebunden und arbeiten eigenständig auf Basis des Konzepts der Selbststeuerung. Neben der fachlichen Arbeit durch das Entwicklungsteam steht dem Squad ein Product Owner als Außenminister, sowie ein Agile Coach als methodischer Berater zur Verfügung. Die Kommunikation mit dem Kunden läuft autonom und der Anspruch hinsichtlich Transparenz wird durch eine entsprechende Dokumentation der Arbeit sichergestellt. Technische Hilfsmittel sind dabei unerlässlich.
2. Mehrere Squads, die gemeinschaftlich an einem Themenkomplex arbeiten, schließen sich zu einem Tribe zusammen. Diese bestehen aus rund 100 Mitarbeitern und ein entsprechender Tribe Lead ist für die Bereitstellung von Ressourcen zuständig.
3. Experten aus unterschiedlichen Squads schließen sich zudem zu Chapters zusammen. Dies stellt den Austausch auf der horizontalen Ebene der Organisation sicher. Hier unterstützt ein Manager innerhalb der Matrixorganisation die persönliche Entwicklung der Mitarbeiter.
4. Eine informelle Austauschplattform für Mitarbeiter mit gemeinsamen Interessen bietet die Guild. Diese Struktur soll dem Silo-denken innerhalb der Organisation entgegenwirken und den inner-betrieblichen Austausch über formelle Grenzen hinweg fördern.
5. Ein Trio kann seine Arbeit aufnehmen, wenn folgende drei Positionen auf Tribe-Ebene besetzt sind: Design, Product Area und Tribe Lead.
6. Eine Ebene darüber können drei Trios eine Alliance bilden. Die Leitung dieser Trios sind dann Design, Product und Tribe Leads.

7. Auf höchster Ebene wird dann ein Chief Architect eingesetzt, der die wesentliche Vision der Firma entwickelt und einen entsprechenden Überblick über die Systemlandschaft und Abhängigkeiten Die Rolle kann grundsätzlich von jedem qualifizierten Mitarbeiter eines Squads ausgeführt werden. (Team 2018; Smite et al. 2019)

Neben der Grundstruktur und den einzelnen Rollen funktioniert das Unternehmen vor allem auf der Basis von zwei Wertesäulen:

1 – Starker Kern, Flexibler Rand
Die gewählte Struktur ist der Versuch eine gesunde Balance zwischen Stabilität und Flexibilität herzustellen. Der Kern der Firma soll über gemeinsame Werte und verlässliche Richtlinien eine stabile Struktur darstellen, welche Mitarbeitern Verlässlichkeit bietet. Aus dieser Sicherheit heraus können Mitarbeiter dann in den Randbereichen der Firma innovativ sein und den Status Quo in Frage stellen. (Hauptmann und Walder 2017; Smite et al. 2019).

2 – Gesamthaftes Denken wird gefördert
Die Vernetzung von Mitarbeitern über zahlreiche formelle und informelle Plattformen, in Verbindung mit dem Prinzip der Selbststeuerung, fördert das gesamthafte Denken der Mitarbeiter. Die Effekte der Zusammenarbeit werden auf allen Ebenen sichtbar und versanden nicht im eigenen Silo. Zudem können Mitarbeiter neue Themenfelder entdecken und sich entsprechend in unterschiedlichen Bereichen einbringen, wo ihre besonderen Fähigkeiten gefragt sind. Ein funktionierendes Wissensmanagement ist dabei unerlässlich, um die notwendige Transparenz innerhalb des Unternehmens herzustellen. (Hauptmann und Walder 2017; Smite et al. 2019).

Vor-und-Nachteile

1 – Divergierende Ziele
Aufgrund der persönlichen Verantwortung jedes Mitarbeiters, spielen deren eigene Ziele eine große Rolle für das Thema Arbeitsmotivation. Diese potenziell abweichenden Punkte mit den Zielen der Squads und Tribes zu verheiraten, stellt eine große Konfliktquelle dar. Gesonderte Anreizsysteme sind in diesem Fall notwendig, um neuen Herausforderungen konstruktiv zu begegnen. (Hron und Obwegeser 2018).

2 – Politische Machtspiele
Der Leistungsdruck auf Führungskräfte in der Matrix-Organisation ist immens, sodass politische Spannungen schnell dazu führen können, dass die Verantwortung für Misserfolge an andere Stellen weitergegeben wird. Diese Art von toxischem Verhalten entsprechend zu erkennen und zu sanktionieren ist entscheidend, um die Werte eines Unternehmens zu bewahren. In diesem Zusammenhang benötigen selbststeuernde

Organisationen entsprechende Sanktions-Mechanismen, welche transparent und schnell greifen. Nur so kann die kulturelle Integrität einer Organisation gewahrt werden. (Blakeman 2015; Gill und Grebow 2017).

4   Wahrnehmung von Selbststeuerung

Auf Basis des theoretischen Unterbaus, sowie der zahlreichen Praxisbeispiele zeigt sich ein vielfältiges Bild der Selbststeuerung. Gleichzeitig werden einzelne Stärken und Schwächen des Konzepts sichtbar. Im Hinblick auf die Herausforderungen der digitalen Transformation wird sichtbar, dass neue Lösungen zum autonomen Arbeiten ein unterstützender Faktor sein können. Gleichwohl bitten die Unternehmensbeispiele nur einen Ausschnitt der Realität. Um die Frage nach der Wahrnehmung von Selbststeuerung zu vertiefen, wurde eine Umfrage unter internationalen Experten durchgeführt. Den Aufbau und die Ergebnisse sind in den folgenden Sektionen ausführlich dargestellt.

4.1   Aufbau der Umfrage

Im Rahmen einer Online-Umfrage zwischen Juli und August 2019 wurden mehr als 300 internationale Experten befragt. Über ein Set von 12 verschiedenen Fragen wurden die Teilnehmer gebeten ihre Meinung zu den Chancen und Herausforderungen der digitalen Transformation zu geben. Neben einführenden Fragen zu den bisherigen Erfahrungen mit Digitalisierung und Veränderungsprozessen am Arbeitsplatz, schlägt der praxisbasierte Forschungsansatz die Brücke zum Konzept der Selbststeuerung. In diesem Zusammenhang beschäftigt sich der zweite Teil der Umfrage mit der Rolle und Wahrnehmung von autonomen, selbststeuernden Teams. Im ersten Schritt geht es darum ein Verständnis zum Wissensstand der Teilnehmer zu bekommen. Dies wird ergänzt mit Fragen rund um die Vor- und Nachteile eines solchen Konzept, sowie die notwendigen Bausteine für deren erfolgreiche Implementierung. Abgerundet wird die Umfrage mit einer persönlichen Einschätzung der Teilnehmer, ob sie sich eine Mitarbeit in einem selbststeuernden Team vorstellen können. Eine vollständige Übersicht der Fragen ergibt sich aus Abb. 3.

Ziel ist es ein gesamthaftes Bild zu den beiden Querschnittsthemen digitale Transformation und selbststeuernde Teams zu erhalten und die gewonnenen Erkenntnisse aus der Literaturrecherche und den Praxisbeispielen sinnvoll zu ergänzen. Die Ergebnisse der Umfrage schauen wir uns daher im Folgenden genauer an und nutzen für die strukturierte Betrachtung die schon bekannte Evaluierungsmatrix der drei Ebenen: Individuelle, Team- und Organisationsebene.

1.–4. Persönliche Frage

Alter	Geschlecht
Wohnort	Arbeitsverhältnis

5. Basierend auf deiner Erfahrung, die digitale Transformation…

Einen positiven Einfluß auf die Weltwirtschaft	Erhöht den Wettbewerb
Ist Menschen-getrieben	Bietet Kunden mehr Auswahl
Ist ein globales Phänomen	Ist Technologie-getrieben
Wirkt sich positiv auf die Zusammenarbeit aus	

6. Die wesentlichen Herausforderungen der digitalin Transformation sind…

Ein Mangel an Work/Life-Balance	Unsicherheit bezüglich des Arbeitsplatzes
Fehlende Datensicherheit	Technologieabhängigkeit
Jobverlust	Fehlender persönlicher Austausch
Informationsflut	Überwachung
Wettbewerbsdruck	Beziehung zu Robotern

7. Die positive Effekte der digitalen Transformation sind?

Arbeitsbereicherung	Bessere Kommunikationsmittel
Teilhabe am Entscheidungsprozess	Verbesserte Work-Life-Balance
Produktauswahl	Zugang zu Informationen
Markttransparenz	Globale Vernetzung
Weniger Hierarchie/Status	Mehr Demokratie im Wirtschaftsleben
Einfache Transaktionen	

8. Wie würdest du die folgenden Voraussetzungen für Selbststeuerung bewerten?

Zeit zur Umsetzung	Unterstützung durch Change Management
Fähigkeiten der Teilnehmer	Methodische Unterstützung
Klare Zielsetzung	Zugang zu Ressourcen
Klare Spielregeln	Unterstützung durch Prozesse
Klare Verhältnisse mit Stakeholdern	Entscheidungsbefugnis
Management-unterstützung	Zugang zu Informationen

9. Die größten Vorteile selbststeuernder Teams sind?

Mitarbeiterengagement	Arbeits-bereicherung
Bereicherung der Innovationskraft	Flexibles Arbeits-design
Schnelle Entscheidungen	Diversity
Vereinfachtes Lernen	Besserer Kundenfokus
Effiziente Kosten	Flache Hierarchien
Bessere Teamarbeit	Transparenz
Bessere Kommunikation	

10. Die größten Nachteile selbststeuernder Teams sind?

Zielkonflikte	Fehlende Koordination
Unklare Führung	Erhöhte Anforderungen
Fehlende Ressourcen (technisch & sozial)	Konflikte persönlicher und Teamziele
Dauerdruck	Verantwortlichkeit
Innerbetrieblicher Kulturkampf	Abbau vereinzelter Jobs
Erfolg = Kultur	Ansprüche an das höhere Management

11. Wie würdest du deine eigene Erfahrung mit dem Thema Selbststeuerung einschätzen?

12. Zukünftig möchte ich gerne in einem selbststeuernden Team arbeiten?

Abb. 3 Übersicht der Umfrage im Detail. (Eigene Abbildung)

4.2   Drei Ebenen der Auswertung

Die individuelle Ebene

Hinsichtlich der individuellen Ebene liefern die Ergebnisse der Umfrage einige interessante Einblicke in die Herausforderungen der digitalen Transformation. Auf persönlicher Ebene bestehen vor allem Sorgen hinsichtlich der Darstellung einer gesunden Work-Life Balance. Vor dem Hintergrund steigender Kundenerwartungen, dem Zugang zu neuen Kommunikationsmedien und der fortschreitenden globalen Vernetzung fällt es Teilnehmern zusehends schwerer berufliche Verpflichtungen und private Bedürfnisse unter einen Hut zu bekommen. Außerdem nehmen die Umfrage-Teilnehmer ein Spannungsfeld, zwischen der Verfügbarkeit von Informationen und der Chance, diese entsprechend verarbeiten zu können, wahr. Gleichermaßen stehen die Chancen durch neue Technologien in einem Kontrast zur Sorge über die hohe Abhängigkeit von technischen Lösungen.

Im Hinblick auf selbststeuernde Teams ergeben sich zusätzliche interessante Ergebnisse, die im Folgenden kurz vorgestellt werden. Zum einen hilft das Konzept der autonomen Arbeit die Themen Arbeitsbereicherung und Mitarbeitermotivation zu fördern. Vor dem Hintergrund möglicher Folgekosten durch unmotivierte Mitarbeiter ist diese Erkenntnis besonders positiv. Dies unterstützt Unternehmen bei ihrer eigenen Organisationsentwicklung und zeigt den Mehrwert für aktuelle und neue Mitarbeiter auf. Der Einfluss auf das Talent Management spielt ebenfalls eine große Rolle, da Teilnehmer aktuell Schwierigkeiten sehen bei der Suche von Mitarbeitern, die sowohl über die notwendigen technischen und sozialen Fähigkeiten verfügen.

Gleichzeitig machen die Experten deutlich, dass das Konzept der Selbststeuerung äußerst attraktiv ist, was durch die Tatsache bestärkt wird, dass 3 von 4 Umfrageteilnehmern die Möglichkeit zur Mitarbeit in einem selbststeuernden Team positiv bewerten (siehe Abb. 4).

Die Team-Ebene

Teams und Arbeitseinheiten sind in erheblichem Maße von den Auswirkungen der digitalen Transformation betroffen. Daher bietet Selbststeuerung innerhalb von Organisationen die Möglichkeit komplexen, volatilen und unsicheren Marktsituationen erfolgreich zu begegnen. Entscheidend ist jedoch, dass wesentliche Grundkriterien erfüllt sind und die Limitierungen ebenfalls klar sind.

Im Kern geht es um vier zentrale Punkte, welche die Umfrage-Teilnehmer unterstrichen haben und die im weiteren Verlauf genauer erläutert werden. Erstens geht es um die Herausforderung von Firmen ihre traditionellen, hierarchisch geprägten Führungs- und Entscheidungsmodelle zu überdenken, die es vielen Teams unmöglich machen am Entscheidungsprozess teilzunehmen. Obgleich der offensichtlichen Druckpunkte der digitalen Zeit hinkt die Demokratisierung der Wirtschaft deutlich hinterher. Gleichzeitig stehen selbststeuernde Teams für flache Hierarchien, kurze und schnelle Entscheidungswege,

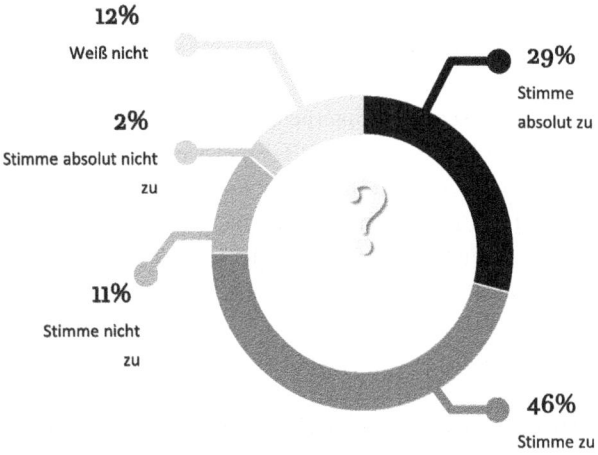

Zukünftig möchte ich gerne in einem selbststeuernden Team arbeiten?

Abb. 4 Wahrnehmung der Selbststeuerung. (Eigene Abbildung)

was Erleichterungen im Hinblick auf interne Arbeitsabläufe bringen soll. Darüber hinaus sollen die Entscheidungsbefugnisse in Verbindung mit multi-disziplinären Ressourcen die Innovationskraft der Organisation stärken. In Abwesenheit von bürokratischen Hürden und Hierarchieebenen müssen Unternehmen jedoch darauf achten, dass wichtige Ressourcen nicht unnötig verheizt werden. Dies ist entscheidend, um Selbststeuerung nachhaltig zu gestalten.

Für die Umsetzung eines Aufbauplans der Selbststeuerung sind weitere Punkte von besonderem Interesse. Umfrage-Teilnehmer unterstreichen vor allem die Notwendigkeit klarer Ziele, in Verbindung mit ausreichenden Ressourcen, dem Zugang zu Informationen, sowie Team-Mitglieder mit den notwendigen Fähigkeiten. Diese vier Punkte sind entscheidend und bedürfen daher besonderer Aufmerksamkeit durch das Management. Zusätzlich sind die Unterstützung durch das höhere Management, die Übertragung von Entscheidungsbefugnissen, sowie ausreichend Zeit für die Umsetzung von Maßnahmen notwendig. Für den nachhaltigen Erfolg von selbststeuernden Einheiten sind solche Komponenten besonders wichtig.

Die Organisations-Ebene
Der Einfluss der digitalen Transformation auf der Organisations-Ebene ist substanziell. Daher sind die Umfrage-Ergebnisse von besonderem Interesse und liefern Aufschlüsse hinsichtlich der zukünftigen Handlungsfelder von Unternehmen. Als besonders positiv wird der Einfluss der digitalen Transformation auf die globale Wirtschaft angesehen. Ähnlich verhält es sich mit der Auswahl an Produkten und Dienstleistungen für Kunden.

Hier wächst mit der Digitalisierung das Angebot für den Kunden. Dieses Phänomen geht mit einem stärkeren Wettbewerb zwischen alten und neuen Firmen einher, was sich deutlich auf Umsatzprognosen und Gewinnerwartungen auswirkt. Gleichzeitig wird die Abhängigkeit von technischen Lösungen mit Argwohn betrachtet.

Betrachtet man die Haupteinflussfaktoren der digitalen Transformation, sehen die Umfrage-Teilnehmer ein Gleichgewicht zwischen sozialen und technologischen Komponenten. Aufgrund dessen sind Unternehmen gut beraten beide Themen für ihre eigene Zukunftsplanung zu berücksichtigen. Beispielsweise sollte die Implementierung neuer technischer Lösung mit dem Aufbau einer rezeptiven und flexiblen Organisation einhergehen, die in der Lage ist, Informationen zügig zu verarbeiten und dem Kundennutzen zuzuführen. Das Wissen um die Probleme eines möglichen Kulturkampfs zwischen Hierarchiedenken und Selbststeuerung kann Unternehmen vor großen Schwierigkeiten bewahren.

5   Transformationsplan zur Einführung von Selbststeuerung

Mit Blick auf die Ergebnisse der Literaturrecherche, den Praxisbeispielen von Unternehmen, sowie den Ergebnissen der Umfrage zeigen sich zahlreiche Anknüpfungspunkte, wie das Thema Selbststeuerung Unternehmen bei der Bewältigung der digitalen Transformation helfen kann. Um jedoch die unterschiedlichen Themen greifbar zu machen, geht es im nächsten Schritt um die Ausarbeitung eines Transformationsplans zur erfolgreichen Einführung von selbststeuernden Einheiten. Dieser erfolgt über drei verschiedene Stufen – von strategischen Überlegungen, über den operativen Blick bis hin zur konkreten Umsetzung der Maßnahme.

5.1   Der strukturierte, strategische Blick

Mit Hilfe des Digital Transformation Stars von Grab et al. (2019a) wird ein strategischer Rahmen geschaffen, um alle bisherigen Ergebnisse zu bündeln und strukturiert wiederzugeben. Im Einzelnen wird auch nochmal auf die wichtigsten Erkenntnisse der Umfrage eingegangen:

1. Gesamtunternehmen
Hinsichtlich neuer Arbeitsweisen und Formen der Organisationsstrukturen stehen Unternehmen vor erheblichen Herausforderungen. Dies betrifft – ausgehend von den Erkenntnissen dieser Studie – sowohl soziale als auch technologische Komponenten. Ziel muss es sein den Herausforderungen der digitalen Transformation über den Aufbau einer wertebasierten, flexiblen, adaptiven, innovativen und kundenbezogenen Organisation zu begegnen.

Stimulierender Effekt auf die Weltwirtschaft: Der grundsätzliche Tenor eines positiven Einflusses der digitalen Transformation auf die wirtschaftliche Entwicklung ist ein wichtiger Schritt. Damit einher geht der Gedanke, wie Unternehmen von den Vorteilen einer wachsenden Wirtschaft profitieren können – vor allem im Hinblick auf die Nachfrage nach digitalen Lösungen.

Der Wettbewerb steigert sich drastisch: Mit dem Gesamtwachstum der Wirtschaft geht jedoch auch die Erwartung an einen stärkeren Wettbewerb einher. Durch den Abbau von Markteintrittsbarrieren haben neue Wettbewerber ihre Chance entdeckt und stellen mit neuen Geschäftsmodellen alte Marktregeln auf den Kopf. Die Rolle von Plattformen bei der Erreichung des Endkunden spielt dabei ebenso eine Rolle, wie die fundamentalen Veränderungen von Angebot und Nachfrage.

Bessere technische Vernetzung vereinfacht Transaktionen: Die rapide Entwicklung im Bereich der Kommunikation und des Transaktionsmanagements verringert die physische Distanz zwischen Geschäftspartnern. Auf Basis neuer technischer Möglichkeiten wird die Zusammenarbeit von Teams über Ländergrenzen vereinfacht. Die Herausforderung für Unternehmen besteht jedoch darin diese Kommunikationsmöglichkeiten in eine gemeinsame Vision zu übersetzen. Schnellere Transaktionen bedeuten nicht zwangsläufig die Verbreitung einer gemeinsamen Richtung. Es ist entscheidend, dass Unternehmen die sozialen Implikationen neuer Technologien ebenfalls aufmerksam betrachten.

Erhöhte Markttransparenz: Das traditionelle Geschäftsmodell von Unternehmen sich hinter Marktbarrieren zu verschanzen und stetig Einkommen zu generieren, kommt durch die digitale Transformation ins Wanken. Der Schutzwall bröckelt durch höhere Markttransparenz und Unternehmen sind gezwungen sich mit der Dynamik des Wandels zielgerichtet auseinanderzusetzen. Nur wer Kundenbedürfnisse bedienen kann, hat auch zukünftig Chancen auf dem Markt.

2. Mitarbeiter

Der Arbeitsmarkt der Zukunft ist geprägt von tiefgreifenden Veränderungen – dies betrifft sowohl Form als auch Inhalt. Der Einsatz neuer Technologien – Künstliche Intelligenz oder Robotik – verringert den Bedarf an einfachen und wiederkehrenden Tätigkeiten. Gleichzeitig treten zusätzliche Herausforderungen in der Vordergrund, wie etwa die Beziehung zwischen Menschen und Maschinen. Die Veränderung der Arbeitsumfelds hat ebenfalls Auswirkungen auf die Haltung und den Bedarf an neuen Fähigkeiten von Mitarbeitern. Dies bedarf ebenfalls einer individuellen Transformation, die häufig mit Widerständen verbunden ist. Veränderungsbereitschaft ist daher ebenso ein Schlüsselthema der Zukunft, wie die Veränderung des Lernens, sowie neue Wege der Mitarbeiteranwerbung und Förderung. (Hamel 2012b; Nedelkoska und Quintini 2018).

Verbesserte Kommunikationsmittel: Mitarbeiter können von neuen Möglichkeiten der Kommunikation profitieren, die einen leichteren Austausch über Ländergrenzen und Zeitzonen hinweg ermöglichen. Neben einer verbesserten Qualität der angebotenen Leistungen, konnten ebenfalls die Kosten erheblich gesenkt werden, was neben der innerbetrieblichen Kommunikation auch den Austausch mit dem Kunden erheblich verbessert. Dies ist ein wesentlicher Vorteil der Digitalisierung.

Bereicherung der Arbeit: Betrachtet man die Kosten, die Unternehmen durch innere Kündigung und fehlende Motivation entstehen, sind Konzepte für Arbeitsbereicherung besonders wichtig. Die Verringerung repetitiver Aktivitäten, die Nutzung neuer Arbeitsmittel und die Möglichkeiten neuer Organisationsformen können positive Veränderungen für Mitarbeiter und Unternehmen gleichermaßen darstellen.

Weniger Hierarchie und mehr Demokratie im Wirtschaftsleben: Die Einbindung von Mitarbeitern in den unternehmensweiten Entscheidungsprozess durch flachere Hierarchien muss noch sein Potenzial entfalten. Die Ergebnisse der Umfrage zeigen, dass die Effekte einer weitgehenden Demokratisierung noch nicht in der Arbeitswelt angekommen sind, was für ein Festhalten an bestehenden Strukturen in hierarchischen Unternehmen spricht.

Positiver Einfluss auf die Zusammenarbeit: Die Einschätzung hinsichtlich der verbesserten Zusammenarbeit in Unternehmen zeigt ebenfalls, dass noch erheblicher Raum für Verbesserung besteht. In diesem Punkt hat die digitale Transformation noch lange nicht das bestehende Potenzial ausgeschöpft.

Problem einer ausgewogenen Work-Life-Balance: Einen Ausgleich zwischen Arbeit und Privatleben herzustellen scheint im Zusammenhang mit der Digitalisierung immer schwieriger. Die Ergebnisse der Umfrage fördern erhebliche Schwierigkeiten in diesem Bereich zu Tage, was die Notwendigkeit auf Unternehmensseite unterstreicht hier aktiv zu werden. Nachhaltige Konzept, die Belastungssteuerung, Weiterbildungsangebote und notwendige Arbeitsmittel umfassen, sind daher notwendig.

3. Informationen

Daten sind ein zentraler Baustein der digitalen Ära. Häufig werden sie zudem als entscheidender Rohstoff der Zukunft betrachtet. Für Unternehmen ergeben sich daraus mehrere Ansatzpunkte. Zum einen benötigen Unternehmen Zugang zu Kundendaten, was im Hinblick auf unterschiedliche Regularien zu persönlichen Daten schwierig sein kann. Außerdem brauchen Organisation entsprechende Fähigkeiten, um die Fülle an Daten intern verarbeiten zu können und wesentliche Geschäftsinformationen von Datenmüll zu trennen. Technische Neuerungen bieten entsprechende Lösungen, jedoch sind Analysefähigkeiten, sowie eine Kultur der Informationsweitergabe entscheidend, um aus Informationen echte Geschäftsvorteile ableiten zu können. (Hamel 2012b; Ashkar und Anderson 2016).

Zugang und Verwendung von Daten:
Die Entwicklung von Fähigkeiten zur Datenerfassung und deren Verarbeitung sind erheblich gestiegen in den letzten Jahren. Der Zugang zu Informationen ist durch die digitale Transformation nochmals erleichtert worden. Gleichzeitig sind die Kosten

drastisch gefallen und die Prozesszeiten, aufgrund technischer Entwicklungen, signifikant verkürzt worden. Die wesentliche Herausforderung aus Unternehmenssicht besteht darin, die neuen Informationen für den Endkunden nutzbar zu machen. Entsprechende Systeme sind notwendig, um Daten zu sammeln, zu verarbeiten und Handlungsempfehlungen abzuleiten. Neben der notwendigen IT-Infrastruktur werden daher Mitarbeiter gebraucht, die aufgrund ihrer Fähigkeiten die Verbindung zwischen Informationen und neuen Produkten herstellen können.

Überlastung mit Informationen:
Die Vielzahl an Informationen erhöht die Komplexität des Wirtschaftsumfelds. Vorrangig geht es Unternehmen darum diese Flut an Daten auf ein normales Maß herunterzubrechen und wesentliche Informationen abzutrennen. Gelingt dies nicht, läuft die Organisation Gefahr das Mitarbeiter von der Vielzahl der Informationen überlastet werden. Dies kann leicht zu Schwierigkeiten im innerbetrieblichen Umfeld führen, wenn Mitarbeiter einfache Antworten auf komplexe Fragestellungen akzeptieren, um der undurchdringlichen Datenflut auszuweichen.

Problem der Datensicherheit:
Aufgrund der Bedeutung von Daten und deren Gewicht im Wirtschaftsumfeld steigt auch das Risiko von kriminellen Aktivitäten. Unternehmen benötigen daher eine holistische Datensicherheitsagenda, die sowohl internes Fehlverhalten als auch den unbefugten Zugriff externer Parteien ausschließt.

Angst der totalen Überwachung:
Datenlücken von sozialen Netzwerken und anderer Firmen sind nur ein Beispiel für Probleme mit der Schaffung des gläsernen Menschen. Auf der einen Seite nutzen Firmen bereits eine Vielzahl verfügbarer Daten, um ein individualisiertes Kundenerlebnis zu schaffen. Auf der anderen Seite heizen solche Entwicklungen die Befürchtung an, dass persönliche Daten in immer größerer Zahl eingesammelt werden, um menschliches Verhalten gezielt zu steuern.

4. Kunden

Die Situation aus Kundensicht hat sich durch die Digitalisierung deutlich verbessert. Deren Verhandlungsposition wurde durch Vergleichsseiten im Internet, sowie Kundenrezensionen aufgewertet. Gleichzeitig haben sich Transaktionszeiten verkürzt und Öffnungszeiten sind im digitalen Bereich ohnehin keine Hürde mehr. Aufgrund dieser Elemente hat sich auch das Kundenverhalten deutlich verändert und die Erwartungen an Unternehmen sind gestiegen. Um diesem Trend entsprechend zu begegnen, sind Unternehmen angehalten ihre Organisationen auf diese Bedürfnisse hin auszurichten. (Hamel 2012b; Hirt und Willmott 2014).

Mehr Auswahl für Kunden: Die wachsende Anzahl von Marktteilnehmern, die sich aufgrund verschwindender Marktbarrieren einen Wettbewerbsanteil sichern wollen, hat die Auswahl an Produkten und Dienstleistungen deutlich erhöht. In diesem Umfeld haben es Unternehmen schwerer ihre eigene Markenbotschaft zu platzieren und den eigenen Mehrwert gegenüber dem Kunden zu unterstreichen.

Höhere Markttransparenz: Preise, Produktbestandteile und Qualität zu vergleichen, ist heute ein kurzweiliger Bestandteil der Kundenkaufentscheidung. Durch zahlreiche Hilfsmittel wird eine höhere Markttransparenz hergestellt und Firmen bekommen eine direkte Rückmeldung zu ihren eigenen Produkten und Dienstleistungen.

Vereinfachte Transaktionen: Die Kaufabwicklung im digitalen Zeitalter unterscheidet sich massiv vom analogen Kundenerlebnis. Papierlose Transaktionen werden sukzessive zum neuen Standard und die logistischen Herausforderungen der Lieferung werden sichtbar. Effizienzen und Vorteile werden zukünftig über eine bessere Produktauswahl, einfache Zahlungsabwicklungen und schnelle, sowie günstige Liefermöglichkeiten hergestellt.

5. Risiko Management

Das aktuelle Wettbewerbsumfeld ist gekennzeichnet von Unsicherheit, Volatilität, Geschwindigkeit und Komplexität. In diesem Zusammenhang sind Unternehmen vor besondere Herausforderungen bezüglich der Organisationsstrukturen, Führungsansätze und internen Systeme gestellt. All das hat Auswirkungen auf betriebliche Risikoprozesse. Die bessere Nutzung von Daten soll einhergehen mit einer holistischen Betrachtung der Unternehmensumwelt. Dies erfordert ein proaktives Verständnis von Risikomanagement. (Gavril et al. 2017; Kopia et al. 2017).

Wettbewerb steigt drastisch an: Die Tatsache, dass das Marktumfeld komplexer wird und die Anzahl von Wettbewerbern steigt, hat drastische Auswirkungen auf Risiko-Systeme. Neue Marktteilnehmer kommen aus den unterschiedlichsten Bereichen und nutzen ihre Fähigkeiten, um immer neue Marktsegmente zu durchdringen. Dies macht es schwieriger für Unternehmen einen Überblick über die Wettbewerbssituation zu bewahren und macht die Investition in neue Systeme und Mitarbeiter unerlässlich.

Abhängigkeit von technischen Hilfsmitteln: Zahlreiche Teilnehmer der Umfrage haben das Problem der höheren Abhängigkeit von Technologie unterstrichen. Für den Bereich Risiko Management bedeutet dies, dass diese zusätzliche Facette zukünftig beleuchtet werden muss. Neue Trends müssen in die Gesamtbetrachtung aus Risikosicht einfließen, um auch zukünftig die Interessen des Unternehmens zu schützen. Dies ist besonders wichtig vor dem Hintergrund von tiefgreifenden Veränderungen durch künstliche Intelligenz oder den Einsatz von Robotik.

Probleme mit Datensicherheit: Wie bereits angesprochen, ist das Thema Datensicherheit ein zentrales Thema für Unternehmen. In diesem Zusammenhang kommen große Herausforderungen auf Risikomanagement-Bereiche zu, die noch stärker die Abstimmung zwischen Unternehmen, Regulatoren und Wettbewerbern erfordert.

Auf Basis der strukturierten Betrachtung können die wesentlichen strategischen Kernbereiche umfassend beleuchtet werden. Im nächsten Schritt geht es jetzt darum einen operativeren Blickwinkel einzunehmen, um dem Ziel eines Transformationsplan sukzessive näher zu kommen. In diesem Zusammenhang schauen wir uns ein mögliches Hilfsmittel an, um Unternehmen bei diesem Schritt zu unterstützen.

5.2 Die detaillierte, operative Analyse

Um einen genaueren Blick auf die operative Unternehmensseite werfen zu können, ist es unerlässlich einen entsprechenden Rahmen zu schaffen. Dies gelingt am besten über einen strukturierten Ansatz, der alle wesentlichen Eckpunkte der digitalen Transformation im Unternehmen sichtbar macht und anschließend die offenen Themenfeldbar benennt. Eine Initiative des Bundesministeriums für Wirtschaft Energie namens Mittelstand Digital schafft Möglichkeiten für mittelständische Unternehmen ihren eigenen digitalen Reifegrad anhand eines umfangreichen Onlinetools zu bestimmen. Über die Internetseite: https://betrieb-machen.de/selbstcheck/ können interessierte Unternehmen ihren eigenen Entwicklungsstand über vier große Sektionen bewerten: Organisation, Prozesse, Produkt und Arbeit. Mit Hilfe von 13 Unterkategorien und insgesamt 41 verschiedenen Digitalisierungselement wird ein gesamthafter, operativer Blick auf das Unternehmen möglich gemacht. Gleichzeitig wird der Grad der digitalen Reife über eine Bewertungsskala abgefragt und über Spinnennetz-Grafiken dargestellt. Die Online-Lösung steht aktuell sowohl in deutscher als auch englischer Sprache zur Verfügung und kann von Unternehmen kostenlos genutzt werden. **Abb. 5** zeigt die Übersicht der unterschiedlichen Elemente des Online-Tools:

Durch zahlreiche, grafische Elemente, eine intelligente Aufteilung der digitalen Komponenten und einer gesunden Balance zwischen Detail und Übersicht, ermöglicht das Online-Tool einen guten Überblick über den digitalen Reifegrad. Gleichzeitig stellt es eine sinnvolle Ergänzung zu den strategischen Überlegungen des Transformationsplan dar und schafft eine fundierte Grundlage für den finalen Schritt des Umsetzungsplans.

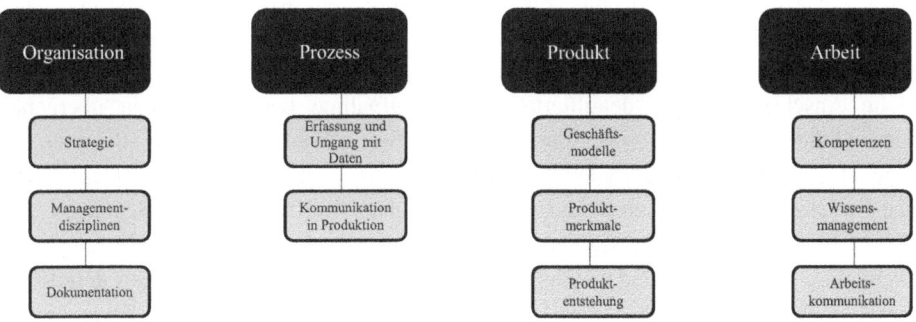

Abb. 5 Selbstcheck zum digitalen Reifegrad

5.3   Der finale Umsetzungsplan

Im Anschluss an die Betrachtung der wesentlichen strategischen Einfluss Faktoren und der operativen Bewertung des digitalen Reifegrads, schauen wir uns jetzt gemeinsam den Plan für die Initiierung von Selbststeuerung im Unternehmenskontext an. Der finale Umsetzungsplan besteht aus sechs Schritten, der es Firmen ermöglichen sollen, den wenig greifbaren Begriff der Transformation in einen verbindlichen Rahmen zu bringen:

1. Es bedarf einer klaren Richtung für die Zukunft
Ohne eine klare Vision für die Zukunft gehen sämtliche Transformationsbemühungen weitestgehend ins Leere. Eine deutliche Richtung für die Zukunft aufzuzeigen, bestärkt den Mut zum Wandel und nimmt Mitarbeiter mit auf die gemeinsame Reise. In den genannten Beispielen wird die Bedeutung dieses Schritts deutlich. Im Hinblick auf das erste Beispielunternehmen sollte die gemeinsame Idee vom herausragenden Kundenservice begeistern, während das zweite Fallbeispiel den Fokus auf den vollständigen Abbau von Hierarchien gesetzt hat. In beiden Fällen soll die gemeinsame Vision Energien freisetzen, um den natürlichen Ängsten des Wandels positiv zu begegnen. Der Erhalt des großen Bilds ist entscheidend, um auch in der Hektik des kleinteiligen Tagesgeschäfts den Blick für das Wesentliche nicht zu verlieren. (Kirkpatrick 2017; Solomon 2017).

2. Mach dich mit der Organisation vertraut und entwirf einen Schlachtplan
Bevor die große Transformation gestartet werden kann, ist es von entscheidender Bedeutung sich mit der Situation im Unternehmen vollständig vertraut zu machen. Hierbei geht es in erster Linie darum, die eigenen Annahmen hinsichtlich der Aufstellung des Unternehmens und der Arbeitsweise zu testen, um weitere Schritte nicht auf der Basis falscher Vorstellung zu treffen. Ein solches Vorgehen kann sonst besonders negative Konsequenzen haben, welches zum einen kostspielig sein kann und zudem die Müdigkeit zum Wandel im Unternehmen verstärkt. Im Folgenden bedarf es einer vollständigen Übersicht der bestehenden Ressourcen im Unternehmen. Diese Bestandsaufnahme ist die Grundlage, um etwaige Lücken für das Ressourcencluster der Zukunft zu benennen. Im Nachgang erfolgt noch eine eingehende Prüfung der Kommunikationswege. Dies sollte neben den offiziellen Kommunikationswegen auch etwaige informelle Pfade der Kommunikation beleuchten, um ein vollständiges Bild des Unternehmens zu bekommen.

Im Anschluss an die detaillierte Bestandsaufnahme kann man dazu übergehen den individuellen Schlachtplan der Transformation zu entwerfen. Das Beispiel des schwedischen Musikunternehmens zeigt, wie wichtig es ist politische Machtspiele aus den Entscheidungsprozessen heraus zu halten, zudem sind fundierte Überlegungen zum Thema Erwartungsmanagement elementar. Die existierenden Praxisbeispiele zeigen vor allem, dass eine gesunde und nachhaltige Transformation keine Lösungen aus dem Regal vorsehen. Vielmehr bedarf es der Einbindung der Mitarbeiter, um neue Wege für die Zukunft zu beschreiten. (Gill und Grebow 2017).

3. Beachte alle wesentlichen Elemente der Kultur

Transformationen setzen häufig den Fokus auf eine Veränderung des betriebseigenen Organisationscharts. Kasten werden von links nach rechts geschoben, Kommunikationswege umgehängt und Fachgebiete neue sortiert. Häufig ist dann die Enttäuschung groß, wenn die Erwartungen an die eingeleitete Transformation nicht erfüllt werden. Die Hauptelemente der Unternehmenskultur finden häufig zu wenig Beachtung: Kommunikation, Regeln der Zusammenarbeit und die Kultur des Austauschs. Ein Blick auf die Praxisbeispiele im Bereich der Selbststeuerung hilft dies in Beziehung zu setzen:

Das zweite Fallbeispiel bietet auch hier interessantes Anschauungsmaterial, da über die individuellen Verträge klare Regeln der Zusammenarbeit bestehen. Damit verbunden ist eine klare Erwartungshaltung für den Aufbau langfristiger und ausgewogener Arbeitsbeziehungen, die keine Entscheidungen auf der Basis von Status und Macht favorisieren. Der reine Blick auf das Organisationschart wäre unfähig diese Regeln zu offenbaren, daher ist ein tiefes Eintauchen in die Kultur für einen umfassenden Blick entscheidend. (Hamel 2012b; Francesca et al. 2013; Buchanan 2013).

4. Setze einen Fokus auf den Wandel im Verhalten

Menschen von der Notwendigkeit des Wandels zu überzeugen, ist eine große Herausforderung und erfordert neben Zeit, vor allem Ausdauer und die Fähigkeit mit Rückschlägen umzugehen. Dabei ist das Verständnis für Veränderungsprozesse elementar für eine funktionierende Transformation. Für die Leitung der Transformation sind in erster Linie zwei Punkte von entscheidender Bedeutung. Zum einen geht es darum eine glaubhafte und dringende Erklärung aufzusetzen, welche die Notwendigkeit zum Wandel unterstreicht und gleichzeitig die Möglichkeit schafft die Mitarbeiter an Bord zu holen. Bei diesem Punkt ist die Unterstützung des höheren Managements unerlässlich, insbesondere wenn es darum geht ein positives Beispiel für neue Denkmuster zu geben.

Darüber hinaus ist es wichtig die Dringlichkeit des Wandels klar herauszuarbeiten. Mitarbeiter sollen verstehen, dass die zeitliche Komponente ein zentraler Faktor ist. An diesem Punkt ist es wichtig, dass das Management auf Widerstände vorbereitet ist und diese mithilfe methodischer Unterstützung auflöst. Die Schaffung von Testumgebungen, in den Mitarbeiter die neue Art des Arbeitens erleben und einüben können, ist ein sehr guter Weg.

Basierend auf den Ergebnissen der Umfrage sind zusätzlich noch zwei weitere Punkte zu beachten, um den anvisierten Wandel im Verhalten zu unterstützen. Erstens hilft es der Transformation, wenn die weitere Organisation ebenfalls in die Überlegungen mit eingebunden wird. Dies ist entscheidend, wenn Testteams im Einsatz sind, jedoch der Rest der Organisation nicht entsprechend über die Vorgänge informiert wird. Dies stellt sicher, dass nicht neue Silos entstehen. Zweitens ist die Auswahl der Mitarbeiter im Bereich der Selbststeuerung ein zentrales Thema. Neben den notwendigen Fähigkeiten spielt zusätzlich die Persönlichkeit der ausgewählten Mitarbeiter eine wichtige Rolle. Gleichzeitig sind begleitende Trainingsmaßnahmen und Coaching entscheidend, um methodische Unterstützung anzubieten.

5. Mach den Wandel messbar und kommuniziere mit Allen

Die Implementierung von klaren, strategischen Zielen wurde schon zu Beginn als wichtiger Baustein identifiziert. In Bezug auf die angestrebte Transformation ist dies unabdingbar, da Auswirkungen der Veränderungen auf persönlicher, team-, und Organisationsebene sichtbar gemacht werden können. Dies gibt wichtige Erkenntnisse, über die Erreichung wirtschaftlicher Ziele und vor allem auch über den generellen Gesundheitszustand der Organisation. Dies hilft Verständnis für das Konzept der Selbststeuerung zu schaffen und die gewünschten Erfolge nachzuhalten, um gegebenenfalls umsteuern zu können. In diesem Zusammenhang ist es ebenfalls elementar, sowohl kurzfristige und langfristige Ziele zu betrachten.

Im Zusammenhang mit der Unterstützung für das Konzept der Selbststeuerung kommt dem höheren Management eine wesentliche Rolle zu. Dabei geht es vor allem darum ein sichtbarer Unterstützer des Projekts zu sein und dies durch entsprechendes Verhalten vorzuleben. Gleichzeitig ist eine Kommunikation entscheidend, die sowohl den Wandel erklärt als auch über verschiedene Kanäle greifbar macht. Daher ist eine umfassende Kommunikationsstrategie, die unterschiedliche Mitarbeitergruppen abholt, von besonderer Bedeutung. Zu beachten ist, dass es sich dabei nicht um eine Einbahnstraße handelt, sondern im Sinne der Teilhabe und Verantwortung einen Dialog ermöglicht.

6. Nimm die Risiken ernst

Der Transformationsprozess wird begleitet von zahlreichen Risiken. Diese zu verstehen, zu erfassen und entsprechend gegenzusteuern, ist ein wesentlicher Baustein für den Wandel im Unternehmen. Parameter, die entsprechende qualitative und quantitative Faktoren aufzeigen und Maßnahmen zur Eindämmung von Risiken aufzeigen, helfen das Problemlösungsbewusstsein in der Organisation zu erhöhen. Gleichzeitig besteht ein wesentliches Element der Transformation darin Verantwortlichkeiten sichtbar zu machen und Mitarbeiter in die Verantwortung zu nehmen. Darüber kann ein neues Selbstverständnis geschaffen und die Nachhaltigkeit der Maßnahmen sichergestellt werden.

Zusätzlich zum Thema Verantwortung übernehmen, bedarf es einer Kultur des Lernens. Dies beinhaltet neben der Bereitstellung von Weiterbildungsangeboten, auch die Möglichkeit zu experimentieren und Fehler zu machen. Lediglich ein offener Umgang mit Schwächen kann dazu führen, dass Innovationen im Unternehmen wachsen können. Selbststeuerung kann dabei einen wesentlichen Beitrag leisten.

6   Fazit

Die Herausforderungen der digitalen Transformation sind fundamental und kommen einer Naturgewalt gleich. Organisationen stehen daher vor großen Aufgaben, die neben technologischen Fragen, vor allem auch soziale Elemente beinhalten. Die zu beobachtenden Marktverwerfungen lassen traditionelle Handlungsmuster obsolet werden und Geschäftsmodelle in ihrer Existenz bedrohen. Aufgrund dessen ist es entscheidend, dass Organisationen einen internen Wandel anstoßen, um den Herausforderungen positiv und aktiv zu begegnen. Das Konzept der Selbststeuerung, welches auf die innovative und gestalterische Kraft der eigenen Mitarbeiter setzt, kann dabei ein wichtiges Werkzeug sein. Richtig eingesetzt, kann der Wandel einer Organisation hin zu mehr Adaptionsfähigkeit, Resilienz und Kundenfokus unterstützt werden. Dabei gilt es jedoch einen eigenen Weg zu finden und anhand eines konkreten Umsetzungsplans die Organisation mitzunehmen. Ein gutes Verständnis der Gesamtorganisation, eine offene Kommunikation getragen durch das höhere Management und die Zeit neue Möglichkeiten der Arbeit kennenzulernen, sind dabei ebenso entscheidend wie ein klares Zielbild, Nachhaltigkeit in deren Verfolgung und neuer Mut Fehler zuzulassen. Diese Courage geht nicht zuletzt vom Management aus, was bereit sein muss Kontrolle abzugeben und Vertrauen zu schenken.

Literatur

Annosi MC et al (2019) Learning in an agile setting: a multilevel research study on the evolution of organizational routines. J Business Research 2018. https://doi.org/10.1016/j.jbusres.2018.05.011

Anthony WP (1978) Participative management. Addison-Wesley, Reading

Ashkar H, Anderson S (2016) Middle East megatrends: transforming our region – understanding the impact of global trends on the Middle East, and how governments and businesses succeed in a very different world. PriceWaterhouseCoopers: 2016. https://www.pwc.com/m1/en/publications/megatrends/pdf/megatrends-in-me-transforming-our-region.pdf. Zugegriffen: 11. Mai 2019

Bernstein E, Bunch J, Canner N, Lee M (2016) Beyond the Holacracy Hype. Harvard Bus Rev, July-August 2016. https://hbr.org/2016/07/beyond-the-holacracy-hype. Zugegriffen: 17. Juni 2019

Billon M, Lera-Lopez F, Marco R (2010) Differences in digitalization levels: a multivariate analysis studying the global digital divide. Rev World Econom 146(39):39–73

Blakeman C (2015) At nearsoft, no managers and complete freedom create nesponsibility, not anarchy. https://www.inc.com/chuck-blakeman/at-nearsoft-no-managers-and-complete-freedom-create-responsibility-not-anarchy.html. Zugegriffen: 23. Juni 2019

Bloomberg (2019) Company overview of spotify limited. https://www.bloomberg.com/research/stocks/private/snapshot.asp?privcapId=49444968. Zugegriffen: 17. Juni 2019

Buchanan, L. (2013). One company's audacious org chart: 400 leaders, 0 bosses. Inc. https://www.inc.com/audacious-companies/leigh-buchanan/morning-star.html. Zugegriffen: 23. Juni 2019

Chakravorti B, Bhalla A, Chakravorti RS (2017) 60 countries' digital competitiveness, indexed. Harvard Bus Rev – July 2017. https://hbr.org/2017/07/60-countries-digital-competitiveness-indexed. Zugegriffen: 1. Mai 2018

Chakravorti B, Chaturvedi RS, Filipovic C (2019) Ease of doing digital business 2019 – countries help expedite entry, growth, and exit of technology-based businesses? The Fletcher School, Tufts University November 2019. https://sites.tufts.edu/digitalplanet/files/2019/11/Ease-of-Doing-Digital-Business-2019_2020.pdf. Zugegriffen: 1. März 2020

Commission E (2020) Digital scoreboard – data & indicators. [online] Digital Scoreboard. https://digital-agenda-data.eu/datasets/digital_agenda_scoreboard_key_indicators/indicators. Zugegriffen: 7. März 2020

Cosack S, Guthridge M, Lawson E (2010) Retaining key employees in times of change. McKinsey Quarterly – August 2010. https://www.mckinsey.com/business-functions/organization/our-insights/retaining-key-employees-in-times-of-change. Zugegriffen: 19. Juni 2019

Cristal M, Wildt D, Prikladnicki R (2008) Usage of SCRUM practices within a global company. 2008 IEEE International Conference on Global Software Engineering. DOI https://doi.org/10.1109/ICGSE.2008.34

Cummings TG (1978) Self-regulating work groups: a socio-technical synthesis. Acad Manag Rev 3(3):625–634

Dawson A et al (2016) The economic essentials of digital strategy, MicKinsey Quarterly April 2016. https://www.mckinsey.com/business-functions/strategy-and-corporate-finance/our-insights/the-economic-essentials-of-digital-strategy. Zugegriffen: 12. Apr. 2018

De Leeuw S, Minguela-Rata B, Sabet E, Boter J, Sigurðardóttir R (2016) Trade-offs in managing commercial consumer returns for online apparel retail. Int J Oper Production Manag 36(6):710–731. https://doi.org/10.1108/IJOPM-01-2015-0010

Feloni R (2015) Zappos' sneaky strategy for hiring the best people involves a van ride from the airport to the interview. Business Insider – 3 December 2015. https://www.businessinsider.com/zappos-sneaky-strategy-for-hiring-the-best-people-2015-12. Zugegriffen: 19. Juni 2019

Francesca G, Staats B, Hall B, Chang T (2013) The morning star company: self-management at work. Harvard Bus Sch Case 914–013

Gavril RM, Olaru M, Hell C, Grab B (2017) Manage collaborative partnerships through effective project management in the oil and gas industry. 17th International Multidisciplinary Scientific GeoConference SGEM 2017. www.sgemviennagreen.org, SGEM2017 Vienna GREEN Conference Proceedings, ISBN 978-619-7408-26-3, 27 – 29 November, 2017, 17(15): 321–328

Ghali BAA, Miri L, Dekhn Hamzah K (2018) Self-management and its relation to organizational excellence. Int J Eng Technol (UAE) 7: 47–50. https://doi.org/10.14419/ijet.v7i4.7.20378.

Gill SJ, Grebow D (2017) Minds at work: managing for success in the knowledge economy. Association for talent development. ISBN: 978–1562866839

Grab B et al (2018). The winner takes it all – business model innovation in the tourism industry, BASIQ Conference in Heidelberg 2018

Grab B, Olaru M, Gavril RM (2019a) The impact of digital transformation on strategic business management. Ecoforum J 8(1)

Grab B, Olaru M, Gavril RM (2019b) Self-managed teams as a key to unlocking digital transformation in business management. Quality-Access to Sucess 20(2): 280–286. March 2019, Editura SRAC, București (România), ISSN 1582–255. https://apps.webofknowledge.com.am.e-nformation.ro/full_record.do?product=WOS&search_mode=GeneralSearch&qid=2&SID=C28aTNVcVBLU4nKXS4m&page=1&doc=1

Grab B, Weiss P, Kurth B (2019c) How digital transformation drives the evolution of self-managed teams? Ecoforum J 8(3): 77–82. Editor „Stefan cel Mare" University of Suceava, Romania, ISSN 2344–2174, indexed in 26 international databases. https://www.ecoforumjournal.ro/index.php/eco/article/view/1013/626

Graham P (2019) Digital transformation. Industry 4.0 and engineering for a sustainable future. https://doi.org/10.1007/978-3-030-12953-8_5

Hackman JR (1978) The design of work team. In: Lorsch JW (Hrsg) Handbook of organizational behavior. Prentice Hall, Englewood Cliffs

Hackman JR, Oldham GR (1980) Work redesign. Addison-Wesley, Reading, Mass.

Hamel G (2012a) „First, let's fire all the managers (how a company can operate without managers)", Hum Resour Manag Int Dig 20(4). https://doi.org/10.1108/hrmid.2012.04420daa.015

Hamel G (2012b) What matters now: how to win in a world of relentless change, ferocious competition, and unstoppable innovation. Jossey Bass, Chicago

Hauptmann M, Waldner T (2017) Organisation neu Denken. Flexible Organisationsmodelle für das digitale Zeitalter. Deloitte. https://www2.deloitte.com/content/dam/Deloitte/de/Documents/human-capital/Organisation-neu-denken-flexible-organisationsmodelle-2018.pdf. Zugegriffen: 25 Juni 2019

Hirt M, Willmott P (2014) Strategic principles for competing in the digital age. McKinsey Quarterly May 2014. https://www.mckinsey.com/business-functions/strategy-and-corporate-finance/our-insights/strategic-principles-for-competing-in-the-digital-age. Zugegriffen: 10. Febr. 2018

Holt DH (1990) Management: principles and practices. Prentice Hall, Englewood Cliffs

Hron M, Obwegeser N (2018) Scrum in practice: an overview of scrum adaptations. Hawaii Int Conf Syst Sci. https://doi.org/10.24251/HICSS.2018.679

Kirkpatrick D (2017) Self-management's success at morning star. TD Magazine. https://www.td.org/magazines/td-magazine/self-managements-success-at-morning-star. Zugegriffen: 23. Juni 2019

Kopia J, Just V, Geldmacher W, Bussian A (2017) Organization performance and enterprise risk management. Ecoforum 6:1

P Kristensson 2019 Service innovation for sustainable business stimulating realizing and capturing the value from service innovation World Scientific

V Kumar S Mukherjee 2018 Holacracy – the future of organizing? The case of Zappos Hum Resour Manag Int Dig https://doi.org/10.1108/HRMID-08-2018-0161

Landrum S (2017) Millennials aren't afraid to change jobs, and here's why. Forbes: 10 November 2017. Retrieved 11 December 2018. https://www.forbes.com/sites/sarahlandrum/2017/11/10/millennials-arent-afraid-to-change-jobs-and-heres-why/#7c6c62aa19a5

Lawler EEIII (1986) High-involvement management. Jossey-Bass, San Francisco

Leignel J, Ménager E, Yablonsky S (2019) Digital transformation. https://doi.org/10.1002/9781119618287.ch4. https://www.researchgate.net/publication/332652419_Digital_Transformation. Zugegriffen: 2. Juni 2019

Manyika J, Sneade K (2018) AI, automation, and the future of work: ten things to solve for. McKinsey Global Institute: June 2018. Retrieved 16 December 2018. https://www.mckinsey.com/featured-insights/future-of-work/ai-automation-and-the-future-of-work-ten-things-to-solve-for

McGregor J (2014) Zappos says goodbye to bosses. Washington post – 3 January 2014. https://www.washingtonpost.com/news/on-leadership/wp/2014/01/03/zappos-gets-rid-of-all-managers/?noredirect=on&utm_term=.1cdb20c77a6b. Zugegriffen: 18. Juni 2019

McLaughlin M, Castro D (2019) The case for a mostly open internet. Information technology & innovation foundation – 16 December 2019. https://itif.org/publications/2019/12/16/case-mostly-open-internet

Morgan J (2015) How morning star farms operates without any managers. Forbes – 4 June 2015. https://www.forbes.com/sites/jacobmorgan/2015/06/04/how-morningstar-farms-operates-without-any-managers/#4118e25f25b1. Zugegriffen: 20. Juni 2019

Nedelkoska L, Quintini G (2018) „Automation, skills use and training", OECD social, employment and migration working paper, No. 202. OECD Publishing, Paris

Newman D (2018) 2018 digital transformation trends: where are we now? forbes. https://www.forbes.com/sites/danielnewman/2018/08/20/2018-digital-transformation-trends-where-are-we-now/#5ce36efbc647. Zugegriffen: 28. Sept. 2019

Önday Ö (2019) Japan's society 5.0: going beyond industry 4.0. Bus Economics. doi: https://doi.org/10.4172/2151-6219.1000389

Ordonez L (2018) Successful e-commerce case: the history of Zappos. Oleoshop. https://www.oleoshop.com/en/blog/succcessful-ecommerce-case-the-history-of-zappos. Zugegriffen: 18. Juni 2019

Pasmore WA, Francis C, Haldeman J, Shani A (1982) A sociotechnical system: a North American reflection on empirical studies of the seventies. Hum Relat 35(12):1179–1204

Phelan D (2020) 10 years ago today: apple unveils the iPad. Forbes – 27 January 2020. https://www.forbes.com/sites/davidphelan/2020/01/27/10-years-ago-today-apple-launches-the-ipad/#12ca8c4c1860

Roethlisberger FJ, Dickson WJ (1939) Management and the worker. Harvard University Press, Cambridge, MA

Ross J (2017) Don't confuse digital with digitization. MIT sloan review – September 2017. https://sloanreview.mit.edu/article/dont-confuse-digital-with-digitization/. Zugegriffen: 10. Jan. 2018

Rossberg J (2019) Introduction to scrum and agile concepts. Agile Proj Manag with Azure DevOps. https://doi.org/10.1007/978-1-4842-4483-8_3

Schallmo D et al (2016) Digitale Transformation von Geschäftsmodellen: Grundlagen, Instrumente und Best Practices (Schwerpunkt Business Model Innovation). Springer Gabler, Wiesbaden. https://www.amazon.de/Digitale-Transformation-von-Gesch%C3%A4ftsmodellen-Instrumente/dp/3658123877/ref=asap_bc?ie=UTF8

Scott WG, Mitchell TR (1976) Organization theory: a structural and behavioral analysis. Irwin, Illinois

Silverstein MJ, Bolden D, Jacobsen R, Sajdeh R (2016) Rocket: eight lessons to secure infinite growth. McGraw-Hill Education, New York

Smite D, Moe N, Levinta G, Floryan M (2019) Spotify guilds: how to succeed with knowledge sharing in large-scale agile organizations. IEEE Softw 36:51–57. https://doi.org/10.1109/MS.2018.2886178

Solomon M (2017) Is the proudly-weird culture of Tony Hsieh's Zappos also its customer service secret?, Forbes – 19 June 2017. https://www.forbes.com/sites/micahsolomon/2017/06/19/is-the-proudly-weird-culture-of-tony-hsiehs-zappos-its-customer-service-success-secret/. Zugegriffen: 19. Juni 2019

Stahl A (2018) Gen Z: what to expect from the new workforce. Forbes – 26 September 2018. https://www.forbes.com/sites/ashleystahl/2018/09/26/gen-z-what-to-expect-from-the-new-work-force/#205944a463e0. Zugegriffen: 19. Juni 2019

Taylor FW (1911) The principles of scientific management. Harper & Brothers, New York

Team K (2018) Exploring key elements of spotify's agile scaling model. Medium – 23 July 2018. https://medium.com/@media_75624/exploring-key-elements-of-spotifys-agile-scaling-model-471d2a23d7ea. Zugegriffen: 24. Juni 2019

Tjepkema M (2003) The learning infrastructure of self-managing work teams. Ph.D. Thesis. Twente University Press

Trist EL, Bamforth KW (1951) Some social and psychological consequences of the longwall method of coal-getting. Hum Relat 4:3–38

Weber M, Andreski S (1983) Max weber on capitalism, bureaucracy, and religion: a selection of texts. Allen & Unwin, London

Wisenberg Brin D (2014) Zappos' new recruiting strategy seen as innovative, risky. SHRM – 10 June 2014. https://www.shrm.org/resourcesandtools/hr-topics/talent-acquisition/pages/zappos-job-posts.aspx. Zugegriffen: 19. Juni 2019

Yeatts DE, Hyten C (1998) High-performing self-managed work teams: a comparison of theory to practice. Sage Publications Inc, Thousand Oaks

Morgan J (2014). The Future of Work. Wiley: New Jersey. ISBN 978-1-118-87724-1

Mosconi E, Packmohr S, Antonio De Santa-Eulalia, L (2019) Making Digital Transformation Real. Conference: 52nd Hawaii International Conference on System Sciences at: Grand Wailea, Maui - Hawaii Volume

Benjamin Grab ist PhD Student im dritten Jahr an der Wirtschaftsuniversität Bukarest, Rumänien, Doktoratsschule für Business Administration. Sein Forschungsthema ist „Der Einfluss der digitalen Transformation auf Organisationen und deren interne Abläufe ". Neben einem Bachelor in Kulturwissenschaften der Universität Passau, hat er einen Master an der London South Bank University, sowie der Assumption University abgeschlossen. Nach verschiedenen beruflichen Stationen in der Finanzbranche in Deutschland, Namibia und Vietnam, arbeitet er aktuell als Consultant in Abu Dhabi und berät Kunden aus der ganzen Welt in den Bereichen Digitale Transformation, Smart Cities und Strategisches Management. Zudem unterstützt er als Mentor für FinTechs in der Golfregion, junge Unternehmer bei der Realisierung ihrer eigenen beruflichen Ziele.

Marieta Olaru ist Univ.-Prof. Dipl.-Ök. Dr. rer. pol. an der Wirtschaftsuniversität Bukarest, Rumänien, Department of Business, Consumer Science and Quality Management, Betreuerin der Doktoranden im Bereich Business Administration, ehemalige Direktor der Doktoratsschule für Business Administration, ehemalige Leiterin des UNESCO-Lehrstuhls für Business Administration. Als Gründungdirektor des Forschungszentrums für Business Administration hat Sie mehrere nationale Forschungsprojekte koordiniert und sie erhielt mehrere Forschungspreise. Sie hat mehr als 250 Fachbücher, wissenschaftliche Werke in internationalen Zeitschriften und Konferenzbände veröffentlicht. Eine harmonische Verflechtung der Lehr-, Forschungs- und Beratungtätigkeiten in Bereichen wie Qualitäts- und Innovationsmanagement, Integrierte Managementsysteme (Qualität – Umwelt – Sicherheit – Soziale Verantwortung) gehören zu ihren Hauptaufgaben. Ihre Mitgliedschaft in mehreren Berufsorganisationen und Zertifizierungsstellen ermöglichen die Verwirklichung ihrer professionellen Ziele u. z. eine fachspezifische Integrierung ökonomischer, ökologischer und sozialer Aspekte in die nachhaltige Geschäftsprozesse.

Unternehmenskultur als „Schmiermittel" der Transformation

Michaela Scheller

1 Transformation – Weshalb und wohin?

Die vorindustrielle Zeit war geprägt von Regionalität und weitestgehend individueller Einzelfertigung. Hier gab es vorwiegend handwerkliche Betriebe, die in einem sehr begrenzten Markt eine übersichtliche Anzahl von Konkurrenten hatten. In dieser Zeit gab es so gut wie keine Standardprodukte, Betriebe mussten sich immer wieder neu auf die Wünsche der Kunden einstellen.

Mit Beginn der Industrialisierung änderte sich dies radikal. Neben der Elektrizität stand nun für die Transportwege die Eisenbahn zur Verfügung. Die Märkte erweiterten sich vor allem durch die aufgehobene Regionalität enorm. Um die erhöhte Nachfrage des Marktes bedienen zu können, wurde die Produktion vieler Güter standardisiert und Unternehmen spezialisierten sich. Mit diesen Veränderungen und der damit einhergehenden Massenproduktion trat ein Paradigma in den Vordergrund: Effizienz in der Produktion.

Das Konzept, welches in dieser Zeit entstand und lange Zeit populär war, wurde nach Frederick Winslow Taylor (1856–1917) benannt, der alle Aspekte des Produktionsprozesses genau analysierte und optimierte. Immer gleiche Tätigkeiten wurden systematisch aneinander gereiht und die hierarchische, funktionale und zeitliche Trennung der Tätigkeiten entstand (diese existierte in der vorindustriellen Zeit nicht). Die Umwelt war vorhersehbar und die starre Hierarchie half dabei, Stabilität im Innern der Unternehmen aufzubauen und zu festigen. So aufgestellte Unternehmen waren in

M. Scheller (✉)
Cairos-consulting, Glienicke Nordbahn, Deutschland
E-Mail: m.scheller@cairos-consulting.de

© Springer-Verlag GmbH Deutschland, ein Teil von Springer Nature 2021   173
M. Bodemann et al. (Hrsg.), *Zukunftsfähigkeit durch Innovation,*
Digitalisierung und Technologien, Organisationskompetenz Zukunftsfähigkeit,
https://doi.org/10.1007/978-3-662-62148-6_8

beständigen Märkten gut und schnell in der Abarbeitung von Plänen. Effizienz war der entscheidende Wirtschaftsfaktor.

Mit dem Eintritt in das sogenannte VUCA Zeitalter (s. u.) haben sich bei annähernd gleichbleibend großen Märkten eine Vielzahl von Konkurrenten entwickelt. Die Sättigung der Märkte, die Digitalisierung und die Globalisierung sorgen dafür, dass die Überraschungen für Unternehmen immer mehr werden. Mit Überraschungen sind hier diejenigen Herausforderungen und Probleme für Unternehmen gemeint, für die es keine Standardlösung (wie im industriellen Zeitalter) gibt. Es zählt also kaum mehr nur der Effizienzgedanke. Vielmehr sind Qualität, Flexibilität und gute Ideen (nicht zwangsläufig Wissen) gefragt, um einen Vorteil am (Käufer-)Markt zu generieren.

Willkommen in der VUCA Welt

Die Welt um uns herum ändert sich in einer bisher nie dagewesenen Geschwindigkeit. Der jetzige Zustand wird auch verkürzt als VUCA-Welt dargestellt (siehe Abb. 1).

Der Begriff VUCA wurde bereits Anfang der 1990er Jahre im US-Militär geprägt. Die eher eindimensionalen Strategien des kalten Krieges wurden abgelöst durch eine Vielzahl neuer Strategien, die auf verschiedene Herausforderungen reagierten (sich dezentral organisierende Gegner, Terrorismus) (Bendel 2019).

Heute wird der Begriff vor allem im Zusammenhang mit der Dynamik und Unvorhersehbarkeit im Kontext der Unternehmensführung gebraucht. Auch befeuert durch die Digitalisierung ist das unternehmerische Umfeld heute gekennzeichnet durch wenig Gewissheit, wenige feste Regeln und nur marginal zu erkennende Zusammenhänge. Verkompliziert wird dies dadurch, dass in der VUCA Welt Informationen wenig prognostische Wirkung haben. Die größte Herausforderung ist also die Ungewissheit. Dieser nun mit mehr Marktforschung zu begegnen ist der falsche Weg, denn Komplexität bedeutet ja eben, dass niemand das System vollständig verstehen und vorhersagen kann.

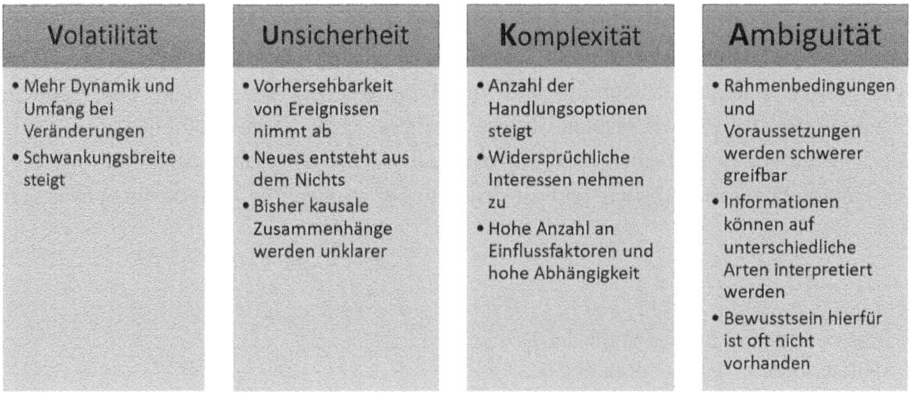

Volatilität	Unsicherheit	Komplexität	Ambiguität
• Mehr Dynamik und Umfang bei Veränderungen • Schwankungsbreite steigt	• Vorhersehbarkeit von Ereignissen nimmt ab • Neues entsteht aus dem Nichts • Bisher kausale Zusammenhänge werden unklarer	• Anzahl der Handlungsoptionen steigt • Widersprüchliche Interessen nehmen zu • Hohe Anzahl an Einflussfaktoren und hohe Abhängigkeit	• Rahmenbedingungen und Voraussetzungen werden schwerer greifbar • Informationen können auf unterschiedliche Arten interpretiert werden • Bewusstsein hierfür ist oft nicht vorhanden

Abb. 1 VUCA

- Volatilität: Erhöhte Dynamik und Umfang bei Veränderungen
  Beispiel Telekommunikation: Gerade die Weiterentwicklung im Mobilfunkmarkt ist seit einigen Jahren einer rasanten Dynamik unterworfen. Zahlreiche Unternehmen scheiterten bereits an dieser Geschwindigkeit.

- Unsicherheit: Vorhersehbarkeit von Ereignissen nimmt ab
  Beispiel Automobilbranche: Lange Zeit wurden die Entwicklungen Teslas durch die anderen Automobilhersteller belächelt und nicht ernst genommen. Nun ist es schwierig, den Anschluss an Teslas Entwicklungsstand zu bekommen.

- Komplexität: Hohe Anzahl an Einflussfaktoren und Abhängigkeiten
  Beispiel IT Infrastruktur: Ein klassisches, komplexes System ist die IT-Infrastruktur in gewachsenen Unternehmen. Hier gibt es häufig Schnittstellen, die nicht dokumentiert wurden und ggfs. bereits in Vergessenheit geraten sind. Das Unternehmen Haribo wurde 2019 ein Opfer der eigenen komplexen IT-Systeme und musste 10 % Lieferausfälle hinnehmen.

- Ambiguität: Informationen können auf unterschiedliche Art interpretiert werden
  Beispiel digitale Fotografie: Bei der Firma Kodak wurde bereits 1975 die erste Digitalkamera erfunden. Kodak entschloss sich jedoch, dieses Geschäft nicht weiter zu verfolgen um das Stammgeschäft, die Film-Fotografie, nicht zu gefährden. Später griff ein Konkurrent die Technik auf, Kodak schaffte nie wieder den Schluss und musste schließlich 2012 Insolvenz anmelden.

Von „einfachen" hin zu „komplexen" Herausforderungen

Das Cynefin Framework macht noch einmal deutlich, dass verschiedene Situationen eine unterschiedliche Herangehensweise erfordern (Abb. 2). Der Begriff „Cynefin" wurde von dem walisischen Wissenschaftler Dave Snowden gewählt, und bedeutet in seiner reinen Übersetzung „Platz" oder „Überlebensraum". Das Framework stützt sich auf Forschungen aus der Kognitionswissenschaft sowie der evolutionären Psychologie und wurde ursprünglich in den Bereichen Wissensmanagement, Gruppendynamik und kultureller Wandel genutzt, um Führungskräften zu helfen, das Entscheidungsumfeld besser einzuordnen (Snowden 2005).

Bei den „einfachen" Herausforderungen gibt es eine klare Ursache-Wirkungsbeziehung und richtige und falsche Antworten. Es existieren Best-Practice Lösungen für Probleme und Herausforderungen, die jeder ausführen kann und klar über einen hierarchischen Ansatz gesteuert werden können.

Die „komplizierten" Herausforderungen zeichnen sich durch eine Ursache-Wirkungsbeziehung aus, die jedoch nicht jedem sofort ersichtlich ist. Es ist stattdessen erforderlich, Experten mit der Lösung eines Problems zu betrauen, die dann im Sinne des „Good Practice" entscheiden, was zu tun ist. Das System ist vorhersehbar und es gibt mehr als einen richtigen Weg.

Diese ersten beiden Herausforderungen sind vor allem in der bisherige Unternehmenswelt anzutreffen.

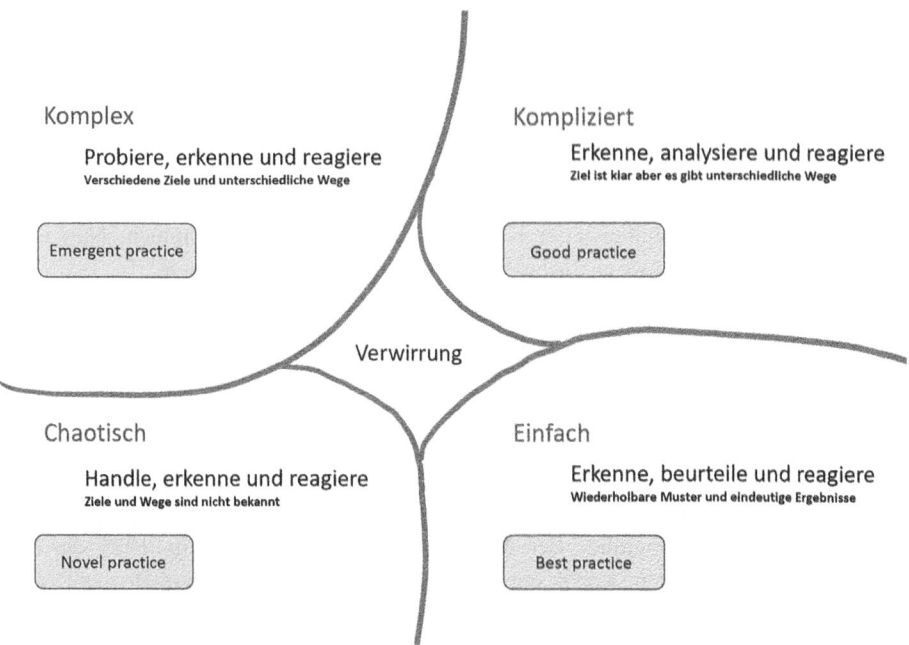

Abb. 2 Cynefin Framework (in Anlehnung an Snowden und Boone 2007, S. 7)

In der VUCA Welt begegnen uns jedoch zunehmend „komplexe" Herausforderungen, für die es keine eindeutigen Lösungen gibt. Zwar existieren Orientierungsmuster, es gibt darüber hinaus aber auch etliche Unbekannte. Kreative und innovative Ansätze sind ebenso gefragt wie eine iterative, sich vorantastende Vorgehensweise. Neue Jobfelder entstehen ebenso wie veränderte Anforderungen an bestehende Tätigkeiten. Eine Transformation führt nicht mehr von einem stabilen Zustand zum nächsten.

Bei den „chaotischen" Herausforderungen hingegen gibt es keinerlei Ursache-Wirkungsbeziehungen. Das Handeln erfordert viel Erfahrung und vor allem Intuition und es müssen viele Entscheidungen in einem kurzen Zeitraum getroffen werden. Ein Beispiel für einen chaotischen Zustand waren die Stunden nach den Flugzeugeinschlägen 9/11.

Größter Transformationsprozess seit der industriellen Revolution
Unter den Rahmenbedingungen einer zunehmend komplexen Umwelt müssen komplexe Entscheidungen getroffen und entsprechend flexibel gehandelt werden. Die bisherigen, hierarchischen Modelle sind zu schwerfällig, um auf die hohe Dynamik adäquat reagieren zu können. Dies zeigt sich am Beispiel von Nokia. Der finnische Konzern beherrschte den Mobilfunkmarkt noch Ende 2005 mit über 30 % Marktanteil (Handelsblatt 2005). Nachdem der Konzern mit einigen Innovationen gescheitert war, entschied das Management 2006 nur noch auf kurzfristige Gewinne und das Tastentelefon zu

setzen. Das Management blieb starr, zeigte sich nicht flexibel und aufgeschlossen für die Bedarfe am Markt und griff auf bis dahin bewährte Handlungsmuster zurück.

Von 2007 bis 2012 stürzte der Marktanteil auf 3,5 % ab und die Handysparte wurde 2013 von Microsoft übernommen (die dann auch erfolglos 2014 eingestellt wurde).

Innerhalb der bisherigen, hierarchischen Systeme herrschte „command and control" (oder auch „predict and control"). Hierbei sind die Personen an der Spitze der Organisation über alles informiert, um auf dieser Basis Entscheidungen treffen und die Ausführung kontrollieren zu können. Mit „einfachen" und „komplizierten" Herausforderungen sind diese Systeme stabil und erfolgreich. Durch die oben beschriebene, veränderte Umwelt setzt sich nun mehr und mehr das „sense and response" Prinzip durch: Das Treffen von Entscheidungen ist über die gesamte Organisation verteilt, wobei man davon ausgeht, dass die Mitarbeitenden sich in ihrem Bereich am besten auskennen und damit auch die besten Entscheidungen treffen können. Die für die komplexen Herausforderungen so wichtigen Ideen können hier entstehen und die Flexibilität gegenüber dem Markt gewährleistet werden. (Unabhängig davon gibt es natürlich weiterhin auch Tätigkeiten, die sich immer wiederholen (hat sich z. B. ein Versandsystem als passend erwiesen, muss es nicht bei jedem neuen Versand auf seine Tauglichkeit hin geprüft werden). Für diese Tätigkeiten Routinen zu entwickeln und sie beizubehalten steht außer Frage.)

„Die neue Arbeitswelt braucht ein neues Verständnis von Führung. Ziel ist es, die Mitarbeiter nicht zu kontrollieren, sondern ihnen auf Augenhöhe zu begegnen und sie zu befähigen. Mitarbeiter brauchen Unterstützung und Freiräume, um Innovationen zu erkennen, Chancen und Risiken abzuwägen und Entscheidungen eigenständig zu treffen. Nur so können neue Ideen schnell ausprobiert und umgesetzt werden. Auch Fehler bringen uns weiter." (Scharner-Wolff 2017).

„Für Unternehmen bedeutet dies, schneller auf unvorhergesehene Ereignisse reagieren zu können. Oder selber Veränderung durch Innovation voranzutreiben. Dafür müssen sie die Grenzen von Ab-Teilungen auflösen und interdisziplinäre Teams aufstellen. Der soziale Austausch, die sogenannte informelle Kommunikation gewinnt damit an strategischer Bedeutung." (Zukunftsinstitut 2018).

▶ Sinnvoll sind also sind agile, netzwerkartige Organisationen, um kompetent und schnell mit sich wandelnden Herausforderungen umgehen zu können. Wir befinden uns damit in dem größten Transformationsprozess der Arbeitswelt seit der industriellen Revolution.

Dabei handelt es sich um eine Entwicklung, die eine klare, betriebswirtschaftliche Notwendigkeit hat. Dieser Managementwandel ist also eine Reaktion auf die veränderten Märkte und das Umfeld. Die Digitalisierung unterstützt diese Entwicklung, was vor allem in Ausnahmesituationen wie beispielsweise der Corona-Pandemie deutlich wird. Am Beispiel dieser aktuellen Situation zeigt sich, an welchen Stellen die (digitale) Transformation schwierig ist: Behörden, die noch immer stark mit einem „command and control" Ansatz arbeiten und gleichzeitig einen recht geringen Kundenfokus haben, tun sich schwer damit, flexibel auf die Kontaktsperre zu reagieren (nach 5 Wochen Kontaktsperre stehen nun endlich Laptops für die Angestellten zur Verfügung, damit sie ihre Tätigkeit von zu Hause ausführen können). Ein flexibles Reagieren auf Veränderungen war bisher nicht notwendig und gestaltet sich in dieser Ausnahmesituation schwierig.

Metaplan hat gemeinsam mit Haufe eine qualitative Studie zum Corona-Management von Unternehmen durchgeführt (derzeit noch nicht veröffentlicht). Diese zeigt Folgendes: „Während in nahezu allen Unternehmen die Arbeit dezentralisiert wurde, die MitarbeiterInnen von zuhause aus arbeiten, wurden Entscheidungen zentralisiert. Organisationen agieren gleichzeitig dezentral, von den Rändern aus, und werden zentral geführt." (Pause 2020).

Unabhängig davon, von welchem Unternehmen oder welcher Behörde wir reden: Immer arbeiten Menschen in Organisationen. Der digitale Wandel ist weit mehr als eine technologische Entwicklung. Er verändert Menschen und deren Arbeitsweise selbst in vielerlei Hinsicht durch die veränderten Rahmenbedingungen. „Denn die sehr viel grundlegenderen Veränderungen betreffen die Art und Weise, wie Menschen zusammenarbeiten. Wie sie ihr Wissen teilen und daraus neue Ideen entstehen." (Steinle 2018a).

2   Was bedeuten diese Veränderungen für die Menschen in Organisationen?

Die Welt um uns herum ändert sich also. Sie wird dynamischer, schneller, unvorhersagbarer. Bewährte Muster funktionieren nach und nach nicht mehr. Die Pyramide hat ausgedient, es leben die Netzwerke. Digitale Tools unterstützen uns in der Entscheidungsfindung und die Zusammenarbeit wird, ebenfalls durch die Digitalisierung, in eine neue Dimension befördert. Doch was bedeutet das für die Menschen in Organisationen?

Kultur der Zusammenarbeit verändert sich
Bereits 2017 führte Capgemini eine globale Studie mit 1700 Personen aus 340 Unternehmen durch, bei der 72 % der in Deutschland befragten Personen die Unternehmenskultur als eines der größten Hindernisse auf dem Weg zur Digitalisierung benannten (international 62 %). Während 40 % auf Top-Management-Level von einer bereits existierenden digitalen Unternehmenskultur sprechen, sind es bei den restlichen Mitarbeitenden nur 27 % (Capgemini 2017).

Brian Solis, Co-Autor der Studie, sagt dazu Folgendes: „Kultur ist entweder das größte Hindernis oder aber der stärkste Beschleuniger digitaler Transformation wie auch Innovation. Viele Manager glauben, dass ihre Unternehmenskultur bereits digital sei. Aber wenn man ihre Mitarbeiter fragt, dann sehen die das völlig anders." (Capgemini 2017).

„Viele Unternehmen messen dem Faktor Mensch noch zu wenig Bedeutung bei. Als besonders erfolgreich auf dem Weg zum digitalen Unternehmen erweisen sich Betriebe, die diesen Aspekt ebenso stark berücksichtigen wie die Technologie selbst. Sie passen den Führungsstil an und schaffen eine Vertrauenskultur, die Fehler zulässt und die Mitarbeiter frühzeitig in Veränderungsprozesse einbindet", erklärt Claudia Crummenerl, Head of Executive Leadership und Change bei Capgemini Consulting (Capgemini 2017).

▶ Das bedeutet, dass sich auch die Kultur der Zusammenarbeit verändern muss, denn die Kultur bestimmt, wie wir Entscheidungen treffen. Die Kultur ist dabei das, was beobachtbar ist und einen Hinweis darauf gibt, was in dem Unternehmen normal zu sein scheint. Sie ist nicht direkt beeinflussbar.

Jahrzehnte lang haben viele Mitarbeitende gelernt, dass es sinnvoll ist, sich „an oben" zu wenden, wenn es Schwierigkeiten gibt. Von „oben" gesagt zu bekommen, was nun gemacht werden soll. Entscheidungen „von oben" abzuwarten. Verantwortung „oben" zu lassen, wobei ihre entsprechende Verhaltensweise durch das System „belohnt" wurde (siehe Abb. 3).

Nun soll sich das alles ändern. Silos sollen überwunden, Netzwerke aktiviert und Wissen geteilt werden. Entscheidungen sollen in Teams getroffen, Unsicherheiten agil gemanaged werden. „Weniger starre Hierarchien und mehr Verantwortung auf Mitarbeiterebene ermöglichen es, schnell Entscheidungen zu treffen und agil auf Neues zu reagieren."(Scharner-Wolff 2017).

Viele Unternehmen agieren im Zuge der Digitalisierung schneller am Markt. Die externen Referenzen, also die Erfordernisse des Marktes, müssen in einen internen Referenzrahmen (Prozesse, Methoden, etc.) übersetzt werden. Anders ausgedrückt: Schnelligkeit und Flexibilität, die der Markt nun durch VUCA und die Komplexitätserhöhung fordert, müssen sich intern widerspiegeln. Unternehmen, die sich nicht konsequent am Kunden und am Markt ausrichten, haben auch eine entsprechende Kultur im Innern. Anders herum: Konsequent am Markt orientierte Unternehmen haben eine Kultur im Innern, die geprägt ist von einer Diskussionskultur, die auf Lösungen und Ideen setzt.

▶ Die Digitalisierung hat also einen kulturprägenden Aspekt, indem sie das Äußere mit dem Inneren verbindet.

Die Digitalisierung macht Kunden das Leben einfacher (beispielsweise über Portale, mit denen der Kunde einfach und unkompliziert mit dem Unternehmen interagieren kann). Unternehmen können diese Interaktion jedoch nur sinnvoll nutzen, wenn sie es schaffen, die entsprechende Flexibilität, Geschwindigkeit und Kundenorientierung auch nach innen zu transferieren (und entsprechend nicht nur Tools zur Interaktion anzubieten).

„Sich selbst zu verändern ist fundamental wichtig. Das Wichtigste jedoch ist: Im Zentrum allen unternehmerischen Handelns stehen die Kunden. Ihre Wünsche ver-

Abb. 3 Kulturvergleich:
Command and Control vs.
Sense and response

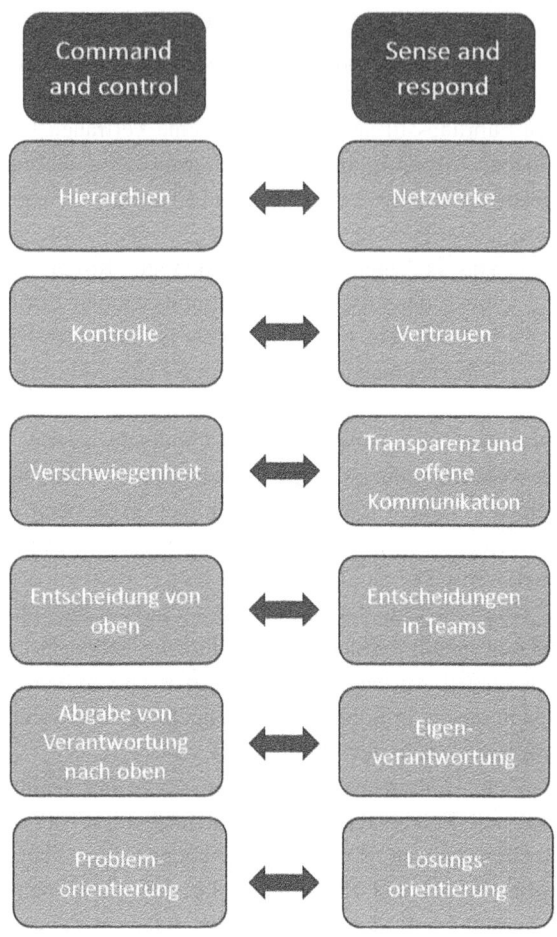

ändern sich rasend schnell. Wir müssen also gut zuhören und immer bereit sein, Neues zu lernen, Wünsche und Bedürfnisse früh zu erkennen und zu verstehen. Wenn uns das gelingt, sind wir auf dem richtigen Weg." (Scharner-Wolff 2017).

Um diesen Wandel auch effizient gestalten zu können, sind vor allem drei Kriterien notwendig:

- Die richtigen IT Tools, um die interne und externe Zusammenarbeit zu ermöglichen,
- die Skills, um diese Tools auch anwenden zu können
- und vor allem das entsprechende Mindset.

Im Folgenden werden diese drei Kriterien auf ihre kulturelle Bedeutung für die digitale Transformation hin beleuchtet. Dabei werden immer wieder typische Narrative (organisationale und individuelle) unterschiedlicher „command and control"

Organisationen aufgeführt und es wird gezeigt, wie wichtig es ist, diese in typische „sense and response" Glaubenssätze zu verändern. Auf die Bedeutung der Glaubenssätze wird auch in Abschn. 3 weiter eingegangen.

Die richtigen IT Tools
In vielen Unternehmen werden die IT Tools noch immer von der IT Abteilung ausgesucht und entsprechend auf ihre Tauglichkeit für das Unternehmen geprüft. Entsprechende Narrative sind vorhanden und werden mit folgenden Aussagen deutlich.

Beispiel

„Treiber technischer Innovationen ist bei uns die IT-Abteilung/IT-Strategie."
„Digitalisierung macht bei uns die IT." ◄

Wenn wir davon ausgehen, dass die Markterfordernisse einen Wandel im Innern der Unternehmen erforderlich machen, müssen auch die Entscheidungen, welches Tool implementiert werden soll, anhand von Kundenbedürfnissen getroffen werden (IT Trends sollten hier erst an zweiter Stelle stehen). Das bedeutet, dass das Business die Anforderungen des Marktes an die IT geben muss. Hierbei steht die Kompetenz der IT außer Frage, wenn es um IT Server und andere IT Kriterien geht. Vielmehr geht es darum, dass die IT die richten Fragen an das Business richtet, um das entsprechend unterstützende Tool identifizieren und implementieren zu können.

Zusammengefasst: Die Auswahl des richtigen Tools ist eine strategische Businessentscheidung. Der IT obliegt die fachgerechte Implementierung und ggf. die Anpassung des neuen Tools an Spezifika des Unternehmens.

Darüber hinaus ist es wichtig, die so „vorsortierten" und zur Verfügung gestellten Tools sinnvoll einzusetzen. Nicht alle von der IT zur Verfügung gestellten Tools sind auch passend für alle Bereiche und Teams und unterstützen dabei gleichzeitig die Vision von einer attraktiven Zukunft. Bei der Fülle der Möglichkeiten gilt es, eine passgenaue Auswahl auch für die einzelnen Teams zu treffen.

Die Skills, um die Tools anwenden zu können
Die digitale Transformation stellt neue Anforderungen an alle Mitarbeitenden, vor allem wenn es um den Erwerb von Kompetenzen und die Art der Zusammenarbeit geht.

Es geht grundsätzlich darum, sich in der VUCA Welt mit den entsprechenden digitalen Anforderungen zurecht zu finden. Gewohnte Muster funktionieren nicht mehr. Kompetenzen werden entwertet, neue müssen aufgebaut werden, die Halbwertszeit von Wissen verfällt rasant (Blum und Dübner 2012). Wie sieht es in 5 Jahren aus? Vermutlich liegt die Halbwertszeit von Wissen dann bei etwa 1–2 Jahren oder weniger. Die klassischen Entwicklungsprozesse der Personalabteilung sind für diese Halbwertszeit eindeutig zu träge. Beispielsweise ist es bei sich schnell wandelnden Tools wenig sinnvoll, bei jeder Veränderung eine exakte Anpassung auf den entsprechenden Unternehmenskontext zu produzieren. Zur Verdeutlichung eignet sich Office 365 von Microsoft. Microsoft selbst stellt Anleitungen zur Nutzung zur Verfügung, die immer auf dem neuesten Stand sind. Permanente Updates der Software erfordern dies. Würde ein Unternehmen nun die Mitarbeitenden nicht auf die externe Hilfe verweisen sondern bei jeder Änderung eine eigene Anleitung schreiben, erwiese sich diese Vorgehensweise sehr schnell als zu träge. Es muss also etwas anderes her, was es Mitarbeitenden ermöglicht, schnell und gezielt Kompetenzen aufzubauen und anzuwenden.

Doch zunächst: Von welchen Kompetenzen sprechen wir eigentlich im Zuge der Digitalisierung? Ich möchte hier 4 Ebenen unterscheiden:

1. Digital knowledge
2. Digital fluency
3. Digital learning
4. Digital ethics (in Anlehnung an Zimmermann und Kunze 2018).

Auf der ersten Ebene (digital knowledge) geht es darum, die zur Verfügung stehenden Werkzeuge kennen zu lernen. Es kann sich z. B. um Tools wie Yammer, Teams, etc. handeln. Man spricht hier auch von explizitem digitalem Wissen, welches in Unternehmen durch Learning Nuggets, Training-Videos etc. vermittelt werden kann.

Auf der zweiten Ebene (digital fluency) steht die Frage im Vordergrund, wie die neu erworbenen Kompetenzen angewendet werden können. Das sogenannte implizite digitale Wissen ermöglicht eine Entscheidungsfindung, welche Herangehensweise situationsadäquat gewählt wird. Auf dieser Stufe wirkt eine Unternehmenskultur unterstützend, die ein Ausprobieren nicht nur toleriert, sondern vielmehr unterstützt. Nur durch Ausprobieren, Scheitern und wieder neu Beginnen kann dieses implizite Wissen erworben werden.

Die dritte Ebene (digital learning) beschäftigt sich mit der Fülle der Informationen, die zur Verfügung stehen. Digital aufbereitet haben sich die Möglichkeiten der Informationsbeschaffung vervielfacht. Die Kunst ist es nun, sich aus der Fülle der Informationen genau das herauszusuchen, was für jeden Einzelnen (aber auch für die Teams) relevant ist.

Die vierte Ebene (digital ethics) beschäftigt sich, kurz gesagt, mit Folgendem: Nicht alles was geht, sollte auch gemacht werden.

Es scheint wenig zielführend, allen Mitarbeitern Schulungen zu allen IT Tools und zu deren Nutzung zu „verordnen". Stattdessen sollte es möglich sein, dass Mitarbeiter und Teams Zugang zu den passgenauen Informationen erhalten, die sie benötigen. Dies kann über einen Ansatz sein, der den Austausch von Wissen fördert, über ein internes soziales Netzwerk oder aber auch über zum Abruf zur Verfügung gestellte Informationen zum Ausprobieren und selbst erlernen. Auch Workshops mit kompetenten Ansprechpartnern, die den Teams Fragen beantworten, können helfen. Wichtig ist dabei, eine Kultur des Ausprobierens zu fördern, bei dem auch das Scheitern dazugehört. Die Verantwortung wird zu einem großen Teil an Einzelne bzw. Teams übergeben und das bedeutet auch, dass ggfs. Dinge gelernt werden, die auf den ersten Blick als „nicht nützlich" erachtet werden.

Ein Spannungsfeld tut sich auf, wenn in Unternehmen sowohl Digital Natives als auch Personen zusammen arbeiten, die bisher nicht viel mit der digitalen Unterstützung anfangen können.

Beispiel

„Wer nicht mitspielt, hat verloren."
    „Die Zukunft gehört den Nerds."
    „Die Alten werden von den Jungen abgehängt." ◄

Diese Aussagen sind in Unternehmen nicht unüblich. Gemischte Teams stoßen mit der digitalen Transformation auf Herausforderungen, denen sie sich zuvor nicht stellen mussten. Gemeinsames Lernen und die gemeinsame Entscheidung für zu nutzende Tools sind essentiell für die erfolgreiche Zusammenarbeit. Eine Kultur, welche die Diskussion über diese Herangehensweise unterstützt, fördert die Akzeptanz neuer Wege der Zusammenarbeit und verhindert den Verlust von Wissen durch sich abwendende Teammitglieder.

Ein weiterer Aspekt des Lernens und Ausprobierens in der digitalen Ära ist die Haltung der Einzelnen zum Thema Hol- und Bringschuld. In vielen Unternehmen war es bisher üblich, dass die vom Unternehmen gewünschten Kompetenzen auch proaktiv an die Mitarbeitenden herangetragen wurden. Nehmen wir das Beispiel eines mittelgroßen Industriebetriebes: Wurde eine neue Software eingeführt, hat die Schulungsabteilung die entsprechenden Trainings nicht nur zur Verfügung gestellt, sondern auch die Teilnehmer entsprechend auf die Veranstaltungen gebucht. Dieses wurde zentral gesteuert. Es bestand bisher also eine (wahrgenommene) Bringschuld des Unternehmens.

Beispiel

„Wenn die wollen, dass ich mit den neuen Sachen arbeite, müssen die mir erst einmal eine Schulung anbieten." ◄

So antiquiert dieser Glaubenssatz anmutet: Er ist Realität noch in vielen Unternehmen. Mit der digitalen Transformation soll sich das nun radikal ändern. Es gibt eine Verpflichtung, sich mit den zahlreichen Möglichkeiten auseinanderzusetzen, die eigenen Arbeitsroutinen kritisch zu hinterfragen und ggf. abzulösen durch ein digitales Substitut. Hierzu gehört das selbstständige Beschaffen von Information zum Einsatz der Tools und zu deren konkreter Nutzung. Es handelt sich damit auch um eine erhöhte Verantwortungsübernahme des Einzelnen für sein Tun. „Das Bildungssystem wird sich vor diesem Hintergrund neu erfinden müssen. Lebenslanges Lernen wird zur Pflicht. Damit erscheinen die tradierten Bildungswege nicht mehr zeitgerecht. Anstatt in jungen Jahren einen Abschluss zu machen, werden wir womöglich künftig jedes Lebensjahrzehnt ein Jahr an der Uni oder einem anderen Bildungsträger verbringen. Insbesondere die Erwachsenenbildung wird im Wettbewerb der Nationen größere Bedeutung erlangen. In Singapur startete kürzlich eine Regierungsinitiative, bei der Senioren das Programmieren beigebracht wird." (Steinle 2018b).

Das entsprechende Mindset
Nun generieren alle „neuen" Tools aber erst dann einen wirklichen Mehrwert, wenn möglichst viele, besser alle Mitarbeitenden anfangen, anders zu arbeiten. Das Teilen von Informationen wird wichtiger. Unfertige Arbeiten können von Anderen eingesehen und vielleicht sogar bearbeitet werden. Es ist gewünscht, dass die Kooperationen von Abteilungen verstärkt wird und Wissen und Ideen sollen hierarchiefrei zugänglich sein.

Wenn wir über ein Mindset sprechen, sind damit Narrative, also Glaubenssätze von Einzelnen und Organisationen gemeint. Diese Glaubenssätze bestimmen, wie wir in verschiedenen Situationen handeln. Ein für die digitale Transformation hilfreiches Mindset beschreibt Abb. 4.

Hier wird deutlich, dass Offenheit, Hinterfragen von Bestehendem und der Kundenfokus wesentliche Aspekte eines förderlichen Mindsets sind. Dies steht teilweise in großem Gegensatz zu der bisherigen Unternehmensrealität, bei der mitunter stark an Bestehendem festgehalten wird.

Beispiel

„Bei uns ist das schon immer so gelaufen."
  „Bei uns ist das nicht möglich."
  „Das geht bei uns nicht." ◀

Laut Motivationspsychologin Carol Dweck gibt es zwei verschiedene Arten von Mindsets (Dweck 2016):

Abb. 4 Förderliches Mindset

- Fixed Mindset (hier herrscht die Haltung vor, dass Fähigkeiten angeboren sind. Wenn jemand scheitert, dann führt er das darauf zurück, dass ihm bestimmte Begabungen nicht mit auf den Weg gegeben wurden)
- und growth mindset (hierbei besteht die Überzeugung, dass jeder alle Probleme lösen kann, wenn er nur genügend Zeit und Kraft aufwendet, um bestimmte Fähigkeiten zu trainieren oder zu erlernen).

Diese Einteilung wird als veränderbar angegeben, denn das Mindset ist durch jeden selbst beeinflussbar. Ein Mindset bildet sich vor allem aus Erfahrung heraus und ist dementsprechend durch positive Ereignisse bzw. negative Erkenntnisse geprägt.

▶ Wenn wir davon ausgehen, dass das Mindset eines Jeden selbst beeinflussbar und dieses von Erfahrungen geprägt ist, müssen wir Möglichkeiten schaffen, positive Erfahrungen mit der gewünschten Offenheit und Transparenz, dem Miteinander und dem Wissenstransfer zu machen.

Ein Beispiel ist das folgende: Kommunikation in Microsoft Teams vs. klassische E-Mails. Während die schiere Anzahl an Emails in komplexen Projekten leicht zum Verlust von Informationen führen kann („Warst Du da nicht im Verteiler?" „Ich komme gar nicht mehr zum Mails machen."), sind in Microsoft Teams volle Transparenz und übersichtliche Strukturen gegeben. Dennoch ist es für Viele ein weiter Weg sich von der tradierten Form der E-Mail zu verabschieden und sich einer hohen Transparenz zu stellen (und damit auch viel von der eigenen Arbeitsweise preiszugeben). Die Teams müssen die Möglichkeit haben, für sie neue Wege auszuprobieren. Nach einem Kennenlernen von Microsoft Teams mit den entsprechenden Möglichkeiten wird ggfs. die Kommunikation zunächst parallel mit E-Mails laufen. Nach und nach kann das Team nun komplett auf Microsoft Teams umstellen, um sich so auch an die neue Art der Transparenz zu gewöhnen. Idealerweise entscheidet das Team gemeinsam, wie schnell diese Schritte vollzogen werden und setzt diese dann sehr konsequent um.

3 Was ist wichtig, damit die Transformation gelingt?

Um die Transformation gelingen zu lassen, ist ein multidimensionales Herangehen notwendig. Es stellt sich damit die Frage, welche Hebel im Unternehmen bewegt werden können, damit sich das Verhalten und entsprechend auch die beobachtbare Kultur verändert.

Die vier dargestellten Bereiche in Abb. 5 sind dabei wie zwei Gehirnhälften nicht voneinander zu trennen.

Während ich davon ausgehe, dass die Technik in der digitalen Transformation eine ausreichende Würdigung erfährt, sieht es bei den drei anderen Bereichen anders aus.

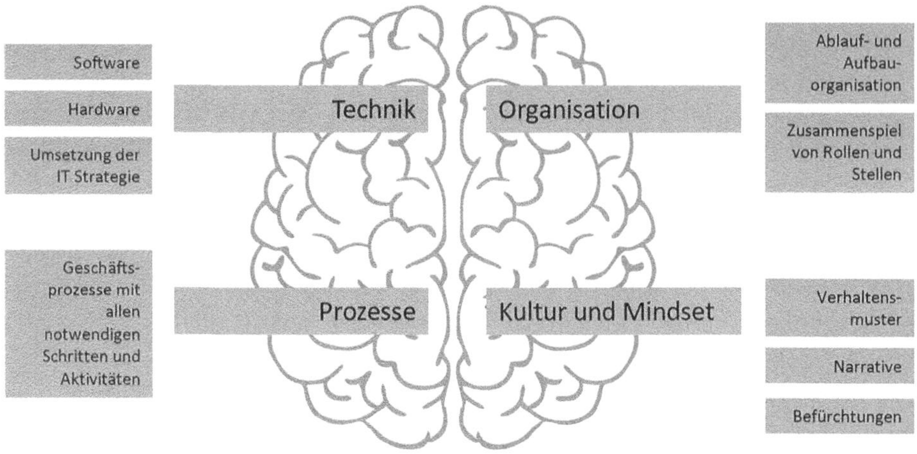

Abb. 5 Berücksichtigung aller Bausteine

Prozesse und Organisation

Hierbei hat es sich als Erfolgsfaktor erwiesen, die gesamte Organisation auf den Prüfstand zu stellen. Welche internen Referenzen (Strukturen, Prozesse, Belohnungssysteme,
Methoden, etc.) gibt es, die das bisher gezeigte Verhalten unterstützen? Wenn ich z. B.
möchte, dass alle besser mit einander kooperieren und auch „freiwillig" ihr Wissen mit
Anderen teilen – kann ich dann wirklich als Unternehmen noch auf individuelle Zielvereinbarungen setzen? Oder sogar eine „verursachungsgerechte Stundenbuchung"
aufrechterhalten? Welche Prozesse gibt es vielleicht nur, weil sie zu einem anderen Zeitpunkt einmal sinnvoll erschienen, der eigentliche Grund aber längst entfallen ist?

An welchen Stellen kann die Organisation verschlankt werden? Wie kann ich
Räume schaffen, in denen mit den neuen Tools der Digitalisierung experimentiert
werden kann (so dass positive Erfahrungen entstehen)? Wie lange lasse ich one-way-
Kommunikationstools wie Outlook neben Microsoft Teams parallel laufen?

Gleichzeitig fallen über kurz oder lang Aufgaben weg, da eine Digitalisierung von
Prozessen stattfindet. Wie kann ein Unternehmen hier klug vorausplanen und sich durch
eine hohe Flexibilität immer wieder den Erfordernissen anpassen?

Zudem gibt es in der VUCA Welt immer wieder auch Überraschungen, nicht vorhersehbare Entwicklungen und zuvor noch nicht dagewesene Probleme (und deshalb ohne
entsprechend verfügbare Lösungen). Hier ist es erforderlich, die Organisation so flexibel
aufzustellen, dass ein Ausprobieren, ein Vorantasten nicht nur ermöglicht, sondern auch
gefördert und somit zur Normalität wird.

Kultur und Mindset

Es gibt Mitarbeitende, die bereits seit 10, 20, 30 Jahren wie folgt arbeiten: Sie stellen
Präsentationen erst in das Gruppenlaufwerk, wenn sie perfekt sind. Wissen behalten sie

vorzugsweise bei sich und geben es erst in dem Moment preis, wenn sie selbst etwas davon haben. Die anderen Abteilungen sind zwar ganz nützlich, aber auch gut, um über sie zu schimpfen („Ich würde ja, wenn die Anderen erst mal ihre Arbeit machen würden"). Die eigene Arbeit hat Vorrang vor der Unterstützung Anderer bei der Zielerreichung.

Diese Menschen haben sich in ihrem Unternehmen vermutlich bisher genau richtig verhalten. Das System hat sie dafür belohnt, so zu handeln. Anderes Verhalten wurde, in welcher Art auch immer, sanktioniert oder zumindest nicht honoriert.

Es ist deshalb wichtig, die o. g. Veränderungen an den Prozessen und der Organisation zuerst auf den Prüfstand zu stellen. Individuelle Zielvereinbarungen widersprechen dem Gedanken der Transparenz und dem Teilen von Informationen, sodass systemadäquates Verhalten kontraproduktiv wäre. Im Zweifelsfall würde sich jemand, der die monetär unterstützten Individualziele verfolgt wohl nicht für ein paar Stunden mit einem Kollegen aus der anderen Abteilung zusammensetzen, um sein Wissen zu teilen (auch wenn dies für das Unternehmen von großem Vorteil wäre).

Es ist sinnvoll, diese „Hindernisse" aus dem Weg zu räumen und statt individueller Zielvereinbarungen Möglichkeiten zu finden, abteilungs- und bereichsübergreifend im Sinne der Kundenzentrierung zusammen zu arbeiten.

Neben der Prozess- und Organisationsveränderung müssen Räume für Teams und Individuen geschaffen werden, um das „neue Verhalten" gefahrlos ausprobieren zu können. Erst wenn die positiven Erfahrungen damit überwiegen, wird sich das Verhalten, und damit auch die Haltung, langfristig ändern.

Als Beispiel hierfür sollen die in vielen Unternehmen noch üblichen Präsentationen dienen. Weiterhin wird es sicherlich so sein, dass einzelne Mitarbeiter Unterlagen zusammenstellen, um ein Ergebnis zu präsentieren. Diese Zusammenstellung nimmt Zeit in Anspruch und die Präsentation wird vermutlich nicht an einem Tag fertig. Bisher war es so, dass die unfertige Version entweder auf dem Desktop abgelegt oder im Gruppenlaufwerk in einem individuellen Zweig abgelegt wurde. Dies geschah weitgehend intransparent.

Wenn wir das Beispiel Microsoft Teams hinzunehmen, wird die unfertige Version nun für alle im Team sicht- und bearbeitbar abgelegt. Wenn die Mitarbeitenden nun die Erfahrung machen, dass Ihnen niemand die Datei „klaut", ihr Chef sie nicht auf die mangelnde Qualität („ist ja auch noch nicht fertig") anspricht und ihnen vielleicht sogar durch konstruktive Kommentare anderer Teammitglieder geholfen wird, können sie sich langsam der neuen Transparenz annähern.

Ein weiteres Beispiel ist die Verantwortungsübernahme. In vielen Teams ist es üblich, dass ab einer bestimmten Reichweite Entscheidungen vom Vorgesetzten getroffen werden müssen. Entscheidet ein Mitarbeitender jedoch in einer vielleicht sogar dringlichen Situation einmal selbst, wird er dafür gemaßregelt (egal, ob die Entscheidung richtig war oder nicht). Hat der Mitarbeitende durch Beobachtung und eigene Erfahrung über Jahre gelernt, dass eigene Entscheidungen sanktioniert werden, wird er immer auf die Entscheidung des Vorgesetzten warten. Dies gilt auch für Situationen, in denen es sehr dringend erforderlich ist, eine Entscheidung zu treffen und der Vorgesetzte nicht verfügbar ist.

> **Beispiel**
>
> „Das ist hier so. Für das Treffen von Entscheidungen werde ich nicht bezahlt. Das soll schön mein Chef machen. Der hat dann ja auch die Verantwortung." ◀

Hier braucht es Zeit und vor allem Aufbau von Vertrauen, wenn das Verhalten verändert werden soll. Erst wenn der Mitarbeitende durch Beobachtung oder Erfahrung sieht, dass Verantwortungsübernahme nützlich, notwendig und gewünscht ist, wird er sich langsam daran wagen, selbst Entscheidungen zu treffen. Mit jeder positiven Erfahrung wird dann dieses Verhalten verstärkt (und gleichzeitig die entsprechenden Glaubenssätze dazu verändert).

Mit den multiplen Formen des „sense and response" entwickelt sich zudem eine Transparenz auf Mitarbeitendenebene, die es so bisher nicht gab. Jeder aus dem Team kann sehen, wann der Andere online ist (also „arbeitet"), welche Dateien gerade bearbeitet werden und welchen Beitrag der Einzelne zur Entwicklung neuer Ideen leistet. Aus Kulturperspektive ist dies in vielen Teams vollkommen neu, denn diese Transparenz hatte bisher nur der Vorgesetzte. Durch den tatsächlich oder auch nur empfundenen Gruppendruck verändert sich die Zusammenarbeit zusätzlich. Von besonderer Bedeutung ist dabei, eine vertrauensvolle Atmosphäre zu schaffen, in der ein Ausprobieren erlaubt ist und tolerant mit Fehlern umgegangen wird.

Darüber hinaus müssen alle Mitarbeitenden verstehen, dass es sich bei den Veränderungen nicht um eine Laune der IT-Abteilung handelt. Vielmehr starten alle Veränderungen am Markt und stellen eine Isomorphie dar: das Innere spiegelt das Äußere. Eine Kultur, die das unterstützt, ist essenziell für das Überleben des Unternehmens und sollte mit allen Mitteln gefördert werden.

„In einer digitalen Welt brauchen wir eine neue Geisteshaltung und eine neue Kultur, um erfolgreich zu sein. Sich selbst über alle Firmen- und Hierarchiegrenzen zu öffnen, Lust auf Neues zu haben, in Kollegen eine Quelle der Inspiration zu sehen sowie abteilungs- und firmenübergreifend gemeinsam Lösungen zu erarbeiten – das ist die Basis, auf der die digitale Transformation in Unternehmen gelingen kann." (Scharner-Wolff 2017).

Was also hilft, Menschen dazu zu bringen, entgegen ihrer Gewohnheit zu arbeiten und Neues auszuprobieren?

Mehrwert durch eine andere Basis der (Zusammen)Arbeit
Ein sehr wichtiger Punkt in Unternehmen ist die Diskussionskultur. Abb. 6 stellt Aussagen unterschiedlicher Diskussionskulturen gegenüber und macht so deutlich, welche unterschiedlichen Denkansätze hinter den einzelnen Kulturen stehen.

Abb. 6 Aussagen
unterschiedlicher
Diskussionskulturen

Vielfach werden Themen, die im Tagesgeschäft die Zusammenarbeit beeinflussen, nicht offen thematisiert und diskutiert. Dabei werden Narrative, also Glaubenssätze und Annahmen, die jeglichen Handlungen zu Grunde liegen, häufig unter den Teammitgliedern als gleich oder zumindest ähnlich vorausgesetzt. Dies ist aber häufig nicht so. Ein einfaches Beispiel zeigt sich in folgendem Satz:

Beispiel

„Um Unterstützung zu bitten, ist ein Zeichen der Schwäche." ◄

Nehmen wir einmal an, es gibt in einem Team Mitarbeitende, die diesen Satz voller Überzeugung denken und Teammitglieder, die das überhaupt nicht so sehen. Im Tagesgeschäft werden Letztere immer wieder einmal andere Teammitglieder aufsuchen und sie um Unterstützung bzw. ihren Rat bitten. Diejenigen, die dem o. g. Satz jedoch zustimmen, nehmen die Nachfragen als Schwäche wahr und würden auch selbst nie auf die Idee kommen, bei Teammitgliedern um Hilfe zu bitten (selbst wenn diese Hilfe dringend notwendig wäre bzw. das gesamte Team hiervor profitieren würde). Dies führt regelmäßig zu Spannungen innerhalb des Teams.

Beispiel

„Wer länger arbeitet, erreicht mehr." ◄

Auch zu diesem Satz gibt es häufig sehr unterschiedliche Auffassungen in den Teams. Manche Teammitglieder arbeiten zügig und sind rasch mit ihrer Arbeit fertig. Andere wiederum benötigen etwas länger Zeit. Wenn Letztere nun den o. g. Glaubenssatz im Kopf haben, wird es immer wieder zu Reibungen innerhalb des Teams kommen, wenn jemand früher nach Hause geht bzw. seine Arbeitszeit beendet. Dennoch bleibt dieser Glaubenssatz oft unausgesprochen.

Um zu verstehen, weshalb es so wichtig ist, sich über die Glaubenssätze auszutauschen, eignet sich der „Shared Mental Models Ansatz".

Mentale Modelle sind Wissensstrukturen, die es dem Einzelnen ermöglichen, mit seiner Umgebung zu interagieren. Vor allem ermöglichen mentale Modelle den Individuen, das Verhalten der Welt um sie herum vorherzusagen und zu erklären, Beziehungen zu erkennen, sich daran zu erinnern und Erwartungen für das zu konstruieren, was als nächstes wahrscheinlich ist (Rouse und Morris 1986). Mithilfe mentaler Modelle ist es möglich, Schlussfolgerungen zu ziehen und zu entscheiden, welche Maßnahmen zu ergreifen sind (Johnson-Laird 1983).

Cannon-Bowers et al. (1993) stellten die These auf, dass Teams mit Hilfe von gemeinsamen mentalen Modellen mit schwierigen und sich ständig ändernden Anforderungen erfolgreich umgehen können. Als Erfolgsfaktor wird gesehen, dass die Teammitglieder vorhersagen können, was die Kollegen tun werden und was sie dafür benötigen. Daher besteht die Funktion gemeinsamer mentaler Modelle darin, den Teammitgliedern zu ermöglichen, auf ihr eigenes gut strukturiertes Wissen zurückzugreifen, um Aktionen auszuwählen, die mit denen ihrer Teamkollegen konsistent und koordiniert sind.

Stout et al. (1996) präzisierten den Ansatz noch einmal indem sie darauf hinwiesen, dass gemeinsame mentale Modelle in einem Umfeld, in dem offene und vertrauensvolle Kommunikation üblich ist, an Bedeutung verlieren. Hier werden zeitnah die nächsten Schritte gemeinsam abgesprochen und umgesetzt. In einem nicht idealen Umfeld jedoch, welches häufig durch Stress, Arbeitsüberlastung und Zeitdruck geprägt ist, sind gemeinsame mentale Modell von großer Bedeutung, da sie es den Mitgliedern ermöglichen, die Informations- und Ressourcenanforderungen ihrer Teamkollegen vorherzusagen.

Die (digitale) Transformation von Unternehmen erfordert ein hohes Maß an Flexibilität und Geschwindigkeit für die einzelnen Teams. (Der Fokus auf die Teams scheint sinnvoll, da hier die Arbeit „passiert". Sind die Teams effizient, kann es auch die Organisation sein.) Den o. g. Ansätzen folgend ist es dementsprechend wichtig, die gleichen mentalen Modelle zu haben (Stout et al. 1996). Diese Annahme stelle ich erfahrungsbasiert infrage bzw. möchte sie präzisieren:

▶   Es ist unabdingbar für ein gut zusammenarbeitendes Team, die mentalen Modelle der anderen Teammitglieder zu kennen und darüber sprechen zu können.

Hier hat sich ein Tool bewährt, was entgegen des Trends zur Digitalisierung auf Haptik setzt. Es ist ein Moderationskartenset, welches auf jeder Karte einen Glaubenssatz aufführt und mit dessen Hilfe Teams über Dinge sprechen, die sonst nie ausgesprochen werden, aber dennoch aus o. g. Gründen so wichtig sind. Allein, dass die Teammitglieder miteinander über verschiedene Bereiche diskutieren, hat einen großen Wert für die Akzeptanz der Situation und der Veränderung selbst. Es werden Muster gebrochen, indem die Teams mithilfe der Karten über die Grundannahmen jedes Einzelnen sprechen.

Das Kartenset heißt „Elephant in the room" und lässt die Teammitglieder über die Implikationen der Veränderung für die einzelnen Personen und das jeweilige Team sprechen. Darüber hinaus ermöglicht es jedem im Team, Stellung zu beziehen und gleichzeitig viel über die mentalen Modelle der Anderen zu erfahren. Erst wenn genau dies ausgesprochen wurde, können Teams auch die Herausforderungen, die auf sie zukommen, gestalten. Alle o. g. Beispielsätze stammen aus dem Set und sind zum Teil bewusst provokant formuliert, um die Gespräche auf den Punkt bringen zu können (cairos-consulting 2020).

Um die Wirkweise zu verdeutlichen, sei hier beispielhaft der Beginn eines Lessons Learnt Workshop, den ein IT-Projektleiter zu Anfang des Jahres mit seinem Team durchführte, dargestellt.

Um einen guten Einstieg in den Tag zu erhalten und um unterschiedliche und gemeinsame Wahrnehmungen und Perspektiven zu verdeutlichen, wurden die Moderationskarten „Elephant in the room" eingesetzt.

Alle Projektmitglieder versammelten sich um einen Tisch, auf dem verdeckt die Karten zur Zusammenarbeit lagen. Das Prinzip ist einfach: Jeder zieht reihum eine Karte, liest vor, was darauf steht und sagt dann, was er/sie selbst davon hält. Danach äußert er/sie seine Gedanken hinsichtlich der Frage, wie sehr diese Aussage für das Team zutrifft. Im Anschluss wird diskutiert, welche ähnlichen bzw. anderen Meinungen es hierzu gibt.

Im Team wurde zuerst die Karte „Es ist effizienter, wenn man sich in Meetings parallel um andere Aufgaben kümmert" gezogen und vorgelesen. Schmunzeln und gleichermaßen Stirnrunzeln im Raum. Schließlich: „Da ist schon was dran. Wir haben so viele Meetings, dass es gar nicht anders geht als Mails in den Meetings zu beantworten. Außerdem ist ja auch nicht immer alles relevant, was da besprochen wird." Daraus entstand eine kurze, aber heftige Diskussion mit dem Ergebnis, dass das Team diese Situation ändern wollte. Erste Vorschläge für die Umsetzung wurden notiert. Somit stand das Thema „Meetings verbessern" nun weit oben auf der Agenda des Teams.

Danach wurde die Karte „Wichtig ist hier nur der Statusbericht" gezogen. Auch hier erkannten sich die Projektmitglieder offenbar wieder. Eine Person sagte: „Das trifft voll auf uns zu! Am Donnerstagnachmittag machen wir alle nichts anderes, als diesen Statusbericht zu befüllen. Alles andere muss dafür liegenbleiben." Diese Aussage brachte bei dem Projektleiter ungläubiges Staunen hervor. Nicht nur, dass er nicht wollte, dass am Donnerstagnachmittag niemand mehr „arbeitete". Vielmehr war ihm gar nicht bewusst gewesen, von welcher Erwartungshaltung die Teammitglieder bei ihrem Projektleiter ausgehen. Er selbst legte eher wenig Wert auf den Bericht und ging davon aus, dass das auch alle Anderen wüssten und entsprechend priorisieren würden. Er nutzte die Gelegenheit umgehend, um seine Erwartungen klar zu machen und bat auch darum, über das Thema Priorisierung später am Tag noch einmal zu sprechen.

Das Beispiel macht deutlich, dass das Wissen um die individuellen Glaubenssätze im Team hilft, Missverständnisse und unnötige Konflikte zu vermeiden. Als Führungskraft ist es ebenfalls wichtig zu verstehen, welche Glaubenssätze in dem eigenen Team vorherrschen. Das o. g. Beispiel des Lessons Learnt Workshops hat bereits gezeigt, dass es zu viel unnötiger Arbeit führen kann, wenn die Beteiligten von unterschiedlichen Annahmen ausgehen. Es ist deshalb umso wichtiger, auch über Erwartungen zu sprechen. Für Führungskräfte bietet sich mit der einfachen Methode der Karten eine gute Möglichkeit, hierbei voran zu gehen und Unausgesprochenes zu thematisieren.

Noch ein paar Worte zum Thema Verantwortungsübernahme und Führung

Bei einem Barcamp diskutierte ich mit Führungskräften eines großen Konzerns, wie sie die Mitarbeitenden in die Verantwortung nehmen können, Veränderungen mit zu tragen und sie sogar aktiv voranzutreiben. Aus der grundsätzlichen Fragestellung, mit der dieses Unternehmen ja nicht allein ist, ergab sich eine sehr gute Diskussion.

Zunächst einmal stellte sich die Frage, für welche Art von Change die Mitarbeitenden Verantwortung übernehmen und welches Business-Problem angegangen werden sollte. Dies haben wir gemeinsam diskutiert, für diesen Artikel möchte ich mich aber auf etwas Anderes konzentrieren. Nur so viel: Von „oben" wurde vorgegeben, wohin die Reise gehen sollte. Also ein klarer Top-Down Ansatz.

Wir begaben uns danach auf die Suche nach Hypothesen dazu, weshalb die Mitarbeitenden keine Verantwortung übernehmen (wollten). Die Gründe waren vielfältig, ein Punkt kristalisierte sich aber immer stärker heraus: Die Führungskräfte darüber und darüber (und darüber…) zeigten sich ebenfalls wenig begeistert, ein verantwortungsvolles Verhalten für die Veränderung zu zeigen und fanden für sich selbst immer wieder Ausnahmen.

Nun könnte man argumentieren, dass ein „wasch mich aber mach mich nicht nass"-Ansatz nicht funktioniert. Man könnte gleich sagen, dass ein Ansatz, der von „Oben" verordnet, dann aber bis zu den Teamleitern hinab nicht vorgelebt wird, zum Scheitern verurteilt ist und man gar nicht erst beginnen sollte.

In der Praxis benötigen aber wohl Viele einen pragmatischen Weg aus dem Dilemma. Wenn der Change also nicht von oben vorgelebt wird, wie kann ich als Führungskraft (mit dem klaren Auftrag, den Change zu begleiten) dann helfen?

Ich glaube, dass drei Schritte hier sinnvoll sind:

1. Vorreiter identifizieren – Welche Mitarbeitenden sind heute schon Träger der Veränderung? Wo gibt es Bereiche, die aufgeschlossen sind für Neues? Wo gibt es vielleicht schon Veränderungsinitiativen? Wo wird schon „anders" gearbeitet?

2. Möglichkeiten schaffen, Hindernisse aus dem Weg räumen, Freiräume ermöglichen – Wie können diese Vorreiter unterstützt werden? Welche Rahmenbedingungen können geschaffen werden, um diese Mitarbeitenden zu unterstützen?
3. Sichtbar machen – Wie kann der Weg, sowohl mit Erfolgen als auch mit Rückschlägen, für die Organisation sichtbar gemacht werden? Lassen Sie die Mitarbeitenden selbst erzählen und bieten Sie ihnen eine Bühne, sodass sich die Ideen verbreiten können.

Führungskräfte stehen in der (digitalen) Transformation vor besonderen Herausforderungen. Ihre durch die Hierarchie über Jahre vorgegebene Steuerungsfunktion (legitimiert durch ein geschaffenes Machtgefälle) wandelt sich zu einer Führungsrolle, in der es vor allem darum geht, Mitarbeitenden Hindernisse aus dem Weg zu räumen, Ideen zu ermöglichen und in einer „sense and response" Kultur zu kooperieren.

Innerhalb der Teams ist es entscheidend, inwieweit die einzelnen Teammitglieder ein gemeinsames Problem lösen und wie intensiv sie die Abhängigkeit von einander spüren. Diese Voraussetzungen kann Führung entscheidend unterstützen. Durch die zunehmende Transparenz und die Abhängigkeit von einander erhöht sich der Gruppendruck, was wiederum zu einem starken Zusammengehörigkeitsgefühl und sozialer Kontrolle führt und damit die Verantwortungsübernahme fördert. Dabei hat es sich als sinnvoll erwiesen, frühzeitig über die gegenseitigen Erwartungen zu sprechen und als Führungskraft hier in Vorleistung zu gehen. Dies kann über die Festlegung eines gemeinsamen Entscheidungs- und Handlungsrahmen geschehen, der Prinzipien (Beschreibung eines fertigen Zustandes) statt Regeln (Wenn – Dann) festlegt.

▶ Insgesamt kommt der Führungskraft in der Transformation die wichtige Rolle des Change Managers zu. Dabei wandelt sich die Aufgabe der Führungskraft grundsätzlich: weg von der Durchsetzung von internen Referenzen (Prozessen, Methoden, etc.) kraft Hierarchie hin zu einem Unterstützer, der es dem Team ermöglicht, das gemeinsame Ziel ungestört zu verfolgen.

4 Fazit

Der Wandel von einem hierarchisch geprägten Unternehmen hin zu einer agilen, netzwerkartigen Struktur geht nicht mit einem Fingerschnipsen von statten.

Beispiel

„Wie schnell können Sie etwas verändern?" oder „So viel Zeit braucht das? Das können wir uns nicht leisten. Fangen Sie doch erst mal mit etwas Kleinerem an." ◀

Zwei Aussagen, die häufig zu Beginn einer Transformation zu hören sind.

Markterfordernisse drängen Unternehmen dazu, immer wieder auf nicht vorhersehbare Situationen schnell zu reagieren. Dieses Tempo soll nach Möglichkeit auch innerhalb eines Unternehmens gehalten werden. Prozesse werden verändert, Hierarchien umstrukturiert und die Mitarbeiter in Seminare und Trainings „gesteckt", um mit den veränderten Rahmenbedingungen schritthalten zu können.

Doch wie sinnvoll und nachhaltig sind diese rasch umzusetzenden Maßnahmen? Was verändert sich damit wirklich im Unternehmen? Verkommen Maßnahmen wie Trainings, Coachings und Workshops vor diesem Kontext nicht als Beschwerdeforum für die Mitarbeiter und für Führungskräfte als Legitimation („Wir treiben den Mind-Change voran!")? Bedeutet dies, dass viel Geld für schöne neue Prozesse ausgegeben werden und sie letztendlich nichts bewirken? Müssen Mitarbeitenden gar nur 1–2 Jahre „stillhalten", weil dann alles wieder seinen gewohnten Gang geht?

Nachvollziehbar ist der Wunsch vieler Unternehmen, auch für ein Transformationsprojekt einen klassischen Zeitplan mit Meilensteinen, einem Endzeitpunkt und einem definierten Ergebnis zu haben. Dieser mechanistischen Vorgehensweise liegt allerdings die Annahme zu Grunde, dass Veränderungsprozesse planbar seien: „Unser Veränderungsprozess ist damit abgeschlossen!"

Dies widerspricht sowohl den Anforderungen der VUCA Welt als auch dem systemischen Ansatz, der davon ausgeht, dass sich komplexe Systeme wie Unternehmen bzw. Veränderungen nicht bis ins Detail steuern lassen.

Dabei liefern systemische Ansätze einen probaten Mittelweg. Planung ist eine wichtige Voraussetzung für Veränderung – jedoch genauso wichtig ist das Zulassen von Unwägbarkeiten und nicht deren Negierung.

Die Aufgaben von Führungskräften ändern sich in der Transformation grundlegend. Die bisherigen anleitenden und kontrollierenden Tätigkeiten werden nur noch für bekannte Herausforderungen mit repetitivem Charakter benötigt. Mit steigender Dynamik im Markt gibt es jedoch vermehrt Herausforderungen, bei denen es keine bekannte beste Lösung gibt. Hier sind Ideen und gute Zusammenarbeit gefragt, die die Führungskraft unterstützen kann. Sie „schützt" das Team und räumt den Weg frei für die zielgerichtete Arbeit an den Marktherausforderungen.

Als einer der wichtigsten Aspekte der digitalen Transformation kristallisiert sich die Unternehmenskultur heraus. Eine Kultur, die aufgeschlossen ist, sich fehlertolerant zeigt und durch eine konstruktive Diskussionskultur geprägt ist, passt sich den dynamischen Märkten wesentlich besser an.

Um diese Kultur zu fördern, ist es notwendig, den Mitarbeitenden den Raum zu geben, eine neue Art des Arbeitens gefahrlos ausprobieren zu können und einen konstruktiven Umgang mit Fehlern zu fördern. Die Kenntnis sowie das Verstehen und Akzeptieren der mentalen Modelle und Glaubenssätze der jeweils Anderen in einem Team führt dabei zu einer besseren Zusammenarbeit.

Gleichzeitig ist es erforderlichen, die internen Referenzen (Methoden, Prozesse, Checklisten, Bonussysteme) auf den Prüfstand zu stellen und genau zu überlegen, welche davon nicht mehr zu den externen Referenzen (Markterfordernisse) passen.

Welche Prozesse und Methoden werden noch genutzt, weil sie schon immer genutzt wurden, nun aber nicht mehr passend sind oder im schlimmsten Fall gegen die Markterfordernisse arbeiten?

Die Kultur selbst ist nicht „machbar", nicht direkt beeinflussbar. Anhand der Kultur ist beobachtbar, was in einem Unternehmen normal ist. Sie gibt Aufschluss darüber, wie Probleme und Herausforderungen angegangen und gelöst werden. Stattdessen können die Rahmenbedingungen verändert und die entsprechende Reaktion an der Kultur(veränderung) abgelesen werden.

Literatur

Bendel O (2019) Wirtschaftslexikon. https://wirtschaftslexikon.gabler.de/definition/vuca-119684/version-368877. Zugegriffen: 11. Mai 2020

Blum P, Dübner M (2012) Betriebliche Bildung 3.0 – Wie sieht sie aus – was muss sie leisten? eLearning J 14:42–47

Cairos-consulting (2020) https://www.cairos-consulting.de/moderationskartenset/. Zugegriffen: 25. Mai 2020

Cannon-Bowers JA, Salas E, Converse SA (1993) Shared mental models in expert team decision making. In: Castellan NJ (Hrsg) Current issues in individual and group decision making. Erlbaum, Hillsdale, S 221–246

Capgemini (2017). bit.ly/ChangeStudie2017. Zugegriffen: 10. Apr. 2020

Dweck CS (2016) Mindset The new psychology of success. Ballantine Books, New York, S 6–7

Handelsblatt (2005). https://www.handelsblatt.com/unternehmen/it-medien/mobilfunkmarkt-nokia-zeichnet-optimistisches-bild/2583906.html?ticket=ST-502023-dednrq4ernj4iEp9lcgt-ap6. Zugegriffen: 11. Mai 2020

Johnson-Laird P (1983) Mental models. Harvard Univ Press, Cambridge

Rouse WB, Morris NM (1986) On looking into the black box: prospects and limits in the search for mental models. Psychol Bull 100:349–363

Scharner-Wolff P (2017). https://www.ottogroup.com/de/dossier/hallowerte-interviews/Work-Awesome-Petra-Scharner-Wolff.php. Zugegriffen: 20. Mai 2020

Snowden D (2005) „Multi-ontology sense making – a new simplicity in decision making". Inform Primary Health Care 13(1):45

Snowden D, Boone M (2007) A leader's framework for decision making. Harvard Bus Rev 85(11):7

Steinle A (2018a) Zukunftsinstitut. https://www.zukunftsinstitut-workshop.de/2018/05/megatrend-new-work/. Zugegriffen: 13. Mai 2020

Steinle A (2018b) Zukunftsinstitut. https://www.zukunftsinstitut-workshop.de/2018/05/megatrend-wissenskultur/. Zugegriffen: 13. Mai 2020

Stout RJ, Cannon-Bowers JA, Salas E (1996) The role of shared mental models in developing team situational awareness: implications for training. Training Res J 2:85–116

Pause C (2020). https://newmanagement.haufe.de/organisation/new-management-talk-mit-judith-muster. Zugegriffen: 13. Mai 2020

Zimmermann S, Kunze F (2018) Digital Fluency – eine Metakompetenz der Zukunft. In: Schwuchow K, Gutmann J (Hrsg) HR-Trends 2019: Strategie, Digitalisierung, Diversität, Demografie. Haufe, München, S 3–4

Michaela Scheller ist Diplomkauffrau, Organisationspsychologin und systemische Organisationsberaterin und begleitet Unternehmen seit 15 Jahren selbständig in Veränderungsprozessen, insbesondere der digitalen Transformation. Hierbei sorgt sie für die notwendige Kommunikation und initiiert so wirksame Kulturveränderungen. Sie hat umfangreiche internationale Erfahrung mit unterschiedlichen Formaten wie u. a. Open Space, Liberating Structures, Work Hacks und Elephant in the room-Workshops und bloggt regelmäßig unter cairos-consulting.de/blog. Zudem gestaltet sie gemeinsam mit ihren Kunden online Formate wie Workshops und Meetings, die sich vor allem während der Corona-Pandemie bewährt haben. Michaelas Arbeit zeichnet sich durch Sensibilität für die individuelle Situation, einen gesunden Pragmatismus und eine gute Portion Humor aus. Besonders inspirieren sie gute Gespräche, ein ständiger Austausch über Unternehmensgrenzen hinweg sowie ihre regelmäßige Yoga-praxis.

Teil III

Beispiele und Ergebnisse aus der Unternehmenspraxis

Exportkontrolle des Technologietransfers im Kontext der Digitalisierung

Nils Lehmann

„In the future exports will be transmitted not transported"
Quelle: (Internationales Fachinstitut für Steuer- und
Wirtschaftsrecht e. V. 2019)

1 Technologietransfer in der Exportkontrolle – Eine kurze Einführung

Deutschland verzeichnet in den letzten Jahrzehnten einen stetigen Anstieg an exportierten Gütern (Statistisches Bundesamt 2020). Dabei wird der Anteil digitalisierter Forschungen und Güter immer größer. Sie sind unter anderem wegen ihrer Effizienz von großer Wichtigkeit für Unternehmen (DPMA 2019; ibi research 2018). Vor allem Cloud Computing, Big Data und Künstliche Intelligenz, bekannte Schlagwörter der Digitalisierung, sind relevante Technologien (Accenture 2019). Besonders die Konnektivität, das Überwinden von Grenzen, sowie das weltweite Verbinden von Menschen und Unternehmen sind große Vorteile dieser Systeme. Daher wird davon ausgegangen, dass in Zukunft die Anzahl digitaler Exporte auf Kosten physischer Exporte steigen wird (Internationales Fachinstitut für Steuer- und Wirtschaftsrecht e. V. 2019).

Zusammen mit der Außenwirtschaftsverordnung setzt das Außenwirtschaftsgesetz (AWG) die Rahmenbedingungen des Außenhandels für in Deutschland ansässige Unternehmen. Trotz des grundsätzlich freien Güter-, Kapital- und Dienstleistungsverkehrs der in § 1 AWG zugesichert wird, kann es auf Grundlage des § 4 AWG zu Einschränkungen

N. Lehmann (✉)
MAHLE GmbH, Stuttgart, Deutschland
E-Mail: nils.lehmann@mahle.com

© Springer-Verlag GmbH Deutschland, ein Teil von Springer Nature 2021
M. Bodemann et al. (Hrsg.), *Zukunftsfähigkeit durch Innovation,*
Digitalisierung und Technologien, Organisationskompetenz Zukunftsfähigkeit,
https://doi.org/10.1007/978-3-662-62148-6_9

kommen. Mithilfe des Paragraphen vier sollen unter anderem die Sicherheitsinteressen Deutschlands, das friedliche Zusammenleben der Völker, als auch die Außenbeziehungen der Bundesrepublik gesichert werden (Bundesamt für Justiz 2018, § 4).

Die hieraus entstandene Exportkontrolle soll nicht durch nationale Alleingänge und inkonsistente Auflagen wirkungslos bleiben. Daher bilden neben den Vereinten Nationen verschiedene Exportkontrollregime[1] die Grundlage einer einheitlichen internationalen Exportkontrollpolitik. Das führt zu einheitlichen Kontrollstandards der Mitgliedsstaaten, zahlreiche große Industrie- und Schwellenländer, bei der Ausfuhr von sensitiven Gütern (BAFA 2018a, S. 6–10).

Die Pflicht zur Kontrolle der Ausfuhren[2] liegt bei den handelnden Unternehmen selbst. Bei Missachtung müssen die handelnden Organisationen und Personen mit juristischen Konsequenzen rechnen (u. a. Landgericht Kiel 2019). Das kann sowohl zu Bußgeldzahlungen bei Ordnungswidrigkeiten, als auch zu Freiheitsstrafen bei Straftaten der beteiligten Personen führen (Bundesamt für Justiz 2018, § 17–19; Bureau of Industry and Security 2013, EAR § 764). Deshalb ist eine funktionierende Exportkontroll-organisation in betroffenen Unternehmen unabdingbar.

Die Themengebiete der Exportkontrolle decken sowohl personen-, länder-, produkt-, als auch verwendungsbezogene Sanktionen und Genehmigungsvorbehalte ab (BAFA 2018a, S. 6). Für die vorliegende Betrachtung des Technologietransfers ist lediglich die produktbezogene und in Teilen die verwendungsbezogene Exportkontrolle von Relevanz. Daher werden die restlichen Themenbereiche bei den hier angestellten Betrachtungen vernachlässigt.

Für deutsche Unternehmen sind die Rechtsvorschriften der EU (EG-Dual-Use Ver-ordnung), der Bundesrepublik Deutschland (Ausfuhrliste), sowie, bei Anwendung, das extraterritorial wirkende US-Exportkontrollrecht (v. a. EAR und ITAR) zu beachten.

2   Technologien und Waren der Exportkontrolle

Trotz strenger internationaler und nationaler Regularien ist nicht jedes Gut automatisch exportkontrollrelevant. Nachstehend werden die von der Exportkontrolle betroffenen Waren und Technologien beleuchtet.

---

[1]Zu den internationalen Exportkontrollregimen gehören das „Wassenaar Arrangment" (WA), die „Nuclear Suppliers Group" (NSG), die „Australische Gruppe" (AG) und das „Missile Technology Control Regime" (MTCR) (BAFA 2018a, S. 7).
[2]Außenwirtschaftsrechtlich wird die „Ausfuhr" (Lieferung von Waren aus dem Inland/der Europäischen Union in ein Drittland) von der „Verbringung" (Lieferung von Waren aus dem Inland in die Europäische Union) unterschieden. Immer wenn im vorliegenden Text von „Ausfuhr" gesprochen wird, impliziert dies auch, dass es Kontrolltatbestände bei der „Verbringung" geben kann. Der Verständlichkeit halber werden die Begrifflichkeiten hier nicht separat aufgeführt.

Die angesprochenen Exportkontrollregime identifizieren Güter und Anwendungen, die aufgrund ihrer Nähe und Sensitivität im Bereich Rüstungs-/Waffentechnologie nicht unkontrolliert verbreitet werden sollen (Verhinderung der Proliferation). Sensitive bzw. sensible Güter im Sinne der Exportkontrolle sind Waren, Technologien und Software, die aufgrund objektiver technischer Parameter für militärische und rüstungsbezogene Anwendungen verwendet werden können oder für diese bestimmt sind. Diese Vorgaben setzt jeder Mitgliedsstaat in national bindende Vorschriften, siehe deutsche Ausfuhrliste, um (BAFA 2018a, S. 6–8).

Hiervon betroffen sind die Industriebereiche Chemie, Biologie, Physik, Nuklear-technik, Maschinenbau, Elektrotechnik, Werkstofftechnik, Luft- und Raumfahrttechnik, sowie die Informations- und Kommunikationstechnik. Forschungseinrichtungen die in diesen Bereichen tätig sind können ebenfalls betroffen sein (s. Abschn. 4.3; BAFA 2016, S. 26).

Es werden nicht pauschal alle Güter dieser Industrien beim Export kontrolliert. Die nötigen Kontrollen beziehen sich auf spezifische Güter, die entweder eindeutig dem Rüstungssektor zugeordnet werden können (Rüstungsgüter) oder auf Güter mit doppeltem Verwendungszweck (sog. „Dual-Use" Güter). Diese Güter sind samt **detaillierten technischen Parametern** in sogenannten Güterlisten erfasst. Die Güter-listen werden von den Exportkontrollregimen herausgegeben (BAFA 2018a). Die Nennung einer Ware auf einer Güterliste hat nicht zwingend zur Folge, dass diese Ware generell nicht exportiert werden darf. Vielmehr unterliegt der Export bestimmten Regularien. Eine Genehmigung für den Export durch die zuständige staatliche Behörde ist ebenso möglich, wie ein Verbot des Exports (BAFA 2018a).

Neben physischen Waren kann auch Technologie zu deren „Entwicklung", „Her-stellung" oder „Verwendung" von einer Güterliste erfasst sein[3]. Damit Technologie-exporte und die Weitergabe von technischen Daten einer Restriktion unterliegen, müssen bestimmte Voraussetzungen erfüllt sein[4]. Die unten aufgeführte Definition von „Techno-logie" aus der EG-Dual-Use Verordnung gibt wichtige Anhaltspunkte für diese spätere Betrachtung. Daraus kann abgeleitet werden welche Technologien besonders sensitiv bzw. von einer möglichen Listung auf einer Güterliste betroffen sind.

▶ **„Technologie"** [im Sinne der Exportkontrolle]: spezifisches technisches Wissen, das für die „Entwicklung", „Herstellung" oder „Verwendung" eines Produkts nötig ist. Das

---

[3]Die genauen Definitionen der Begriffe „Entwicklung", „Herstellung" oder „Verwendung", sowie weitere fachspezifische Begriffe finden sich in der EG-Dual-Use Verordnung abrufbar unter https://eur-lex.europa.eu/legal-content/DE/ALL/?uri=CELEX%3A02009R0428-20140702.

[4]Die Voraussetzungen befinden sich u. a. in der Allgemeinen Technologieanmerkung (ATA) der EG-Dual-Use Verordnung, abrufbar unter dem in Punkt 3 genannten Link. Zu diesen zählt besonders die „Unverzichtbarkeit" der Technologie für das Erreichen der Hauptparameter der kritischen Waren.

technische Wissen wird in der Form von ‚technischen Unterlagen' oder ‚technischer Unterstützung' verkörpert (Europäische Kommission 2018).

Dabei gilt es vor allem die Notwendigkeit der Technologie für einen der drei genannten Anwendungsfälle hervorzuheben. Die Notwendigkeit ist neben der „Unverzichtbarkeit" (siehe [4]) der ausschlaggebende Punkt bei der Bestimmung, ob die vorliegende Technologie auf einer Güterliste aufgeführt wird oder nicht. Kurz gesagt: die Technologie muss als wesentliches Element zur Erreichung der Leistungsmerkmale eines sensitiven Gutes beitragen (BAFA 2016, S. 11–12; Lehmann 2019). Das folgende Beispiel soll zur Veranschaulichung dienen:

Beispiel

Unternehmen U will technische Unterlagen für eine Drehmaschine (gelistet in der EG-Dual-Use Verordnung [2B001]) an einen Kunden K im Ausland senden. Bei den Unterlagen handelt es sich:

a) Um ein Handbuch, dass die Produktmaße, -eigenschaften und Verwendungsmöglichkeiten, sowie grobe technische Spezifikationen beschreibt.
b) Um komplette Zeichnungssätze, detaillierte technische Spezifikationen und Fertigungsunterlagen, die den Kunden in die Lage versetzen, die Maschine selbst zu entwickeln bzw. herzustellen.

Mit dem oben dargestellten Sachverhalt wird deutlich, dass Aktion a) ohne Bedenken ausgeführt werden kann. Bei b) liegt (sehr wahrscheinlich) eine Exportrestriktion vor.
→ Folglich hängt die Exportrestriktion der Technologie einer gelisteten Ware von der Art, dem Umfang und dem Detaillierungsgrad der technischen Unterlagen ab. ◄

Außerdem unterliegen technische Unterstützung, Vermittlungsgeschäfte und der Zahlungsverkehr der Exportkontrolle. Darauf wird im Folgenden jedoch nicht detailliert eingegangen. Im Vordergrund des Kapitels steht der Umgang mit dem Technologietransfer für Unternehmen im Kontext der Digitalisierung.

---

3   Industrie und Technologietransfer – Kurze Einblicke in den Status quo

„Nie war die Geschwindigkeit, mit der die technische Entwicklung voranschreitet, so schnell, wie heutzutage. Jedoch wird Sie nie wieder so langsam sein." (o. V.).

Diesen Herausforderungen stellen sich nicht nur die Exportkontrollregime, die am Puls der Zeit bleiben müssen, damit sensible Technologien frühzeitig erkannt werden. Die frühzeitige Identifikation solcher Technologien hilft die Verbreitung für deren kriegerische oder menschenrechtsverletzende Nutzung zu unterbinden. Auch Unternehmen stehen vor diesen Herausforderungen. In einer Zeit, in der sich Unternehmen nur durch stetige Innovationen und Weiterentwicklung existierender Technologien am Markt behaupten können, ist die Umsetzung der Exportkontrolle im Bereich des Technologietransfers schwer zu handhaben.

Große Probleme bereitet die „unverkörperte" Art der Technologie an sich[5] (engl. „intangible technology transfer"; ITT). Während die Kontrolle physischer Waren, die eine „physische" Grenze passieren, einfach nach zu vollziehen ist, ist die Kontrolle von Datenflüssen komplizierter. Zu kontrollieren welche Daten wann, wie, wo und mit wem geteilt oder bereitgestellt werden, stellt Unternehmen vor große Herausforderungen. Der Austausch von Daten kann über Plattformen wie beispielsweise einer Cloud, per Self-Service als Download oder Zugriff geschehen. Auch durch „alltägliche" Kommunikationswege wie die gesprochene Sprache, am Telefon, per WhatsApp-Nachricht oder in Vorträgen ist ein Datenaustausch möglich. Das Anhängen kompletter Fertigungsunterlagen in einer Mail, die *„kurz an den Kollegen"* im Ausland gesendet wird, ist davon auch betroffen. Diese Handlungen können exportkontrollrelevant sein. Jedoch ist es schwer, deren Inhalt systematisch und somit auf Genehmigungspflicht zu prüfen (Lehmann 2019).

Eine Stichproben-Umfrage[6] unter zufällig ausgewählten Unternehmen aus den oben genannten Industriebereichen gibt Einblicke in die Herausforderungen und derzeitigen Aktionen dieser, um den Kontrollbeständen des Technologietransfers gerecht zu werden. Ein Großteil der teilnehmenden Unternehmen beschäftigt mehr als 1000 MitarbeiterInnen und zählt somit zu den Großunternehmen. Dies lässt vermuten, dass die Kontrollen bezüglich des Außenwirtschaftsverkehrs generell sehr ernst genommen werden. Das bestätigt das Ergebnis in Abb. 1: 93 % der Unternehmen weisen Prozesse zur Verhinderung von ungenehmigtem Technologietransfer auf (Lehmann 2019).

Um Technologien schützen zu können und die unerlaubte Übertragung ins Ausland zu verhindern, muss das Unternehmen die Sensitivität der Technologie klären. Dafür ist ein Abgleich der vorliegenden Technologie des Unternehmens mit den objektiven, technischen Parametern der von den Güterlisten erfassten Technologien notwendig. Dieser Abgleich ist für die Exportkontrolle entscheidend. (BAFA 2018a). Durch diesen

---

[5]„Unverkörpert" meint, dass die Technologie nicht in physischer Form vorliegt, sondern meist elektronisch z. B. als PDF-Datei auf dem Rechner oder in einer Cloud.

Anmerkung: liegt die Technologie jedoch als elektronische Datei auf einem verkörperten Medium vor z. B. einem USB-Stick, der physisch über die Grenze gebracht wird, ist die Technologie auch verkörpert.

[6]Die Umfrage wurde im Rahmen der Studienarbeit des Autors durchgeführt. Alle Angaben und Zitate stammen aus dieser Arbeit. Quelle (Lehmann 2019); Anmerkung: Die stichprobenartige Umfrage umfasst die Antworten von 14 Unternehmen.

**Prozesse zur Verhinderung von
ungenehmigtem Technologietransfer**

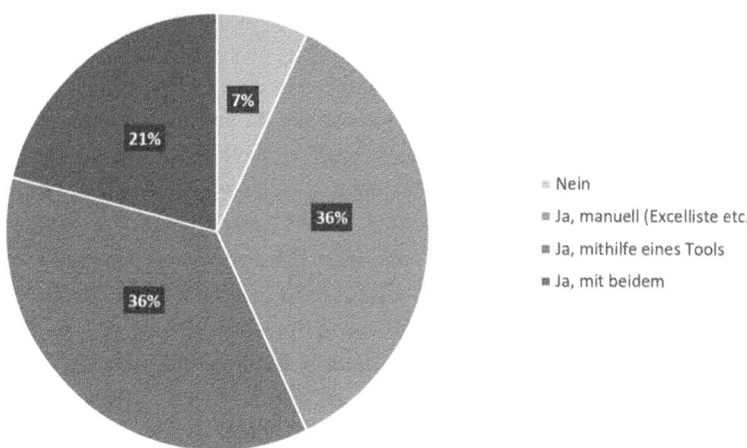

Abb. 1 Prozesse in Unternehmen zur Verhinderung von Technologietransfer (Lehmann 2019)

Arbeitsschritt, genannt „Klassifizierung der Güter", bestimmt das Unternehmen welche seiner Technologien und Waren von einer Güterliste erfasst und somit genehmigungspflichtig sind. Daher ist die Klassifizierung der ausschlaggebende Punkt zur Feststellung, ob ein Unternehmen seine Waren und Technologien aus exportkontrollrechtlicher Sicht besonders schützen muss. Folglich bedeutet eine frühzeitige Klassifizierung, beispielsweise im Entwicklungsstadium, eine höhere Sicherheit gegen ungenehmigten Technologietransfer.

Beispiel

Ein deutscher Softwareentwickler eines global agierenden Unternehmens schreibt an einem Quellcode (gelistet in der EG-Dual-Use Verordnung [6D003a2]) und bittet seinen indischen Kollegen um Hilfe. Da das Unternehmen ausschließlich fertige Produkte klassifiziert, weiß der Softwareentwickler nicht, dass es sich um eine genehmigungspflichtige Software handelt. Er versendet den Quellcode nach Indien und verstößt dabei gegen das Außenwirtschaftsgesetz.

Eine frühzeitige Klassifizierung im Unternehmen hätte diesen Verstoß verhindert.

◄

▶   Um ungenehmigten Technologietransfer effektiv zu verhindern ist die Einbindung der Exportkontrolle zum frühestmöglichen Zeitpunkt notwendig. Eine Klassifizierung der Güter vor/während der Entwicklung ist essenziell.

Zeitpunkt der Klassifizierung

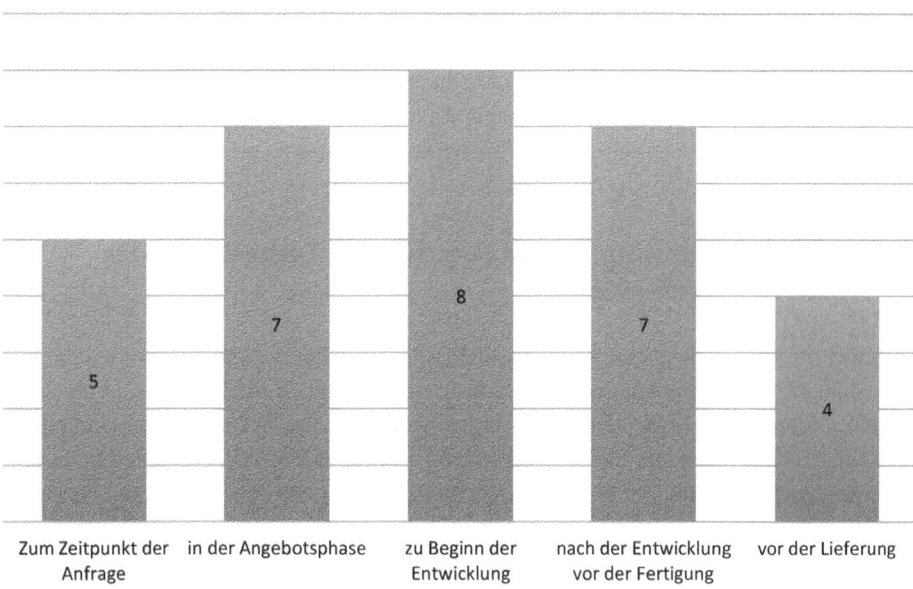

Abb. 2 Zeitpunkt der Güterklassifizierung in Unternehmen (Lehmann 2019)

Wie in Abb. 2 zu sehen, klassifizieren knapp 65 % der befragten Unternehmen ihre Güter zu Beginn der Entwicklung. Das vermindert das Risiko von unerlaubtem Daten- und Technologietransfer in der Entwicklungsphase stark. Zudem deckt das Vorgehen Genehmigungserfordernisse frühzeitig auf.

Aus diesen Erkenntnissen können Unternehmen, die in betroffenen Industriezweigen vertreten sind, einiges lernen. Weitere Aussagen von Fachexperten sehen die frühzeitige Einbindung und Klassifizierung von Waren und Technologien als Schlüssel einer effektiven Exportkontrolle an (Lehmann 2019). Die frühzeitige Identifikation sensibler Geschäftsvorgänge versetzt ein Unternehmen in die Lage, die richtigen Handlungsoptionen zu wählen und geeignete Prozesse aufzusetzen. Beispielhaft gelingt dies im Bereich technischer Dokumente über Zugriffsbeschränkungen und Berechtigungskonzepte. Knapp 80 % der befragten Unternehmen gaben an, mit Zugriffsbeschränkungen ihre sensiblen Daten zu schützen. In Kap. 5 werden Strategien aufgezeigt, wie mit einem solchen Sachverhalt umgegangen werden kann.

Abschließend bleibt festzuhalten, dass über 92 % der Unternehmen den Technologietransfer als wichtiges Themengebiet identifizieren. Dies vor allem vor dem Hintergrund ausländischer Produktions- und Entwicklungsstandorte und der damit einhergehenden Kooperation verschiedenster Entwicklungsabteilungen. Der hierbei entscheidende Faktor „Geschwindigkeit der Kommunikation" steht meist im Gegensatz zu den detaillierten

Prüfungen der Exportkontrolle. Dieser „interne" Technologietransfer[7] wird als große Herausforderung angesehen (Lehmann 2019).

Schlussendlich legt die Umfrage offen vor welchen Herausforderungen die Unternehmen stehen. Aufgrund der Anzahl der teilnehmenden Unternehmen ist die Umfrage nicht repräsentativ. Dennoch erfüllt sie das Ziel, erste oberflächliche Erkenntnisse und Stimmungen aus den Unternehmen zum Technologietransfer zu gewinnen.

4   Cloud Computing, KI und Forschung – Tatbestände des Technologietransfers

Nachdem in den vorangegangenen Kapiteln die Grundlage zum Technologietransfer gelegt und die Stimmung innerhalb der Industrie aufgezeigt wurde, geht es im Folgenden um neue, fortschrittliche Technologien. Dabei wird vermehrt auf das Cloud Computing mit seinen Fallstricken für die Exportkontrolle, sowie auf Künstliche Intelligenz eingegangen. Außerdem soll ein Wegweißer für Forschungseinrichtungen gegeben werden.

4.1   Technologietransfer im Cloud Computing

Das Speichern wichtiger Daten auf lokalen Festplattenservern ist längst überholt. Weltweite Zugriffsmöglichkeiten, Kosteneinsparungen für die Datenspeicherung und eine schnelle Abrufbarkeit der Daten treiben Unternehmen dazu Cloud-Anwendungen zu nutzen. Nicht selten werden auch externe Dienstleister, sogenannte Service Provider, eingebunden. Aber nicht nur Speicherplatz, sondern auch Rechenleistung und Anwendungssoftware können mittels Cloud Computing eingekauft werden (Bundesamt für Sicherheit in der Informationstechnik o. J.).

Zu Beginn ist klarzustellen, dass das Nutzen von Cloud-Anwendungen an sich generell nicht exportkontrollrelevant ist. Exportkontrollrelevante Aktivitäten treten immer dann auf, wenn sensitive bzw. gelistete Technologien, Daten oder Software in einer Cloud-Anwendung gespeichert, verarbeitet oder zur Verfügung gestellt werden.

Nachfolgend werden die verschiedenen Servicemodelle des Cloud Computing im Hinblick auf die Exportkontrolle untersucht und die Fallstricke für Unternehmen dargelegt. Zunächst wird ein Blick auf die generellen Eckpfeiler rund um das Thema Exportkontrolle und Cloud Computing geworfen.

---

[7]„interner" Technologietransfer meint den Technologietransfer innerhalb eines Unternehmens über Ländergrenzen hinweg. „Externer" Technologietransfer wäre demnach der Transfer von Technologie an ein anderes Unternehmen (z. B. Kunde/Lieferant).

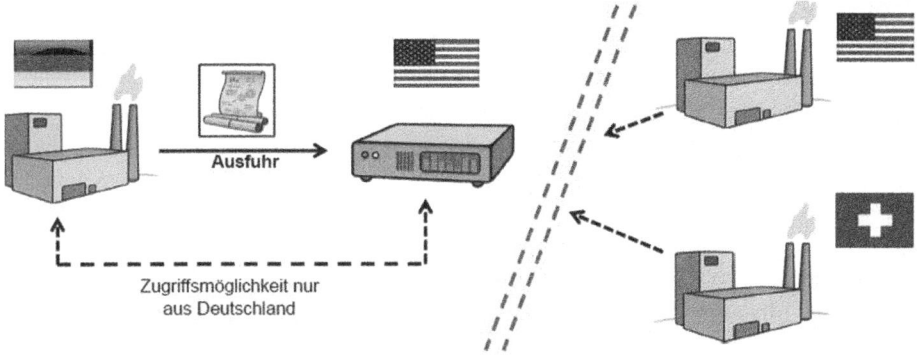

Abb. 3 Ausfuhr von Technologieunterlagen auf einen ausländischen Server ohne Zugriffsmöglichkeiten vom Ausland(AWA AUSSENWIRTSCHAFTS-AKADEMIE 2019)

Eckpfeiler Cloud Computing und Exportkontrolle

Grundsätzlich gilt die Verlagerung von technischen Daten ins Ausland als Ausfuhr. Ob ein Zugriff aus dem Ausland auf den Server der Cloud stattfindet, ist nicht relevant. Der **physische Standort** des Servers allein ist ausschlaggebend. Eine Verlagerung von Serverstandorten, genauso wie das Hochladen von Daten auf einen Server im Ausland, entsprechen einer Ausfuhr von Technologie (BAFA 2016). Abb. 3 verdeutlicht diesen Sachverhalt grafisch.

Eine weitere Ausfuhr von Technologie liegt beim Gewähren von Zugriffsrechten auf Server/Cloud-Anwendungen in Form der Bereitstellung vor. Hierbei ist die alleinige Möglichkeit eines Zugriffs auf die Daten schon einer Ausfuhr gleichzustellen. Das reale Abrufen bzw. Zugreifen auf die Daten muss nicht stattfinden.

Beispiel

Ein Unternehmen speichert sensitive technische Daten auf dem Unternehmensserver in Deutschland ab. Die Administratoren in Indien verwalten diesen Server und haben alle Zugriffsrechte. Die Administratoren schauen sich die technischen Daten jedoch nicht an.

→ Es liegt trotzdem eine Ausfuhr und im vorliegenden Fall ein ungenehmigter Technologietransfer vor. ◄

Wichtig ist in diesem Zuge darauf hinzuweisen, dass im Auge des Bundesamt für Wirtschaft und Ausfuhrkontrolle (BAFA) derjenige als **Ausführer** und somit **Verantwortlicher** angesehen wird, der die Verlagerung von Daten oder das Einräumen von Zugriffsmöglichkeiten beherrscht beziehungsweise veranlasst (BAFA 2016, S. 18). Das hat Auswirkungen auf die Vereinbarungen zwischen Cloud-Anbieter und Kunde

(s. Abschn. 5.4). Beherrscht beispielsweise ein deutsches Unternehmen die Zugriffs-rechte für einen Server in Italien und gibt die Zugangsdaten an Dritte weiter, ist das deutsche Unternehmen Ausführer. Der Serverstandort spielt in diesem Fall keine Rolle.

Die Regelungen für Zugriffe gelten auch für MitarbeiterInnen auf Dienstreise, wie beispielsweise im Vertrieb oder der Wartung. Wird aus dem Ausland, über das Unter-nehmensnetzwerk, auf sensible technische Daten zugegriffen, liegt eine (ungenehmigte) Ausfuhr vor.

▶ **Wichtig**
    1. Der **physische Standort** der Cloud-Server ist für die Exportkontrolle ent-scheidend.
    2. Die **Möglichkeit eines Zugriffs** (Bereitstellung) auf Daten ist ent-scheidend, ein Download oder Zugriff muss nicht erfolgen.
    3. Entscheidend ist, wer die **Einräumung** von **Zugriffsrechten beherrscht** und veranlasst. Der Serverstandort spielt dann keine Rolle.
    4. Das Abrufen von Daten durch **MitarbeiterInnen auf Dienstreise** im Ausland auf Server in Deutschland entspricht einer **Ausfuhr.**
       Beachte: Das Nutzen von Cloud-Anwendungen an sich ist generell nicht exportkontrollrelevant. Exportkontrollrelevant sind immer die Anwendungen und Daten in der Cloud.

Servicemodelle des Cloud Computing im Kontext der Exportkontrolle
Beim Cloud Computing gibt es drei unterschiedliche Kategorien von Servicemodellen. Jedes dieser Servicemodelle stellt unterschiedliche Herausforderungen für die Export-kontrolle dar.

Infrastructure as a Service (IaaS) Hierbei werden IT-Ressourcen wie Rechenleistung, Datenspeicher oder Netze als Dienst angeboten. Zumeist hat der Kunde die volle Kontrolle über das IT-System, vom Betriebssystem aufwärts, da alles innerhalb seines Verantwortungsbereichs betrieben wird (Bundesamt für Sicherheit in der Informations-technik o. J.). Eine Ausfuhr von Daten kann bei IaaS in zwei Fällen erfolgen. Zum einen, wenn Daten auf dem Cloud-Server gespeichert werden und dieser befindet sich im Aus-land. Zum anderen, wenn Zugriffsrechte für Personen aus dem Ausland auf den Cloud-Server gewährt werden.

Entscheidend ist bei beiden Sachverhalten, wer die Kontrolle über die Verlagerung besitzt. Also wer die Verlagerung veranlassen oder Zugriffsrechte gewähren kann. Das hat zur Folge, dass das Unternehmen im Vertrag mit dem Service Provider unter anderem die Rechte des Providers, sowie den Standort des Servers klären muss. Verlagert der Service Provider ohne Wissen des Unternehmens Daten, so ist der Provider Ausführer. Der Service Provider wäre dann für die Exportkontrolle zuständig (Internationales Fach-institut für Steuer- und Wirtschaftsrecht e. V. 2019, S. 20–21).

Platform as a Service (Paas) Dem Nutzer wird vom Provider eine komplette Infrastruktur bereitgestellt. Diese ermöglicht dem Nutzer unter Verwendung vorgegebener Werkzeuge des Providers, eigene Anwendungen zu entwickeln. Zugriff und Kontrolle hat der Nutzer nur über seine Anwendungen, nicht aber über die zur Verfügung gestellte Hard-/Software (Bundesamt für Sicherheit in der Informationstechnik o. J.). Somit ist der Nutzer alleiniger Ausführer seiner Anwendung und damit für die Exportkontrolle verantwortlich. Vorausgesetzt es liegt eine Zugriffsmöglichkeit durch eine Person aus dem Ausland vor (Internationales Fachinstitut für Steuer- und Wirtschaftsrecht e. V. 2019, S. 23).

Software as a Service (SaaS) Bei SaaS wird dem Nutzer eine Software zur Verfügung gestellt. Dabei können sämtliche Anwendungen dem Angebotsspektrum angehören, wie beispielsweise Kontaktdatenmanagement oder Textverarbeitung. Der Nutzer der Software hat in diesem Fall keine Kontrolle über die Anwendungen. Diese liegt praktisch zu hundert Prozent beim Service Provider (Bundesamt für Sicherheit in der Informationstechnik o. J.). Aus Sicht der Exportkontrolle ist somit das Hochladen einer gelisteten Software relevant. Daher ist der Service Provider Ausführer, wenn seine Anwendungen auf einen Server im Ausland geladen oder die Anwendungen von Personen aus dem Ausland genutzt werden.

Der Nutzer kann zum Ausführer werden, wenn die von Ihm hochgeladenen Daten der Exportkontrolle unterliegen oder durch sein Handeln die Software exportkontrollrelevant wird (Internationales Fachinstitut für Steuer- und Wirtschaftsrecht e. V. 2019, S. 22–23). Demnach sollte nicht nur der Service Provider seine angebotenen Anwendungen streng prüfen. Auch das nutzende Unternehmen sollte prüfen, wie sich ein Upload von Datensätzen exportkontrollrechtlich verhält.

▶ **Wichtig**

Der *Service Provider* **muss daher folgendes beachten:**

- Standorte seiner Server
- Regelung der Zugriffsrechte
- Betroffenheit seiner angebotenen Anwendungen im Sinne der Exportkontrolle v. a. bei SaaS

Das *nutzende Unternehmen* **muss hingegen:**

- die eigenen Daten und Anwendungen auf Exportkontrollrelevanz prüfen
- Rechte des Service Providers bzw. Kontrolle über die Daten und deren Verlagerung klären
- Zugriffsrechte innerhalb des Unternehmens prüfen und klären

4.2   Künstliche Intelligenz und Exportkontrolle

Anwendungen von Künstlicher Intelligenz (KI) sind bis heute noch nicht von den Güterlisten der Exportkontrollregime erfasst. Das hat zum einen den Grund, dass die Regime
ausschließlich kritische Anwendungen erfassen und zum anderen, dass KI ein relativ
neues Themenfeld ist. Daher lassen sich keine klaren Regelungen für den Umgang
mit KI definieren. Vor dem Hintergrund, dass Unternehmen ihre neu entwickelten KI-
Anwendungen mit ausländischen Standorten teilen, kann es in der Zukunft zu Problemen
bei spezifischen Anwendungen kommen. Es besteht die Möglichkeit, dass verschiedenste
KI-Anwendungen und Techniken von den Güterlisten erfasst werden. Denkbare
Themenfelder wären KI-Anwendungen in den Bereichen Rüstung und Raumfahrt, Überwachung und Gesichtserkennung, Raketentechnik oder optimierte Zielfindung.

Unternehmen die an KI-Anwendungen forschen, diese im täglichen Betrieb haben
oder planen KI-Anwendungen anzuschaffen, sollten sich mit der Exportkontrolle aus-
einandersetzen. Das gilt besonders für Unternehmen, die aufgrund ihres Produkt-
portfolios mit der Exportkontrolle in Berührung kommen. Bei Unsicherheiten über die
Sensitivität der Anwendung sollte dringend das BAFA kontaktiert werden.

4.3   Technologietransfer in Forschungseinrichtungen

Nicht nur Unternehmen, sondern auch Forschungseinrichtungen, wie Universitäten oder
Institute, können vom Technologietransfer der Exportkontrolle betroffen sein. Für die
genannten Organisationen gibt es auch eine Vielzahl von Regelungen und Vorschriften
zu beachten. Relevant werden die Tatbestände des Technologietransfers beim Wissensaustausch mit „ausländischen Instituten", Gastlehrpersonal, sowie PraktikantInnen.
Außerdem können die Tatbestände bei Vorträgen und Veröffentlichungen neuer
Forschungsergebnisse zutreffen.

Damit die Regelungen Anwendung finden, müssen die Universitäten und Institute
zunächst einmal im sensitiven Bereich der Exportkontrolle forschen. Trotzdem kann es
auch dann Ausnahmen von den Genehmigungspflichten geben. In der Dual-Use Verordnung wird durch die „Allgemeine Technologieanmerkung" die wissenschaftliche
Grundlagenforschung generell von der Exportkontrolle ausgenommen. Gleiches gilt
für bereits allgemein zugängliche Informationen. Dabei gelten „experimentelle oder
theoretische Arbeiten hauptsächlich zur Erlangung von neuen Erkenntnissen über grundlegende Prinzipien von Phänomenen oder Tatsachen, die nicht in erster Linie auf ein
spezifisches praktisches Ziel oder einen spezifischen praktischen Zweck gerichtet sind",
als wissenschaftliche Grundlagenforschung (Europäische Kommission 2018).

Das Technology Readiness Level (TRL) der NASA in Abb. 4 dient als Hilfestellung
bei der Entscheidung, ob Technologien exportkontrollrelevant sind. Beim TRL werden
neun verschiedene Stufen der Entwicklung von Technologie unterschieden. Die Unterscheidung reicht von einem Grundlagenkonzept bis hin zur tatsächlichen erfolgreichen

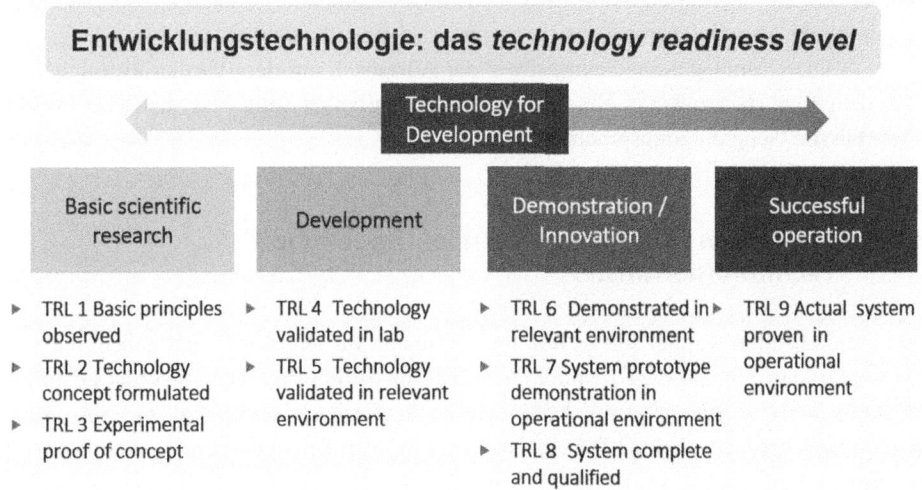

Abb. 4 Technology Readiness Level der NASA (Internationales Fachinstitut für Steuer- und Wirtschaftsrecht e. V. 2019)

Operation der Technologie (Mankins 1995). Für Organisationen, die sich in den Phasen 1–3 aufhalten, ist die Exportkontrolle nicht relevant. Ab dem vierten Level, der Entwicklungsphase mit validierten Tests im Labor, beginnt der sensible Bereich der Exportkontrolle zu greifen (Internationales Fachinstitut für Steuer- und Wirtschaftsrecht e. V. 2019, S. 6).

Für Forschungseinrichtungen in betroffenen Bereichen bedeutet dies, dass sich dem Thema Exportkontrolle angenommen werden muss. Besonderes Augenmerk sollte auf ausländisches Lehrpersonal und Vorträge großer Tiefe vor einem internationalen Publikum gelegt werden. Wenn Forschungseinrichtungen unsicher sind, ob ihre Themengebiete und Forschungen von der Exportkontrolle betroffen sind, sollte Kontakt mit dem BAFA aufgenommen werden. Einen Leitfaden für wissenschaftliche Einrichtungen im Themenfeld des Technologietransfers gibt es bereits von Seiten des BAFA[8].

Beispiel

Ein Institut für Luft- und Raumfahrttechnik forscht grundlegend an neuen Antriebskonzepten und tauscht sich hierzu mit einem Partnerinstitut in den USA aus. Um ein konkretes Konzept für Flüssigkeitsraketenantriebssysteme (gelistet in der EG-Dual-

---

[8]Weitere Informationen zu dem Thema sind auf der BAFA Webseite abrufbar unter https://www. bafa.de/DE/Aussenwirtschaft/Ausfuhrkontrolle/Academia/academia_node.html

Use VO [9A005]) für das Auftrag gebende Unternehmen zu validieren, sollen wissenschaftliche MitarbeiterInnen des Partnerinstituts eingeflogen werden.

→ Die Grundlagenforschung, sowie der Austausch mit dem Partnerinstitut stellen keinen Exportverstoß dar. Bei den Validierungsarbeiten sollte das deutsche Institut vorher die Genehmigungspflicht prüfen. ◄

5 Strategien für Unternehmen im Umgang mit Technologietransfer

Im abschließenden Kapitel soll es nun um Strategien für Organisationen gehen, die von der Exportkontrolle und dem Technologietransfer betroffen sind. Hierzu sollen Lösungsmöglichkeiten für die angesprochenen Herausforderungen aufgezeigt werden. Auch werden verschiedene Trade-Offs beleuchtet und Möglichkeiten aufgezeigt diese sinnvoll zu lösen.

5.1 Erreichen der Export-Compliance – ICP

Zuerst wird der Frage nachgegangen, wie ein Unternehmen die Regelungen und Vorschriften der Exportkontrolle fachgerecht einhalten kann. Also: wie kann ein Unternehmen Compliance im Sinne der Exportkontrolle sicherstellen?

Dafür ist die Einführung eines internen Exportkontrollmanagementsystems (engl. Internal Compliance Program; ICP) von Nöten. Das ICP gilt als klassisches Instrument der Export-Compliance. Das BAFA, sowie die zuständigen US-Behörden setzen ein ICP voraus, um Unternehmen eine Exportgenehmigung zu erteilen. Die entsprechenden Hilfestellungen der Behörden zum Aufbau eines ICP gibt es ebenfalls (BAFA 2018b). Wie die Umfrage in Kap. 3 jedoch zeigt, besitzen die meisten der befragten Unternehmen bereits ein ICP. Dies ist auf die jahrelange Erfahrung mit der Exportkontrolle zurückzuführen. Für mit der Exportkontrolle unvertraute Unternehmen ist das ICP jedoch der erste Schritt, um die Export-Compliance generell sicherzustellen. Ohne ein funktionierendes ICP, das neben internen Kontrollen auch die verschiedenen Prozessabläufe wie die Klassifizierung definiert, ist Compliance im Technologietransfer kaum möglich. Das **ICP** ist daher **Grundvoraussetzung** für die nachfolgenden Strategien.

5.2 Umgang mit neuen Technologien

Der Umgang mit neuen Technologien und Forschungsfeldern wurde bereits angeschnitten. Daher ist bekannt, dass ein frühzeitiger Kontakt zu den Behörden von entscheidender Bedeutung bei der effizienten Abwicklung ist. Vor allem im Hinblick auf die Markteinführung und die Akzeptanz neuer Technologien. Die frühe Kooperation mit der

Behörde beseitigt Unklarheiten rasch. Dadurch werden ungewollte Verzögerungen der Entwicklung bzw. der Markteinführung in ausländischen Märkten beseitigt.

Damit jedoch eine frühe Kommunikation stattfinden kann, muss zum einen die Forschungsabteilung von der Exportkontrolle und zum anderen die Exportkontrollabteilung von den einzelnen Forschungsprojekten Kenntnis haben. Nur bei ausreichender Kenntnis über die Entwicklungen innerhalb einer Organisation, kann eine Exportkontrollabteilung einschätzen, ob sensitive Technologien entwickelt werden. Auf der anderen Seite kann ein Grundbewusstsein für die Exportkontrolle den Entwicklungsabteilungen helfen, erste Vermutungen anzustellen und die zuständige Abteilung darüber zu informieren. Das ist von besonderer Bedeutung, wenn die Organisation in von der Exportkontrolle betroffenen Industriebereichen tätig ist und regelmäßig Genehmigungen für die Ausfuhr von Gütern nutzt.

Heutzutage ist neben der Entwicklungsabteilung die IT-Abteilung von großer Bedeutung, wenn es um neue Technologien und Entwicklungen geht. Die fortschreitende Digitalisierung bedingt, dass viele Waren oder Anwendungen nicht mehr nur physisch vorliegen, sondern auch eine digitale Komponente aufweisen. Wie bereits bei der Betrachtung von KI und Cloud Computing festgestellt wurde, werden auch vermehrt digitale Anwendungen von der Exportkontrolle erfasst. Es ist die Pflicht einer jeden betroffenen Organisation solche Prozesse sicherzustellen. Dies führt unweigerlich zu einem ICP, wie im vorherigen Kapitel angesprochen. Mögliche Prozesslösungen können zum einen das Berechtigungskonzept im folgenden Kapitel, aber auch Schulungen der betroffenen Mitarbeiter sein. Die Anforderungen an ein ICP, sowie das Ergebnis der Umfrage aus Kap. 3, stellen Schulungen als wirksame und zwingend notwendige Maßnahme heraus, um die Kooperation zwischen den betroffenen Abteilungen Entwicklung, IT und Exportkontrolle zu fördern. Schulungen sollten dabei nicht einseitig sein. In Form eines Wissensaustausches im Dialog kann mehr erreicht werden. Der gegenseitige Austausch über die Anforderungen und Fortschritte innerhalb einer Organisation ersetz die klassische Belehrung der Entwicklungsabteilung mit gesetzlichen Vorschriften der Exportkontrolle. Ziel soll es sein, dass die Exportkontrolle als unterstützende Funktion, die Sie ist, wahrgenommen wird, und nicht als Störfaktor. Das ist besonders bei sich schnell ändernden Gegebenheiten, wie den neuen Technologien wichtig.

5.3 Trade-off: Effiziente Geschäftsprozesse versus Compliance?

Bereits mehrfach angesprochen wurde der scheinbare Konflikt zwischen der Einhaltung gesetzlicher Vorschriften und der schnellen, effizienten Abwicklung von internationalen Geschäftsprozessen. Damit es nicht zu einem Konflikt kommt, müssen Organisationen zwei Faktoren berücksichtigen. Zum einen ist das die interne Vereinbarkeit der Compliance-Anforderungen mit der Geschwindigkeit von Entwicklungen. Zum anderen sind dies externe Faktoren wie die Innovationsgeschwindigkeit innerhalb eines Marktes, schnelle Markterschließung und Entwicklungsprojekte mit Kunden und Lieferanten.

5.3.1 Interne Abwicklung der Exportkontrolle im Kontext der Entwicklung – Entwicklungsgeschwindigkeit und Compliance

Die Wahrnehmung der Compliance-Funktion Exportkontrolle innerhalb eines Unternehmens ist maßgeblich. Wird diese als „Bremser" oder „Geschäftsverhinderer" angesehen, mangelt es an effizienten, eingespielten Prozessen. Ziel eines jeden Unternehmens muss die reibungslose Einbindung der Compliance in die Geschäftsprozesse sein. Dabei sind sowohl die Exportkontrolle als auch alle anderen Funktionen in der Pflicht. Das hierbei herrschende Gebot ist bereits bekannt: **Frühe Einbindung der Exportkontrolle in Projekte und frühzeitige, beidseitige Kommunikation der Abteilungen.** Konkret bedeutet das, dass in frühen Entwicklungsphasen oder zum Projektstart die Exportkontrolle eingebunden werden sollte. Möglich ist dies anhand verschiedener Meilensteine in Entwicklungs- oder Projektprozessen. Gibt es einen Meilenstein für die Exportkontrolle, können Genehmigungsanforderungen frühzeitig erkannt werden. Auch die Machbarkeit eines Projektes kann bewertet werden. Abb. 5 zeigt beispielhaft einen möglichen Prozessablauf. Durch eine Kundenanfrage im Vertrieb wird eine Entwicklung angestoßen.

Klar sollte sein, dass solche Prozesse optimiert werden können. Ist Wissen bezüglich der Exportkontrolle in den verschiedenen Abteilungen vorhanden, kann eine Selektion von Projekten stattfinden. Diese Selektion verhindert, dass die Exportkontrolle bei eindeutig unkritischen Projekten eingebunden wird. Folglich werden die Geschäftsprozesse effizienter abgewickelt.

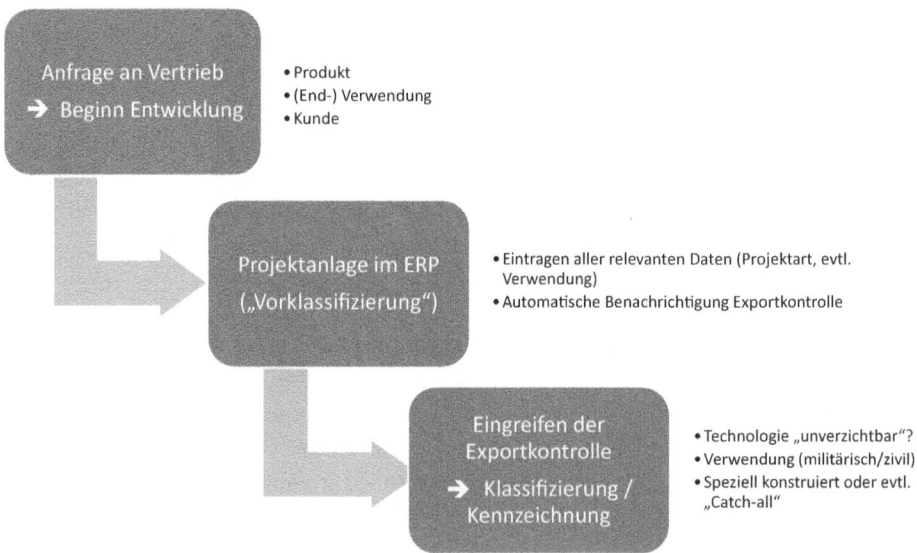

Abb. 5 Beispielhafter Prozessablauf Einbindung der Exportkontrolle in die Entwicklung (Lehmann 2019)

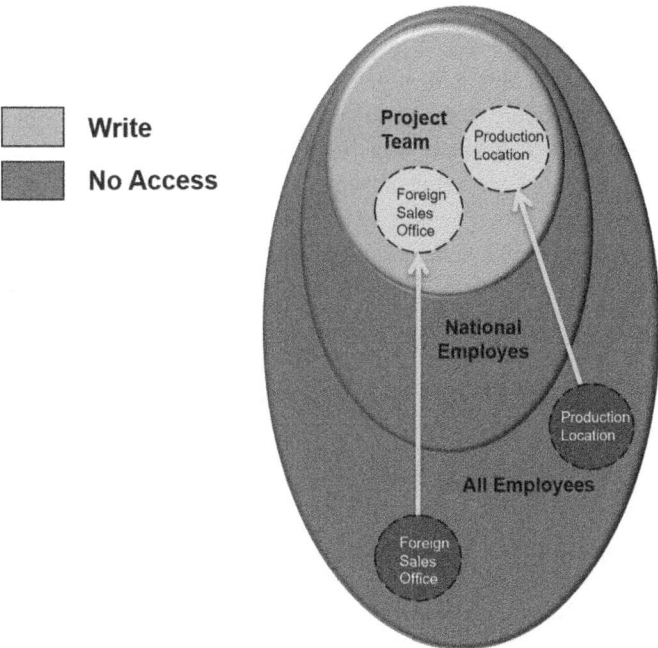

Abb. 6 Berechtigungs- und Zugriffskonzept in der Exportkontrolle (MAHLE Industrial Thermal Systems 2019)

Ein solcher Prozess sichert zwar eine frühe Einbindung der Exportkontrolle und deckt die größten Risiken ab, jedoch kann trotzdem der interne Technologietransfer schnell zu einem Verstoß führen. Um auch den internen ungenehmigten Technologietransfer zu verhindern, können beispielsweise Berechtigungskonzepte eingeführt werden. Berechtigungskonzepte wie in Abb. 6 erlauben nur berechtigten Mitarbeitern Zugriff auf sensible Daten. Sollten nun an einem sensitiven Projekt Entwicklungsabteilungen aus anderen Ländern beteiligt sein, kann die erforderliche Genehmigung eingeholt werden, bevor die Mitarbeiter Zugriff auf die Daten erlangen. Liegt diese Freigabe der MiterbeiterInnen in der Exportkontrollabteilung ist eine regelkonforme Abwicklung garantiert. Wenn nun auch eine frühzeitige Einbindung der Exportkontrolle verwirklicht ist, kann die Genehmigung rechtzeitig beantragt werden und es entsteht kein Zeitverlust. Erst bei vorliegender Genehmigung werden die Mitarbeiter berechtigt auf die Daten zuzugreifen.

Arbeiten die Unternehmen zudem mit einem Enterprise-Resource-Planning (ERP) System, können die Geschäftsprozesse von der Anfrage des Kunden, über die Klassifizierung bis hin zur Genehmigung digital abgebildet werden. Das erhöht die Transparenz des Vorganges, sowie dessen Effizienz. In diesem Zusammenhang muss erwähnt werden, dass nicht nur die digitale Sicherheit der Daten gewährleistet sein muss. Auch die Serverräume, ob am Standort des Unternehmens oder bei einem Service Provider, müssen physisch vor unbefugtem Zutritt abgesichert sein.

Eine weitere effiziente Möglichkeit den Umgang mit kritischen Gütern zu handhaben ist das Nutzen von Allgemein Genehmigungen (AGG) oder das Beantragen von Sammelgenehmigungen (SAG). Allgemein Genehmigungen sind Genehmigungen, die Unternehmen unter bestimmten Voraussetzungen für spezielle Sachverhalte nutzen können. Dazu müssen die Unternehmen beim BAFA registriert sein und ein funktionierendes ICP vorweisen. Eine Allgemein Genehmigung erlaubt beispielsweise die Ausfuhr von Dual-Use Gütern innerhalb der EU ohne eine spezielle Beantragung einer Genehmigung. Eine Sammelgenehmigung kann beantragt werden, um eine Gruppe von Gütern an mehrere Empfänger auszuführen. Somit ersetzt die SAG mehrere Einzelgenehmigungen. Damit das BAFA Sammelgenehmigungen erteilt, muss ein funktionierendes ICP vorhanden sein (BAFA 2018a, S. 30–31).

> **Übersicht**
> Zusammenfassung für die effiziente interne Abwicklung des Technologietransfers:
>
> 1. Frühzeitige Einbindung der Exportkontrolle zur Validierung, ob ein Geschäft kritisch ist
> 2. Durchführung einer ersten „Klassifizierung" der neu entwickelten Produkte
> 3. Verwaltung der ERP-Daten und Aufsetzen eines Berechtigungskonzeptes
> 4. Steuerung der Freigabe von Dokumenten über das Berechtigungskonzept
> 5. Freigabe von Daten erst nach Vorliegen einer Genehmigung oder einer dokumentierten Freigabe durch die Exportkontrollabteilung

5.3.2 Externe (Wettbewerbs-)Faktoren und Exportkontrolle

Doch nicht nur die internen Faktoren müssen berücksichtigt werden. Vor allem externe Faktoren bedingen oft Zeitdruck und zwingen Unternehmen zum Handeln.

Zu Beginn gilt es die steigende Geschwindigkeit, mit der Innovationen auf den Markt kommen, zu berücksichtigen. Die zunehmende Geschwindigkeit intensiviert den Wettbewerb innerhalb einer Branche. Das zwingt alle teilnehmenden Unternehmen sich den ständig wechselnden Gegebenheiten anzupassen. Wollen Unternehmen ihre Marktstellung nicht verlieren, müssen sie proaktiv am Wettbewerb teilnehmen und eigene Innovationen vorantreiben. Daher sind reibungslose interne Prozesse, wie oben angesprochen, essenziell. Weiterhin ist ein reibungsloser Ablauf zwischen den Behörden und dem Unternehmen von Nöten. Deshalb sollten Unternehmen bei Bedarf frühzeitig mit den entsprechenden Behörden in Kontakt treten, um einen folgenden Genehmigungsprozess bereits zu starten. Die Experten des BAFA können unter Umständen Sachverhalte schnell per Telefon klären. Daraus kann ein Unternehmen wichtige Rückschlüsse über die Notwendigkeit einer Exportgenehmigung ziehen, sowie Sicherheit über die nächsten Schritte gewinnen.

Der entstandene Innovationsdruck schlägt sich auch auf die Kundenseite durch. Kunden erwarten stets neue Innovationen ihrer Lieferanten. Zudem gibt es häufig gemeinsame Entwicklungsprojekte zwischen Kunde und Lieferant im B2B-Bereich. Laufen solche Projekte im Rahmen der Exportkontrolle ab, müssen die geltenden Rechtsvorschriften natürlich beachtet werden. Das kann auch bei innerdeutschen Partnerschaften der Fall sein.

Der kurze Draht zwischen den Entwicklungspartnern ist ein Schlüssel zum erfolgreichen Gelingen. Daher werden neue Erkenntnisse wie beispielsweise technische Daten meist unverzüglich geteilt. Damit es hier nicht zu Verstößen kommt, kann ein Unternehmen neben der frühzeitigen Einbindung der Exportkontrolle weitere Schritte unternehmen.

Da die von den Güterlisten erfassten technischen Parameter oft sehr spezifisch und hoch technologisiert sind, kann es durchaus sinnvoll sein, weniger spezifisches Material mit seinen Kunden oder Lieferanten zu teilen. Werden beispielsweise Zeichnungen und technische Dokumente in der Angebotsphase ausgetauscht, kann darauf geachtet werden, dass der **Detaillierungsgrad der Dokumente** verringert wird (AWA AUSSENWIRTSCHAFTS AKADEMIE 2019). Bevor die Dokumente mit aller technischen Tiefe geteilt werden, und somit der Genehmigungspflicht unterliegen, können die spezifischen technischen Details herausgenommen werden. Mit der Herausnahme der für die Listung einschlägigen technischen Parameter entfällt eine Genehmigungspflicht. Die detaillierten technischen Parameter sind zum Zeitpunkt des Angebots selten notwendig. Es sollte hierbei bedacht werden, dass es sich um sehr spezifische, hochentwickelte und nicht alltägliche Eigenschaften und Parameter der Güter handelt. Sollte doch eine Notwendigkeit bestehen muss eine Genehmigung beantragt werden.

Nicht nur der Austausch mit Geschäftspartnern vor Ort ist zu beachten. Dienstreisen von MitarbeiterInnen sind zudem von Exportkontrollvorschriften betroffen. Um die Regeleinhaltung zu gewährleisten müssen Personen, die auf Dienstreise gehen, über die Fallstricke der Exportkontrolle aufgeklärt werden. Besonders für MitarbeiterInnen aus den Bereichen Service, Vertrieb und Wartung, als auch der Entwicklung können die Regelungen der Exportkontrolle zutreffen. Deshalb muss ein Unternehmen sich und seine MitarbeiterInnen schützen. Zum einen sollten Personen die hauptsächlich auf Dienstreisen sind, eine regelmäßige Unterweisung bekommen. Neben allgemeinen Inhalten sollte auf die speziellen Fallstricke bei Dienstreisen hingewiesen werden. Dazu zählt das Öffnen von sensiblen technischen Dokumenten, sowie das Training der ausländischen Mitarbeiter. Weiterhin sollten besonders betroffene Unternehmen Vorschriften zur Exportkontrolle in die Reiserichtlinien aufnehmen. Möchte ein Unternehmen einen Schritt weitergehen, kann eine schriftliche Bestätigung der Kenntnisnahme des Mitarbeiters eingeholt werden.

Das Bearbeiten von E-Mails durch MitarbeiterInnen auf Dienstreise in den USA zu Projekten, die im Zusammenhang mit russischen oder iranischen Kunden stehen, kann generell verboten sein. Das Verbot ist auf amerikanische Embargomaßnahmen gegen diese Länder zurückzuführen. MitarbeiterInnen die sich auf Dienstreise befinden, sollten deshalb explizit geschult werden. ◀

Die oben genannten Vorgänge sind für Unternehmen in der Regel Alltagsgeschäft. Doch besondere Aufmerksamkeit sollten Unternehmen auch Kundenanfragen von neuen, unbekannten Kunden zu sensiblen Gütern schenken. Sogenannte „Red Flags" geben Unternehmen Anhaltspunkte für eine kritische Betrachtung eines Geschäftsvorganges. Typische Red Flags sind beispielsweise ungewöhnliche Versandwege die der Kunde fordert. Weiterhin zählen geringe Verhandlungslust, untypische Verpackungen für die Art der Lieferung, sowie abweichende Liefer- und Rechnungsadressen zu den Red Flags (BAFA 2018b, S. 24–25). Eine generelle Grundskepsis und das Hinterfragen unüblicher Geschäftsvorgänge ist für Unternehmen im Hinblick auf die Export-Compliance sicherlich hilfreich.

5.4   Vertragsgestaltung mit externen Partnern

Die Vertragsgestaltung mit Geschäftspartnern gestaltet sich als äußerst wirksame Methode um Compliance in der Exportkontrolle sicherzustellen. Dabei werden in den Verträgen mit Kunden, Lieferanten und Service Providern die Zuständigkeiten für Kontrollen und Informationspflichten geregelt. Voraussetzung für die Wirksamkeit dieser Methode ist zum einen das Einhalten des Vertrages von beiden Seiten. Zum anderen juristische Konsequenzen im Falle eines Vertragsbruchs.

Bezogen auf das Cloud Computing in Abschn. 4.1 sollte in Verträgen mit dem Service Provider geregelt werden, wo die genutzten Server zu stehen haben und wie umfangreich das Zugriffsrecht des Providers ist. Generell ist es sinnvoll exportkontrollrelevante Daten auf unternehmenseigenen Servern zu speichern. Wird eine Cloud genutzt, sollte nur mit einem Provider zusammengearbeitet werden, der die strengen Regeln der Exportkontrolle einhalten kann und die Vertragsbedingungen akzeptiert. Kenntnis über das Arbeiten und die Lokalitäten des Providers sind Grundvoraussetzungen für eine Zusammenarbeit. Bei den Themen Serverstandorte, ungefragte Verlagerungen der Daten und Zugriffsrechte sollten Unternehmen nicht verhandeln! Auch sollten die Daten verschlüsselt vorliegen.

Wichtig in der Vertragsgestaltung ist, sofern möglich, die Haftung bei Missachtung der Vereinbarungen auf den Provider zu verlagern. Entsteht ein Exportkontrollverstoß sollte das Unternehmen nachweisen können, dass es seiner Kontrollpflicht nachgegangen ist und die Schuld bei dem Provider liegt. Weiterhin sollte sich ein Unternehmen vom

Service Provider regelmäßig Zugriffsprotokolle aushändigen lassen. Diese sollten intern dokumentiert und gespeichert werden. Außerdem muss geregelt sein, dass der Provider keine Handlungen ohne ausdrückliche Einwilligung des Unternehmens durchführen darf. Eine offene Informationspolitik kann helfen die internen Prozesse zu verbessern. Sollten Service Provider die Bedingungen ablehnen, gilt es darüber nachzudenken, ob eine Partnerschaft überhaupt sinnvoll ist.

Auf der anderen Seite werden Unternehmen im B2B-Bereich häufig von ihren Kunden aufgefordert sogenannte „Compliance Letter" zu unterschreiben. Hier sind u. a. strenge Regeln im Bezug auf den Außenwirtschaftsverkehr und die Exportkontrolle aufgeführt. Das betroffene Unternehmen sollte vor der Unterschrift prüfen, ob die auferlegten Kontrollen überhaupt erfüllbar sind. Im Gegenzug sollte von Kunden und Lieferanten eine offene Kommunikation, sowie eine Informationspflicht verlangt werden. Nur wenn ausreichend Kenntnis über die Verwendung beim Kunden vorhanden ist, können die Kontrollen des ICP sachgerecht und richtig ausgeführt werden. Im Gegenzug sollte von Lieferanten die genaue Klassifizierung der Güter verlangt werden. Das sichert das Unternehmen gegen ungewollten und unbewussten Verstoß bei einem Re-Export oder einem Weiterverkauf ab. Eine generelle Abfrage der Klassifizierung von Einkaufteilen erhöht die Sicherheit eines Unternehmens, kritische Waren zu identifizieren.

Unternehmen in den sensiblen Bereichen der Exportkontrolle sollten generell bestimmte Compliance-Regelungen in ihre Verträge aufnehmen. Es gilt zu prüfen, ob die Aufnahme solcher Regelungen in die Allgemeinen Geschäftsbedingungen sinnvoll ist.

6 Technologietransfer in Zeiten der Digitalisierung im Unternehmen – Ein Resümee

Zusammenfassend ist festzuhalten, dass die Regelungen der Exportkontrolle auf einen sehr begrenzten Güterkreis zutreffen. Daraus resultiert, dass nicht jedes Unternehmen, dass am Außenwirtschaftsverkehr teilnimmt automatisch den Regelungen der güterbezogenen Exportkontrolle unterliegt.

Sind Unternehmen von der Exportkontrolle und besonders vom Technologietransfer betroffen, gibt es einige Handlungsfelder, um einen sicheren Umgang mit der Thematik zu schaffen. Da ist zum Ersten die Schulung aller betroffenen MitarbeiterInnen, von der Entwicklung über die IT bis hin in den Vertrieb. Zum Zweiten sollten digital abgebildete Geschäftsprozesse mit bestimmten Stoppfunktionen für die Exportkontrolle ausgestattet sein. In einem ERP-System ist dies gut umzusetzen. Sind kritische Geschäftsvorgänge digital gesperrt, muss auf der Basis einer guten Zusammenarbeit der Abteilungen der Vorgang geprüft und dokumentiert werden. Auch die Einführung von Berechtigungskonzepten bringt einen erheblichen Sicherheitseffekt mit sich.

Zum Dritten ist die Vertragsgestaltung mit seinen Geschäftspartnern ein wichtiger Hebel, um frühzeitig und zielorientiert exportkontrollrelevante Sachverhalte anzugehen.

Besonders für das Cloud Computing ist die Auswahl und Vertragsgestaltung mit dem Service Provider essenziell. Zu guter Letzt ist eine frühzeitige Einbindung der staatlichen Kontrollbehörde (in Deutschland das BAFA) hilfreich. Somit kann in einer frühen Entwicklungsphase neben der Genehmigungspflichtigkeit auch die generelle Anwendbarkeit der Exportkontrolle in einem Themengebiet geklärt werden.

Über all den genannten Handlungsmöglichkeiten steht das Exportkontrollmanagementsystem (ICP) als Dachgerüst einer funktionierenden Exportkontrolle innerhalb eines Unternehmens. Die empfindlichen Strafen bei einem Verstoß gegen die Vorschriften bewegen Unternehmen dazu, ausführliche und gründliche Kontrollen mithilfe eines ICP einzuführen. Dabei sollten diese Kontrollen zwar die Compliance-Anforderungen erfüllen, jedoch nicht zu einer Art „Über-Compliance" führen und somit das Unternehmen in seiner Innovationskraft behindern.

Besonders wichtig ist es heutzutage, sowie in Zukunft, praktikable Lösungen zu finden. Die schnelllebigen, volatilen Märkte erlauben es Unternehmen nicht in Rückstand zu geraten. Gesetzliche Regeln sollen und müssen eingehalten werden, sollen und müssen aber auch in einem gesunden Verhältnis zur Geschäftstätigkeit des Unternehmens stehen. Globale Konzerne sollten demnach andere interne Kontrollprozesse aufweisen als ein ausschließlich im Inland agierendes Unternehmen. Wichtig ist es deshalb das richtige Verhältnis von internen Kontrollprozessen zu der Geschäftstätigkeit herzustellen.

Literatur

Accenture (Accenture Strategy), New Work SE, Statista (2019) Welche der folgenden Technologien sind in Ihrer täglichen Arbeit für Sie relevant? Statista GmbH. https://de.statista.com/statistik/daten/studie/983163/umfrage/umfrage-zur-relevanz-digitaler-technologien-fuer-die-taegliche-arbeit/. Zugegriffen: 10. Mai 2020

Amelung Prof. Dr. VE (o. J.) Compliance Definition: Was ist Compliance. Gabler Wirtschaftslexikon. https://wirtschaftslexikon.gabler.de/definition/compliance-27721. Zugegriffen: 19. Apr. 2020

AWA AUSSENWIRTSCHAFTS-AKADEMIE (2019) „Seminar: Technologie und Technologietransfer in der Exportkontrolle." – Exportkontrollrelevante Technologie – Begriffe, Definitionen, Einordnung. AWA AUSSENWIRTSCHAFTS-AKADEMIE GmbH, München

BAFA -Bundesamt für Wirtschaft und Ausfuhrkontrolle (2016) Technologietransfer und Non-Proliferation – Leitfaden für Industrie und Wirtschaft. Zarbock GmbH & Co, Eschborn

BAFA -Bundesamt für Wirtschaft und Ausfuhrkontrolle (2018a) Exportkontrolle und das BAFA – Grundlagen der Exportkontrolle. Eschborn

BAFA -Bundesamt für Wirtschaft und Ausfuhrkontrolle (2018b) Firmeninterne Exportkontrolle. Eschborn

Bundesamt für Sicherheit in der Informationstechnik (o. J.) Themen – Digitale Gesellschaft – Cloud Computing – Grundlagen. https://www.bsi.bund.de/DE/Themen/DigitaleGesellschaft/CloudComputing/Grundlagen/Grundlagen_node.html. Zugegriffen 22. Apr. 2020

Bundesamt für Justiz (2018) Außenwirtschaftsgesetz (AWG). Antiphon Verlag, Frankfurt a. M.

Bureau of Industry and Security (BIS) (2013) Export Administration Regulation (EAR). https://www.bis.doc.gov/index.php/regulations/export-administration-regulations-ear. Zugegriffen: 18. Apr. 2020

DPMA (2019) Anzahl von Patentanmeldungen* im Bereich der Digitalisierung in Deutschland in den Jahren von 2011 bis 2018. Statista GmbH. https://de.statista.com/statistik/daten/studie/948480/umfrage/patentanmeldungen-im-bereich-der-digitalisierung-in-deutschland/. Zugegriffen: 10. Mai 2020

Europäische Kommission (2018) „DELEGIERTE VERORDNUNG (EU) 2018/1922 DER KOMMISSION." Änderung der Verordnung (EG) Nr. 428/2009 des Rates über eine Gemeinschaftsregelung für die Kontrolle der Ausfuhr, der Verbringung, der Vermittlung und der Durchfuhr von Gütern mit doppeltem Verwendungszweck. Amtsblatt der Europäischen Union

ibi research (2018) Warum tätigen B2B-Unternehmen Einkäufe online? Statista GmbH. https://de.statista.com/statistik/daten/studie/885301/umfrage/gruende-fuer-den-online-einkauf-durch-b2b-unternehmen-in-deutschland/. Zugegriffen: 10. Mai 2020.

Internationales Fachinstitut für Steuer- und Wirtschaftsrecht e. V. (IFS e. V.) (2019) in Verbindung mit Griebel Dr. B, John K, Kochendörfer M, Krickow A, Woll S, Runte H, IFS Fall-Repetitorium Exportkontrolle 2019/2020 Schwerpunkt: Technologietransfer. Mainz

Landgericht Kiel (2019) Aktenzeichen: 3 KLs 3/18; 03. April 2019. Wolters Kluwer, Kiel

Lehmann N (2019) Exportkontrolle des Technologietransfers. Studienarbeit, DHBW Stuttgart

MAHLE Industrial Thermal Systems (2019) Permission Concept for CAD Data (PC30 as of today). Internes Dokument

Mankins JC (1995) Technology readiness level: a white paper. NASA, Office of space access and technology, advanced concepts office. https://www.artemisinnovation.com/images/TRL_White_Paper_2004-Edited.pdf. Zugegriffen: 28. Apr. 2020

Statistisches Bundesamt (2020) Wert der deutschen Exporte von 1991 bis 2019 (in Milliarden Euro). Statista GmbH. https://de.statista.com/statistik/daten/studie/165463/umfrage/deutsche-exporte-wert-jahreszahlen/. Zugegriffen: 10. Mai 2020

Nils Lehmann ist seit Oktober 2019 Exportkontrollkoordinator bei MAHLE und verantwortet den globalen Roll-out des Exportkontrollmanagementsystems. In diesem Zusammenhang ist er für die Einführung globaler Exportkontrollstandards, sowie der Erarbeitung hierfür erforderlicher Prozesse zuständig. Zum weiteren Verantwortungsbereich zählt neben der Erstellung des Schulungskonzepts auch die Durchführung von E-Learning- und Präsenzschulungen für MitarbeiterInnen verschiedener Abteilungen und Regionen innerhalb des Konzerns. Nils Lehmann studierte an der Dualen Hochschule Baden-Württemberg (DHBW) Wirtschaftsingenieurwesen (B. Eng.). Schon während des Studiums beschäftigte er sich in mehreren Studienarbeiten mit der Exportkontrolle unter speziellem Fokus auf den Technologietransfer.

Einfluss von regulatorischen Anforderungen auf Innovationen in der Medizintechnik am Beispiel der europäischen Medical Device Regulation ("MDR") und des nationalen Digitale-Versorgung-Gesetzes ("DVG")

Tobias Barth, Moritz Göldner und Folker Spitzenberger

1 Einleitung

Die Medizintechnik-Branche wird oftmals als Zukunftsbranche bezeichnet (Bienzeisler und Klemisch 2009; Damm et al. 2015), da diese in den letzten Jahrzehnten ein stetiges Umsatzwachstum verzeichnete. Der Umsatz in der weltweiten Medizintechnik-Industrie entwickelte sich von 219 Mrd. US$ im Jahre 2005 auf 433,7 Mrd. US$ im Jahr 2018. Prognostiziert werden bis 2024 bis zu 594,5 Mrd. US$. (Statista GmbH 2018) Es wird erwartet, dass der demographische Wandel der Gesellschaft (Zippel 2016) sowie die immer weiter fortschreitende Digitalisierung (Herberz et al. 2018) dieses Wachstum weiter fördern werden. Auch die deutsche Medizintechnik ist ausgesprochen wachstumsstark und innovativ. Ca. 9 % des Umsatzes fließen in die Forschung und Entwicklung (F&E), doppelt so viel wie der Durchschnitt des verarbeitenden Gewerbes. Es ist besonders hervorzuheben, dass rund ein Drittel aller Umsätze durch Produkte erzielt

T. Barth (✉)
BG Klinikum Hamburg, Hamburg, Deutschland
E-Mail: t.barth@bgk-hamburg.de

M. Göldner
Institut für Technologie- und Innovationsmanagement, Technische Universität Hamburg, Hamburg, Deutschland
E-Mail: moritz.goeldner@tuhh.de

F. Spitzenberger
Centre for Regulatory Affairs in Biomedical Sciences – CRABS, Technische Hochschule Lübeck, Lübeck, Deutschland
E-Mail: folker.spitzenberger@th-luebeck.de

© Springer-Verlag GmbH Deutschland, ein Teil von Springer Nature 2021
M. Bodemann et al. (Hrsg.), *Zukunftsfähigkeit durch Innovation,
Digitalisierung und Technologien,* Organisationskompetenz Zukunftsfähigkeit,
https://doi.org/10.1007/978-3-662-62148-6_10

werden, die jünger als drei Jahre sind. (Bohnet-Joschko und Jandeck 2011; Baas et al. 2012).

Der Einfluss zwischen Regulierung und Innovation wird seit der ersten Einführung der US-amerikanischen „Medical Device Amendments" 1976 in der Medizintechnik untersucht. Bereits damals wurde der Einfluss der Regularien auf Innovationen beschrieben. (Kaganov 1980; Clark 1980) Medizinprodukte müssen sicher, leistungsfähig und wirksam sein – und müssen dem Patienten nutzen (Anhang I Abs. 1 MDR). Um Patientenschutz und Patientenwohl zu gewährleisten, ist die Medizintechnikbranche seit jeher stärker reguliert als die meisten andere Branchen (Augurzky et al. 2018). Dabei beeinflussen die Regularien in der Medizintechnik den gesamten Zyklus der Entwicklung einer Innovation (Guerra-Bretaña und Flórez-Rendón 2018).

Im Jahr 2017 wurde durch die europäische (Verordnung (EU) 2017/745), Medical Device Regulation (MDR), der Rahmen der zu beachtenden Regularien geändert (Verordnung (EU) 2017/745). Befeuert durch den PIP-Skandal 2012 wurden die Arbeiten an der MDR beschleunigt und die Rechtsvorschriften verschärft, um eine höhere Sicherheit für Medizinprodukte zu erreichen (Zippel 2016; Purnama und Drago 2019; Europäische Kommission 2012).

Im Dezember 2019 trat in Deutschland das „Gesetz für eine bessere Versorgung durch Digitalisierung und Innovation" (Digitale-Versorgung-Gesetz – DVG) in Kraft. Mit dem Digitale-Versorgung-Gesetz wird erstmalig in Deutschland der Anspruch der Versicherten in der gesetzlichen Krankenversicherung auf Versorgung mit digitalen Gesundheitsanwendungen erreicht.

Der Einfluss des neuen Gesetzes und der neuen Verordnung auf die Innovationskraft der Branche ist der Untersuchungsgegenstand dieser Ausarbeitung. Daher wird mit einem konzeptionellen Ansatz folgende Forschungsfrage beantwortet:

Welchen Einfluss nehmen die Einführung der MDR und des DVG auf die Innovationskraft von Medizintechnikunternehmen?

Innovationen sind Ideen, die von Organisationen zu neuen oder verbesserten Produkten, Dienstleistungen oder Prozesse umgesetzt werden, um auf ihrem Markt erfolgreich voranzuschreiten, zu konkurrieren und sich zu differenzieren (Baregheh et al. 2009). Der Begriff Innovation beinhaltet demnach nicht nur eine gewisse Neuhaftigkeit, sondern auch die Diffusion im Markt (Rogers 2010). Im Gesundheitswesen ist das Inverkehrbringen von Innovationen durch eine Vielzahl von Gesetzen reguliert, um die Sicherheit von Patientinnen und Patienten stets gewährleisten zu können (Länsisalmi et al. 2006).

Die Anzahl der Unternehmen in der Medizintechnik-Branche in Deutschland wächst kontinuierlich (Statista GmbH 2019). Doch die Anzahl der Neuanmeldungen von europäischen Patenten von deutschen Herstellern stagniert seit 2010 und sinkt seit 2015 (bis einschließlich 2018) (Statista GmbH 2019). In der VDE-Studie aus dem Jahr 2008 (VDI/VDE Innovation + Technik VDI/VDE Innovation + Technik GmbH et al. 2008) wird die Anerkennung durch die Gesetzlichen Krankenversicherungen (GKV) als höchste Innovationshürde genannt, dicht gefolgt von den Anwendertestungen und der klinischen Studie sowie gesundheitsökonomischen Studien. Auf dem vierten Platz liegt mit großem Abstand die Marktzulassung. Das bedeutet, dass schon seit 2009 die höchste Hürde für Innovationen nicht die Entwicklung oder Forschung selbst, sondern die Nachweisführung und Anerkennung der Nachweise ist.

Die deutsche Medizintechnikbranche ist geprägt von einer heterogenen Landschaft aus kleinen und mittleren Unternehmen (KMUs) und wenigen Großkonzernen. (Zippel 2016; Bohnet-Joschko und Jandeck 2011) 94 % der deutschen Medizintechnikunternehmen haben weniger als 250 Mitarbeiter und lediglich 1 % mehr als 1000 Mitarbeiter. (Bohnet-Joschko und Jandeck 2011) Die Komplexität der Vorgaben ist für KMUs mit geringen finanziellen und personellen Ressourcen eine betriebswirtschaftliche Herausforderung. Dabei bewegen sich KMUs in der Medizintechnikbranche stets im Spannungsfeld zwischen Qualitätssicherung und Haftungsschutz auf der einen Seite und vertretbaren Kosten für Entwicklung und Zulassung auf der anderen Seite. (Zippel 2016) Nichtsdestotrotz haben besonders die KMUs enorme Innovationspotentiale. Denn kleine Unternehmen (21–50 Mitarbeiter) haben 0,14 F&E-Mitarbeiter pro Angestellten, im Gegensatz dazu haben große Unternehmen (> 250 Mitarbeiter) nur 0,05 F&E-Mitarbeiter pro Angestellten (Bohnet-Joschko und Jandeck 2011).

In diesem Buchkapitel sollen die Komplexität der europäischen Verordnung und das Zusammenspiel mit weiteren Regularien aufgezeigt werden (vgl. Abschn. 2.1). Ziel der MDR ist es, ein hohes Niveau an Sicherheit und Gesundheitsschutz zu gewährleisten und gleichzeitig innovationsfördernd zu wirken (vgl. Abschn. 2.2). Mit der MDR ändern sich die Anforderungen an die Nachweise und die Überprüfung, z. B. für klinische Studien durch Änderung der Definition von Gleichartigkeit (vgl. Abschn. 2.3). Die Analyse der Unterschiede verdeutlicht die Erreichung der Ziele, bspw. Sicherheit oder Harmonisierung und die komplexen Auswirkungen der Regularien auf Innovationen (vgl. Abschn. 2.4). Gleichzeitig zeigt das neue Digitale-Versorgung-Gesetz (DVG) mit dem sog. Fast-Track-Verfahren für die Erstattung von digitalen Gesundheitsanwendungen, dass ein Gesetz Innovationen fördern und die Patientenversorgung mit digitalen Medizinprodukten niedriger Risikoklasse verbessern kann (vgl. Abschn. 3.1).

2   2017/745 – Medical Device Regulation

Medizinprodukte müssen im europäischen Wirtschaftsraum mit einer CE-Kennzeichnung (frz.: Conformité Européenne) versehen werden. Dies signalisiert die Konformität mit den rechtlichen Anforderungen. (Art. 20 Abs. 1 MDR; De Maria et al. 2018; Martelli et al. 2019) Davon gibt es nur wenige Ausnahmen, wie z. B. für Medizinprodukte für klinische Prüfungen (Art. 20 Abs. 2 MDR) oder für Medizinprodukte aus Eigenherstellung (Art. 5 Abs. 5 MDR). Entsprechende EU-weite rechtliche Anforderungen werden in der Verordnung (EU) 2017/745 über Medizinprodukte (Medical Device Regulation – MDR) (Verordnung (EU) 2017/745) geregelt. Die MDR ersetzt bzw. ändert den ursprünglichen regulatorischen EU-Rechtsrahmen von Medizinprodukten – mit Ausnahme der In-vitro-Diagnostika.

Der ursprüngliche Rechtsrahmen basiert hauptsächlich auf den Richtlinien 90/385/
EWG über aktive, implantierbare Medizinprodukte (Active Implantable Medical
Device Directive – AIMDD) und 93/42/EWG über Medizinprodukte (Medical Device
Directive – MDD), sowie der Richtlinie für In-vitro-Diagnostika 98/79/EWG (In Vitro
Diagnostic Directive – IVDD) (Zippel 2016; Purnama und Drago 2019; De Maria
et al. 2018), zusammen genannt die MDDs (Medical Device Directives) (Martelli et al.
2019). Die IVDD wird durch die Verordnung (EU) 2017/746 ersetzt. Das Inverkehrbringen von In-vitro-Diagnostika ist ab dem 26. Mai 2022 grundsätzlich nur noch
nach der neuen Verordnung (EU) 2017/746 möglich (Art. 110 Abs. 1 Verordnung (EU)
2017/746). Somit ist die Produktekategorie der In-vitro-Diagnostika auch zukünftig
durch ein separates Rahmenwerk gesetzlich geregelt. (Verordnung (EU) 2017/746)
Aufgrund dieser Trennung, dem Umfang der Verordnungen und dem zeitlich späteren
Inkrafttreten der Verordnung (EU) 2017/746 wird in diesem Kapitel der Fokus auf
die MDR gelegt. Die MDD und AIMDD werden durch die MDR ersetzt. Der Zeitpunkt, ab welchem Medizinprodukte nur noch auf der Grundlage der MDR in Verkehr gebracht werden, wurde aufgrund des COVID-19 Ausbruches (Erwägungsgrund
5 Verordnung (EU) 2020/561) durch die Verordnung (EU) 2020/561 vom 26. Mai 2020
(Art. 120 Abs. 1 MDR) um ein Jahr auf den 26. Mai 2021 verschoben (Verordnung
(EU) 2020/561). Des Weiteren werden die Richtlinie 2001/83/EG und die Verordnungen (EG) Nr. 178/2002 und Nr. 1223/2009 durch die MDR geändert. Die MDR
ist gegliedert in Erwägungsgründe (s. Abschn. 2.2), einen Hauptteil bestehend aus
10 Kapiteln mit insgesamt 123 Artikeln sowie weiteren 17 Anhängen (s. Abb. 1; Verordnung (EU) 2017/745).

2.1 Europäischer und nationaler Rechtsrahmen

Die Struktur der europäischen, gesetzlichen Anforderungen für Medizinprodukte wird
durch einen nationalen Rechtsrahmen ergänzt. Hier wird der deutsche Rechtsrahmen
zur Veranschaulichung herangezogen. Sowohl die europäischen Anforderungen als auch
die nationalen Anforderungen müssen erfüllt werden. (Zippel 2016) Weiterhin können
Medizinprodukte durch weitere Regularien allgemeinerer Natur beeinflusst werden,
welche nicht explizit alleinig auf Medizinprodukte bezogen sind, z. B. die Funkanlagen-
richtlinie 2014/53/EU (Richtlinie 2014/53/EU).

Momentan sind im Übergangszeitraum zwei verschiedene Rechtsrahmen in Kraft,
nach welchen Medizinprodukte entwickelt, hergestellt, In-Verkehr-gebracht und
überwacht werden müssen (Art. 120 Abs. 1 MDR). Diese werden im Folgenden als
„Generation Europäische Verordnung" (MDR) und „Generation Europäische Richtlinien"
(MDDs) bezeichnet (s. Abb. 2). Es muss nur einer der Rechtsrahmen befolgt werden,
wobei natürlich Übergangsfristen gelten.

 Kapitel I: Geltungsbereich und Begriffsbestimmungen

 Kapitel II: Bereitstellung auf dem Markt und Inbetriebnahme von Produkten, Pflichten der Wirtschaftsakteure, Aufbereitung, CE-Kennzeichnung, freier Verkehr

 Kapitel III: Identifizierung und Rückverfolgbarkeit von Produkten, Registrierung von Produkten und Wirtschaftsakteuren, Kurzbericht über Sicherheit und klinische Leistung, Europäische Datenbank für Medizinprodukte

 Kapitel IV: Benannte Stellen

 Kapitel V: Klassifizierung und Konformitätsbewertung

 Kapitel VI: Klinische Bewertung und klinische Prüfung

 Kapitel VII: Überwachung nach dem Inverkehrbringen, Vigilanz und Marktüberwachung

 Kapitel VIII: Kooperation zwischen den Mitgliedsstaaten, der Koordinierungsgruppe Medizinprodukte, Fachlaboratorien, Expertengremien und Produktregister

 Kapitel IX: Vertraulichkeit, Datenschutz, Finanzierung und Sanktionen

 Kapitel X: Schlussbestimmungen

 Anhänge I-XVII

Abb. 1 Struktur der MDR [eigene Darstellung]

Zur erfolgreichen Anwendung der MDDs oder auch der MDR müssen weitere Regularien beachtet werden. Diese werden hierarchisch in Abb. 2 mit absteigender Rechtsverbindlichkeit dargestellt. Der Detaillierungsgrad der Vorgaben ist gegenläufig mit der Rechtsverbindlichkeit. (Zippel 2016) Da die MDDs keine direkte nationale Rechtswirkung besitzen, sind diese durch nationale Rechtssetzung zu ratifizieren (Vertrag über die Arbeitsweise der europäischen Union). In Deutschland ist die Umsetzung durch das Medizinproduktegesetz (MPG) erfolgt (MPG). Für die MDR, welche als europäische Verordnung direkt gültig ist (Vertrag über die Arbeitsweise der europäischen Union), ist das Medizinprodukterecht-Durchführungsgesetz (MPDG) eine Erweiterung und Spezifizierung der bereits bestehenden Anforderungen und dient zur Anpassung des nationales Medizinprodukterechts an die Verordnung (§ 1 MPDG).

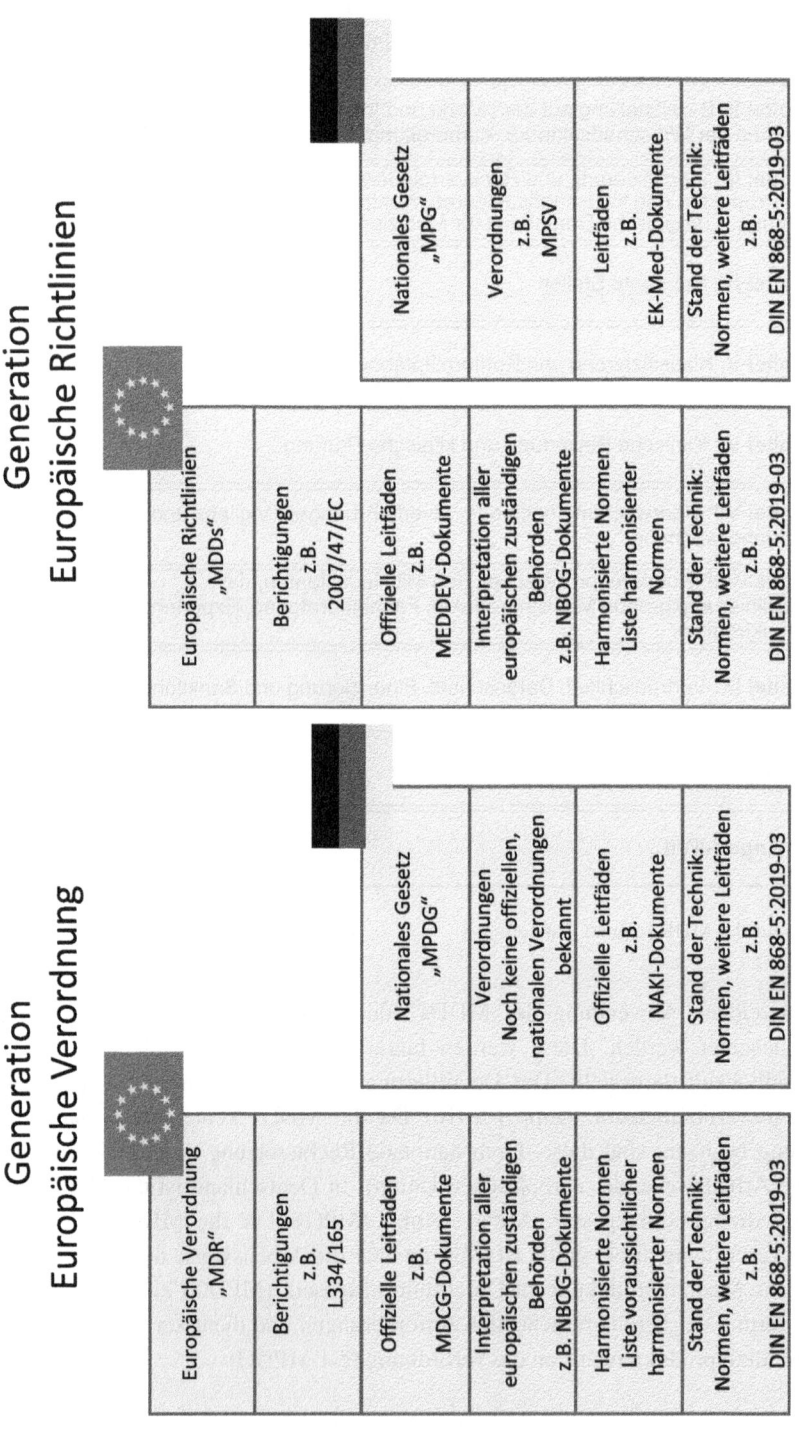

Abb. 2 Übersicht Rechtsrahmen: Links der neueingeführte Rechtsrahmen „Generation Europäische Verordnung", rechts der noch geltende Rechtsrahmen „Generation Europäische Richtlinien". Struktur: Von oben nach unten abnehmende Rechtsverbindlichkeit und zunehmender Detaillierungsgrad [eigene Darstellung]

2.2 Ziele der MDR

Die MDR beginnt mit 101 Erwägungsgründen zur Notwendigkeit der Einführung der MDR. Der erste Erwägungsgrund nennt zwei wesentliche Punkte der Verordnung: „Der EU-Rechtsrahmen für Medizinprodukte – mit Ausnahme von In-vitro-Diagnostika – besteht aus der Richtlinie 90/385/EWG des Rates und der Richtlinie 93/42/EWG des Rates. Um einen soliden, transparenten, berechenbaren und nachhaltigen Rechtsrahmen für Medizinprodukte zu schaffen, der ein hohes Niveau an Sicherheit und Gesundheitsschutz gewährleistet, gleichzeitig aber innovationsfördernd wirkt, ist jedoch eine grundlegende Überarbeitung dieser Richtlinien erforderlich." (Verordnung (EU) 2017/745) Die Formulierung „grundlegende Überarbeitung dieser Richtlinien" zeigt, dass die Anpassung des Rechtsrahmen an den technologischen Fortschritt, z. B. das Auftreten von digitalen Gesundheitsanwendungen, als notwendig erachtet wird. Als Ziele des ersten Erwägungsgrundes sind einerseits die Sicherheit und der Gesundheitsschutz sowie Innovationsförderungen genannt. Diese Analyse ist im Rahmen dieser Studie für die 101 Erwägungsgründe durchgeführt worden. Das Ergebnis der vollständigen Analyse der Zielsetzungen ist in Abb. 3 dargestellt. Es wurden 30 Zielkategorien identifiziert, in welche sich die unterschiedlichen Forderungen für die neue MDR kategorisieren lassen. Zielkategorien mit weniger als vier Nennungen, z. B. Innovationsförderung oder Datenschutz, sind in der Kategorie „Weitere Ziele" zusammengefasst.

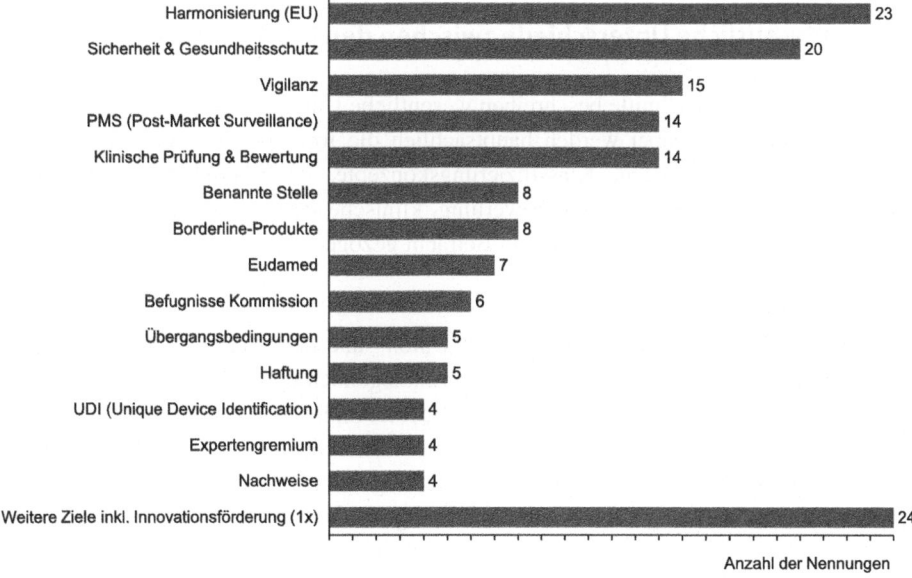

Abb. 3 Übersicht über die kategorisierten Ziele der MDR [eigene Darstellung]

Das Ziel der EU-weiten Harmonisierung von Vorschriften wird am häufigsten genannt, dicht gefolgt von der Zielsetzung, Sicherheit und Gesundheitsschutz durch die Einführung der MDR zu stärken. Sicherheit und Gesundheitsschutz (Purnama und Drago 2019; Martelli et al. 2019; Migliore 2017; Walitschek 2018) und Harmonisierung (Martelli et al. 2019; Walitschek 2018) wird auch in der Literatur als Ziel der MDR benannt. Das Ziel, die Innovationsfähigkeit zu erhöhen, wird lediglich im ersten Erwägungsgrund benannt. Das Konzept zur Umsetzung der Erhöhung der Innovationsfähigkeit wird nicht weiter erläutert. Im Gegensatz dazu wird auf viele Aspekte zur Erhöhung der Sicherheit und des Gesundheitsschutzes eingegangen. Beispielhaft kann hier die klinische Prüfung und klinische Bewertung genannt werden, welche selbst in 14 Erwägungsgründen thematisiert wird. An dieser Gewichtung ist bereits erkennbar, dass der Fokus der MDR stärker auf der Erhöhung der Sicherheit und des Gesundheitsschutzes liegt als auf der Innovationsförderung.

Wird die gesamte MDR nach dem Schlagwort „Innovation" und artverwandten Begriffen des gleichen Wortstammes durchsucht, so finden sich nach dem ersten Erwägungsgrund vier weitere Nennungen dieser Begriffe. Das Ziel der Innovationsförderung soll neben anderen Zielen bei der Kosten- und Absetzungsstruktur bei Beratungen durch ein Expertengremium oder ein Fachlaboratorium der Europäischen Union berücksichtigt werden (Art. 106 Abs. 13 MDR). Dies ist der einzige direkte Hinweis im Hinblick auf die vermeintliche Innovationsförderung durch die MDR. Die weiteren Erwähnungen beziehen sich lediglich auf Prüfung der Gleichartigkeit von innovativen Medizinprodukten.

2.3 Wesentliche Unterschiede zwischen den MDDs und der MDR

Die nachfolgenden Abschnitte beschreiben wesentliche Unterschiede zwischen der MDR und den Richtlinien. Dabei werden hauptsächlich die formellen Unterschiede, gesetzliche Mindestanforderungen, Klassifizierungskonzepte, Anforderungen an Benannte Stellen, Verfahren der Konformitätsbewertung, klinische Bewertung, klinische Prüfung, Marktbeobachtung und Vigilanz näher in Betracht gezogen.

2.3.1 Formelle Unterschiede

Die Verträge „Vertrag über die Europäische Union" und der „Vertrag über die Arbeitsweise der Europäischen Union" bilden den grundlegenden europäischen Rechtsrahmen. Im Art. 288 des Vertrags über die Arbeitsweise der Europäischen Union (Vertrag über die Arbeitsweise der europäischen Union) sind die Unterschiede zwischen Verordnungen, Richtlinien, Beschlüsse, Empfehlungen und Stellungnahmen beschrieben. Verordnungen haben allgemeine Geltung, sind verbindlich und gelten unmittelbar. Im Gegensatz dazu sind bei Richtlinien nur die zu erreichenden Ziele für den Staat, an den diese gerichtet ist, verbindlich. Die Form und Mittel der Umsetzung obliegen dem Staat. (Art. 288 Vertrag über die Arbeitsweise der europäischen Union) Daher wurden die Richtlinien in Deutschland in Form des Medizinproduktegesetzes umgesetzt und waren nicht direkt gültig (Zippel 2016). Da nur die Ziele der Richtlinien verbindlich sind und die Umsetzung im Ermessen des Landes liegt, können hier Unterschiede zwischen den verschiedenen Ländern entstehen. Die MDR (Verordnung (EU) 2017/745) ist hingegen in ihrer Fassung direkt für alle Mitgliedstaaten der EU gültig. Daher trägt die Einführung der MDR zur Harmonisierung innerhalb der EU bei (Martelli et al. 2019).

2.3.2 Gesetzliche Mindestanforderungen

Der Anhang I ist sowohl in den Richtlinien als auch in der MDR von besonderer Bedeutung. In diesem werden die Mindestanforderungen an Medizinprodukte als sog. grundlegende Anforderungen (MDDs) bzw. grundlegende Sicherheits- und Leistungsanforderungen (MDR) definiert. Um die Mindestanforderungen zu erfüllen, ist es essentiell, die Sicherheit und Wirksamkeit von Medizinprodukten nachzuweisen. Dabei muss das Risiko im gesamten Produktlebenszyklus in vertretbarer Relation zum klinischen Nutzen stehen (Risiko-Nutzen-Verhältnis) (Abs. 5 Anhang I AIMDD, Abs. 6 Anhang I MDD, Abs. 2 Anhang I MDR). Daher nimmt das Risikomanagement in den MDDs und vor allem in der MDR eine entscheidende Rolle ein (Abs. 3 Anhang I MDR).

Viele Forderungen der Richtlinien sind in der MDR detailliert, präzisiert oder erweitert worden, z. B. die Anforderungen an die chemischen, physikalischen und biologischen Eigenschaften eines Medizinprodukts (vgl. Abs. 7 Anhang I MDD, Abs. 10 Anhang I MDR). Allerdings sind auch neue Anforderungen hinzugekommen, welche im Folgenden aufgelistet werden: Anforderungen an Medizinprodukte, welche Arzneimittel enthalten oder verabreichen (Abs. 10.3, Abs. 12 Anhang I MDR), Anforderungen an Medizinprodukte, zur deren Bestandteil Materialien biologischen Ursprungs gehören (Abs. 13 Anhang I MDR), Anforderungen an die Entsorgung (Abs. 14.7 Anhang I MDR), Anforderungen an die IT-Sicherheit (Abs. 17.4 Anhang I MDR), Anforderung an Medizinprodukte, die von Laien genutzt werden sollen (Abs. 22 Anhang I MDR) und Anforderungen an die mit dem Medizinprodukt gelieferten Informationen, wie z. B. den Unique Device Identifier (s. Abschn. 2.3.8) (Abs. 23 Anhang I MDR).

2.3.3 Klassifizierung von Medizinprodukten

Das Konformitätsbewertungsverfahren für ein Medizinprodukt ist von seiner Risikoklasse abhängig. Je höher die Klasse, desto intensiver wird das Medizinprodukt vor dem Inverkehrbringen geprüft bzw. bewertet (Martelli et al. 2019; French-Mowat und Burnett 2012). Medizinprodukte werden auch weiterhin, je nach Risiko (MEDDEV 2.4/1 Rev. 9), in vier Kategorien (Klasse I, IIa, IIb und III) eingeteilt, wobei Klasse III-Medizinprodukte das höchste Risikopotenzial besitzen. Die Abschätzung des Risikos basiert auf der Zweckbestimmung, wobei u. a. die Kontaktdauer mit dem Körper, der Anwendungsort, der Grad der Invasivität eines Medizinprodukts und weitere Kriterien die Risikoklasse beeinflussen (French-Mowat und Burnett 2012).

Die Regeln zur Klassifizierung werden durch die MDR verändert und erweitert. Aktive, implantierbare Medizinprodukte wurden unter den Richtlinien nicht klassifiziert (Art. 13 MPG). Durch die Zusammenlegung dieser beiden Richtlinien werden diese Medizinprodukte auch einer Klasse zugeordnet. Die Anzahl der Regeln wurde erhöht von 18 (Abschnitt III Anhang IX MDD) auf 22 Regeln (Kapitel III Anhang VIII MDR). Für eigenständige Software wurde eine neue Regel (Regel 11 Anhang VIII MDR) eingeführt, welche Software tendenziell höher klassifiziert als dies nach den Regeln der MDD bisher praktiziert wird. Auch zu anderen Aspekten, z. B. für Medizinprodukte mit Nanomaterialien (Regel 19 Anhang VIII MDR), chirurgische Netze, aktive implantierbare Medizinprodukte (Regel 8 Anhang VIII MDR) oder Medizinprodukte, die aus Stoffen oder Kombinationen von Stoffen bestehen (Regel 21 Anhang VIII MDR), wurden spezielle Regeln eigeführt, welche die Klasse dieser Medizinprodukte erhöhen bzw. erstmalig festlegen (Verordnung (EU) 2017/745; Council Directive 93/42/EEC).

2.3.4 Anforderungen an Benannte Stellen

Im Abschn. 2.3.3 wird beschrieben, dass eine höhere Klassifizierung generell das Ausmaß der Prüfung/Bewertung eines Produkts vor dem Inverkehrbringen erhöht. Diese Prüfung bzw. Bewertung wird durch eine externe Stelle durchgeführt, die sog. Benannte Stelle. Einzige Ausnahme sind Klasse I-Medizinprodukte, die keine Messfunktion haben bzw. die nicht steril bzw. – nach MDR – keine wiederverwendbaren chirurgischen Instrumente darstellen. In allen anderen Fällen begleiten die Benannten Stellen die Konformitätsbewertung und überprüfen dabei, ob der Hersteller die Anforderungen aus den Harmonisierungsrechtsvorschriften erfüllt (Verordnung (EU) 2017/745; Council Directive 90/385/EEC; Council Directive 93/42/EEC).

Anforderungen an Benannte Stellen sind in Anhang VII der MDR (Art. 36 Abs. 1 MDR), in Anhang XI MDD (Art. 16 Abs. 2 MDD) und in Anhang 8 AIMDD (Art. 11 Abs. 2 AIMDD) enthalten. Die Mindestanforderungen für die Benennung einer Benannten Stelle nach MDD und AIMDD sind auf nur einer Seite festgehalten und lassen sich grob in folgende Punkte zusammenfassen (Anhang XI MDD, Anhang 8 AIMDD):

1. Unabhängigkeit der Stelle;
2. Berufliche Zuverlässigkeit, technische Sachkunde, Anforderungen an Unterauftragnehmer;
3. Fähigkeit, die Aufgaben zur Konformitätsbewertung/-prüfung nach den vorgesehenen Konformitätsbewertungsverfahren durchzuführen;
4. Kompetenzanforderungen an das Personal;
5. Unabhängigkeit des Prüfpersonals;
6. Haftpflichtversicherung der Benannten Stelle;
7. Verpflichtung zur Vertraulichkeit.

Diese Anforderungen werden im Leitfaden MEDDEV 2.10-2 Rev. 1 detaillierter erläutert und ausgelegt. Die Anforderungen an die Benannten Stellen und an den

Zertifizierungsprozess sind nach der MDR deutlich gestiegen. Auf nunmehr 17 Seiten (Anhang VII MDR) werden detailliert die Anforderungen beschrieben. Hierbei werden neue Anforderungen, z. B. zum Rechtsstatus und zur Organisationsstruktur (Abschn. 1.1 Anhang VII MDR), Beteiligung an Koordinierungstätigkeiten (Abschn. 1.6 Anhang VII MDR) oder das Qualitätsmanagementsystem (QMS) (Abschn. 2 Anhang VII MDR) gestellt. Somit ist der Aufwand für die Benennung nach MDR-Kriterien gestiegen, allerdings ist das Anforderungsprofil und das Aufgabenspektrum der Benannten Stelle durch den höheren Detaillierungsgrad klarer definiert, was zu einem einheitlicheren Kompetenzprofil und Vorgehen der Benannten Stellen führen soll.

Eine weitere neue Vorgabe an Benannte Stellen ist, dass unangekündigte Audits mindestens alle 5 Jahre nach dem Zufallsprinzip beim Hersteller durchzuführen sind. In diesem Audit muss die Benannte Stelle Medizinprodukte mit der Technischen Dokumentation abgleichen (Abs. 3.4 Anhang IX MDR). Diese Vorgabe betrifft fast alle Produktklassen (vgl. Art. 52 MDR). Ausnahmen bilden Medizinprodukte der Klasse I, welche keine Benannte Stelle hinzuziehen müssen (Art. 52 Abs. 7 MDR) und Medizinprodukte der Klasse IIa mit Technischer Dokumentation gemäß Anhang II und III, welche eine Konformitätsbewertung auf der Grundlage einer Produktkonformitätsprüfung (Abschn. 18 Anhang XI MDR) durchlaufen (Art. 52 Abs. 6 MDR).

2.3.5 Inverkehrbringen

Das Konformitätsbewertungsverfahren, welches für den Marktzugang von Medizinprodukten genutzt wird, ist in Artikel 52 der MDR festgelegt. In den Richtlinien entspricht dies Artikel 11 der MDD und Artikel 9 der AIMDD. In diesen Artikeln wird in Abhängigkeit von der Produktrisikoklasse auf verschiedene Konformitätsbewertungsverfahren in den Anhängen verwiesen, wobei die MDR ein Verfahren weniger enthält: Die EG-Konformitätserklärung durch Qualitätssicherung des Medizinproduktes (Anhang VI MDD) bleibt zukünftig ausgespart (Verordnung (EU) 2017/745; Council Directive 90/385/EEC; Council Directive 93/42/EEC).

Kapitel V Abschn. 2 der MDR enthält die Artikel 52–60, welche die regulativen Umstände der Konformitätsbewertung festlegen. Im Artikel 54 wird das neu eingeführte Konsultationsverfahren für implantierbare Medizinprodukte der Klasse III und aktive Medizinprodukte der Klasse IIb, die zur Abgabe von Arzneimitteln bestimmt sind, beschrieben. Dieses muss von der Benannten Stelle bei Neubewertung nach MDR für diese Medizinprodukte, abgesehen von wenigen Ausnahmen, zur Bewertung der klinischen Bewertung gemäß Anhang IX Abschn. 5.1 bzw. gemäß Anhang X Abschn. 6 durchgeführt werden. Anhand des Berichts der Benannten Stelle zur klinischen Bewertung wird von einem Expertengremium der Kommission bewertet, ob die klinische Bewertung aufgrund der Neuartigkeit, des Nutzen-Risiko-Profils und dem Auftreten von schwerwiegenden Vorkommnissen durch ein wissenschaftliches Gutachten zu dem Bericht ergänzt werden muss. Die Standpunkte des Gutachtens sind von der Benannten Stelle gebührend zu berücksichtigen (Abs. 5.1 Anhang IX MDR). (Verordnung (EU) 2017/745) Das bedeutet für die Hersteller, dass zusätzlich zu der Überprüfung durch die Benannte Stelle eine weitere Überprüfung der klinischen Bewertung stattfinden kann. Für innovative Neuentwicklungen wird nach den Ausnahmekriterien immer das Konsultationsverfahren durchgeführt werden müssen.

Zusätzlich zu dem Konsultationsverfahren wird ein Kurzbericht über Sicherheit und klinische Leistung für implantierbare Medizinprodukte und Klasse III-Medizinprodukte nach der MDR gefordert. Dieser wird nach einer Validierung durch die Benannte Stelle veröffentlicht (Art. 32 MDR).

Eine weitere wesentliche Änderung bezüglich der Konformitätsbewertung von Medizinprodukten ist, dass nach der MDR zusätzlich zu Klasse I-Medizinprodukten, die steril sind oder eine Messfunktion besitzen, auch wiederverwendbare chirurgische Instrumente für einzelne Abschnitte des Konformitätsnachweises (Sicherung und Aufrechterhaltung der Sterilität bzw. messtechnische Anforderungen bzw. Aspekte, die mit der Wiederverwendung im Zusammenhang stehen) eine Benannte Stelle benötigen (vgl. Abs. 5 Anhang VII MDD, Artikel 52 Abs. 7 MDR).

2.3.6 Klinische Bewertung und Klinische Prüfung

Die klinische Bewertung ist sowohl nach den Richtlinien als auch nach der MDR zum Nachweis der Erfüllung der Kriterien des Anhangs I erforderlich (Anhang 7 AIMDD, Anhang X MDD, Art. 5 Abs. 3, Art. 61 Abs. 1 MDR). Eine klinische Bewertung nach der AIMDD ist die Bewertung von klinischen Daten nach einem definierten und methodisch einwandfreien Verfahren (Abs. 1.1 Anhang 7 AIMDD). Nach der MDD ist dieser Begriff nicht definiert. Die MDR definiert (Art. 2 Abs. 44 MDR): „klinische Bewertung" bezeichnet einen systematischen und geplanten Prozess zur kontinuierlichen Generierung, Sammlung, Analyse und Bewertung der klinischen Daten zu einem Produkt, mit dem Sicherheit und Leistung, einschließlich des klinischen Nutzens, des Produkts bei vom Hersteller vorgesehener Verwendung überprüft wird. Der Prozess der klinischen Bewertung ist nach MDR sehr viel umfangreicher als nach den Richtlinien. Es wird in der MDR explizit auf einen kontinuierlichen Prozess hingewiesen, d. h. die klinische Bewertung muss regelmäßig aktualisiert werden.

Die klinische Prüfung ist eine Möglichkeit zum Erzeugen klinischer Daten (Art. 1 Abs. 2k) AIMDD, Abs. 1.1.2 Anhang X MDD, Art. 2 Abs. 48 MDR). Im Gegensatz zu den Richtlinien wird nach der MDR für implantierbare und Klasse III-Medizinprodukte mit wenigen Ausnahmen eine klinische Prüfung zwingend gefordert (Art. 61 Abs. 4,5,6 MDR).

Die klinische Bewertung und Prüfung nehmen in der MDR einen höheren Stellenwert ein als in den Richtlinien. In den Richtlinien gibt es jeweils einen einzigen Artikel zu der klinischen Prüfung (Art. 10 AIMDD, Art. 15 MDD), sowie einen Anhang zur klinischen Bewertung (Anhang 7 AIMDD, Anhang X MDD). Im Vergleich dazu widmet die MDR das Kapitel VI (s. Abb. 1), bestehend aus den Artikeln 61–82, sowie zwei

Anhänge (Anhang XIV Klinische Bewertung & Anhang XV Klinische Prüfung MDR) der klinischen Bewertung und der klinischen Prüfung. Beispielhaft für den höheren Detaillierungsgrad kann der Prüfplan genannt werden (vgl. Abs. 2.3.1 Anhang 7 AIMDD, Abs. 2.3.1 Anhang X MDD, Abs. 3 Kapitel II Anhang XV MDR).

Mit der MDR wird erstmals die Gleichartigkeit von Medizinprodukten zur Nutzung von klinischen Daten anderer Medizinprodukte definiert. Diese strenge Definition basiert auf einer technischen, biologischen und klinischen Gleichartigkeit, welche jeweils für sich viele verschiedene Anforderungen beinhaltet (Abs. 3 Teil A Anhang XIV MDR) und somit die Nutzung von klinischen Daten anderer Medizinprodukte durchaus beschränkt.

Eine weitere Hürde zur Nutzung von klinischen Daten gleichartiger Medizinprodukte ist in Art. 61 Abs. 5 MDR zu finden. Dort wird gefordert, dass ein Vertrag mit dem Hersteller des gleichartigen Medizinproduktes geschlossen werden muss, um einen dauerhaften, uneingeschränkten Zugang zur technischen Dokumentation des Medizinproduktes zu gewährleisten. Außerdem wird der Nachweis gefordert, dass die klinische Bewertung des gleichartigen Medizinprodukts unter Einhaltung der Vorordnung durchgeführt wurde.

2.3.7 PMS und Vigilanz

Die Marktbeobachtung (engl.: „Post Market Surveillance" – PMS) ist ein Prozess, der die Überwachung nach dem Inverkehrbringen der Medizinprodukte durch den Hersteller beschreibt.

Vigilanz bezeichnet das System der Erfassung, Meldung und Risikobewertung im Zusammenhang mit schwerwiegenden, unerwünschten Ereignissen. In den Richtlinien wird hauptsächlich die Vigilanz thematisiert (Art. 8 AIMDD, Art. 10 MDD) und dies ausschließlich für „jede Funktionsstörung oder jede Änderung der Merkmale und/oder der Leistung sowie jede Unsachgemäßheit der Kennzeichnung oder der Gebrauchsanweisung eines Produkts, die zum Tode oder zu einer schwerwiegenden Verschlechterung des Gesundheitszustands eines Patienten oder eines Anwenders führen kann oder geführt hat" (Art. 10 MDD). Die Artikel in den Richtlinien haben kaum inhaltliche Differenzen (vgl. Art. 8 AIMDD, Art. 10 MDD). Ausdifferenziertere Anforderungen werden in der Norm für Anforderungen an das QMS für Medizinprodukte (EN ISO 13485) formuliert. Die EN ISO 13485 ist eine harmonisierte Norm im Geltungsbereich der Richtlinien (Durchführungsbeschluss (EU) 2020/438; Durchführungsbeschluss (EU) 2020/437) (vgl. Abschn. 2.1). Das bedeutet, dass diese zwar nicht rechtsverbindlich ist, aber die Norm aufgrund der mit der Harmonisierung verbundenen Konformitätsvermutung eine hohe Relevanz hat. Daher orientiert sich ein Großteil der Medizinproduktehersteller zur Erfüllung der vorgeschriebenen Anforderungen an den harmonisierten Normen. (Zippel 2016) Aus diesem Grund werden im Folgenden die Anforderungen der EN ISO 13485 mit denjenigen der MDR verglichen.

Die EN ISO 13485 fordert ein Verfahren für den Rückmeldeprozess zum Sammeln und Überwachen von Daten, also ein PMS-System, ein Verfahren zur Reklamationsbearbeitung, sowie ein Verfahren zur Meldung an Behörden von rechtlich rückmeldepflichtigen Ereignissen, also ein Vigilanz-System (EN ISO 13485).

Die MDR ist detaillierter und umfangreicher in den Anforderungen an den Hersteller. Die MDR beschreibt dies im Kapitel VII in drei Abschnitten, Überwachung nach dem Inverkehrbringen, Vigilanz und Marktüberwachung, bestehend aus Art. 83–100. Es ist ein System der Überwachung gefordert (Art. 83 MDR), dazu zusätzlich ein Plan zur Überwachung (Art. 84 MDR). Des Weiteren wird für Klasse I – Produkte ein Plan zur Überwachung nach dem Inverkehrbringen (Art. 85 MDR) und für alle Medizinprodukte höherer Produktklassen ein regelmäßig aktualisierter Bericht (Klasse IIa: Alle zwei Jahre; Klasse IIb und III: jährlich) über die Sicherheit gefordert. Auch die Meldepflichten werden erweitert. Im Abschnitt Vigilanz führt die MDR in Art. 88 außerdem die Meldung von Trends, d. h. eines signifikanten Anstiegs von nicht-meldepflichtigen Vorkommnissen oder unerwünschten Nebenwirkungen ein (Verordnung (EU) 2017/745).

2.3.8 Weitere wesentliche Unterschiede

In diesem Unterkapitel soll auf weitere wichtige Unterschiede zwischen den Richtlinien und der MDR kurz eingegangen werden, ohne eine ausführlichere Analyse der Unterschiede durchzuführen.

Eine Neueinführung der MDR ist ein System zur Produktidentifikation (Unique Device Identifier-System – UDI-System). Diese ist in eine Produktkennung und eine Herstellerkennung unterteilt, welche die Hersteller beantragen müssen. (Art. 27 MDR) Die UDI ist dem Medizinprodukt oder seiner Verpackung zugeteilt, wobei höhere Verpackungsebenen mit wenigen Ausnahmen auch eine eigene UDI tragen müssen. Die UDI besteht aus einer UDI-DI und einer UDI-PI. Die UDI-DI ist die primäre Kennung des Produktmodelles, die UDI-PI ist die Kennung der Produktionseinheit (Teil C Anhang VI MDR).

Zusätzlich zum UDI-System wird die europäische Datenbank für Medizinprodukte (Eudamed) durch die MDR in wesentlichen Funktionen erweitert. Eudamed besteht aus verschiedenen Teil-Datenbanken: ein elektronisches System für die Registrierung von Medizinprodukten, einer UDI-Datenbank, ein elektronisches System für die Registrierung von Wirtschaftsakteuren, ein elektronisches System für Benannte Stellen und für Bescheinigungen, ein elektronisches System für klinische Prüfungen, ein elektronisches System für Vigilanz und für die Überwachung nach dem Inverkehrbringen und ein elektronisches System für die Marktüberwachung (Art. 33 Abs. 2 MDR). Somit sind die Daten zur UDI in Eudamed integriert. In Anhang VI der MDR ist detailliert dargelegt, welche Angaben für die Registrierung von Medizinprodukten und Herstellern in der UDI-Datenbank notwendig sind.

Die Technische Dokumentation (TD) muss entsprechend den Anforderungen der MDR für die Behörden vom Hersteller vorgehalten und auf Ersuchen vorgelegt werden (Art. 10 Abs. 8 MDR).

Die TD ist in der AIMDD erwähnt. Es werden in der AIMDD keine Anforderungen an den Inhalt der TD mit Ausnahme der Dokumentation zur klinischen Bewertung gestellt (Abs. 1.3 Anhang 7 AIMDD). Der minimale Inhalt ist in der MDD sehr allgemein gehalten: eine allgemeine Produktbeschreibung, Pläne und Zeichnungen zur Beschreibung der Funktion sowie erforderliche Beschreibungen und Erläuterungen, die Ergebnisse der Risikoanalyse, eine Liste ganz oder teilweiser angewandter harmonisierter Normen und anderer Lösungen zur Einhaltung der Grundlegenden Anforderungen, Sterilisationsverfahren, Konstruktionsberechnungen, vorgenommene Prüfungen, bei Anschluss von anderen Produkten, der Nachweis, dass die Grundlegenden Anforderungen noch erfüllt sind, Prüfbericht und klinische Daten, sowie Kennzeichnungen und Gebrauchsanweisungen (Abs. 3 Anhang VII MDD).

Diese sehr allgemeinen Anforderungen stehen im Kontrast zur detaillierten Übersicht, welche von der MDR gefordert wird. Die Anforderungen sind mit Ausnahme des Themas PMS in den Anhang II mit 37 Unterpunkten zu den Anforderungen gegliedert, welche teilweise in weitere Forderungen unterteilt sind. Zum Thema PMS in der Technischen Dokumentation enthält Anhang III 17 inhaltliche Forderungen. Bspw. werden „vollständige Informationen und Spezifikationen einschließlich der Herstellungsprozesse und ihrer Validierung, der verwendeten Hilfsstoffe, der laufenden Überwachung und der Prüfung des Endprodukts" gefordert (Abs. 3b Anhang II) (Anhang II & III MDR).

Eine weitere wesentliche Änderung ist die Einführung der für die Einhaltung der Regulierungsvorschriften verantwortlichen Person (engl.: „Person responsible for regulatory compliance" -PRRC) (Art. 15 MDR). In den Richtlinien gibt es keine solche Funktion. Allerdings gibt es nach dem MPG als deutsche Besonderheit bereits den sog. Sicherheitsbeauftragten, welcher vorwiegend Zuständigkeiten im Bereich der Vigilanz innehat (§ 30 Abs. 4 MPG). Die MDR fordert mindestens eine Person, die umfangreichere Aufgaben übernimmt. Für folgende Aufgabenbereiche ist die PRRC verantwortlich: Überprüfung der Konformität der Medizinprodukte, eine aktuelle TD und EU-Konformitätserklärung, PMS, Vigilanz und die Erklärung der Einhaltung der grundlegenden Sicherheits- und Leistungsanforderungen von Prüfprodukten mit Ausnahme der zu prüfenden Punkte (Art. 15 Abs. 3 MDR). Somit hat die PRRC ein sehr viel größeres Verantwortungsgebiet als der Sicherheitsbeauftragte.

Zusätzlich zu den Änderungen der Anforderungen wurden auch spezielle Produkte, welche nach Definition keine Medizinprodukte sind, z. B. Kontaktlinsen ohne medizinische Zweckbestimmung (Abs. 1 Anhang XVI MDR), in den Geltungsbereich der MDR aufgenommen (Art. 1 Abs. 2 MDR). Die Liste dieser Produkte, welche durch die Kommission angepasst werden kann (Art. 1 Abs. 5 MDR), ist in Anhang XVI aufgeführt.

2.4   Zielsetzung und Änderungen: Ein Abgleich

Das Ziel der Harmonisierung wird in den Erwägungsgründen der MDR am häufigsten genannt (vgl. Abschn. 2.2). Dies spiegelt sich auch in den Änderungen zwischen der MDR und den Richtlinien wider, u. a. durch die Wahl einer Verordnung statt einer Richtlinie als Harmonisierungsrechtsvorschrift (vgl. Abschn. 2.3.1). Ein weiterer Schritt zur

Harmonisierung ist das Vereinen der zwei Richtlinien AIMDD und MDD in der MDR, was z. B. die Klassifizierung von aktiven, implantierbaren Medizinprodukten zur Folge hat. Inhaltlich ist fast an allen wesentlichen Änderungen das Ziel der Harmonisierung erkennbar. Der erhöhte Detaillierungsgrad der gesetzlichen Mindestanforderungen führt zu weniger Auslegungsmöglichkeiten und somit zu einer Harmonisierung der betroffenen Medizinprodukte (vgl. Abschn. 2.3.2). Ebenso führen die detaillierteren Ausführungen an die Anforderungen für Benannte Stellen voraussichtlich zu einem einheitlicheren Vorgehen, sowohl bei der Benennung der Stellen als auch im Bereich der eigentlichen Tätigkeit der Benannten Stellen (vgl. Abschn. 2.3.4). Die Detaillierung der Anforderungen ist auch bei der klinischen Bewertung und Prüfungen (vgl. Abschn. 2.3.6), bei der Marktbeobachtung und Vigilanz (vgl. Abschn. 2.3.7) und an der Technischen Dokumentation (vgl. Abschn. 2.3.8) erkennbar, welches alles zu einem harmonisierten Vorgehen bzw. zu harmonisierten Unterlagen führt. Zusätzlich dazu wird die Eudamed-Datenbank aufgebaut. Diese soll EU-weit einheitliche Informationen über die im Markt befindlichen zugelassenen Medizinprodukte, Benannte Stellen und weitere Medizinproduktemarkt-bezogene Daten enthalten (vgl. Abschn. 2.3.8). Daraus lässt sich schließen, dass die Harmonisierung innerhalb der EU durch die MDR voraussichtlich erhöht wird.

Ein weiteres Ziel der MDR ist die Erhöhung der Sicherheit und des Gesundheitsschutzes. Dies wird z. B. durch die Erhöhung der gesetzlichen Mindestanforderungen, den grundlegenden Sicherheits- und Leistungsanforderungen nach Anhang I, umgesetzt (vgl. Abschn. 2.3.2). An vielen Stellen wird die Kontrolle zur Überprüfung der Sicherheit und des Gesundheitsschutzes von Medizinprodukten durch die Änderungen erhöht.

Die Klassifizierung nach den neuen Regeln, z. B. bei Software, hat verschärfte Anforderungen an die Konformitätsbewertung der entsprechenden Medizinprodukte zur Folge (vgl. Abschn. 2.3.3). Die erhöhten Anforderungen an die Tätigkeit der Benannte Stellen, insbesondere die Einführung der unangekündigten Audits, hat eine verstärkte Kontrolle der Medizinproduktehersteller und der Medizinprodukte selbst zur Folge (vgl. Abschn. 2.3.4). Auch anhand der Veränderungen der eigentlichen Konformitätsbewertungsverfahren ist die erhöhte Kontrolle erkennbar. Beispiele sind das neu eingeführte Konsultationsverfahren, welches quasi eine „doppelte Kontrolle" der klinischen Bewertung bedeutet, sowie das Einbeziehen einer Benannten Stelle für wiederverwendbare chirurgische Instrumente (vgl. Abschn. 2.3.5).

Die Spezifizierungen zum Thema klinische Prüfung führen zu erhöhten Anforderungen für die Durchführung einer klinischen Prüfung. Durch die Verschärfung der Definition von Gleichartigkeit und der Forderung, bei Medizinprodukten anderer Hersteller dauerhaften, uneingeschränkten Zugriff auf die TD zu haben, wird es anspruchsvoller, klinische Daten von ähnlichen Medizinprodukten zu nutzen. Dies wird voraussichtlich zu einem Anstieg der klinischen Prüfungen zur Generierung von klinischen Daten führen (Fennema und Achakri 2019). Zusätzlich wird die Durchführung von klinischen Prüfungen für einige Medizinprodukte deutlicher gefordert als zuvor. Dies sollte zu einer Erhöhung der Sicherheit und des Gesundheitsschutzes bei Medizinprodukten führen, da die Prüfanforderungen steigen. Der erhöhte Stellenwert der klinischen Bewertung und der erhöhte Detaillierungsgrad in Bezug auf deren Anforderungen erhöhen weiterhin die Ansprüche an die Dokumentation zum sog. klinischen Nachweis (vgl. Abschn. 2.3.6).

Erhöhte Anforderungen an das PMS und an die Vigilanz, z. B. in Form des regelmäßig aktualisierten Berichts über Sicherheit, sowie die Einführung der UDI erhöhen weiterhin die Anforderungen an Medizinproduktehersteller in der Phase nach der Markteinführung (vgl. Abschn. 2.3.7 und 2.3.8).

Mit der Einführung der PRRC wird bei jedem Medizinproduktehersteller eine neue Funktion obligatorisch (vgl. Abschn. 2.3.8), die zur Erhöhung der Sicherheit und des Gesundheitsschutzes beitragen soll.

Ein weiteres Ziel der MDR ist die Innovationsförderung, auch wenn die Priorität anhand der Nennung als Ziel innerhalb der Erwägungsgründe und der direkten Verweise im Text gering wirkt (vgl. Abschn. 2.2). Die Förderung von Innovationen ist durch die wesentlichen Änderungen nicht deutlich erkennbar (vgl. Abschn. 2.3). Allerdings blockieren Unterschiede in entsprechenden Rechtsrahmen Innovationen (De Maria et al. 2018), weshalb die Harmonisierung einerseits als innovationsfördernd kategorisiert werden kann.

Dass sich andererseits der erhöhte Aufwand durch den stärkeren Detaillierungsgrad der Anforderungen negativ auf die Innovationsfähigkeit auswirkt, ist wahrscheinlich. Eine hohe Regulierungsdichte wird in der Literatur als innovationshemmend beschrieben (Kaganov 1980; Clark 1980; Augurzky et al. 2018; Berensmann und Gratzfeld 2018). Hinzu kommen viele neue Anforderungen für die Entwicklung von Medizinprodukten (vgl. Abschn. 2.3.2 und 2.3.6) sowie über den Lebenszyklus von Medizinprodukten (vgl. Abschn. 2.3.7 und 2.3.8). Dies schwächt die Innovationskraft. Dabei wurden bereits vor der Einführung der MDR als größte Innovationshemmnisse von Medizinprodukteherstellern die Gesetzgebung allgemein, die Kosten der Produktentwicklung und die Kosten bzw. der Aufwand der Zulassung benannt. Für Kleinunternehmen (21–50 Mitarbeiter) ist unter den Richtlinien besonders der Faktor Kosten und Aufwand für die Zulassung eine Innovationshürde. (Bohnet-Joschko und Jandeck 2011) Ihre Erfolgsaussichten zur Umsetzung der MDR werden schlecht bewertet (Walitschek 2018). Durch die erhöhte Anzahl an klinischen Prüfungen, deren Anforderungen durch die MDR steigen, werden die klinische Forschung und Validierung verstärkt als Innovationshemmnis wirken. Außerdem wird dies in der Entwicklung dauerhaft finanzielle und personelle Ressourcen binden, die dann nicht mehr für andere F&E-Aktivitäten zur Verfügung stehen. Aus diesem Grund wird die Kosten-Nutzen-Abwägung von regulativen Änderungen wie der MDR, welche zur Erhöhung der Sicherheit und des Gesundheitsschutzes umgesetzt werden, aber die Innovationskraft hemmen, in der Literatur diskutiert (Migliore 2017; Walitschek 2018; Berensmann und Gratzfeld 2018).

In dem Branchenbericht der Schweizer Medizintechnik-Unternehmen aus dem Jahr 2018 (Mecattaf et al. 2018) bestätigen der Großteil der Hersteller eine steigende finanzielle Belastung, u. a. steigende Entwicklungskosten, durch die MDR. Als Folge werden nicht nur Preiserhöhung, sondern auch Kürzungen der Ausgaben für F&E genannt. Somit wird durch die Einführung der MDR die Innovationskraft der Medizintechnikbranche möglicherweise geschwächt. Ob sich dieser Trend langfristig durchsetzt, z. B. durch erhöhte Anforderungen im gesamten Produktlebenszyklus (vgl. Abschn. 2.3.7 und 2.3.8), wird sich erst zukünftig zeigen.

2.5   Weitere Möglichkeiten für Innovation in der Medizintechnik

In diesem und den nachfolgenden Abschnitten sollen nach F&E weitere Möglichkeiten zur Umsetzung von Innovation innerhalb des gesetzlichen Rahmens der Richtlinien bzw. des MPG und der MDR verglichen werden. Diese Möglichkeiten beziehen sich auf Themen, welche die Übertragung von Forschungsergebnissen in den klinischen Alltag erleichtern können. Der Fokus liegt auf Änderungen, welche sich durch den neuen Rechtsrahmen ergeben.

2.5.1 Schließen eines juristischen Graubereiches: Sonstige klinische Prüfungen

Eine Möglichkeit für die Entwicklung von Innovationen ist die klinische Forschung mit Patientinnen und Patienten. Nach den bisher geltenden Richtlinien ist die klinische Forschung gesetzlich nicht geregelt. Klinische Prüfungen werden zum Nachweis der gesetzlichen Mindestanforderungen genutzt (Abs. 2 Anhang X MDD, Art. 2 Abs. 45 MDR). Dies umschließt somit keine klinische Prüfung für Zwecke der wissenschaftlichen Erkenntnisse.

Daher wird nach Artikel 82 der MDR ein neuer Begriff eingeführt, die sog. „sonstige klinische Prüfung". Nach dem MPDG (§ 3 Abs. 4 MPDG) ist diese definiert als „eine klinische Prüfung, die nicht Teil der Produktentwicklung ist, nicht den Zweck des Nachweises der Konformität hat, außerhalb eines klinischen Entwicklungsplans nach MDR erfolgt und dem Beantworten wissenschaftlicher und anderer Fragestellungen dient". Damit wird ein juristischer Graubereich geschlossen. Es werden daher auch Anforderungen an diese Art von Untersuchungen gestellt, falls nicht CE-gekennzeichnete Medizinprodukte oder zugelassene Medizinprodukte außerhalb ihrer Zweckbestimmung genutzt werden. Die anwendbaren grundlegenden Sicherheits- und Leistungsanforderungen müssen erfüllt werden, ebenso muss eine Einwilligung und ein positives Ethik-Votum vorliegen (Art. 82 Abs. 1 MDR). Das MPDG erweitert diese Anforderungen, bspw. mit einer Anzeige bei der zuständigen Bundesoberbehörde (§ 47 Abs. 2.2 MPDG) oder der Forderung nach geeigneten Räumlichkeiten (§ 47 Abs. 1.5 MPDG). Dies erhöht einerseits die Rechtssicherheit für die klinische Forschung, stellt aber auch weitere Anforderungen an diese und erschwert somit die klinische Forschung.

2.5.2 Forschungsförderung der Medizintechnik

Forschungsförderungen werden von vielen Medizintechnikunternehmen angenommen. Diese stammen meist aus Bundes- oder Landesförderungen. (Bohnet-Joschko und Jandeck 2011) Diese Förderung wird durch die MDR nicht direkt betroffen (vgl. Abschn. 2.3). Auch existieren weiterhin verschiedene Förderprogramme z. B. KMU-Innovativ: Medizintechnik-Förderung (Bundesministerium Für Bildung und Forschung 2010). Es kann allerdings davon ausgegangen werden, dass die Kosten für klinische Forschung an Patientinnen und Patienten durch die Einführung von sonstigen klinischen Prüfungen steigen.

2.5.3 Innovationen durch Eigenherstellung von Gesundheitseinrichtungen

Die Ideen zu neuartigen Medizinprodukten stammen oft von innovativen Ärztinnen und Ärzten sowie Wissenschaftlerinnen und Wissenschaftlern in der Medizin. Mehrere Studien konnten belegen, dass die Einbeziehung von im Gesundheitswesen tätigen Personen in den Innovationsprozess zu innovativeren Medizinprodukten führen kann. (Bohnet-Joschko und Jandeck 2011; Lettl et al. 2006; Lüthje und Herstatt 2004).

Es gibt nach dem MPG die Möglichkeit der sog. Eigenherstellung. Als Medizinprodukte aus Eigenherstellung gelten „Medizinprodukte einschließlich Zubehör, die in einer Gesundheitseinrichtung hergestellt und angewendet werden, ohne dass sie in den Verkehr gebracht werden oder die Voraussetzungen einer Sonderanfertigung nach Nummer 8 erfüllen" definiert (§ 3 Abs. 21 MPG). Damit wird die Möglichkeit eröffnet, in Kliniken direkt die Ideen der dort tätigen Personen in innovativen Medizinprodukten umzusetzen. Unterstützt wird dies mit einem verringerten Aufwand bei der Konformitätsbewertung (§ 12 Abs. 1 MPG, Abschn. 2 MPV).

Eine ähnliche Möglichkeit bietet auch die MDR für „Produkte, die ausschließlich innerhalb von in der Union ansässigen Gesundheitseinrichtungen hergestellt und verwendet werden". Allerdings werden hier höhere Anforderungen als im MPG gestellt, wie bspw. die Implementierung eines angemessenen Qualitätsmanagementsystems (Art. 5 Abs. 5 MDR).

3 Digitale Innovationen im Gesundheitswesen

In den letzten Jahren haben weltweit innovative, digitale Gesundheitsanwendungen, die oftmals unter dem Begriff „Digital Health" zusammengefasst werden, vermehrt Einzug in Krankenhäuser, Praxen und auch bei Patientinnen und Patienten erhalten. Der Begriff Digital Health umfasst dabei vor allem die Konvergenz von verschiedenen Gesundheitsdaten von Patientinnen und Patienten mit dem Ziel der Effizienzsteigerung der Gesundheitsversorgung und Verbesserung der Versorgungsqualität für die Anwender (Albrecht et al. 2018).

Obwohl die Medizinproduktehersteller in Deutschland stets als innovativ angesehen wurden, wurde die schleppende Digitalisierung des Gesundheitswesens in Deutschland oft kritisiert (Thun 2015; Baierlein 2017). Eine Studie von Thiel et al. (2018) zeigte, dass Deutschland in Bezug auf die Digitalisierung des Gesundheitswesens weit abgeschlagen ist und lediglich Rang 16 von 17 europäischen Ländern erreichte. Dabei wurden von den Autoren mehr als 150 Einzelkriterien in den 17 Ländern untersucht, um ein möglichst umfassendes Bild der Digitalisierung im Gesundheitswesen zeichnen zu können.

Ein Grund für die schleppende Digitalisierung im Gesundheitswesen war die fehlende Rechtsgrundlage, die zur Überführung von digitalen Gesundheitsanwendungen (DiGAs) in die Regelversorgung notwendig ist (Thiel et al. 2018). Der vergleichsweise aufwändige Weg zur Erstattung über individuelle Selektivverträge oder Präventions-kooperationen mit einzelnen Krankenkassen wurde bislang nur von wenigen Anbietern genutzt (Krüger-Brand 2017; Matthies 2020).

Dieser Herausforderung hat sich der Gesetzgeber im Jahr 2019 angenommen. Am 19.12.2019 ist das „Gesetz für eine bessere Versorgung durch Digitalisierung und Innovation" (Digitale-Versorgung-Gesetz – DVG) in Kraft getreten. Seitdem haben ca. 73 Millionen Versicherte in der gesetzlichen Krankenversicherung (GKV) Anspruch auf Versorgung mit digitalen Gesundheitsanwendungen (DiGAs), die von Ärztinnen und Ärzten sowie von Psychotherapeutinnen und Psychotherapeuten verschrieben werden und von Krankenkassen erstattet werden können (§ 33a Abs. 1 SGB V).

Erstmalig werden somit das Gesundheitshandeln der Patientinnen und Patienten sowie die innovative Integration digitaler Prozesse von Leistungserbringern und Patientinnen und Patienten in den Mittelpunkt gerückt. Mit diesem Gesetz wird in Deutschland ein bis heute weltweit einzigartiger Weg beschritten, um digitale Innovationen im Gesundheitswesen zu fördern. Darüber hinaus beinhaltet das Gesetz auch noch weitere Verbesserungen, beispielsweise in Bezug auf die Vernetzung der Akteure im Gesundheitswesen.

Nicht nur das Gesetz selbst fördert digitale Innovationen im deutschen Gesundheits-sektor, auch die Gesetzgebung selbst wurde in einem innovativen Verfahren realisiert. Im Vorfeld des Gesetzesentwurfs hat das Bundesministerium für Gesundheit (BMG) im Rahmen von mehreren Workshops mit Akteuren des Gesundheitswesens Kernpunkte des Gesetzes diskutiert. Zudem wurde der health innovation hub (hih) des Gesundheits-ministeriums gegründet, der als neutrale Plattform den Dialog relevanter Akteure im Gesundheitswesen zum Wohle der Patientinnen und Patienten ermöglichen soll. Eine vom health innovation hub veranstaltete Roadshow im Sommer 2019 hat das Digital-Health-Ökosystem in Deutschland auf das Digitale-Versorgung-Gesetz vorbereitet und frühzeitig Feedback in den Gesetzgebungsprozess zurückgegeben (Matthies 2020).

3.1   Das Digitale-Versorgung-Gesetz (DVG)

Bis Ende 2019 konnten digitale Gesundheitsanwendungen noch nicht in der Regelversorgung der gesetzlichen Krankenkassen abgebildet werden. Bestehende Konstrukte im Fünften Buch Sozialgesetzbuch (SGB V) wie beispielsweise die Videosprechstunde (§ 291g SGB V), Heilmittel (§ 32 SGB V) oder Hilfsmittel (§ 33 SGB V) waren nicht geeignet, um die gesetzliche Basis für digitale Gesundheitsanwendungen zu bilden. Daher wurde durch das DVG der neue Paragraph 33a Digitale Gesundheitsanwendungen im SGB V hinzugefügt.

Darin werden digitale Gesundheitsanwendungen wie folgt definiert:

Digitale Gesundheitsanwendungen sind Medizinprodukten niedriger Risikoklasse, deren Hauptfunktion wesentlich auf digitalen Technologien beruht und die dazu bestimmt sind, bei den Versicherten oder in der Versorgung durch Leistungserbringer die Erkennung, Überwachung, Behandlung oder Linderung von Krankheiten oder die Erkennung, Behandlung, Linderung oder Kompensierung von Verletzungen oder Behinderungen zu unterstützen (§ 33a Abs. 1 SGB V).

Diese Definition stellt klar, dass digitale Gesundheitsanwendungen nicht nur heute gängige Smartphone-Apps, sondern auch Browser-basierte Anwendungen oder auch neuere Technologien wie beispielsweise Alexa-Skills umfasst (Matthies 2020).

Anspruch auf digitale Gesundheitsanwendungen haben die Versicherten jedoch nur wenn die folgenden zwei Kriterien durch die digitale Gesundheitsanwendung erfüllt sind (§ 33a Abs. 1 SGB V):

1. Die digitale Gesundheitsanwendung wurde vom Bundesinstitut für Arzneimittel und Medizinprodukte (BfArM) in das Verzeichnis für digitale Gesundheitsanwendungen nach § 139e SGB V aufgenommen und
2. die digitale Gesundheitsanwendung wurde entweder nach Verordnung des behandelnden Arztes oder des behandelnden Psychotherapeuten oder mit Genehmigung der Krankenkasse angewendet.

Die Genehmigung einer digitalen Gesundheitsanwendung erfolgt dabei lediglich für eine oder mehrere spezifische medizinische Indikationen nach ICD-10, dem weltweit anerkannten Klassifikationssystem für medizinische Diagnosen. Als Medizinprodukte mit niedriger Risikoklasse (vgl. Abschn. 2.3.3) sind solche mit Risikoklasse I oder IIa definiert (§ 33a Abs. 2 SGB V).

Auf zwei wesentliche Besonderheiten in dem Gesetz ist an dieser Stelle noch hinzuweisen. Erstens wird der Nutzen der digitalen Gesundheitsanwendung durch den sog. positiven Versorgungseffekt definiert (§ 139e Abs. 2 SGB V). Ein positiver Versorgungseffekt ist entweder ein medizinischer Nutzen oder eine patientenrelevante Struktur- und Verfahrensverbesserung in der Versorgung. Damit ist der positive Versorgungseffekt patientenzentriert und lässt beispielsweise die Arbeitslast von medizinischem Personal oder ökonomische Kennzahlen der Versorgung nicht als patientenrelevanten Endpunkte zu (BfArM 2020).

Zweitens hat der Gesetzgeber mit dem Fast-Track-Verfahren ein – im Vergleich zur Erstattung von sonstigen Medizinprodukten oder Pharmazeutika – deutlich beschleunigtes Verfahren zur Erstattung von DiGAs aufgesetzt. Dabei kann eine digitale Gesundheitsanwendung nach der CE-Kennzeichnung als Medizinprodukt und nach der maximal dreimonatigen Prüfung durch das BfArM vorläufig in das DiGA-Verzeichnis aufgenommen werden und ist damit sofort für Patientinnen und Patienten verfügbar. Der DiGA-Hersteller hat dann 12 Monate Zeit, den Nachweis für den positiven Versorgungseffekt zu erbringen und erhält bereits in dieser Erprobungsphase eine Erstattung für jede von Patientinnen und Patienten genutzte digitale Gesundheitsanwendung (§139e Abs. 4 SGB V). Diese innovationsfördernde Maßnahme senkt das finanzielle Risiko der klinischen Überprüfung für die DiGA-Hersteller deutlich.

Das Verfahren und die Anforderungen zur Prüfung der Erstattungsfähigkeit digitaler Gesundheitsanwendungen für die gesetzlichen Krankenversicherungen werden im Detail in einer separaten Rechtsverordnung (der Digitale Gesundheitsanwendungen-Verordnung – DiGAV) geregelt und durch einen Leitfaden des BfArM genauer spezifiziert und ergänzt.

Zudem eröffnet das Digitale-Versorgung-Gesetz weitere innovative Wege für eine zeitgemäße Patientenversorgung. Beispielsweise wird die Telematikinfrastruktur zur Vernetzung der Akteure im Gesundheitswesen erweitert, um einen sicheren sektoren- und systemübergreifenden Austausch von Informationen zu gewährleisten. Darüber hinaus wird durch das Gesetz die Telemedizin gestärkt und in größerem Umfang extrabudgetär vergütet. Bei den gesetzlichen Krankenkassen sollen Verwaltungsprozesse durch die Digitalisierung vereinfacht und digitale Innovationen gefördert werden. Zudem werden künftig die Abrechnungsdaten der Krankenkassen (jedoch keine klinischen Daten) zu den digitalen Gesundheitsanwendungen pseudonymisiert für öffentliche Stellen, Forschungseinrichtungen und Universitätskliniken zu Forschungszwecken zur Verfügung gestellt (Jorzig 2020).

3.2   Digitale-Gesundheitsanwendungen-Verordnung und Leitfaden des BfArM

Am 21. April 2020 trat die Digitale-Gesundheitsanwendungen-Verordnung (DiGAV) in Kraft. Kurz darauf erschien auch die erste Version des DiGA-Leitfadens des BfArM. Beide Dokumente ergänzen das Digitale-Versorgung-Gesetz und spezifizieren das Fast-Track-Verfahren zur Zulassung und damit zu einer Erstattungsfähigkeit von digitalen Gesundheitsanwendungen durch die gesetzlichen Krankenkassen.

Vier Punkte sind besonders hervorzuheben:

Erstens werden in der Rechtsverordnung die Anforderungen an digitale Gesundheitsanwendungen definiert, besonders hinsichtlich Sicherheit, Qualität, Datenschutz und

Datensicherheit. Daher muss der Hersteller gemäß Anlage 1 der DiGAV einen Fragebogen mit 40 Fragen zum Datenschutz und 37 Fragen zur Datensicherheit wahrheitsgemäß beantworten. Zudem gibt es weitere neun Fragen, die von Herstellern von digitalen Gesundheitsanwendungen mit sehr hohem Schutzbedarf zu beantworten sind. Weitere 38 Fragen zu den Themen Interoperabilität, Robustheit, Verbraucherschutz, Nutzerfreundlichkeit und Barrierefreiheit, Unterstützung der Leistungserbringer, Qualität der medizinischen Inhalte und Patientensicherheit werden in Anlage 2 der DiGAV vom Hersteller abgefragt.

Zweitens geben beide Dokumente (DiGAV und der DiGA-Leitfaden des BfArM) verlässliche Vorgaben für Methoden und Verfahren zum Nachweis positiver Versorgungseffekte. Der positive Versorgungseffekt kann sowohl durch einen medizinischen Nutzen für Patientinnen und Patienten als auch durch patientenrelevante Struktur- und Verfahrensverbesserungen dargelegt werden. Patientenrelevante Endpunkte für den medizinischen Nutzen sind beispielsweise eine positive Beeinflussung von Morbidität, Mortalität oder Lebensqualität. (§ 8 Abs. 2 DiGAV). Als patientenrelevanten Struktur- und Verfahrensverbesserungen sind Prozessverbesserungen in der Versorgung definiert, die beispielsweise bei der Erkennung, Überwachung, Behandlung oder Linderung von Krankheiten oder der Erkennung, Behandlung, Linderung oder Kompensierung von Verletzungen oder Behinderungen Vorteile bieten. Darüber hinaus soll das Gesundheitshandeln von Patientinnen und Patienten verbessert oder die Abläufe zwischen Patientinnen und Patienten sowie deren Leistungserbringern digital unterstützt werden (§ 8 Abs. 3 DiGAV).

Der positive Versorgungseffekt ist für eine oder mehrere Patientengruppen zu definieren und muss anhand von einer oder mehreren spezifischen Indikationen nach ICD-10 eingegrenzt werden (§ 9 Abs. 3 DiGAV).

Zudem wird zum Nachweis des positiven Versorgungseffektes eine vergleichende Studie verlangt. Im Rahmen dieser Studie weist der Hersteller nach, dass die Anwendung der digitalen Gesundheitsanwendung besser ist als die Nichtanwendung. Dazu können je nach Fragestellung retrospektive als auch prospektive Studien durchgeführt werden. Das Studiendesign ist dabei so zu wählen, dass es dem spezifischen positiven Versorgungseffekt angemessen ist. Die Auswertung der vergleichenden Studie und damit der Nachweis des positiven Versorgungseffekts muss durch ein wissenschaftliches Evaluationskonzept einer herstellerunabhängigen Einrichtung erfolgen (§ 15 DiGAV).

Sollte der Nachweis eines positiven Versorgungseffekts bei der initialen Einreichung beim BfArM noch nicht vorliegen, so ist eine Erprobungsphase von 12 Monaten möglich (Jorzig 2020). In dieser Zeit ist die digitale Gesundheitsanwendung bereits im DiGA-Verzeichnis des BfArM gelistet und wird erstattet. Spätestens nach 12 Monaten muss dann die wissenschaftliche Evaluierung der vergleichenden Studie vorliegen. Im Anschluss prüft das BfArM dann den positiven Versorgungseffekt und entscheidet über die endgültige Aufnahme im DiGA-Verzeichnis (BfArM 2020).

Hervorzuheben ist hierbei, dass der Preis für die digitale Gesundheitsanwendung im Jahr der Erprobung vom Hersteller selbst festgelegt werden kann und erstattet wird. Durch gruppenbezogene Höchstpreise werden Grenzen nach oben festgelegt. Nach

12 Monaten und nach Nachweis des positiven Versorgungseffekts wird der sog. Vergütungsbetrag erstattet, den der Hersteller auf Basis des positiven Versorgungseffekts mit dem Gemeinsamen Bundesausschuss (G-BA) der gesetzlichen Krankenkassen vereinbart hat (BfArM 2020).

Drittens wird die Einrichtung eines funktionalen, nutzerfreundlichen und transparenten Verzeichnisses für digitale Gesundheitsanwendungen definiert. In dem sog. DiGA-Verzeichnis (www.diga.bfarm.de), welches vom BfArM betrieben wird, sind alle zur Erprobung und dauerhaft zugelassenen digitalen Gesundheitsanwendungen gelistet. Das digitale Verzeichnis umfasst unter anderem Daten zum Erprobungszeitrum (im Falle einer vorläufigen Aufnahme), der Indikation nach ICD-10, der nachgewiesenen bzw. nachzuweisenden positiven Versorgungseffekte und der entsprechenden Studien, Empfehlungen zur Nutzungsdauer, Informationen zu zusätzlichen notwendigen vertragsärztlichen Leistungen, die mit der Nutzung der digitale Gesundheitsanwendung einhergehen, Preis der digitale Gesundheitsanwendung und weitere spezifische Informationen für Patientinnen und Patienten sowie die Leistungserbringer (BfArM 2020).

Viertens wird ein unabhängiges, strukturiertes und verlässliches Prüfverfahren am BfArM etabliert, welches die Einhaltung der Anforderungen an digitale Gesundheitsanwendungen jederzeit gewährleisten soll. Dieses Verfahren wird als sog. Fast-Track-Verfahren bezeichnet, wobei sich der Name von der Schnelligkeit der Prüfung durch das BfArM ableitet. Über einen vollständigen Antrag wird in maximal drei Monaten nach Eingang entschieden. Im Rahmen des Fast-Track-Verfahrens werden die oben genannten Anforderungen an die digitalen Gesundheitsanwendungen vom BfArM geprüft. Im Falle einer positiven Evaluierung wird die digitale Gesundheitsanwendung im Anschluss (vorläufig oder endgültig, je nachdem, ob bereits eine Studie zum positiven Versorgungseffekt vorliegt) in das DiGA-Verzeichnis aufgenommen (BfArM 2020).

4   Diskussion und Fazit

Die Einführung der neuen EU-Verordnung MDR und des Digitale-Versorgung-Gesetzes führen zu erheblichen Änderungen der regulatorischen Anforderungen für den Marktzugang bzw. für die Erstattung von Medizinprodukten. Diese Änderungen fördern oder behindern Innovationen in diesem Sektor auf vielfältige Weise.

Beispielsweise führt die Harmonisierung durch die MDR zu einem Abbau von Unterschieden im europäischen Rechtsrahmen und ist daher einerseits innovationsfördernd. Andererseits überwiegen insgesamt innovationshemmende Änderungen, die zu Gunsten der Erhöhung der Patientensicherheit, des Gesundheitsschutzes und der Harmonisierung in Kauf genommen werden. Dabei ist der erhöhte Detailierungsgrad der Anforderungen in fast allen Bereichen ein wesentlicher Faktor.

Folgende Änderungen werden voraussichtlich einen ausgeprägten Einfluss auf die Innovationskraft der Branche haben (vgl. Abschn. 2.4): Die klinische Prüfung und klinische Bewertung (vgl. Abschn. 2.3.6), die verstärkte Überprüfung und Bewertung der

Medizinprodukte und -hersteller in der Pre-Market-Phase durch Benannte Stellen (vgl. Abschn. 2.3.3, 2.3.4 und 2.3.8), die Überwachung der Medizinprodukte nach dem Inverkehrbringen (Post Market Surveillance – PMS) und die Vigilanz (vgl. Abschn. 2.3.7).

Die Anforderungen an klinische Prüfungen und Bewertungen sind umfangreicher und detaillierter. Die erweiterte Definition der klinischen Bewertung in der MDR verweist auf einen kontinuierlichen Prozess. Daher muss auch für bestehende Medizinprodukte die klinische Bewertung angepasst und aktuell gehalten werden. Zusätzlich wird die Nutzung von wissenschaftlichen Untersuchungen anderer Medizinprodukte als klinische Daten durch Einführung einer strengen Definition der Gleichartigkeit von Medizinprodukten und durch strenge Auflagen weitgehend verhindert (vgl. Abschn. 2.3.6).

Diese Verschärfungen mögen zwar zu weniger Missbrauch von klinischen Daten nicht gleichartiger Medizinprodukte führen und somit zu einer erhöhten Produktsicherheit; allerdings steigt damit auch der Bedarf nach klinischen Daten für das betreffende Medizinprodukt. Dies wiederum erhöht die Anzahl der durchzuführenden klinischen Prüfungen (Fennema und Achakri 2019), welche bereits vor der Erweiterung der Anforderungen durch die MDR (vgl. Abschn. 2.3.6) als Innovationshürde, besonders für KMUs, bezeichnet wurden (VDI/VDE Innovation + Technik GmbH et al. 2008).

Die tendenzielle Erhöhung der Risikoklassen von vielen Medizinprodukten führt zu einer vermehrten Überprüfung der Hersteller durch Benannte Stellen (vgl. Abschn. 2.3.3). Zusätzlich wird die Anzahl der Prüfungen gesteigert durch die Einbeziehung von Benannten Stellen im Rahmen der Konformitätsbewertung von wiederverwendbaren chirurgischen Instrumenten (vgl. Abschn. 2.3.5). Die Benannten Stellen prüfen durch gestiegene Anforderungen, z. B. pflichtmäßige unangekündigte Audits, intensiver als unter den bestehenden Richtlinien (vgl. Abschn. 2.3.4). Die Kosten für die Überprüfung durch Benannte Stellen werden voraussichtlich durch deren höheren Aufwand steigen. Detaillierte Anforderungen an die TD, sowie die Einführung der PRRC steigern den Überprüfungsaufwand weiter (vgl. Abschn. 2.3.8). Künftig werden mehr Ressourcen und Personal zur Bereitstellung und Überprüfung von Dokumenten benötigt werden.

Die Anforderungen an das beim Hersteller zu etablierende System zu Nachbeobachtung von Medizinprodukten steigen mit Einführung der MDR. Neben UDI und EUDAMED (vgl. Abschn. 2.3.8), müssen Hersteller zukünftig ein umfangreicheres PMS-System umsetzen. Hinzu kommen erweiterte Meldepflichten (Meldung von Trends) und ein Plan zur Überwachung nach dem Inverkehrbringen (Klasse I) bzw. ein regelmäßig aktualisierter Bericht über die Sicherheit (ab Klasse IIa). (vgl. Abschn. 2.3.7) Dies wird Personal binden und zusätzliche Kosten erzeugen. Da durch hohe Stückzahlen Skalierungseffekte auf diese Kosten wirken, wird dies besonders den Preis von Medizinprodukten mit geringen Absatzzahlen steigern. Daher werden hauptsächlich KMUs mit geringen Absatzzahlen einen weiteren Marktnachteil haben. Der dauerhaft gesteigerte Aufwand ist eine weitere Markteintrittshürde, was voraussichtlich zu geringerem Konkurrenz- und Innovationsdruck führen wird. Der Kapitalbedarf wird insbesondere für KMUs schwer aufzubringen sein.

Im Gegensatz zur MDR führt das neue nationale Digitale-Versorgung-Gesetz Änderungen ein, welche als hauptsächlich innovationsfördernd eingestuft werden können. Da Software nach der MDR tendenziell in eine höhere Risikoklasse kategorisiert wird (vgl. Abschn. 2.3.3), wird die Zulassung von Software als digitales Medizinprodukt erschwert. Das DVG ebnet den Weg für einen Rechtsanspruch auf Erstattung von digitalen Gesundheitsanwendungen durch die gesetzlichen Krankenkassen in Deutschland. Damit erleichtert der Gesetzgeber den Marktzugang für Anbieter von digitalen Gesundheitsanwendungen deutlich und minimiert eine schon in mehreren Studien kritisierte Innovationshürde (VDI/VDE Innovation + Technik GmbH et al. 2008; Leppert und Greiner 2016). Begründet wird dies mit dem niedrigen Risiko digitaler Gesundheitsanwendungen (§ 33a Abs. 2 SGB V).

Durch die Definition des neuen Konstruktes positiver Versorgungseffekt geht der Gesetzgeber neue Wege und nimmt die Patientinnen und Patienten in den Fokus: Es werden ausschließlich diejenigen digitalen Gesundheitsanwendungen erstattet, die einen medizinischen Nutzen bieten oder patientenrelevante Struktur- und Verfahrensverbesserungen ermöglichen. Zur Erleichterung für Hersteller, die – so die Annahme – hauptsächlich KMUs sind, können die Daten zum Nachweis des positiven Versorgungseffektes im ersten Jahr der Anwendung gesammelt werden. Durch das schnelle Prüfverfahren am Bundesinstitut für Arzneimittel und Medizinprodukte, das Fast-Track-Verfahren, können innovative digitale Gesundheitsanwendungen innerhalb vergleichsweise kurzer Zeit in Verkehr gebracht werden. Hervorzuheben ist dabei, dass die Verschreibung nicht nur durch Ärztinnen und Ärzte, sondern auch durch Psychotherapeutinnen und Psychotherapeuten oder auf Verordnung durch eine gesetzliche Krankenkasse vorgenommen werden kann (§ 33a Abs. 1 SGB V). Dieser innovative Weg, digitale Medizinprodukte erstattungsfähig zu machen, minimiert die Hürden für den Markteintritt und wirkt somit als Pendant zum erschwerten Marktzugang durch die Einführung der MDR.

Literatur

Albrecht UV, Kuhn B, Land J et al (2018) Nutzenbewertung von digitalen Gesundheitsprodukten (Digital Health) im gesellschaftlichen Erstattungskontext. Bundesgesundheitsblatt – Gesundheitsforschung – Gesundheitsschutz 61:340–348

Augurzky B, Binder C, Ruhrmann C (2018) Bürokratie und Deregulierung im Gesundheitswesen, Essen

Baas J, Brauer U, Dannhorn DR, et al (2012) Nationaler Strategiebericht „Innovationen in der Medizintechnik." Lenkungskreis für den Nationalen Strategieprozess „Innovationen für die Medizintechnik", Berlin

Baierlein J (2017) Grad der Digitalisierung im Gesundheitswesen im Branchenvergleich – Hinderungsgründe und Chancen. In: Pfannstiel M, Da-Cruz P (Hrsg) Mehlich H Digitale Transformation von Dienstleistungen im Gesundheitswesen II. Springer Gabler, Wiesbaden, S 335–344

Baregheh A, Rowley J, Sambrook S (2009) Towards a multidisciplinary definition of innovation. Manag Decis 47:1323–1339

Berensmann M, Gratzfeld M (2018) Anforderungen für die CE-Kennzeichnung von Apps und Wearables. Bundesgesundheitsblatt – Gesundheitsforschung – Gesundheitsschutz 61:314–320

BfArM (Hrsg) (2020) Das Fast-Track-Verfahren für digitale Gesundheitsanwendungen (DiGA) nach § 139e SGB V

Bienzeisler B, Klemisch M (2009) Innovationen und Systemführerschaften in der Medizintechnik - Abschlussbericht des Forschungsprojektes „systemedic". Stuttgart

Bundesministerium Für Bildung und Forschung (Hrsg) Richtlinie zur Förderung von Zuwendungen für „KMU-innovativ: Medizintechnik". https://www.bmbf.de/foerderungen/bekanntmachung-2010.html. Zugegriffen: 20. Apr. 2020

Bohnet-Joschko S, Jandeck LM (2011) Erfolg durch Innovation: Das Innovationsmanagement der deutschen Medizintechnikhersteller Erfolg durch Innovation – Ergebnisse einer Untersuchung zur Unternehmensstruktur, zum Innovations- und Kooperationsverhalten sowie zu Innovationshürden in der Mediz. Universität Witten/Herdecke & SPECTARIS, Witten

Bundesministerium für Gesundheit (Hrsg) (2016) Medizinprodukte-Verordnung vom 20. Dezember 2001 (BGBl. I S. 3854), die zuletzt durch Artikel 3 der Verordnung vom 27. September 2016 (BGBl. I S. 2203) geändert worden ist (MPV)

Clark RE (1980) Medical device regulation: current and future trends. Ann Thorac Surg 29:298–299

Deutscher Bundestag (Hrsg) (2020) Medizinprodukterecht-Durchführungsgesetz vom 28. April 2020 (BGBl. I S. 960), das zuletzt durch Artikel 3 des Gesetzes vom 28. April 2020 (BGBl. I S. 960) geändert worden ist

Damm K, Kuhlmann A, Graf von der Schulenburg J-M (2015) Der Gesundheitsmarkt 2015 Trends und Entwicklungen. Cuvillier Verlag, Göttingen

De Maria C, Di Pietro L, Díaz Lantada A et al (2018) Safe innovation: On medical device legislation in Europe and Africa. Health Policy Tech 7:156–165

Deutscher Bundestag (Hrsg) (1994) Medizinproduktegesetz in der Fassung der Bekanntmachung vom 7. August 2002 (BGBl. I S. 3146), das zuletzt durch Artikel 83 des Gesetzes vom 20. November 2019 (BGBl. I S. 1626) geändert worden ist

DIN e. V. (Hrsg) (2016) DIN EN ISO 13485:2016-08. Beuth-Verlag, Berlin

European Council (1993) Council Directive 93/42/EEC of 14 June 1993 concerning medical devices. Official Journal of the European Commission, 1–43

Europäische Kommission (Hrsg) (2020) Durchführungsbeschluss (EU) 2020/438 der Kommission vom 24. März 2020 über die harmonisierten Normen für aktive implantierbare medizinische Geräte zur Unterstützung der Richtlinie 90/385/EWG des Rates, Amtsblatt der Europäischen Union

Europäische Kommission (Hrsg) (2020) Durchführungsbeschluss (EU) 2020/437 der Kommission vom 24. März 2020 über die harmonisierten Normen für Medizinprodukte zur Unterstützung der Richtlinie 93/42/EWG des Rates, Amtsblatt der Europäischen Union

Europäisches Parlament und Rat der Europäischen Union (Hrsg) (2017) Verordnung (EU) 2017/745 des Europäischen Parlaments und des Rates vom 5. April 2017 über Medizinprodukte, zur Änderung der Richtlinie 2001/ 83/ EG, der Verordnung (EG) Nr. 178/ 2002 und der Verordnung (EG) Nr. 1223/2009 und zur Aufhebung der Richtlinien. Amtsblatt der Europäischen Union 1–175

Europäisches Parlament und Rat der Europäischen Union (Hrsg) (2017) Verordnung (EU) 2017/746 des europäischen Parlaments und des Rates vom 5. April 2017 über In-vitro-Diagnostika und zur Aufhebung der Richtlinie 98/79/EG und des Beschlusses 2010/227/EU der Kommission. Amtsblatt der Europäischen Union, 176–332

Europäisches Parlament und Rat der Europäischen Union (Hrsg) (2020) Verordnung (EU) 2020/561 des europäischen Parlaments und des Rates vom 23. April 2020 zur Änderung der

Verordnung (EU) 2017/745 über Medizinprodukte hinsichtlich des Geltungsbeginns einiger ihrer Bestimmungen. Amtsblatt der Europäischen Union, 18–22

Europäische Union (Hrsg) (2012) Vertrag über die Arbeitsweise der europäischen Union (Konsolidierte Fassung). Amtsblatt der Europäischen Union, 47–200

Europäisches Parlament und Rat der Europäischen Union (Hrsg) (2014) Richtlinie 2014/53/EU des europäischen Parlaments und des Rates vom 16. April 2014 über die Harmonisierung der Rechtsvorschriften der Mitgliedstaaten über die Bereitstellung von Funkanlagen auf dem Markt und zur Aufhebung der Richtlinie 1999/5/EG. Amtsblatt der Europäischen Union, 62–106

European Council (1990) Council Directive 90/385/EEC of 20 June 1990 on the approximation of the laws of the Member States relating to active implantable medical devices. Official Journal of the European Commission, 17–56

Europäische Kommission (Hrsg) (2010) Medical devices: guidance document – Classification of medical devices (MEDDEV 2.4/1 Rev. 9)

Europäische Kommission (Hrsg) (2012) Pressemitteilung – Medizinprodukte: Europäische Kommission ruft zu unverzüglichem Handeln auf – Verschärfung der Kontrollen, mehr Überwachung, Wiederherstellung des Vertrauens

Fennema P, Achakri H (2019) Getting your devices ready for MDR compliance – a clinical approach and orthopaedic device manufacturers' perspective. AboutOpen 6:70–75

French-Mowat E, Burnett J (2012) How are medical devices regulated in the European Union? J Royal Soc Med 22–28

Guerra-Bretaña RM, Flórez-Rendón AL (2018) Impact of regulations on innovation in the field of medical devices. Research on Biomedical Engineering 34:356–367

Herberz C, Steidl R, Werner P, Hagen J (2018) Der lange Weg von der Idee bis zur Erstattung – ein Reisebericht. Bundesgesundheitsblatt – Gesundheitsforschung – Gesundheitsschutz 61:298–303

Jorzig A (2020) Das DVG: Neue Chancen für den Einstieg in die Regelversorgung. In: Puls M, Matusiewicz D (Hrsg) Digiale Geschäftsmodelle im Gesundheitswesen. Medizinisch Wissenschaftliche Verlagsgesellschaft, Berlin, S 82–85

Kaganov AL (1980) Medical device development: innovation versus regulation. Ann Thorac Surg 29:331–335

Krüger-Brand HE (2017) Gesundheits-Apps: Eine Frage des Vertrauens. Deutsches Ärzteblatt 11:524–525

Länsisalmi H, Kivimäki M, Aalto P, Ruoranen R (2006) Innovation in healthcare: a systematic review of recent research. Nursing Science Quarterly 19:66–72

Leppert F, Greiner W (2016) Finanzierung und Evaluation von eHealth-Anwendungen. In: Fischer F, A K (Hrsg) eHealth in Deutschland. Springer, Berlin, S 101–124

Lettl C, Herstatt C, Gemuenden HG (2006) Users' contributions to radical innovation: evidence from four cases in the field of medical equipment technology. R&D Manag 36:251–272

Lüthje C, Herstatt C (2004) The lead user method: an outline of empirical findings and issues for future research. R&D Manag 34:553–568

Martelli N, Eskenazy D, Déan C et al (2019) New european regulation for medical devices: what is changing? Cardiovasc Intervent Radiol 42:1272–1278

Matthies H (2020) Das Digitale-Versorgung-Gesetz – Digitale Innovationen für das Gesundheitswesen. In: Puls M, Matusiewicz D (Hrsg) Digiale Geschäftsmodelle im Gesundheitswesen. Medizinisch Wissenschaftliche Verlagsgesellschaft, Berlin, S 3–6

Mecattaf LM, Frey J, Pieper T, Biedermann P (2018) Die Schweizer Medizintechnikindustrie 2018. Swiss Medtech, Bern

Migliore A (2017) On the new regulation of medical devices in Europe. Expert Rev Med Devices 14:921–923

Purnama A, Drago D (2019) Fundamentals of the European devices regulatory framework. CPD with Regultory Rapport

Rogers EM (2010) Diffusion of innovations. The Free Press, New York

Sozialgesetzbuch Fünftes Buch (SGB V) - Gesetzliche Krankenversicherung

Statista GmbH (Hrsg) (2018) Evaluate - Umsatzentwicklung der weltweiten Medizintechnik-industrie* in den Jahren von 2005 bis 2024 (in Milliarden US-Dollar). https://de.statista.com/statistik/daten/studie/313462/umfrage/umsatzentwicklung-der-weltweiten-medizintechnik-industrie/. Zugegriffen: 16. Dez. 2019

Statista GmbH (Hrsg) (2019) Spectaris – Anzahl der Betriebe für Medizintechnik in Deutschland in den Jahren 2006 bis 2018. https://de.statista.com/statistik/daten/studie/166022/umfrage/medizintechnik-industrie-anzahl-der-betriebe-seit-2006/. Zugegriffen: 8. Febr. 2020

Statista GmbH (Hrsg) (2019) EPOrg – Anzahl europäischer Patentanmeldungen durch Medizin-technikunternehmen aus Deutschland in den Jahren von 2006 bis 2018. https://de.statista.com/statistik/daten/studie/553930/umfrage/europaeische-patentanmeldungen-durch-deutsche-medizintechnikunternehmen/. Zugegriffen: 8. Febr. 2020

Thiel R, Deimel L, Schmidtmann D, et al (2018) Smart Health Systems – Digitalisierungs-strategien im internationalen Vergleich. Bertelsmann Stiftung

Thun S (2015) Digitalisierte Medizin: Die Zukunft der Medizin mit IT-Standards und einer welt-weit gültigen Medizinfachsprache. Informatik-Spektrum 38:22–27

VDI/VDE Innovation + Technik GmbH, DGBMT im VDE, IGM der Hochschule Neubrandenburg (2008) Identifizierung von Innovationshürden in der Medizintechnik, Berlin

Walitschek P (2018) Die neue Verordnung (EU) für Medizinprodukte 2017/745 – Chancen und Risiken für Hersteller unter besonderer Berücksichtigung des Konformitätsbewertungsver-fahren. BoD – Books on Demand, Norderstedt

Zippel C (2016) Die Bedeutung von Post Market-Management in der Medizintechnik. Springer Fachmedien, Wiesbaden

Tobias Barth ist wissenschaftlicher Mitarbeiter am BG Klinikum Hamburg. Im Anschluss zu seinem Bachelorstudium im Maschinen-bau mit der Vertiefung Biomechanik setzte er sein Studium im Fachbereich Mediziningenieurwesen mit der Vertiefung Medizin- und Regelungstechnik an der Technischen Universität Hamburg (TUHH) fort. 2019 beendete er das Studium erfolgreich mit dem Titel Master of Science durch Weiterentwicklung einer praktischen Anwendung von elektrischer Impedanzspektroskopie zur Analyse von Zellen. Derzeit forscht er im Labor für Biomechanik des BG Klinikums Hamburg im Rahmen des Förderprogramms „KMU-innovativ" im Bereich der Medizintechnik. Das Förderprogramm unterstützt das Verbundprojekt zwischen Universität, KMU und Klinik mit dem Titel „Elektronische Instrumentierung von Osteo-synthese-Implantaten zum Monitoring des Heilungsverlaufs und zur Überlastprävention". Ziel ist die Entwicklung und der klinische Ein-satz von innovativen Implantaten. Die Schwerpunkte seiner Forschung als wissenschaftlicher Mitarbeiter liegen im Bereich Regulatory Affairs und biomechanische Untersuchungen für Medizinprodukte.

Dr. Moritz Göldner ist Diplom-Mediziningenieur und hat an der TU Berlin, der Shanghai Jiao Tong University und der TU Hamburg (TUHH) studiert. Am Northern Institute of Technology Management (NIT) in Hamburg hat er einen Master in Technology Management absolviert. Anschließend promovierte Moritz Göldner am Institut für Technologie- und Innovationsmanagement der TUHH zu dem Thema „Patientinnen und Patienten, Angehörigen sowie Ärztinnen und Ärzten als Innovatoren von Medizinprodukten". Im Rahmen seiner Tätigkeit an der TUHH hat er eine Vielzahl von Forschungs- und Beratungsprojekten im Gesundheitswesen durchgeführt. Seit Ende 2019 arbeitet Moritz Göldner als freiberuflicher Innovationsberater zu kundenzentrierten Innovationen im Gesundheitswesen mit einem besonderen Fokus auf digitalen Gesundheitsanwendungen.

Prof. Dr. Folker Spitzenberger ist promovierter Diplom-Chemiker und Master of Drug Regulatory Affairs und verfügt über jahrelange Erfahrung in den Bereichen Qualitätssicherung, Normung, Akkreditierung und Benennung im Medizinproduktesektor. An der Technischen Hochschule Lübeck vertritt er seit 2016 am Fachbereich Angewandte Naturwissenschaften den Bereich Regulatory Affairs für Medizinprodukte in Lehre und Forschung. Er ist in diesen Bereichen darüber hinaus Begutachter für die Deutsche Akkreditierungsstelle GmbH, für die ZLG und auch für internationale Organisationen, z. B. die WHO.

Wege zur künstlichen Intelligenz im IT betrieblichen Alltag

Thomas Pagel

1 Einleitung

Den Menschen von den Bildschirmen mag das wie künstliche Intelligenz vorkommen. In Wirklichkeit sind es extrem schnelle und komplexe Algorithmen, die bekannte Ereignisse in den Daten erkennen können und diese Muster später in leichter Abwandlung wiederfinden können.

Es gibt also einen fließenden Übergang von der Anwendung von „Big Data" über dem Gefühl einer künstlichen Intelligenz bis zu einem in der Wahrnehmung wirklichen künstlichen Intelligenz, die angelernt werden kann, um eine größere Vielfalt und Varianz an Datenmustern mit ausreichend hoher Wahrscheinlichkeit zu erkennen. Von einem menschlichen Gehirn, das bei Tempo 130 oder 200 km/h auf der Autobahn die unterschiedlichsten Situation erkennen, auswerten und Aktionen ausführen kann, ist jedes technische System bisher weit davon entfernt.

Doch das ist im Umfeld von Geschäftsprozessen, Auswertung von Maschinendaten, Analyse von Handelsströmen vermutlich bis auf weiteres gar nicht nötig. Das bereits jetzt auswertbare „Digitale Gold" ermöglicht eine bessere Wartungsplanung von Maschinen, Unterstützung von Fachleuten für eine genauere Diagnose und Vorhersagen auf Basis von wiederkehrenden Mustern. Das spart auf der anderen Seite Geld, Aufwand und ermöglicht bei innovativer Anwendung einen Vorteil gegenüber Marktbegleitern.

Auch wenn die Entwicklung von mustererkennenden Algorithmen noch eher am Anfang steht, lohnt es sich, heute die Voraussetzungen für die baldige und zukünftige

T. Pagel (✉)
Ratingen, Deutschland
E-Mail: tpl@gmx.de

© Springer-Verlag GmbH Deutschland, ein Teil von Springer Nature 2021
M. Bodemann et al. (Hrsg.), *Zukunftsfähigkeit durch Innovation,*
Digitalisierung und Technologien, Organisationskompetenz Zukunftsfähigkeit,
https://doi.org/10.1007/978-3-662-62148-6_11

Nutzung zu schaffen. Zentrale Frage dabei ist: Wie ist mit großen Datenmengen umzugehen?

Am allgemeinen Beispiel einer großen EDV Landschaft soll dies im Folgenden erläutert werden.

2   Menge an Daten

Für eine maschinelle Auswertung braucht es erst mal jede Menge Daten. Die Statistiker sagen, ohne eine Probe von mindestens 30 Datensätzen ist selbst ein bislang gut bekannter statistischer Ansatz zur Auswertung der Daten nicht relevant. Für die Anwendung von KI benötigt man Tausende oder Millionen an Daten und Datensätzen, mit denen ein Algorithmus gefüttert wird und vielleicht damit lernt, bestimmte Dinge zu lernen.

Ein Beispiel von großen Datenmengen sind die Sensoren in modernen Düsentriebwerken von Flugzeugen. Auf einem einzigen Flug werden Gigabyte an Daten erhoben und gespeichert. Die große Menge dieser Daten bilden das gewollte und normale Verhalten des Triebwerkes ab, die Triebwerksbelastung beim Starten und den verschiedenen Arbeitszuständen, Luftdruck in der Höhe, Temperaturen und Wettereinflüssen. Die gesammelten Daten bilden einen Datenschatz und eine Basis für eine spätere Auswertung. Der Transport und die Speicherung sind bei einem Flugzeug aufgrund der geringen Abmessungen kein großes Problem.

Als Betreiber eines großen, vielleicht sogar regional oder international verteilten Rechenzentrums mit tausenden an Servern, Speichereinheiten, Netzwerkgeräten und sonstiger Komponenten fallen pro Minute viele Gigabyte an Daten in Logfiles, der Hardware, der Betriebssysteme und der Applikationen an. Diese müssen bei einer Big Data oder späteren KI Nutzung eingesammelt, übertragen und zentral zur späteren Auswertung gespeichert werden.

3   Heranholen der Daten

Auf einem Langstreckenflug im begrenzten Raum des Flugzeugs lassen sich über die Netzstruktur des Flugzeuges vergleichsweise leicht die anfallenden großen Datenmengen an einen zentralen Speicher übertragen. Bei einem weltweiten vernetzten Unternehmen der Verarbeitungsindustrie, des Handels oder der Logistik ist neben der Erhebung der Daten auch grundsätzlich die Übertragung von Daten zu klären. Unterschiedliche Sicherheitsniveaus der Erhebungsbereiche und einer zentralen oder regionalen Erfassung erfordern unter Umständen eine ausgeklügelte Sicherheitsarchitektur für die sichere Übertragung. Neben der Sicherheit ist die Kapazität der Übertragungswege über das bestehende Maß hinaus zu berechnen und zu berücksichtigen.

4 Speichern der Daten

Wie in der vorherigen Absätzen beschrieben, laufen an einer zentralen Stelle in kurzer, aber auch kontinuierlicher Form große Datenmengen an. Diese müssen über eine Netzwerk Schnittstelle über einen Server in einer Datenbank gespeichert werden.

Neben der erforderlichen Leistung der genannten Komponenten ist vor dem Speichern, vielleicht sogar schon beim Erheben der Daten eine entsprechende Einsortierung, Kategorisierung, vielleicht auch Normierung der Daten nötig. Würde man ungefiltert und unsortiert zum Beispiel Logfile Daten von Rechnern oder Applikationen speichern, so müsste eine spätere Verarbeitung mit einer noch massiveren Rechenkapazität ausgestattet sein, um ein für die auswertenden Personen überhaupt akzeptables Antwortverhalten zu erzielen. Daher ist es vor der Speicherung und Weiterleitung sinnvoll, möglichst nahe an der Erhebung der Daten eine Sortierung, Strukturierung bzw. Normierung der Daten vorzunehmen, wie es beispielsweise kommerzielle Lösungen für eine Sicherheitsalarmierung vorsehen.

Bevor man diese riesige Menge an Daten „einfach" in einer normalen SQL Datenbank speichert, ist zu überlegen, wie die Daten abgelegt werden, damit zum Zeitpunkt des Auswertens ein möglichst „pfeilschneller" Zugriff auf die Daten möglich ist. Entscheidend ist eine möglichst parallele Daten abspeichernde Datenbank. Da die Speicherung von Daten auf einer Festplatte, oder auch parallelen Festplatten im gesamten Kontext von Leistung und Performance wohl immer noch einen limitierenden Faktor darstellt, ist zu überlegen, ob mit entsprechender Rechnerleistung eine komprimierte Speicherung sogar schneller und am Ende auch noch günstiger ist als die 1:1 Speicherung von Daten aus dem Datenstrom. Einige Datenbanken bekannter Anbieter erlauben die massiv parallele Speicherung, Verarbeitung und Komprimierung der eingehenden Daten in Echtzeit.

5 Verarbeiten der Daten

Bis zum Zeitpunkt der Nutzung ist die Erhebung, Übertragung und Speicherung von großen Datenmengen eine Disziplin von klassischer IT, allerdings mit intelligenter Sortierung, Strukturierung und ggf. komprimierter Speicherung von großen Datenmengen. Diese Voraufwände werden bei dem unüberlegten Einsatz von Big Data und Künstlicher Intelligenz gerne übersehen, sind aber eine unabdingbare Voraussetzung für die weitere und erfolgreiche Nutzung von großen Datenmengen.

Doch wie die gespeicherten Datenmengen verarbeiten? Analysieren? Gibt es den universellen Algorithmus, der automatisch erkennt, was eine sogenannte Anomalie ist und selber weiß, was man damit macht? Die leider klare Antwort ist nein.

Bevor „Big Data" einen kontinuierlichen Vorteil bieten kann, sind neue Berufsgruppen wie „Daten Analysten" gefragt, die am besten noch das Fachgebiet der erhobenen Daten kennen und Ideen mitbringen, welche Probleme und Aufgabenfelder die spezifische Auswertung der Daten mit sich bringt. Die Problemfelder eines Langstreckenfluges, einer Großbäckerei und eines weltweiten Anbieters von Rechenzentren und IT Dienstleistungen unterscheiden sich grundlegend, auch wenn die Daten in Form von „Zahlenkolonnen" vielleicht ähnlich aussehen. Die erste Analyse und die Verifizierung der Ergebnisse sind aktuell und noch für längere Zeit einem Menschen, einem Daten Analysten und Fachmann vorbehalten. Werden von diesem bestimmte verwertbare Muster in den Daten erkannt, können schon mit heutigen Mitteln Algorithmen programmiert werden, die später automatisiert den zukünftigen Datenstrom auf „Anomalien" untersuchen, melden und programmierte Vorschläge unterbreiten.

6   Rückschlüsse aus den Daten ziehen

Neben den eigentlichen Daten Analysten bedarf es für die Rückschlüsse der erkannten potenziellen Anomalien Fachleute aus dem jeweiligen Fachgebiet.

Für die Auswertung der Daten eines Triebwerkes von einem Langstreckenflug benötigt man den Konstrukteur und den Fertiger des Triebwerkes, um Fehlersituationen des Triebwerkes oder Verschleiß und Wartungspunkte des Triebwerkes einzuschätzen und mitzuhelfen, daraus einen sinnvollen Algorithmus zu erstellen. Im Rechenzentrum wird das Fachknowhow des Hardware Technikers oder des Administrators gebraucht, um typische kritische Zustände der Hardware, des eingesetzten Betriebssystems oder ein bestimmten Applikation zu erkennen, einzuschätzen und die darunter liegenden Muster in den Logfiles oder in der Auswertung eines Daten Analysten zu erkennen und potenzielle Gegenmaßnahmen vorschlagen zu können. In der Zusammenfassung heißt das: Zu Beginn einer Big Data Anwendung stehen der Daten Analyst und der Fachmann für das Thema in vorderster Reihe, Muster zu erkennen und zu bewerten. Erst danach können Programmierer einen entsprechenden Algorithmus dazu entwerfen.

7   Fehlersituationen erkennen und vermeiden

In einem Gespräch mit einem Fachmann für Mustererkennung gab dieser zu, dass sich Algorithmen durchaus „irren" können und falschen Mustern „auf den Leim" gehen. Im vorliegenden Fall wurde einem Algorithmus eine Reihe von Bildern mit Pferden vorgelegt, die dieser nach einer Anlernphase auch sicher erkannte. Die Macher der Algorithmen fütterten das System daraufhin mit neuen und anderen Pferdebildern. Zur Verwunderung der Fachleute erkannte der Algorithmus dieses Mal die Pferde überhaupt nicht. Wie konnte das passieren? Eine genauere Analyse durch Bildspezialisten ergab, dass der Algorithmus sich nicht auf die Erkennung der Pferde fokussiert hatte, sondern auf das „Wasserzeichen" des Pferde Fotografen. Bei dem zweiten Set an Bildern fehlte das Wasserzeichen und damit auch das vom Algorithmus angenommene Muster. Dieses Beispiel soll aufzeigen, dass auch die einprogrammierte und trainierte Antwort eines Algorithmus oder Auswerteprogramms von den Fachleuten kritisch hinterfragt und in Abständen überprüft werden sollte, um ein „abgleiten" in nicht korrekte Muster zu verhindern.

8   Alterung der Daten

In der Regel fallen bei einer Big Data Analyse jeden Tag viele Gigabyte an Daten an, die sich über die Tage und Wochen zu ein riesigen Menge akkumulieren, die im Anwendungsfall weder zeitnah analysiert werden kann und vielleicht die Speicherkosten explodieren lässt. Eine besonders kritische Betrachtung verdient die Alterung der Daten. Hat es Veränderungen in den Einstellungen einer Maschine ergeben? Sind andere Bauteile eingebaut worden? Ist bei einem Server die Hardware getauscht oder erneuert worden? Sind neue Versionen von Betriebssystemen oder Applikationssoftware eingespielt worden? Diese erzeugen in der Regel geänderte Daten Strukturen, neue Informationen und veränderte Muster. Daher ist es sinnvoll, in der normierten Speicherung der Daten Felder für Software Versionsständen, Bauteil Nummern oder einer Versionierung von Änderungen mit abzuspeichern. Diese erleichtern eine einfache manuelle und später automatische Löschung von alten beziehungsweise nicht mehr relevanter Daten.

9   Der Faktor „Angst"

Das Wort „Einsatz von Künstlicher Intelligenz" erzeugt bei vielen Menschen, in vielen Teams ein ungutes Gefühl, irgendwann überflüssig zu sein. Wird meine Tätigkeit noch gebraucht oder kann das demnächst eine künstliche Intelligenz erledigen? Was heute im Fertigungsalltag von Robotern erledigt wird, sind genau vorhersagbare Abläufe. Diese wurden bereits in den vergangenen Jahren durch Roboter ersetzt oder ergänzt. Das lässt sich nicht aufhalten, hat aber nur wenig mit dem Einsatz von Big Data und KI zu tun. Im Rechenzentrum und im Wartungsteam eines Maschinenparks werden weiterhin Fachleute gebraucht, die die Muster und Fehler erkennen, bewerten und vermutlich beheben müssen. Nur werden diese Fachleute vielleicht nicht in Überlast immer mehr Maschinen warten und bearbeiten müssen. Intelligent programmierte Algorithmen erlauben ein schnelleres, gezielteres und gestützt auf großen Datenmengen ein genaueres Arbeiten. Das Knowhow wird noch für lange Zeit gebraucht. Vielmehr ist bei der betrieblichen Einführung von Big Data Anwendungen der Mitarbeiter eng mit einzubeziehen, durch eine gute und transparente Kommunikation und ein „Management of Chance" auf die Reise mitzunehmen. Erkennt und erarbeitet sich ein Mitarbeiter bzw. ein Team die

Vorteile und Vereinfachungen beim Einsatz von Maschine Learning, so sind diese auch bereit, Ihr Knowhow zu teilen. Ohne dies werden viele Projekte dieser Art nicht wirklich erfolgreich werden.

10   Einsatz von „Künstlicher Intelligenz"

Die vorherigen Abschnitte zeigen auf, welche Voraussetzungen im Sinne einer Datenverwaltung und Big Data nötig sind. Die Analysen werden zu Beginn von Daten Spezialisten, Fachleuten und Programmierern erstellt und überprüft. Sind wir damit „KI ready"? Die erzielten Ergebnisse mögen für den fachinteressierten Laien wie künstliche Intelligenz aussehen, sind aber im Kern das Ergebnis einer schnellen und programmierten Abarbeitung von Befehlen in sehr kurzer Zeit, wie bei einem Schach Computer. Mit der Zeit werden die Algorithmen durch verbessertes Verständnis der Fachleute immer besser. Der Laie ist davon noch mehr beeindruckt. Bis aber ein Algorithmus im weiteren Sinne eine künstliche Intelligenz im Sinne von Übertragung einer erlernten Fähigkeit auf eine andere Situation entwickelt hat, wird es noch etwas dauern und auch zunehmende Rechenleistung erfordern. Freuen wir uns auf einen KI Algorithmus, der aus der Wettervorhersage der nächsten Tage Maschinen Einstellungen verändert und das Rechenzentrum für einen bevorstehenden und veränderten Ansturm auf Informationsabruf vorbereitet – oder einfach ohne vorher programmiert zu sein, die Kaffeemaschine der Administratoren für die ungewollte Nachtschicht oder Überstunden anschaltet.

11   Fazit

Künstliche Intelligenz ist im wörtlichen Sinne für die meisten gesellschaftlichen und betrieblichen Aufgaben weiter Zukunftsmusik. Jedoch kann bei einer gut geplanten Erhebung, Speicherung und Auswertung von Daten durch Analysten und Fachleute bereits heute die Voraussetzung für neue Dienstleistungen und Optimierungen gelegt werden. Die Beschäftigung mit potenziellen Anwendungsfällen, sogenannten „Use cases", kann in der mittleren Zukunft ein Innovations- und Wettbewerbsvorteil in der jeweiligen Branche bringen. Das Thema „Big Data" im eigenen betrieblichen Alltag zu ignorieren, wird sich in absehbarer Zeit als Bumerang erweisen.

Thomas Pagel ist nach dem Studium der Elektrotechnik seit 1995 in der IT Branche unter anderem bei Hewlett-Packard und Micro Focus im Support und diversen Post-Sales Rollen bei IT Großkunden in verschiedenen Branchen unterwegs. In Gesprächen mit IT Betriebsleitern und Anwendungsverantwortlichen wurden und werden zunehmend Fragen der Nutzung und Auswertung von großen Datenmengen, Anwendung von Big Data, Machine Learning und künstlicher Intelligenz diskutiert. Gemeinsam wurden Voraussetzungen und Wege zusammen mit den jeweiligen Fachleuten diskutiert und erarbeitet. Der Artikel ist die persönliche Essenz der geführten Gespräche und Fragestellungen.

Business Model Innovation and the Change of Value Creation in Consulting Firms

Patrick Weber

1 Digital Disruption and the Consulting Industry

1.1 Shaping the Trends

Consulting firms have been shaping the strategic trends and best practices across various industries for over decades. The consulting industry capitalized the challenges other industries faced with high agility and sold the help and professional advice of experts (consultants) to clients. The human-based business model of consulting firms set the tone of managerial thinking and action as consulting firms represent samples of knowledge management. The opaqueness of consulting firms helped to increase margins and to bill clients on a time-based model, rather than evaluating the real worth of the consultants' work for the client. Furthermore, the involvement of external experts helped to legitimize strategic decisions in client organizations (Løwendahl et al. 2001; Kaplan 2017; Nissen 2018).

Drivers for the success and growth of consulting firms have been and still are new technologies, regulatory requirements, social change and other strategic and critical organizational aspects. Around those key areas of organizational challenges, consulting firms established profound knowledge management to manifest long-term competitive advantage. Brand and reputation reside out of the established and recognized knowledge management. The better the clients perceive the knowledge base of the firm, the higher the time-based consulting fees charged to the clients. Professional knowledge

P. Weber (✉)
Nova School of Business & Economics, Lisbon, Portugal

© Springer-Verlag GmbH Deutschland, ein Teil von Springer Nature 2021   261
M. Bodemann et al. (Hrsg.), *Zukunftsfähigkeit durch Innovation,*
Digitalisierung und Technologien, Organisationskompetenz Zukunftsfähigkeit,
https://doi.org/10.1007/978-3-662-62148-6_12

management systems were heavily promoted during the years in the turn of the Millenium. The idea of consultants as "technology-brokers" between clients is still prevalent today within the consulting industry, and the importance of capturing the knowledge of employees remains (Hargadon and Sutton 1997; Sarvary 1999; Miles 2005).

Despite the importance of knowledge as the main asset within a consulting firm for serving clients and helping them to create competitive advantage, the well-proven business model becomes vulnerable. The way of how consulting firms leverage the primary asset of superior knowledge and knowledge management becomes outdated and neglects current technological developments and their pace.

1.2   Gamechanger Digitization

Disruptive technology not only enhances existing products and services, it leads to product substitutions and changes entire industries. Business models are displaced, and entirely new industries are formed. At the same time, digitization has far-reaching effects when considering societal welfare, economic development, and the future of work. The past 25 years of digitization have allowed new types of digital technology to emerge— ranging from social media to industry 4.0, big data and artificial intelligence (AI) (Manyika et al. 2017; J. Bughin et al. 2018).

Andersson et al. 2018 describes key challenges of digitization, which all appear at the same time. They are prevalent and critical for professional service firms in general and consulting firms in specific. The consulting industry faces an environment which becomes increasingly integrated in terms of systems, networks and information flow. Customers demand new, high levels of service, where the value-add is measurable. Emerging technology allows service-based business models which are highly scalable.

Digitization changes the dynamic in yet unforeseeable ways and pace for every industry. The consulting industry is no different. However, disruption due to techno-logical change is often overestimated in the short run. But interestingly, if an industry is at its record highs, the far-reaching consequences of technological change, in the long run, tend to be underestimated. The newspaper industry is only one example— disrupted within few months of 2006 and 2007 at the tipping point of success. As the demand, revenues and profits still increase, fallacy and underestimation of change agents do not seem to be far away. The ability to anticipate changing dynamics and the threat of disruption in long-term periods of growth is of utmost importance. Questioning the status quo of the industry, the firm and the underlying paradigms and embracing new opportunities of technology are the first steps towards a reinvention of the consulting industry.

2   Value Creation in Consulting Firms

Historically, professional service and consulting firms' competitive advantage is based on knowledge which resides in the employees, or the consultants, of the firm. The knowledge of the employees is encoded in the services (and rarely products) and then transferred to companies of other industries to handle changing conditions in the business environment and increase the clients' outputs' value (Miles 2005). The encoded knowledge of a professional service firm is used to create competitive advantage in two ways, which will be analyzed in the following. Understanding the classical foundations of value creation in consulting firms will help to derive the already recent and upcoming challenges for the consulting industry.

2.1   Classic Foundations of Value Creation in Consulting Firms

Looking at how consulting firms create value, two different aspects determine the creation of value.

1—Strategic domain choice and differentiation
The differentiation in the service offerings among professional service firms itself has a significant impact on how (much) value is created. The knowledge and the ability to enhance the capabilities of clients' businesses are the primary sources of competitive advantage. The strategic domain choice helps in answering the core questions of a professional service firm: "What", "where" and "to whom" to deliver? The strategic differentiation is also essential in order to extend the knowledge in a specific domain by working on content-related projects, hence improving the firms explicit and tacit knowledge (Løwendahl et al. 2001; Løwendahl 2005). Strategic domain choice is the key to differentiate among competitors in the consulting industry and leads to the structure of the industry as we know it today. Besides the global leading management consultancies, the industry is shaped by boutique consultancies and other specialized consulting firms in, e.g. in the domains of marketing, finance and tax, technical engineering or information technology. Christensen et al. (2013) describe the ongoing strategic differentiation as the "modularization" of the consulting industry. The ongoing specialization and segmentation of the consulting market have played a role in the strong growth of the consulting markets in the last two decades, making it more attractive and reasonable for clients to access required knowledge per contract without a large commitment. The differentiation among consulting firms with new service categories and offerings has driven the amount of value created. However, this differentiation among consulting firms is only driven by the specialization in a specific domain and should not be confused with innovation.

2—Service delivery

Service delivery can be described as enabling the client to make better use of his assets by enhancing the organizations' capabilities with external knowledge. In this context, capabilities are defined as the "capacity to perform…organizational routines…for the purpose of delivering products and services to the market in a manner that outperforms competitors" (Weerawardena 2003, p. 410). Value creation, in the sense of service delivery—the transfer of knowledge to enhance the clients' capabilities—is closely connected to the clients' value perception. A study of Lapierre, Filiatrault and Chebat (1999) suggests that the perceived value in professional services business to business relationships is instead depending on so-called sacrifice components, namely money in return for time and effort, and not on the delivered quality by the professional service firm. That way of how clients perceive the value of the delivered service has set the tone in the consulting industry over the last decades and might cause the dilemma of prioritizing "billables" over innovation which will be discussed in the following sections. However, the dynamics about clients' perception of value might change as new market entrants offer a comparably more evident return on investment and new offerings for customer-enablement are easier to scale (Nissen 2018).

The business model and the value chain has stayed the same without seeing any changes for decades. Among most consulting firms, the value creation chain within the firms consists of four incremental stages (Fig. 1).

2.2   The Challenges of Status Quo Value Creation in Consulting Firms

1—Revenues and mindset

With the status quo model of value creation in consulting firms in mind, the highest level of revenue and profitability is reached, if most of the available resources are allocated for service delivery. Working time spent on delivery is charged to the customer ("billable hours"), and delivery in the project is the single component of the value chain recognized by the client. Recalling the study of Lapierre et al. (1999), clients tend to perceive the value of the delivered work by how much effort in terms of time the consultants sacrifice. Even though the time spent working on a project does not allow any conclusion about

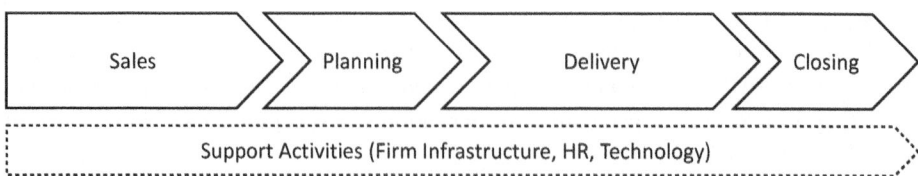

Fig. 1   Classic Value Chain in Consulting Firms

the quality and impact (value-add) of the carried out work, many working hours spent do increase revenue and also the perceived value of the work. This makes "billable hours" measured in "utilization" the key performance indicator in the consulting industry. Both, the vital interest of the consulting firm to increase revenues and profitability and the earlier clients' focus on working time spent rather than quality, cause a dilemma in which every other component of the status quo value chain is neglected. In order to maximize the utilization in consulting firms, every other component of the value chain needs to be minimized in terms of resources spent on it.

Empson (2019) shows that the problem of longterm decisions for changes in value creation and innovation in professional service firms are often hindered due to partnership-led hierarchical organizational models. Managing partners or senior partners are depending on the support of their peers, preventing them from trying new things and changing paradigms as it might risk their position within the firm. Lawrence et al. (2012) underpin the political aspects of transformation processes in professional firms. Commitment by leadership is found to be one of the crucial elements to undergo a radical change. However, to create commitment for change in the value creation process of consulting firms, managers and executives have to understand environment dynamics as a trigger for change and build a vision of response.

2—Talent and skills

Talent is a scarce resource in the consulting industry—especially with the evolving skills requirements due to technological developments. While some top tier consultancies might find it easier to attract talent, the majority of consulting firms has an unmet demand for employees engaged in the sales and delivery process. Furthermore, development paths for employees in consulting firms are very unflexible; in fact, the concept of up-or-out policy is still dominant. This might become an increasing problem, as new generations of employees require more flexibility and demand control over their career path. For knowledge-intensive industries, the employees are crucial to success and a source of competitive advantage. The prevalent style of managing talent and career paths in consulting firms seems to become outdated and firms become less attractive for new employees, hence limits the access to employees with skills the firm demands (Adams and Zanzi 2005; Sato et al. 2019).

3—Scalability

The status quo value creation chain in consulting firms brings another downside: Scalability. The focus on chargeability and utilization ultimately caps the possible revenue of consulting firms. Consulting firms' possibility to standardize traditional service delivery is extraordinarily little, as every client and project has a particular context. Input (cost) and output (revenue) have an almost linear function—something rare since every other industry is seeking to exploit economies of scale in the best way possible. Hence, consulting firms limit their self with an outdated and disconnected interpretation of value creation (Løwendahl et al. 2001).

2.3   The Challenge of Emerging Technology to Consulting Firms

1—Systems integration

Emerging technological development has a significant impact on organizations. However, for the consulting industry, it is a silent and barely recognized future competitor. The competition with emerging technologies already starts with more integrated system landscapes. Those are putting unrecognized pressure on the consulting industry. The more companies work on integrated systems across divisions, and the fewer consultants are needed to understand cross-divisional dynamics and information. Tools like process mining provide full transparency along processes. Financial data as well as other organizational data is available at one single database or can be accessed via a single system, as the case for advanced corporate performance management software. The deployment of platform services facilitates the use and monetization of that data since any large provider of core enterprise systems starts to include applications for advanced analysis, business intelligence and visualization.

2—Automation

Not only advanced and unfractured systems are one of the upcoming challenges caused by emerging technology. Automation in organizations is another silent threat to consulting firms which is even accelerated by frictionless systems. With increasing possibilities of cognitive automation, the range of a consultant's tasks diminishes. The job of collecting data, processing it and deriving optimization potentials can be fully automated—machines will even be able to derive better results due to their ability to process larger amounts of data. As an example, budget allocations, customer and market engagements and human resource management represent fields, in which AI might replace the need for external explicit and tacit knowledge to interpret information and derive actions (Libert and Beck 2017). However, the threat of automation is often neglected by consultants, as they regard their service delivery as non-standardizable when carried out under the specific contexts of every single client. Manyika et al. (2017) show an automation potential of 35% for professional services in the US. This is basically due to the high impact of automation on work consisting of collecting data and processing data, precisely the tasks which are a substantial part of traditional service delivery (Fig. 2).

To visualize the threat of automation technologies to the consulting industry and its disruptive potential, the two features of automation technologies, speed and quality of output, can be applied to the three main tasks of service delivery (data collection, data processing, deriving results), as suggested by Christensen (2011), in a schematical approach.

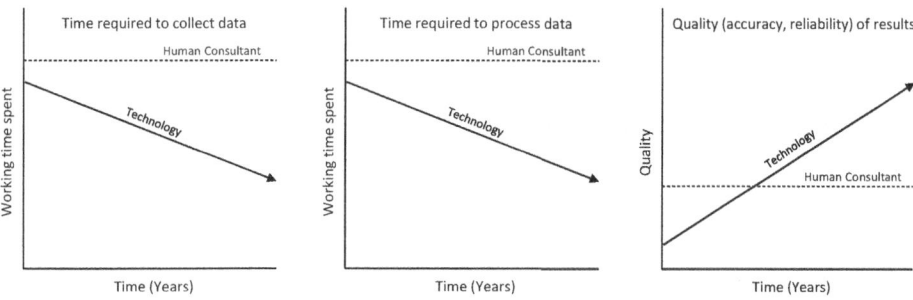

Fig. 2 Disruption Features

As the graphs show, automation technologies have the potential to outperform the human benchmark of status quo consulting service delivery in terms of speed and quality. This schematic approach does not provide information on precise measurements and the extend of the performance gap between technology and the human workforce. The illustration is not concluding proof for the disruptive impact of automation technologies on the consulting industry. But it can be understood as an indication that automation technologies are likely to have a relatively high impact on the consulting industry.

Additionally, the highest probability of replacement for workers in the consulting industry can be found at the lower employee levels. As the share of social interaction in daily work rises with promotion to more senior positions, the automatability of tasks, like gathering and analyzing data, decreases. This assumption is coherent with a study by Frey and Osborne (2013), indicating less probability of automation as social interaction becomes predominant in occupations. That finding is critical for consulting firms as their margins of billable work are higher on lower career levels.

3—Invisible competition: Tech companies

Consulting firms claim the implementation of new enterprise systems, tools and platforms as their domain. Indeed, digital transformation projects have even facilitated the growth in the consulting industry as data from Germany and the US shows (BDU, 2019; Source Global Research, 2019). But as technology is becoming more complex and evolving even faster, the technology providers itself become one of the biggest threats of status quo consulting firms. Every technology provider for enterprise software, analytics and automation also offers consulting services and wants a significant stake of the volume of implementation projects. Providers of enterprise systems of all ranges invest in their sales force and customer relationship roles. Partnerships between technology providers and consulting firms are a door opener for tech companies to potential customers and new clients. There is almost no incentive for tech providers to engage in consulting firm partnerships once a market is entered. However, consulting firms embrace partnering with tech companies, taking part in their academy formats, and getting incentivized by kickbacks, awards and premium partnership levels if they are successful in selling the software.

Not only providers with specialization in enterprise systems, like Workday, SAP, Celonis or SalesForce hire staff to engage in project acquisition and delivery for system implementation and maintenance. With the focus on systems integration and building digital ecosystems on which companies work, also Google and Amazon have entered the market for the digital transformation of businesses. Amazon and Google target industries with their cloud products, offering infrastructure and business applications for analytics solutions.

4—Invisible competition: Inhouse consulting units

With new and disruptive technological capabilities available, consulting firms face another challenge: Inhouse consulting units which decrease demand for external consulting firms. The availability of information and the utilization of emerging techno-logy makes inhouse expert capacity more efficient and protects the organizations' knowledge. Consulting firms used to have the advantage of superior knowledge in their domain, superior market transparency and market information. However, this advantage is eradicating with the increasing availability of information about industries and markets elsewhere. Companies can get valuable data and insights via "Knowledge as a Service" (KaaS) providers, such as AlphaSights, or collect data on their own. In-house consulting experts can leverage this information more easily with products and services of techno-logy and software providers. The gathering, cleaning, analysis, visualization, and inter-pretation of data does require less help of external consulting firms with an increasing level of digitization and setting up expert capacity inhouse (Christensen, Wang and van Bever, 2013; CB Insights, 2018). However, the increase in inhouse consulting capacity is again rarely visible. The reason is that inhouse consulting units are not present in the market, and numbers about inhouse consulting activities are not visible to the market participants. From the number of employees to revenues made within and outside the group, statistics for the consulting industry lack the coverage of inhouse consulting activities. For example, the ICN (Inhouse Consulting Network) connects some inhouse consulting units of German companies but does not provide enough data to get a clear picture about the size of this invisible part of the consulting market.

Following the trajectories of change by McGahan (2004), the consulting industry is facing intermediating change—core assets are not threatened while core activities are threatened—in which relationships with suppliers and buyers are fragile. Assessing the trajectories of change on a firm level, some consultancies might even face radical change as their core assets—knowledge management, brand and reputation—are weakly established and not superior to (new) competitors. However, intermediating change represents the most challenging trajectory. The dynamics in the consulting industry can be visualized with the "Alternate Model" (McGahan, 2004). The visualization reflects the changing behaviour of buyers and suppliers and the replacement of an established industry by new entrants (Fig. 3).

Summing up, emerging technology facilitates competition in a way that is barely recognized by many consulting firms and professional service firms in general. Firstly, technological developments itself have the potential to disrupt the consulting industry and making human workforce (consultants) obsolete. Secondly, technological developments enhance clients' capabilities and decrease the demand for external expertise. Thirdly, technological developments put new competitors on the field, KaaS providers which enable clients to access essential and most recent information and data and technology providers which aim to consult clients on their technologies by their own. Also, KaaS and technology providers can more easily exploit economies of scale and economies of scope—their business in contrast to status quo consulting firms is not a linear function of cost and output. As the industry faces intermediating change, emerging competition is likely to replace incumbents.

All those dynamics indicate that the consulting industry has reached the stage of maturity and that disruption is likely to follow.

3   Reinventing Consulting

Tackling the upcoming and even underestimated challenges for consulting firms has a deep impact on the idea of how consulting works (creates value). Instead of offering new services as innovative services, consulting firms need to change their mindset and focus on service innovation. Ho, Tseng and Lee (2011) point out the importance of differentiating between value creation through service in the sense of categoric market offerings (innovative services) and the organization's focus on interpreting their service as an instrument to create value (service innovation). The latter is needed to create a shift in the service paradigm and to reinvent the business model and value chain. In the following, the reinvention of consulting focusses on the identified weaknesses in

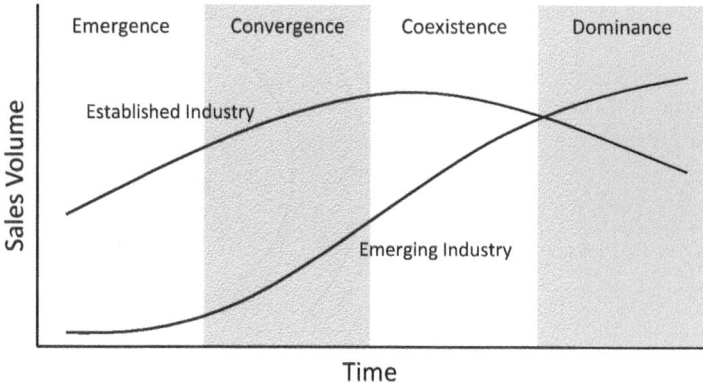

Fig. 3   Anita M. McGahan (2004), „How Industries Change", HBR October 2004

the value chain and suggest how to reinterpret value creation in consulting firms. The aspects of skills and people management and the opportunities for leveraging internal data will be discussed further. As other authors have already contributed in detail about ways of virtual consulting and plattformication approaches for the consulting industry, those aspects will not be discussed in detail (e.g. Nissen and Seifert, 2015; Nissen 2018; Nissen et al. 2018).

3.1 Redefinition of the Business Model and Value Chain

The example of technology providers, which are entering the consulting market to give hands-on advice for the implementation and use of their systems and tools shows the great advantage of having a product or digital service at the centre of value creation, rather than the approach of billing human-based working time as the primary source of value creation.

To change the idea of how consulting firms and professional service firms, in general, create value, the value chain can be reinterpreted as an enhanced and continuous value creation circle (Fig. 4).

Value Creation Circle
The four incremental phases of the value chain are enhanced by innovation and development as upstream phases and by the support phase as a replacing downstream element. Value creation should not be regarded as finite and project-depending at any point in this

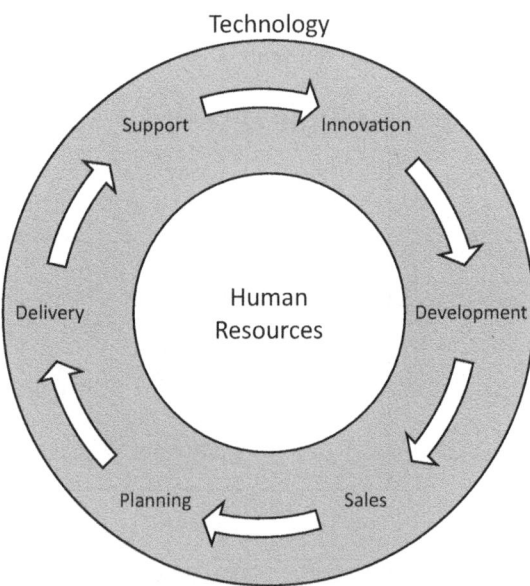

Fig. 4 Redefined Value Creation in Consulting Firms: Value Circle

concept of a continuous value creation circle. All six phases are embedded and leveraged by increasing utilization of technology, which will be discussed in detail in Sect. 3.2. Human resources, the unthreatened main asset for consulting firms which will remain through intermediating change, is at the centre of the concept of a continuous value creation circle and will be further discussed in Sect. 3.3.

The phase of innovation needs to go beyond a categoric product- or service-based thinking. The aim of innovation in consulting firms is not only to offer innovative services but to innovate service with customer-centricity. Innovation is not only technology-based but involves how and what is offered to the client, e.g. at some point consulting firms might have the idea to charge clients based on measurable success items and figures because this would represent an entirely new and customer-friendly approach. Hence service innovation means starting to figure out how such a model or at least a convergence towards it would be possible, which clients and topics could be a potential target and so on. (Ho, Tseng and Lee 2011)

The phase of development represents the continuous adjustment and optimization of the offered services or (technology-based) solutions. As the market demand (problem) and the theoretical solution to it are already known, development aims to put new ideas into practice with scale and leverage. As Lee et al. (2010) suggest in the 3D Innovation Model for managing knowledge-intensive service innovation, new service development (NSD) represents design and testing of the new service, pilot runs, test marketing and training.

Planning, sales and delivery are optimized by the utilization of technology. Time-to-market can be decreased by automated processes and workflows. Sales and delivery strategy should also include considerations about channel-selection and optimization-potentials with standardization.

The subsequent phase of support enables new opportunities for cross-selling, maintenance or simply assessing customer satisfaction and insights. Technology-based solutions, platform offerings, or value-oriented contracts enable customer interaction, allow insights, data access and collection of other information. Those inputs are crucial as they help to derive new demands and potentials and will ultimately lead to innovation by corresponding to those opportunities with an applied and continuous value creation circle. Instead of working on projects for a limited period, the engagement with the client becomes an ongoing relationship. The available insights help to identify additional needs of the client in a noticeably short time.

The extension of value creation with innovation and development, however, requires a changing mindset (Ho, Tseng and Lee 2011). Non-billable work must be understood as contributing to value creation in consulting firms. This is a paradigm-shift and requires a large commitment within the organization. Otherwise, the changing resource allocation, coming with the continuous value creation circle, might not be possible. The allocation of resources in consulting firms would shift from delivery to the other phases of the value circle (Hartmann, 2020b). This emphasizes the importance of renunciation from the delivery-centric "billables first" approach.

Value centricity

As clients become more cost-sensitive and emerging competitors of consulting firms provide measurable solutions, the incumbents of the consulting industry need to shift from vague project scopes with input-oriented time-based pricing models to tangible and measurable solutions to problems. Value centricity in consulting means to shape, thus innovate, the business model of the firm around the fundamental problems the clients face. This is a paradigm-shift as consulting firms were framed by their domain capabilities, as discussed in Sect. 2. Value centricity requires a transition of focus from domain to the problem of the clients. Law firms represent a good example of this transition as they start to employ and staff non-lawyers for project management and technology deployment on more extensive and complex mandates. The problem of the client, e.g. a complex company acquisition, requires more than just legal expertise—it requires coordination between different areas of law, between different stakeholders and the coordination of overlapping activities in finance, human resources, and public relations.

The adaption of a continuous value creation circle in the consulting industry will be heavily depending on the changing mindset about value. The phases of innovation and development lead to no-where if they are not approached out of a clients' problem perspective. Only the domain and the capabilities of a consulting firm are not leading to tangible solutions for clients.

Value centricity and the idea of a continuous value creation circle also change the compensation models consulting firms offer to their clients. With the continuous circle, customer lifetime value becomes an entirely new but crucial KPI within the consulting industry. The status quo business model of consulting firms does not know recurring revenues, nor investments in a client relationship which will payout at some later point. In the consulting industry, pricing models based on output rather than the input will reduce revenues earned during the delivery phase. However, the focus on establishing a business model with an ongoing lifecycle will enable additional revenues which the customer will be willing to pay, simply because the problem is solved already. The firms which are first in offering such disruptive compensation models are likely to gain significant attention and share in the market as the offering of the firm also reduces the risk for the client. A firm which is unsure about the success of their service and solution is unlikely to propose in the first place. As the emerging competitors of the consulting industry, like tech companies with KaaS or SaaS business models, are already offering on output-based compensation models, traditional consulting firms cannot wait forever in redefining their value proposition with uncompromising value centricity (Johnson, Christensen and Kagermann, 2010; Lee et al., 2010; Bettencourt, Lusch and Vargo, 2014).

3.2   Leveraging Technology and Data in Consulting Firms

Leveraging technology and data internally embeds the value creation circle, as shown in the figure in Sect. 3.1. Utilization of technology and data can help to make the value creation circle profitable, facilitate the phases of innovation and development, make sales, planning and delivery more efficient and extend revenue potentials in the phase of customer support. Hence, it represents the optimization of organizational processes and structures which consulting firms deliver to their clients but fail to make use of it by their own—the dilemma of prioritizing "billable work" rather than improving the organization. Again, this emphasizes the importance of a change in mindset and culture about the worthiness of "non-billable" work. Technology and data can improve the consulting firm on the market side—customer interaction, insights and new possibilities of offerings—as well as internally with the optimization of administrative processes and knowledge management.

1—Customer insights and solution-based offerings
Leveraging technology and data starts with information about clients. Instead of only filling information like master data and recent sales contacts in customer relationship management systems, consulting firms should start to increase sales effectiveness and efficiency in the very same way other business-to-business companies already do it. Marketing and sales analytics help to optimize the sales process and allocate resources for opportunities and proposals which are likely to convert to a win. Descriptive statistics on a detailed level about revenues, clients and their attributes, margins in relation to modularized services and delivery items based on the client or industry create valuable insights and enables the deployment of more advanced analytic tool. This data can be enriched with external sources and furthermore as the consulting firms start to deploy digital solutions internally and externally, the usage data of employees and clients generate additional insights. To enable data-driven decisions, not only employees and clients need to be structured in master data frameworks as this is also required for the services and solutions the firm offers. As soon as vague project scopes are replaced by precise definitions of solutions with specific scope and deliverables, the firm can create such master data frameworks for their services.

To enable a continuous value creation circle, consulting firms can leverage technological opportunities in order to offer digital solutions. As firms try to focus on Knowledge as a Service (KaaS) and Software as a Service (SaaS) based offerings, the delivery phase becomes less significant, and the support phase increasingly essential and valuable. The possibilities are manifold:

Financial consolidation, financial planning or hedge accounting are possible use-cases for accounting consultancies. So are transfer pricing and tariffs optimization for tax consultancies. The list can be continued with solutions for procurement, treasury and cash flow management, risk management and even more strategic domains like scenario planning.

Visualizations with dashboards are a core element of such solution-based offerings as they allow continuous assessment of KPIs and enable to derive countermeasures with increasing pace. The offering of such services is vital to accelerate the innovation process of the firm as it creates data and insights—this is where the value creation circle connects the phases of support and innovation.

2—Inhouse optimizations

Improving in-house efficiency helps in three ways—it saves valuable resources for value-centric and client-focus work, like innovation, delivery, or support, it increases responsiveness to the market, e.g. improving time-to-market and it improves cashflow.

The latter is impacted by the billing process within consulting firms, which is often not automized. Starting with automating (parts of) the billing process can already improve cash flow for the consulting firm. From time recording of consultants to sending the bill to the client, the only manual step in that process should be a check by the engagement manager.

High market and client responsiveness are becoming a critical factor in a more competitive and digital ("ad hoc") environment. Clients value fast answers, offers and solutions, as they want their problems solved as soon as possible. New entrants, in specific technology providers, excel with fast replies on initial requests and outpace traditional consulting businesses in terms of reaction and availability. The aspect of responsiveness becomes even more relevant when adapting to the continuous value creation circle. Digital communication channels and attached internal processes and workflows can help to improve responsiveness.

In many firms, knowledge management systems are available and utilized. Already in 1999, Sarvary described the benefits of centralized and decentralized knowledge management. However, as the decentralized approach mainly focusses on explicit and tacit knowledge of single employees, the pooling of information requires for a more centralized and IT-backed approach. A new of thinking about knowledge management systems is represented in the continuous value creation cycle. The system reflects each phase as a core category of knowledge. Master data for clients, employees and services and solutions represent layers of additional drill-down information. The phases of the value creation circle need to be structured and filled with the received information as well as with the created outputs. The assumed efficiency of IT-backed knowledge repositories is supported by Wagner et al. (2014). They even describe a well-structured and consequently used knowledge repository of a professional service firm as a reason for contracting the latter, as knowledge spill-overs are facilitated. Thus, such findings could open another potential direction for consulting firms to rethink value-add and focus on service innovation.

To professionalize the management of data and technology utilization, consulting firms also need to establish new roles and responsibilities. Cross-divisional awareness of why, how and what for data is collected within the firm requires active communication and commitment. Central responsibilities will help to pool data and expertise at one single point.

3.3 Skills Development and People Management in Consulting Firms

To leverage technology and to adapt to the continuous value creation circle, which goes far beyond the traditional consulting business model, consulting firms require new skills and need to open new development paths and career opportunities. Adjustments in career models and evolvement of people management are required by the scope of the business model's changes. In that context, the design of human resource flow in knowledge-intensive industries is critical for attracting talent. Competitive advantage is strengthened if employees have control over their careers and are involved in placement and promotion decisions. (Boxall and Steeneveld 1999; Sato et al. 2019). Hence, the phases of the value creation circle are an opportunity for pivoting to a more open environment for career development. Instead of the classical path of promotions from analyst level to director level which mainly plays in delivery and sales, talents can develop more freely within the consulting firm on junior and senior levels with new roles in the phases of innovation, development, and support. This offers new learning and growth opportunities which are of high importance for younger professionals in traditional consulting environments (Adams and Zanzi 2005).

To open up such new career paths, firstly the skill set of future consultancy employees must be determined. In doing so, the "4 key areas of talent in digital transformation" by Davenport and Redman (2020) provide a framework to approach the skills aspect of the business model transformation in consulting firms.

1. Translating technology: this describes the ability to understand the capabilities and boundaries of most recent technological developments, having a sense for the maturity of technologies and matching those aspects with real business problems.
2. Thinking in processes: To identify real business problems, the skill of thinking in end-to-end relationships and understanding impacts on business is crucial. Thinking in processes is hugely complicated as it requires to overcome hierarchical concepts.
3. Emotional intelligence and communication: Emotional intelligence helps in understanding stakeholder intentions. Having fears, incentives and organizational dynamics in mind, communication can become more effective and enable agreement and commitment for the necessity of transformation, either in-house or in work with clients.
4. Understanding data: Fast scaling digital businesses are based on the idea that everything is a hypothesis and opinions do not count. Hypotheses can only be

supported or rejected if there is evidence. This evidence is created by data and insights. Understanding relevant data, data-infrastructure and having skills to work with it is fundamental.

Yet, the idea of the continuous value creation circle not only demands new skills in those four areas across the firms. For the phases of innovation and development, understanding client problems and the underlying processes and connected impacts (skill area 2) needs to be combined with understanding capabilities and boundaries of technology (skill area 1) in order to ideate possible solutions, which are then developed and tested. This is precisely what a product manager does in tech companies. Some experts (e.g. Hartmann 2020a) suggest therefore to name the role as "solution managers", as the term of "solution" instead of "product" fits more precisely the professional service firm environment and leaves space for offerings, which are rather a service than a real digital product.

Solution managers in consulting firms could hold a key role in creating service innovation rather than innovative services as the role is based on client and value centricity. Identifying clients' problems and deriving tangible (digital) solutions which are delivered, monitored and improved in an ongoing partnership. Solution managers would be the ones responsible for determining the relevant KPIs with the client and for creating value-based pricing-models around the offered solutions.

As solution managers know the problems of clients and the connected patterns, they would also be the ones responsible for the first step towards scaling digital solutions. However, they are accountable to facilitate innovation to serve clients' demands.

4 Facilitating Innovation in Consulting Firms

One of the critical questions that arise with adapting the continuous value creation circle and more advanced and digital business models is how to establish, facilitate and operationalize innovation in consulting firms. Shaping new roles, like the one of a solution manager and the assigned responsibilities, do not create innovation by themselves. To create a more innovative environment, an assessment might help to understand the self-awareness and capabilities regarding innovation. Hogan et al. (2011) have conceptualized and validated a framework for professional service firm innovation capability. The framework provides three dimensions of innovation capability, namely client-focused innovation capability, marketing-focused innovation capability and technology-focused innovation capability. The framework with 13 items provides a good starting point—however, it represents a self-report which could be biased depending on whos responses are evaluated. If such self-evaluating measures are applied, it should be ensured that neither exclusively senior management are questioned, nor the sample size is too small and possibly biased by departments.

Foundational IT-systems should also be assessed critically. A firm's innovation is facilitated by profound and well-structured IT-based knowledge management systems, as such systems can improve the internal and external innovation process (Hensen and Dong 2020). Again, this shows that IT-based knowledge repositories and knowledge management systems are of utmost importance for professional service firms.

To facilitate innovation, to understand relevant parameters and to measure them becomes increasingly important. Like everything else in a consulting firm, actions need to be justified by economic benefit (a value-add for both, client and consulting firm). In the case of innovation, measuring becomes complex. Innovation efforts become visible if they lead to success, but as a fundamental idea of innovation lies in hypothesizing and testing, not all of the invested effort and resources will instantly lead to supported hypotheses. Measuring in innovative environments should, therefore, be understood as root-cause analysis and assess the conditions for innovation rather than only the output of the innovation process. The questions to be asked are "what prevents them from delivering new value?" and "what prevents clients from benefiting from that innovation?" (Scrum.org 2019). The relevant measures to answer those two questions can be separated in technical and non-technical services to cover innovation based on systems and technology deployment (solutions), and pure services buy adoptions compared to the original framework.

Non-technical service measures: Innovation rate (effort spent on new offerings divided by total offerings effort), on-offering index (share of time spend working on the offering), time spent context-switching (number of meetings/ad hoc requests per day per person).

Technical service measures: Feature usage index (frequency of feature usage), incident trend (number of change in defects since last measurement), technical debt (extra effort due to avoidable remediation).

Focussing primary on such questions and responding to identified shortcomings, accordingly, will create an environment which facilitates innovation and is more likely to create value-centric solutions to solve client problems. Commitment and change are necessary to legitimize new roles and the testing of hypotheses.

5   Conclusion

As Christensen et al. (2013) point out: The disruptive forces that reshaped many industries and businesses will not stop with the consulting industry. Consulting firms face imparative change.

The response towards this disruption requires the utilization of technology and a new understanding of value-centricity. Clients' challenges need to be solved with the deployment of technology in a measurable way, the paradigm and business model of prioritizing billable work becomes uncompetitive as challenges are solved with more innovative and scalable solutions. New business models relocate generating revenues, as the value creation in consulting firms shifts to a circular model. To facilitate innovation, well-structured and user-friendly IT-based knowledge repositories build the foundation for information flow and innovation capability. Consulting firms need to open new career models and assign responsibilities for innovation to put the extended value creation circle into practice.

This set of enormous changes requires commitment by senior management and shareholders to legitimize allocation of resources and new, yet unknown, approaches within the firm. Information, data, and insight needs to be prioritized over opinins in traditional consulting firms.

References

Adams SM, Zanzi A (2005) The consulting career in transition: from partnership to corporate. Career Develop Int 10(4):325–338. https://doi.org/10.1108/13620430510609154

Andersson P et al (2018) Managing digital transformation. Stockholm School of Economics Institute for Research (SIR). https://doi.org/10.4324/9780429265396-13

BDU (2019) Facts & Figures zum Beratermarkt 2019. https://www.bdu.de/mediathek/publikationen/marktstudien/

Bettencourt LA, Lusch RF, Vargo SL (2014) A service lens on value creation: marketing's role in achieving strategic advantage. Calif Manag Rev 57(1):44–66. https://doi.org/10.1525/cmr.2014.57.1.44

Boxall P, Steeneveld M (1999) Human resource strategy and competitive advantage: a longitudinal study of engineering consultancies. J Manage Stud 36(4):443–463. https://doi.org/10.1111/1467-6486.00144

CB Insights (2018) Killing strategy: the disruption of management consulting. CB Insight, pp. 1–16. https://www.cbinsights.com/research/disrupting-management-consulting/

Christensen CM (2011) The innovator's dilemma. Innovator's Dilemma. https://doi.org/10.15358/9783800642816

Christensen CM, Wang D, van Bever D (2013) Consulting on the cusp of disruption. Harv Bus Rev, (OCT)

Davenport TH, Redman TC (2020) Digital transformation comes down to talent in 4 key areas, pp. 2–5

Empson L (2019) How to lead your fellow rainmaikers. Harv Bus Rev (April):1–10

Frey CB, Osborne MA (2013) The future of employment: how susceptible are jobs to computerization?

Hargadon A, Sutton RI (1997) Technology brokering and innovation in a product development firm. Adm Sci Q. https://doi.org/10.2307/2393655

Hartmann S (2020a) Managing for outcome: rethinking value chains in professional services. LegalBusinessWorld.com, pp. 28–33. https://f3cca18a-0d7b-426b-9404-86b930d9e63a.filesusr.com/ugd/b30d31_675b55e6f6fb400fab568af815254098.pdf

Hartmann S (2020b) Next generation rainmakers in professional service firms: solution managers (aka Product Managers), LegalBusinessWorld.com. https://www.legalbusinessworld.com/single-post/2020/01/10/Next-Generation-Rainmakers-in-Professional-Service-Firms-Solution-Managers-aka-Product-Managers. Accessed: 14 March 2020

Hensen AHR, Dong JQ (2020) Hierarchical business value of information technology: toward a digital innovation value chain. Inf Manag 57(4):103209. https://doi.org/10.1016/j.im.2019.103209

Ho JC, Tseng FM, Lee CS (2011) Service business model innovation: a conceptual model and a framework for management consulting, Proceedings—2011 International Joint Conference on Service Sciences, IJCSS 2011, pp. 247–251. https://doi.org/10.1109/ijcss.2011.56

Hogan SJ et al (2011) Reconceptualizing professional service firm innovation capability: Scale development. Ind Market Manag 40(8):1264–1273. https://doi.org/10.1016/j.indmarman.2011.10.002

Bughin J, Seong J, Manyika M, Chui RJ (2018) Notes from the AI frontier: modeling the impact of AI on the the world economy. https://www.mckinsey.com/featured-insights/artificial-intelligence

Johnson MW, Christensen CM, Kagermann H (2010) Reinventing your business model. Harv Bus Rev Bus Model Innov, 47–71

Kaplan S (2017) The business consulting industry is booming, and it's about to be disrupted. Inc. Com, 1. https://www.inc.com/soren-kaplan/the-business-consulting-industry-is-booming-and-it.html

Lapierre J, Filiatrault P, Chebat JC (1999) Value strategy rather than quality strategy: a case of business-to-business professional services. J Bus Res 45(2):235–246. https://doi.org/10.1016/S0148-2963(97)00223-3

Lawrence TB, Malhotra N, Morris T (2012) Episodic and systemic power in the transformation of professional service firms. J Manag Stud 49(1):102–143. https://doi.org/10.1111/j.1467-6486.2011.01031.x

Lee C et al (2010) An integrated framework for managing knowledge-intensive service innovation. Int J Services Tech Manag 13:20–39

Libert B, Beck M (2017) AI may soon replace even the most elite consultants. Harv Bus Rev Work Knowled, 1–5

Løwendahl B (2005) Strategic management of professional service firms. Copenhagen Business School Press DK

Løwendahl BR, Revang Ø, Fosstenløkken SM (2001) Knowledge and value creation in professional service firms: a framework for analysis. Hum Relat 54(7):911–931. https://doi.org/10.1177/0018726701547006

Manyika J et al (2017) A future that works: automation, employment, and productivity. Mckinsey Global Institute, (January), 148. http://njit2.mrooms.net/pluginfile.php/688844/mod_resource/content/1/ExecutiveSummaryofMcKinseyReportonAutomation.pdf

McGahan A M (2004) How industries change. Harvard Bus Rev

Miles I (2005) Knowledge intensive business services: prospects and policies. Foresight 7(6):39–63. https://doi.org/10.1108/14636680510630939

Nissen V (2018) Digital transformation of the consulting industry—introduction and overview. https://doi.org/10.1007/978-3-319-70491-3_1

Nissen V et al (2018) ProMAT—A Project Management Assessment Tool for Virtual Consulting. https://doi.org/10.1007/978-3-319-70491-3_14

Nissen V, Seifert H (2015) Virtualization of consulting—Benefits, risks and a suggested decision process, in 2015 Americas Conference on Information Systems, AMCIS 2015

Sarvary M (1999) Knowledge management and competition in the consulting industry. Calif Manag Rev 41(2):95–107. https://doi.org/10.2307/41165988

Sato Y, Kobayashi N, Shirasaka S (2019) An analysis of human resource management for knowledge workers: using the three axes of target employee, lifecycle stage, and human resource flow. Rev Integ Bus Eco Res 9(February)

Scrum.org (2019) Evidence-based management guide. https://scrumorg-website-prod.
s3.amazonaws.com/drupal/2019-05/EBM_GuideJanuary_2019.pdf

Source Global Research (2019) The US consulting market in 2019. https://reports.sourceglobal-
research.com/report/download/5001/extract/The-US-Consulting-Market-in-2019

Wagner S, Hoisl K, Thoma G (2014) Overcoming localization of knowledge—the role of
professional service firms. Strateg Manag J 35:1671–1688. https://doi.org/10.1002/smj.2174

Weerawardena J (2003) Exploring the role of market learning capability in competitive strategy.
Eur J Mark 37(3/4):407–429. https://doi.org/10.1108/03090560310459023

Patrick Weber has been working as a consultant in auditing and in corporate financial and process advisory since 2014. He completed a dual degree program of economics with a specialization in auditing at the Baden-Wuerttemberg Cooperative State University. Today he holds lectures in project management and finance transformation in the same bachelor program. He completed his Master's degree at the Nova School of Business and Economics in Lisbon with focussing on strategy, business model innovation and organizational behaviour. The core topics of his current work are the strategic development of the solution and service portfolio in the consulting environment, the utilization of technology and organizational challenges in technology acceptance. In doing so, he focuses on the key aspects of evidence-based management.

Wie digital ist die Steuerabteilung?

Ein Reifegradmodell zur prozessorientierten Bewertung des Digitalisierungsstandes

Tim Niesen

Treiber für Veränderungen im Steuerbereich

Die Digitalisierung oder *Digitale Transformation* schreitet durch die Entwicklung der Informationstechnologie mit zunehmender Geschwindigkeit voran und führt in nahezu allen Lebensbereichen zu disruptiven Veränderungen (Kieninger et al. 2015). Neue technologische Entwicklungen zur Datenverarbeitung und -analyse und auch Anwendungen der Künstlichen Intelligenz (KI) wie maschinelle Lernverfahren erlauben die Automatisierung von komplexen, wissensintensiven Tätigkeiten und Geschäftsprozessen (Chui et al. 2018).

Insbesondere im betrieblichen Umfeld sehen sich daher viele Unternehmen mit grundlegenden Veränderungen konfrontiert, die ein fundamentales Umdenken in Bezug auf bestehende Arbeitsabläufe, die Gestaltung von Geschäftsprozessen sowie die Adaption von etablierten Geschäftsmodellen notwendig machen (Denner et al. 2018). Veränderte Kunden- und Marktanforderungen zwingen Unternehmen zu einer Flexibilisierung ihrer Wertschöpfungsstrukturen und Betriebsmodelle. Bestehende Geschäftsmodelle werden durch neue Angebote ergänzt, beispielsweise durch nutzungsabhängige Vergütungsmodelle wie Pay-per-Use, die Alternativen zu traditionellen Vertriebsmodellen von Produktanbietern darstellen (sogenannte „Servitization"). Gleichzeitig entstehen neue Möglichkeiten zur Kundenbindung und zur Entwicklung von datenbasierten Mehrwertangeboten durch die Auswertung von Nutzungsdaten (Opresnik und Taisch 2015).

Unternehmensintern führen innovative Technologien in allen Unternehmensbereichen zu einer Digitalisierung von Geschäftsprozessen und einer Ablösung von

T. Niesen (✉)
WTS Steuerberatungsgesellschaft mbH, Berlin, Deutschland
E-Mail: tim.niesen@wts.de

© Springer-Verlag GmbH Deutschland, ein Teil von Springer Nature 2021   281
M. Bodemann et al. (Hrsg.), *Zukunftsfähigkeit durch Innovation,*
Digitalisierung und Technologien, Organisationskompetenz Zukunftsfähigkeit,
https://doi.org/10.1007/978-3-662-62148-6_13

analogen Abläufen durch digitalisierte Workflows. Neben der Realisierung von Effizienzsteigerungen und Kosteneinsparungen ergibt sich hierdurch erhebliches Potential für die Automatisierung von Abläufen sowie vereinfachte Kollaborationen. Vollständig digitale Ende-zu-Ende-Prozesse erlauben beispielsweise die Erfassung und Übertragung von Informationen über standardisierte Schnittstellen und ermöglichen im Zuge einer durchgängigen Compliance die Validierung, transparente Nachvollziehbarkeit, Analyse und rechtssichere Archivierung der gesamten Vorgänge (Pielke 2018).

Die zunehmende Durchdringung von Unternehmensabläufen und Geschäftsprozessen durch Informations- und Kommunikationstechnologie (IKT) ist per se nicht neu. Sie ist vielmehr das Resultat einer seit Jahrzehnten andauernden Entwicklung, welche ihren Anfang mit der zunehmenden Verbreitung betrieblicher Standardsoftware, wie beispielsweise Enterprise Resource Planning (ERP) Software zu Beginn der 1990er Jahre, nahm. Im Rahmen der digitalen Transformation lassen sich aber einige technologische Entwicklungen erkennen, die maßgeblich für die transformativen Fortschritte verantwortlich sind.

- Erstens, dramatisch reduzierte Kosten für Rechenleistung, Konnektivität und Datenspeicher. Die in den letzten Jahren zunehmende Nutzung von Cloud Computing sorgte für eine zunehmende Verschiebung von Rechenleistung zu zentralisierten Cloud-Anbietern. Damit verbundene Möglichkeit zur schnellen Skalierung von Rechenressourcen sowie Durchbrüchen im Bereich von hochparallelisierten Recheneinheiten ermöglichen in der Folge einen günstigen, bedarfsgerechten und nahezu unbeschränkten Zugriff auf Rechenleistung (Armbrust et al. 2010).
- Zweitens, die Verfügbarkeit von großen Datenmengen („Big Data"). Die Zunahme der weltweiten Datenmenge folgt einer exponentiellen Wachstumskurve; die jährliche Wachstumsrate beträgt seit dem Jahr 2010 durchschnittlich mehr als 50 %. Diese Daten entstammen einer Vielzahl von Quellen und ermöglichen aufgrund des erwähnten Preisverfalls für die Verarbeitung und Speicherung großer Datenmengen die Schaffung von qualitativ hochwertigen Datenbasen. In der Konsequenz ergeben sich dadurch große Potenziale für die Analyse und Automatisierung von Geschäftsprozessen (Gupta et al. 2018).
- Drittens haben sich, bedingt durch die zuvor genannten Entwicklungen, verschiedene Basistechnologien etabliert, welche eine hohe technologische Reife erreichen. Beispiele hierfür sind Ansätze aus dem Bereich der Künstlichen Intelligenz wie Machine-Learning-basierte Verfahren zur Bildanalyse und Sprachverarbeitung, oder fortgeschrittene Anwendungen zur Prozessautomatisierung wie Robotic Process Automation (RPA) (van der Aalst et al. 2018). Diese ermöglichen den schnellen und mit vergleichsweise wenig Aufwand verbundenen Einsatz von Technologien für verschiedene Problemstellungen.

Die skizzierten Entwicklungen stellen auch Konzernsteuerabteilungen vor große Herausforderungen. Neben den technologischen Treibern sind hierbei insbesondere steigende

Compliance-Anforderungen vor dem Hintergrund komplexerer rechtlicher Rahmenbedingungen zu nennen. In der Folge wird die Einhaltung von gesetzlichen Vorgaben und internen Compliance-Regeln für Unternehmen immer komplizierter. Die Einführung eines internen steuerlichen Kontrollsystems (Tax Compliance Management System, kurz: *Tax CMS*) zielt darauf ab, systematische Vorsorgen zur Einhaltung dieser Vorgaben zu treffen (Kowallik 2017). Hierbei steht die Reduzierung des Risikos der Steuerhinterziehung durch die Abgabe fehlerhafter Steuererklärungen oder der nachträglichen Berichtigung im Vordergrund (Risse 2019). In Hinblick auf die Zielsetzung von Tax CMS stellen die digitale Dokumentation steuerrelevanter Prozesse, die Identifizierung von steuerlichen Risiken und die Digitalisierung von Kontrollen und Wirksamkeitsprüfungen zur Überwachung der Risiken wichtige Motivationsfaktoren für die Implementierung digitaler Technologien dar (Esterer und Baumgart 2020).

Während sich sowohl in der Wissenschaft als auch der unternehmerischen Praxis die grundsätzliche Erkenntnis durchsetzt, dass eine fortschreitende Digitalisierung Lösungspotenziale für die skizzierten Herausforderungen bietet, stehen viele Unternehmen heute vor der konkreten Herausforderung, ihre eigene digitale Transformation zu gestalten. Dies umfasst insbesondere Fragen nach organisatorischen und technischen Fähigkeiten zur Realisierung entsprechender Potenziale und deren gezielte Weiterentwicklung unter Berücksichtigung unternehmensstrategischer Rahmenbedingungen.

Der vorliegende Beitrag adressiert diese Forschungslücke und trägt zur Entwicklung eines methodischen Ansatzes zur Bewertung von notwendigen Fähigkeiten im Rahmen der Digitalisierung von Steuerabteilungen bei. **Absatz 1** präsentiert hierzu zunächst einen kurzen Überblick über aktuelle Entwicklungen zur Digitalisierung in Steuerabteilungen und zum Stand der Prozessdigitalisierung. Im Anschluss stellt **Absatz 2** die Ergebnisse aus verschiedenen empirischen Untersuchungen zur Anforderungserhebung an ein Instrument zur digitalen Reifegradbewertung von Steuerprozessen vor. Innerhalb von **Absatz 3** wird anschließend das auf Basis der Anforderungserhebung entwickelte Reifegradmodell vorgestellt. **Absatz 4** schließt den Beitrag mit einer Zusammenfassung und einem Ausblick auf zukünftige Forschung.

1 Digitalisierung im Steuerbereich

1.1 Stand der Digitalisierung

In den letzten Jahren zeigen sich verschiedene Beispiele erfolgreicher Digitalisierungsprojekte und des Technologieeinsatzes für steuerbezogene Anwendungen. Getrieben durch unternehmensweite Einführungen von leistungsstarken ERP-System wie SAP S/4 HANA wird beispielsweise die Grundlage für eine digitale Transformation verschiedener Unternehmensfunktionen geschaffen. Der Wechsel auf eine moderne technologische Architektur ermöglicht es, bestehende Prozessstrukturen aus steuerlicher Sicht grundlegend zu überprüfen und in Bezug auf Optimierungspotential zu untersuchen

(Stender et al. 2020). Eine solche Systemumstellung schafft außerdem die Datenbasis, um neue Technologien zu Analyse- und Auswertungszwecken für steuerliche Daten zu implementieren. So finden etwa Methoden aus dem Bereich des Maschinellen Lernens Anwendung für die Untersuchung von umsatzsteuerlichen Compliance-Verstößen (Lahann et al. 2019) sowie die Optimierung der Nutzung von zollrelevanten Freihandelsabkommen (Lahann et al. 2020).

Gleichzeitig zeigen jüngere Untersuchungen, dass die Durchführung von Digitalisierungsprojekten und die Anwendung von Technologien wie beispielsweise Methoden der Künstlichen Intelligenz auf steuerliche Probleme meist auf konkreter und eng umgrenzter Anwendungsfälle beschränkt sind (Just et al. 2020). Weiterhin zeigen sich große Unterschiede im Stand der Digitalisierung zwischen den Steuerfunktionen verschiedenen Firmen sowie regionale und länderspezifische Differenzen (Niesen et al. 2018).

Die Zielsetzung einer nachhaltigen Digitalisierung im Steuerbereich ist jedoch nicht die Erprobung einer Vielzahl von einzelnen Technologien, sondern deren Umsetzung innerhalb eines integrierten Gesamtkonzeptes (Risse 2019). Nur eine ganzheitliche Sichtweise auf die Organisation der Steuerabteilung wird dazu führen, dass Digitalisierungsbestrebungen auch langfristig erfolgreich umgesetzt werden können (Baumgart und Bevan 2019). Die Autoren schlagen verschiedene relevante Bereiche für die systematische Durchführung einer organisationstheoretischen Analyse vor, um den Einsatz von Technologien zielgerichtet und strategisch-langfristig zu adressieren. Vor diesem Hintergrund ist auch die Forderung nach einer stärkeren Strukturierung und Systematisierung bei der Gestaltung steuerlicher Informationssysteme zu interpretieren (Fettke 2018). Durch die Trennung in operative Steueraufgaben, Steuerberatung und strategische Steueraufgaben wird ein dreiteiliges Konzept zur Klassifizierung von relevanten Technologien vorgeschlagen. Dieses bildet die Grundlage für die vom Autor skizzierten Gestaltungsfelder für betriebliche Steuerinformationssysteme. Daraus abgeleitet wird der Vorschlag eines allgemeinen Reifegradmodells, um die Transformation von Steuerabteilungen systematisch zu begleiten (Fettke 2020).

In der Wissenschaft stellen Reifegradmodelle ein etabliertes Instrument zur Bewertung von Teilbereichen und Prozessen einer Organisation dar. Sie ermöglichen durch die Erfassung der Ist-Situation eine Standortbestimmung in Bezug auf die untersuchten Bereiche und unterstützend die Identifikation von Verbesserungspotentialen (Jacobs 2020). In der bestehenden Literatur werden Reifegradmodelle für den Steuerbereich bislang nur beschränkt betrachtet. Das Bewusstsein über notwendige Fähigkeiten ist in der Praxis daher nur schwach ausgeprägt und Unternehmen verfügen über keine fundierten Instrumente zu deren systematischen Weiterentwicklung. Hieraus ergeben sich zwei zentrale Problemstellungen. Zum einen ist es für Unternehmen nicht möglich, den Status quo in Bezug auf ihren aktuellen Digitalisierungstand objektiv zu ermitteln. Zum anderen gestaltet sich die zielgerichtete Entwicklung von Fähigkeiten zur Erreichung einer avisierten Soll-Situation aufgrund fehlender handlungsleitender Prinzipien als schwierig.

Zu den bekanntesten Reifegradmodellen gehören CMMI und SPICE, deren Ursprünge jeweils in der Beurteilung von Prozessen im Rahmen der Software-Entwicklung liegen. In den letzten Jahren ist eine Verbreitung von Reifegradmodellen auch in anderen, IT-nahen Domänen wie beispielsweise dem Geschäftsprozessmanagement (De Bruin et al. 2005; Röglinger et al. 2012) und dem IT-Anwendungsmanagement (Hecht 2014) zu beobachten. Auch für die Ermittlung des Digitalisierungspotentials von Geschäftsprozessen wurden multikriterielle Bewertungskonzepte vorgeschlagen, die branchenunabhängige Ansätze zur Prozessbeurteilung bereitstellen (Berghaus et al. 2018; Bitkom e. V. 2020). Reifegradmodelle, die speziell für den Steuerbereich entwickelt wurden und auf die Charakteristika von steuerlichen Prozessen ausgerichtet sind, finden in der Literatur aktuell hingegen kaum Beachtung.

1.2 Geschäftsprozessmanagement als Strukturierungsrahmen für digitale Steuerprozesse

Der Begriff Geschäftsprozessmanagement (engl. *Business Process Management*, BPM) bezeichnet ein integriertes System zum Management von unternehmerischen Aktivitäten, insbesondere mit einem Schwerpunkt auf der Kontrolle und Steuerung von performance-kritischen Geschäftsprozessen (Michael Hammer 2010). Ein Geschäftsprozess stellt in diesem Zusammenhang eine „zusammengehörige Abfolge von Unternehmensverrichtungen zum Zweck einer Leistungserstellung" dar (Scheer 2002). Geschäftsprozesse stellen innerhalb von Organisationen integrale Strukturen zur Orchestrierung von unternehmerischen Ressourcen zur Erfüllung externer Anforderungen dar. Als umfassender Managementansatz stellt BPM Methoden, Techniken und Software-Werkzeuge bereit, um den Entwurf, die Ausführung und die Analyse von Unternehmensprozessen unter Einbeziehung der beteiligten Personen, Anwendungen, Ressourcen und Informationsquellen zu unterstützen (van der Aalst et al. 2003).

Im Mittelpunkt eines modernen Geschäftsprozessmanagements steht, im Gegensatz zu disruptiven und meist einmalig durchgeführten Maßnahmen wie Business Process Reengineering (M. Hammer und Champy 1993), eine kontinuierliche Verbesserung von Geschäftsprozessen. Dadurch werden die Ziele verfolgt, Unternehmensprozesse an geänderte Bedingungen anzupassen, die Prozesseffizienz zu steigern und eine kontinuierliche Ausrichtung der Prozesse an der Unternehmensstrategie sicherzustellen (Harmon 2010). Die Fähigkeiten zum Prozessmanagement bestimmen damit das Potential einer Organisation, sich an neue Umstände anzupassen und schnell auf geänderte Rahmenbedingungen wie gesetzliche Änderungen reagieren zu können.

Das Ziel der Digitalisierung von Geschäftsprozessen liegt in der Effizienzsteigerung und Verbesserung der Produktivität von betrieblichen Abläufen. Durch neue technologische Entwicklungen soll eine weitergehende Automatisierung erreicht werden, um einzelne Prozessaktivitäten schneller und weniger fehleranfällig auszuführen. Hierzu zählen eine durchgehend digitale Unterstützung von Prozessschritten durch integrierte

IT-Systeme, Verfahren zur Informationsextraktion aus nicht oder wenig strukturierten Daten oder Robotic Process Automation (RPA) zur automatisierten Ausführung repetitiver und regelbasierter Prozessaktivitäten.

BPM hat als integrierter Managementansatz das Potential, bestehende GRC-Maßnahmen (Governance, Risk, Compliance) zu ergänzen, findet im Bereich der Unternehmenssteuerfunktion aktuell aber kaum Anwendung (Risse 2019). Im Rahmen von Tax CMS tritt die Betrachtung verschiedener steuerlicher Prozesse vermehrt in den Vordergrund (Pielke 2018). Eine durchgehende Digitalisierung von steuerlichen Prozessen stellt damit die Grundlage für eine Automatisierung von Compliance-Prüfungen und Dokumentationen dar (Risse 2019). Sie bildet die Basis für die Optimierung von Abläufen innerhalb der Steuerabteilungen von Unternehmen sowie zwischen Unternehmen und Steuerbehörden und erlaubt die Einhaltung entsprechender Berichtspflichten.

2   Anforderungsanalyse und Ableitung eines Kriterienkatalogs für digitale Reifegradbewertungen

Zur Entwicklung des in diesem Beitrag vorgestellten Reifegradmodells wurde ein multidisziplinärer Forschungsansatz verwendet, bei dem unterschiedliche Forschungsmethoden zur Anwendung kamen. Die Forschung ist eingebettet in ein gemeinsames Forschungsprojekt, an dem sich Experten aus verschiedenen wissenschaftlichen Bereichen und Steuerbereichsexperten einer in Deutschland ansässigen internationalen Steuerberatungsgesellschaft beteiligen. Ziel der Forschung ist die Schaffung eines praktisch relevanten und anwendbaren Artefakts zur Adressierung konkreter Problemstellungen aus der unternehmerischen Praxis. Aus diesem Grund wird als forschungsleitendes Paradigma ein gestaltungsorientierter Forschungsansatz gewählt (Hevner et al. 2004). Durch die enge Zusammenarbeit mit Steuerexperten werden sowohl wissenschaftliche Anforderungen nach Genauigkeit und Sorgfalt als auch die praktische Relevanz der Forschung sichergestellt (Hevner 2007).

Der grundsätzliche Entwicklungsprozess für das Modell zur Bewertung von Digitalisierungsreife von Prozessen basiert auf etablierten Rahmenwerken mit allgemeinen Gestaltungsprinzipien und Ansätze zur Entwicklung von Reifegradmodellen (Knackstedt et al. 2009). Das Gesamtverfahren gliedert sich in verschiedene Phasen und beinhaltet einen multimethodischen Entwicklungsansatz, der umfangreiche Literaturrecherchen, Experteninterviews und die empirische Validierung der entwickelten Konzepte umfasst.

In der ersten Phase wurden *strukturierte Leitfaden-Interviews* mit verschiedenen Steuerexperten aus dem Umfeld der am Forschungsvorhaben beteiligten Steuerberatungsgesellschaft durchgeführt. Zielsetzung der Interviews war die Identifizierung von Schlüsselaspekten bei der Beurteilung von Digitalisierungsphasen in steuerlichen Prozessen. Durch die Wahl eines explorativen Ansatzes konnten wichtige Aspekte der Digitalisierung aus Sicht der Steuerpraxis identifiziert werden, welche die Grundlage für die spätere Definition von Bewertungskriterien im Reifegradmodell bildeten.

Die Interviews wurden im Anschluss transkribiert und einer qualitativen Inhaltsanalyse unterzogen, um relevante Aussagen entlang der definierten Diskussionsbereiche zu identifizieren. Die Aussagen wurden thematisch gruppiert und dienten zur Ableitung von Forschungskonstrukten für die anschließende quantitative Erhebung.

Innerhalb der zweiten Phase folgte eine *quantitative Untersuchung* zum Stand der Digitalisierung. Hierzu wurden die abgeleiteten Forschungskonstrukte als Items auf einer fünfstufigen Likert-Skala operationalisiert und in Einzelaussagen übersetzt. Items wurden hierbei positiv formuliert, sodass eine starke Zustimmung mit einer Aussage als Indiz für eine hohe Reife gewertet wurde. Als Untersuchungsgruppe wurden alle Berufsträger mit dem Titel Steuerberater der an der Forschung beteiligten Steuerberatungsgesellschaft definiert. Neben geschlossenen Fragen wurden Freitextantworten zu weiterführenden Details für einzelne Steuerarten zugelassen. Die Zielsetzung der Untersuchung bestand in der Identifizierung des wahrgenommenen Digitalisierungsstandes aus Sicht der Berufsträger sowie einer Gewichtung einzelner Konstrukte in Bezug auf deren Aussagekraft zur digitalen Prozessreife. Weiterhin wurden Chancen und Hindernisse einer Digitalisierung aus Sicht der Teilnehmer identifiziert.

Die abschließende dritte Phase umfasste die *Untersuchung des Digitalisierungsstandes* von Steuerprozessen in sechs deutschen Unternehmen. Vier der teilnehmenden Unternehmen sind DAX-notiert, eines ist im MDAX gelistet; das kleinste Unternehmen beschäftigt ca. 5.500 Mitarbeiter. Im Rahmen von halbtägigen Workshops wurden in der Diskussion mit den Leitern der jeweiligen Steuerabteilungen und Mitarbeitern aus verschiedenen steuerlichen Fachbereichen fragebogengestützte Erhebungen des Digitalisierungsstandes verschiedener Steuerprozesse durchgeführt. Neben der Beantwortung des Fragebogens wurden in offenen Diskussionen weitere Bewertungskriterien für digitale Reife aus Sicht der Praxis identifiziert. Die Ergebnisse wurden vom Untersuchungsleiter anschließend konsolidiert, strukturiert aufbereitet und im Rahmen einer zweiten halbtägigen Workshop-Runde einige Wochen nach den Initialterminen mit den Teilnehmern evaluiert.

Die Ergebnisse der drei beschriebenen Phasen wurden abschließend synthetisiert und in Form eines einheitlichen Kriterienkatalogs strukturiert. Dieser bildet die Grundlage für die Ausgestaltung des Reifegradmodells, welches im folgenden **Absatz** beschrieben wird.

3 Reifegradmodell für die Bewertung von Digitalisierungsreife in Steuerabteilungen

3.1 Aufbau, Struktur und Übersicht des Modells

Das entwickelte Reifegradmodell zur Bewertung von Digitalisierungsreife von Steuerprozessen besteht aus verschiedenen Komponenten. Es stellt ein strukturiertes Rahmenwerk dar, um anhand von definierten Kriterien die Ist-Situation steuerlicher Prozesse in Bezug auf ihren Digitalisierungsstand zu beschreiben und damit die Grundlage für eine gezielte Weiterentwicklung zu schaffen.

Anhand von vier *Dimensionen* werden Steuerprozesse hinsichtlich verschiedener Gestaltungsfelder beschrieben. Dies erlaubt es, spezifische Perspektiven bei der Beurteilung eines Prozesses einzunehmen und einzelne Aspekte im Rahmen der Untersuchung zu fokussieren. Eine Reifegradbeurteilung innerhalb der Dimensionen erfolgt über *Bewertungskriterien,* welche einzeln beurteilt werden. Die Operationalisierung der Bewertungskriterien wird durch eine Zuordnung zu einer von fünf *Reifegradstufen* vorgenommen, welche eine schrittweise Abfolge bei der Entwicklung von Digitalisierungsreife beschreiben.

Dieser allgemeinen Beschreibung der Elemente folgend ist die Struktur des Reifegradmodells in Abb. 1 dargestellt. Auf der ersten Ebene dienen die Bewertungskriterien insbesondere der Beurteilung eines einzelnen steuerlichen Geschäftsprozesses. Hierbei wird der Prozess als Ganzes betrachtet und hinsichtlich seines Digitalisierungstandes anhand der vier Dimensionen des Modells entlang der fünf Reifegradstufen eingeordnet. Auf der zweiten Ebene erfolgt eine detailliertere Betrachtung einzelner Prozesse hinsichtlich spezifischer Prozessaktivitäten. Abschnitt 3.4 demonstriert diese Detaillierung anhand von Prozessen aus dem Bereich Umsatzsteuer.

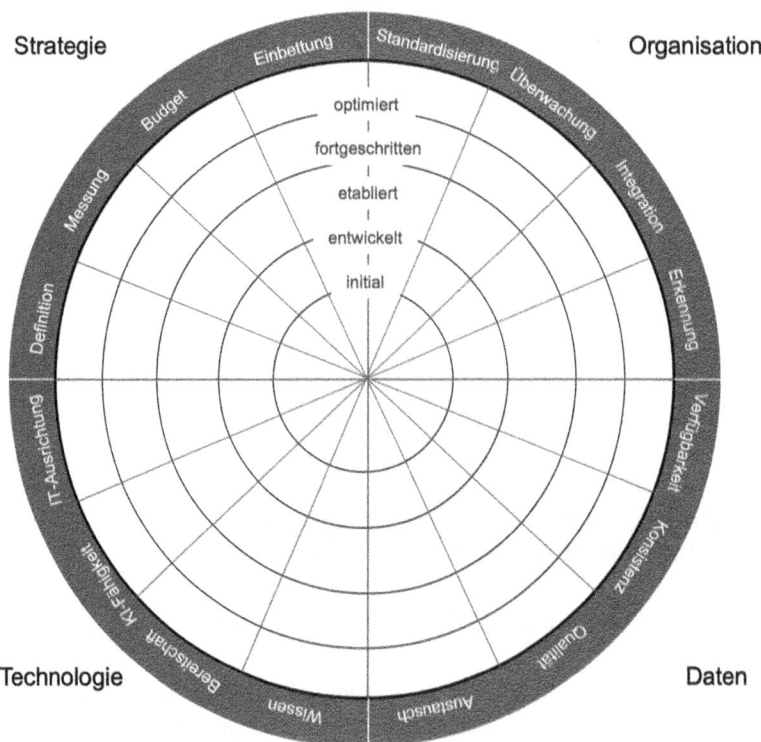

Abb. 1 Reifegradmodell zur Bewertung von Digitalisierungsreife von Steuerprozessen. (Quelle: eigene Erstellung)

Das Modell umfasst insgesamt fünf Reifegradstufen, die einen Pfad von aufeinanderfolgenden Schritten von niedriger bis hoher digitaler Prozessreife beschreiben. Nachfolgend werden Grundüberlegungen zu einzelnen Stufen zusammengefasst. Abschnitt 3.2 enthält eine Beispielausprägung eines Bewertungskriterium über alle Stufen.

1. *Initial:* Die erste Stufe stellt den Ausgangspunkt für den Entwicklungspfad zur höchsten digitalen Reife dar. Fähigkeiten zur Digitalisierung von steuerlichen Prozessen sind sowohl aus technischer als auch aus strategischer Sicht nur rudimentär ausgeprägt. Datenmäßige und technische Voraussetzungen sind kaum gegeben und gehen mit einer mangelnden organisatorischen Ausrichtung einher.
2. *Entwickelt:* Die zweite Stufe der Digitalisierungsreife umfasst die grundlegende Anforderung, Informationstechnologie als grundlegenden Enabler für die Digitalisierung steuerlicher Prozesse zu nutzen. IT wird jedoch allenfalls isoliert und für einzelne Prozesse eingesetzt; ein umfassendes Konzept und eine strategische Ausrichtung für die Digitalisierung existieren nicht.
3. *Etabliert:* Auf der dritten Stufe der Digitalisierungsreife existieren grundlegende Konzepte zur Vernetzung und Integration von Prozessen und Daten. Es gibt erste Ansätze, isolierte IT-Lösungen aus einer umfassenderen Perspektive zu betrachten, aber solche Ansätze sind noch nicht gut entwickelt und aus strategischer Sicht nicht institutionalisiert.
4. *Fortgeschritten:* Auf dieser Ebene gibt es organisatorische Voraussetzungen für die zielorientierte Entwicklung von Digitalisierungskonzepten. Der Einsatz von Technologie und die Organisation von Prozessen und Daten sind in allgemeine Konzepte zur Unterstützung einer definierten Zielsetzung eingebettet. Die Digitalisierung von Steuerprozessen wird durch entsprechende Vorgaben und Kontrollmechanismen begleitet, sodass Möglichkeiten zur Prozessüberwachung und -optimierung bestehen.
5. *Optimiert:* Die höchste Stufe innerhalb der Reifegrade entspricht der Rolle eines Digital Leader. Auf dieser Stufe werden die technischen Fähigkeiten im Einklang mit der strategischen Ausrichtung der Steuerabteilung systematisch und kontinuierlich weiterentwickelt. Die Prozesse und die Kommunikationswege der Steuerabteilung sind in andere Bereiche des Unternehmens integriert und es findet eine systematische, regelmäßige Überprüfung und Weiterentwicklung von Prozessen statt.

Im nächsten **Abschnitt** werden die vier Dimensionen des Reifegradmodells sowie die Bewertungskriterien zur Einordnung eines Prozesses anhand der beschriebenen fünf Stufen vorgestellt.

3.2 Die Reifegraddimensionen und Bewertungskriterien des Modells

Der Begriff „digitale Reife" umfasst verschiedene Aspekte, die den Status der digitalen Transformation eines Geschäftsprozesses beschreiben. Um einen umfassenden Überblick über die einzelnen Gestaltungsfelder zu erhalten, ist eine differenzierte Betrachtungsweise notwendig (Denner et al. 2018). Zu diesem Zweck wird die Bewertung des erreichten Entwicklungsstandes im Rahmen des Reifegradmodells anhand der folgenden vier Gestaltungsfelder bzw. Dimensionen strukturiert.

Innerhalb der Dimension *Strategie* werden strategische Aspekte der Prozessdigitalisierung zusammengefasst. Um den digitalen Reifegrad von steuerlichen Prozessen beurteilen zu können, ist es wichtig, die strategische Ausrichtung einer Steuerabteilung im Hinblick auf ihre Digitalisierung zu verstehen. Hierzu zählen Themen der Strategiedefinition und deren Integration in die allgemeine strategische Ausrichtung der Unternehmung. Generell müssen die grundsätzlichen Digitalisierungsziele mit den Zielen des Gesamtunternehmens in Einklang gebracht werden. Gleichzeitig müssen diese Ziele mit den sich daraus ergebenden Implikationen für die Steuerabteilung analysiert und vertieft werden, damit eine Koordination auf beiden Seiten erreicht werden kann. In diesem Zusammenhang stellt sich z. B. die Frage, welche Maßnahmen zur Digitalisierung in anderen Unternehmensbereichen geplant werden und welche Auswirkungen auf Steuerprozesse daraus resultieren können. Diese strategischen Fragen haben auch technische Implikationen, z. B. im Hinblick auf die Integration von ERP-Systemen verschiedener Betriebseinheiten oder die Implementierung einer einheitlichen Steuerbuchhaltung. Weitere Gestaltungsbereiche sind organisatorische Rahmenbedingungen für die Umsetzung der Steuerdigitalisierungsstrategie sowie die Definition und Überwachung spezifischer strategischer Ziele im Rahmen eines umfassenden Geschäftsprozessmanagements.

Die Dimension *Organisation* umfasst Aspekte zur Überwachung und Auswertung von Geschäftsprozessen behandelt. Bei der Beurteilung des Reifegrades von steuerrelevanten Prozessen wird die Umsetzung von Konzepten zum Geschäftsprozessmanagement ebenso untersucht wie die Verwendung von Ansätzen zur Automatisierung sich wiederholender Aufgaben und zur systematischen Überwachung der Prozessausführung. Um die Ausführung von Prozessen zu verfolgen und nachzuvollziehen, müssen steuerrelevante Prozesse durch geeignete Steuerinformationssysteme unterstützt werden, das heißt es muss eine digitale Verarbeitung relevanter Daten erfolgen. Daher müssen diese Prozesse definiert, systematisch geplant und durch geeignete Leistungsindikatoren überwacht werden. Im Hinblick auf Prozessintegration und Schnittstellen lassen sich zwei grundlegende Arten von Steuerprozessen unterscheiden. Erstens Prozesse, die primär innerhalb der Steuerabteilung ausgeführt und von dieser bearbeitet werden, z. B. deklarative Prozesse zur Erstellung von Steuererklärungen. Zweitens, Prozesse, die außerhalb der Steuerabteilung ausgeführt werden, aber steuerliche Auswirkungen auf interne Prozesse haben. Beispielsweise können zollbezogene Import- oder Exporttransaktionen Auswirkungen auf die Fälligkeit von Umsatzsteuer haben, weshalb diese Prozesse im Rahmen eine Geschäftsprozessmanagements entsprechend Berücksichtigung finden müssen.

Innerhalb der Dimension *Daten* wird die Verwaltung und Nutzung von steuerbezogenen Daten in Steuerprozessen betrachtet. Um den Reifegrad digitaler Daten zu beurteilen, ist es wichtig zu verstehen, welche Daten in digitaler Form verfügbar sind und wie diese in Bezug auf Speicherung, Strukturierung und Datenformate gehandhabt werden. Steuerbezogene Daten können im Allgemeinen auf verschiedene Arten nach technischen und funktionalen Kriterien systematisiert werden, welche die weitere Verarbeitung und Nutzung bestimmen. Einerseits können Daten nach ihrem Volumen unterschieden werden. Zum einen können Transaktionsdaten in großen Mengen vorhanden sein, da sie z. B. im Zusammenhang mit Umsatzsteuer- und Zollprozessen relevant sind. Andererseits können Daten auch in kleineren Volumina existieren, z. B. in Prozessen aus dem Bereich von Einkommensteuererklärungen für Mitarbeiter im Unternehmen. Je nach Struktur der Daten lassen sich unterschiedliche Formen von unstrukturierten Informationen in Texten und Dokumenten bis hin zu stark strukturierten Informationen in Datenbanken unterscheiden. Im Hinblick auf den Datenaustausch mit Externen oder den Import von Daten aus steuerrelevanten Vorprozessen sind neben geeigneten Schnittstellen für eine konsistente Datenübernahme auch Aspekte der Datenqualität von hoher Relevanz (Vollständigkeit, Konsistenz, Fehler in den Daten).

Schließlich umfasst die Dimension *Technologie* unterschiedliche Kriterien zur Bewertung der Anwendung und Nutzung von technologischen Konzepten innerhalb von Steuerprozessen. Digitale Technologien, wie Informations- und Kommunikationstechnologien, sowie Techniken zur weitergehenden Prozessautomatisierung, beispielsweise aus dem Bereich der Künstlichen Intelligenz, treiben Innovationen in der Steuerfunktion voran. Basierend auf relevanten Basistechniken können komplexere Anwendungssysteme für steuerliche Aufgaben realisiert werden. Üblicherweise entstehen solche Anwendungen zunächst für ausgewählte Teilaufgaben als isolierte Einzellösungen. Dabei ist zu berücksichtigen, dass sowohl eine Integration der einzelnen Werkzeuge für steuerliche Aufgaben als auch eine Integration in bestehende operative Standardanwendungen relevant sind. Aus diesem Grund werden innerhalb dieser Dimension auch Aspekte der Wissensverfügbarkeit und -akzeptanz auf der Mitarbeiterseite innerhalb der Steuerfunktion untersucht. Nur entsprechend ausgebildete Experten können das Potenzial digitaler Technologien voll ausschöpfen, weshalb dieses Kriterium gesondert berücksichtigt wird.

Tab. 1 zeigt die Operationalisierung der Bewertungskriterien innerhalb der vier Dimensionen des Modells und liefert eine Beschreibung der einzelnen Kriterien. Zur Bewertung der Reifegradausprägung sind zu jedem Kriterium fünf Ausprägungen entlang der Stufen *initial* bis *optimiert* formuliert, die eine Einordnung ermöglichen.

Anhand des Bewertungskriteriums „Überwachung der Prozessausführung" aus der Dimension *Organisation* ist in Tab. 2 beispielhaft dargestellt, wie dessen Ausprägungen entlang der fünf Reifegradstufen des Modells ausgestaltet sind. Die Beispielformulierungen der Ausprägungsstufen ermöglichen einen Vergleich mit dem aktuellen Zustand eines Prozesses und erlauben dadurch die Quantifizierung der jeweiligen Eigenschaften.

Tab. 1 Überblick zu den Dimensionen und Bewertungskriterien des Reifegradmodells

Dimension	Bewertungs-kriterium	Beschreibung
Strategie	Definition einer Digitalisierungs-strategie	Die Digitalisierungsstrategie der Steuerabteilung ist klar definiert und beschreibt explizite Ziele, die messbar und operationalisiert sind und als Grundlage für die Ausgestaltung von steuerlich relevanten Prozessen dienen
	Messung der Zielerreichung	Messbare Ziele werden definiert und mit der Digitalisierungs-strategie verknüpft. Die Zielerreichung wird systematisch überwacht und kann auf einzelne Prozesse heruntergebrochen werden
	Verfügbarkeit von Budgets	Es sind dedizierte Budgets verfügbar, die ausreichen, um die im Rahmen der Digitalisierungsstrategie definierten Ziele zu erreichen
	Einbettung in die Unternehmens-strategie	Die Digitalisierungsstrategie ist eingebettet in die Gesamt-unternehmensstrategie und mit und den übergeordneten Zielen abgestimmt
Organisation	Standardisierung	Die Ausführung von Geschäftsprozessen ist definiert, wiederholbar und standardisiert nach klar verstandenen Anforderungen. Abläufe sind standardisiert und durch eine formale Prozessmodellierung festgehalten
	Überwachung der Prozessaus-führung	Eine IT-Unterstützung ermöglicht die Überwachung und Nachverfolgung der Ausführung von Geschäftsprozessen. Eine Auswertung auf der Grundlage aufgezeichneter Aus-führungsdaten ist möglich
	Integration von Prozessen	Steuerrelevante Prozesse werden ohne manuelle Schnitt-stellen in vor- und nachgelagerte Prozesse außerhalb der Steuerabteilung (z. B. innerhalb der Buchhaltung) integriert. Steuerlich relevante Entscheidungen in Prozessen außerhalb der Steuerabteilung können dadurch berücksichtig werden
	Erkennung von Prozess-abweichungen	Abweichungen vom geplanten Prozessverhalten können früh-zeitig erkannt werden, indem relevante Kennzahlen während der IT-gestützten Ausführung durch ein laufendes Monitoring überwacht werden
Daten	Verfügbarkeit von Daten	Alle steuerlich relevanten Daten liegen in der Steuerabteilung in digitaler Form vor und sind aus IT-Systemen für eine auto-matisierte Verarbeitung zugänglich. Diese bildet die Basis für eine weitergehende Prozessautomatisierung
	Konsistente Verwendung von Datenstrukturen	Steuerrelevante Daten sind strukturell klar definiert, liegen in standardisierten Formaten vor und sind über alle beteiligten IT-Systeme hinweg konsistent verknüpft
	Datenqualität	Die Datenqualität erfüllt hohe Anforderungen an Vollständig-keit, Konsistenz und Aktualität
	Datenaustausch	Der Austausch steuerrelevanter Daten, wie z. B. Daten-import und Abgabe von Steuererklärungen, erfolgt über standardisierte Schnittstellen

(Fortsetzung)

Tab. 1 (Fortsetzung)

Dimension	Bewertungs-kriterium	Beschreibung
Technologie	Wissen und Expertise	Notwendige Kenntnisse und Fähigkeiten im Umgang und der Implementierung digitaler Technologien innerhalb von steuer-lich relevanten Prozessen sind vorhanden
	Bereitschaft der Mitarbeiter	Die Mitarbeiter der Steuerabteilung sind offen und bereit, digitale Technologien innerhalb ihrer Prozesse einzusetzen
	KI-Fähigkeiten	Das notwendige Wissen für den Einsatz von Technologien der Künstlichen Intelligenz innerhalb der Steuerabteilung ist vorhanden und kann in betrieblichen Prozessen angewendet werden
	IT-Ausrichtung	Digitale Technologien sind in die gesamte IT-Infrastruktur integriert und in den betrieblichen Abläufen verankert, sodass die Prozessdigitalisierung in Einklang mit den übrigen Digitalisierungsinitiativen des Unternehmens steht

Tab. 2 Beispielausprägung des Bewertungskriteriums „Überwachung der Prozessausführung" innerhalb der Dimension *Organisation*

Reifegradstufe	Ausprägung
Initial	Es erfolgt keine systematische Überwachung steuerrelevanter Prozesse
Entwickelt	Es existieren grundlegende Ansätze zur Überwachung der Ausführung aus-gewählter steuerrelevanter Prozesse, beispielsweise in Form von manuell gepflegten Excel-Listen zur Dokumentation
Etabliert	Für die Überwachung der Ausführung der meisten steuerrelevanten Prozesse gibt es grundlegende Ansätze, z. B. in Form von systemgenerierten Reports, welche die Ausführung von Prozessen dokumentieren. Systematische Aus-wertungen der historischen Ausführung werden nicht durchgeführt
Fortgeschritten	Es existieren Ansätze für die Überwachung der Ausführung aller relevanten steuerrelevanten Prozesse, z. B. in Form von systemgenerierten Reports mit Kennzahlen zu Prozessausführungen. Grundlegende Auswertungen der historischen Ausführung werden auf der Grundlage aufgezeichneter Daten durchgeführt, z. B. einfache statistische Analysen
Optimiert	Ansätze zur Überwachung der Prozessausführung sind für alle relevanten steuerbezogenen Prozesse implementiert, z. B. in Form von Process-Mining-Analysen zur Ablaufanalyse. Auswertungen der historischen Ausführung werden kontinuierlich auf der Grundlage aufgezeichneter Daten durchgeführt

Neben den in diesem **Abschnitt** vorgestellten Bewertungskriterien auf Gesamt-prozessebene ist für eine detaillierte Betrachtung von Digitalisierungspotenzialen ein Vergleich auf der Ebene einzelner Prozessaktivitäten möglich. Der Strukturierung in unterschiedliche Reifegraddimensionen folgend werden hierzu im nächsten **Abschnitt** prozessspezifische Bewertungskriterien für einzelne Steuerprozesse präsentiert.

3.3   Positionierung innerhalb der Steuerprozesslandschaft und Erweiterung um prozessspezifische Betrachtungen

Um eine detaillierte Bewertung von Steuerprozessen hinsichtlich ihrer digitalen Reife vornehmen zu können ist ein fundiertes Verständnis von steuerlichen Abläufen und prozessualen Zusammenhängen notwendig. Eine Beschreibung von relevanten Prozessen durch eine formale Modellierungsnotation dient im Folgenden als Ausgangsbasis für eine systematische Untersuchung von Prozessstrukturen.

In der Praxis finden im Rahmen des Geschäftsprozessmanagements sogenannte Referenzprozessmodelle Anwendung, die als Blaupause für bestehende Best-Practice-Ansätze dienen. Sie stellen allgemeine, d. h. von Unternehmensspezifika abstrahierte, Beschreibungen von Prozessabläufen dar. Bei der Adaption für ein konkretes Unternehmen können sie an die individuellen Bedürfnisse einer Organisation angepasst werden und stellen somit ein effizientes Mittel dar, um Prozessstrukturen aufzubauen (Rehse et al. 2015).Wie in **Absatz 2** bereits thematisiert ist eine prozessorientierte Ausrichtung im Sinne eines ganzheitlichen Geschäftsprozessmanagements innerhalb der Unternehmenssteuerfunktion aktuell kaum verbreitet (Risse 2019) und gewinnt erst im Zusammenhang mit der für Tax CMS notwendigen Dokumentation von Abläufen an Bedeutung.

Für die nachfolgende Erweiterung des Reifegradmodells um prozessbezogene Betrachtungen wurde daher am Beispiel der Umsatzsteuer eine Darstellung relevanter Prozesse in Form einer Prozesslandkarte erarbeitet. Abb. 2 stellt diese Zusammenhänge dar.

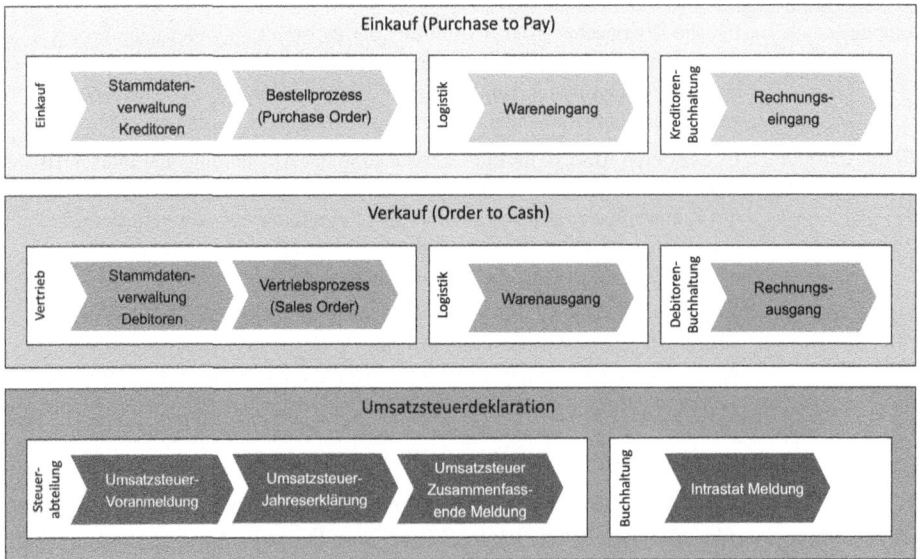

Abb. 2 Prozesslandkarte umsatzsteuerlich relevanter Prozesse. (Quelle: eigene Erstellung)

Die grundsätzliche Einteilung der Prozesse umfasst einkaufs- und verkaufsbezogene Prozessaktivitäten (auch als *Purchase to Pay* bzw. *Order to Cash* bezeichnet) sowie Prozesse der Umsatzsteuerdeklaration.

Während die einkaufs- und verkaufsbezogenen Prozesse organisatorisch nicht im Zuständigkeitsbereich einer Unternehmenssteuerabteilung liegen, sondern verschiedenen Funktionen wie Einkauf, Vertrieb, Logistik sowie Kreditoren- und Debitorenbuchhaltung zugeordnet sind, haben Entscheidungen in diesen Bereichen häufig umsatzsteuerliche Konsequenzen. Ein Beispiel ist die korrekte Definition von Steuerkennzeichen und Verknüpfung zu Steuerkonten bei der Stammdatenverwaltung von Kreditoren und Debitoren. Weiterhin spielt auch die Prüfung von Eingangsrechnungen auf steuerliche Pflichtangaben eine wichtige Rolle (vgl. § 14 Abs. 4 UStG). Enthält eine Rechnung nicht alle im Umsatzsteuergesetz geforderten Pflichtangaben kann die umsatzsteuerliche Berechtigung zum Vorsteuerabzug verloren gehen. Hierzu zählen z. B. die korrekte Angabe des Leistungsempfängers inklusive Steuernummer oder Umsatzsteuer-Identifikationsnummer, eine fortlaufende Rechnungsnummer sowie der anzuwendende Steuersatz und der auf das Entgelt entfallenden Steuerbetrag.

Umsatzsteuerliche Deklarationsprozesse umfassen die Erstellung und Abgabe von Steuererklärungen gegenüber dem Finanzamt. Zu den wichtigsten Meldungen in diesem Zusammenhang zählen die monatlichen Umsatzsteuer-Voranmeldungen und die Umsatzsteuer-Jahreserklärung. Voranmeldungen müssen von Unternehmen in monatlichem (teilweise auch quartalsweisem) Rhythmus abgegeben werden und dienen dazu, entstandene Umsatzsteuer an das Finanzamt zu melden. Im jeweiligen Berichtszeitraum erfolgt eine Verrechnung mit bereits gezahlter Vorsteuer, sodass mit Abgabe der Erklärung der noch abzuführende Steuerbetrag bzw. der zu erstattende Vorsteuerüberschuss bestimmt wird (vgl. § 18 UStG zu Besteuerungsverfahren). Darüber hinaus sind begleitende Erklärungen wie die Zusammenfassende Meldung sowie Intrastat-Meldungen einzureichen, welche Informationen zu verkauften Waren und Dienstleistungen in das EU-Ausland sowie zum Warenverkehr zwischen den Mitgliedstaaten der Europäischen Gemeinschaft erfassen.

3.4 Erweiterung um prozessbezogene Betrachtungen

Zur Ableitung von prozessbezogenen Reifegradkriterien wurden die formal modellierten Abläufe der der Prozesslandkarte für umsatzsteuerlich relevante Prozesse (vgl. Abb. 2) als Basis verwendet. Gemeinsam mit verschiedenen Umsatzsteuerexperten wurden im Rahmen von mehreren Workshops mögliche Implementierungen von einzelnen Prozessschritten in der Praxis diskutiert. Den konzeptuellen Rahmen für die Diskussionen bildeten die Grunddimensionen und Bewertungskriterien des Reifegradmodells (vgl. Abschnitt 3.1). Aufbauend auf diesen allgemeinen Kriterien für die Digitalisierungsreife

von Steuerprozessen konnte somit ein detaillierter und prozessspezifischer Kriterienkatalog pro Prozess abgeleitet werden, welcher eine feingranulare Bewertung des
Digitalisierungsgrades erlaubt.

Anhand des Prozesses zur umsatzsteuerlichen Voranmeldung wird der entwickelte Kriterienkatalog nachfolgend erläutert. Die formale Prozessdarstellung in der
Modellierungsnotation BPMN (*Business Process Management and Notation* (OMG
2011)) ist in Abb. 3 dargestellt und beschreibt die einzelnen Schritte sowie deren Ablauf-
reihenfolge im Rahmen der Voranmeldung. Jeder Prozessschritte ist mit dem Präfix *VA*
und einer fortlaufenden Nummerierung versehen, um einzelne Aktivitäten außerhalb des
Modells leicht referenzieren zu können.

Zur besseren Übersicht der Einzelaktivitäten ist der Prozessablauf in der Darstellung in fünf Blöcke untergliedert. Der erste Block beschreibt die *Datenbeschaffung*
für einen Berichtszeitraum der Voranmeldung (typischerweise einen Monat) und den
anschließenden Export der Daten sowie die gegebenenfalls notwendige Zusammenführung von Datenexporten aus mehreren Einzelsystemen. Kommen im Unternehmen
ERP-Systeme wie beispielsweise SAP ERP zum Einsatz kann ein Datenexport über
die Ausführung von Systemreports erfolgen. Im zweiten Block wird die *Prüfung* der
exportieren Daten auf Vollständigkeit und Plausibilität beschrieben, die im Falle von notwendigen *Korrekturen* zu Aktualisierungen der Buchungsdaten führen kann. Der dritte
Block behandelt die *Erstellung und Prüfung der Voranmeldung* bevor in Block vier die
Übermittlung der Erklärung sowie die anschließende Dokumentation der fristgerechten
Abgabe stattfindet. Der fünfte Block umfasst die Prozessaktivitäten zur *Ablage und
Prüfung des Steuerbescheids,* der im Nachgang an die erfolgte Abgabe vom Finanzamt
erfolgt. Kommt es zwischen den übermittelten Werten und den Angaben innerhalb des
Steuerbescheids zu Differenzen sind weitere Schritte zur Klärung der Abweichungen zu
prüfen.

Für jeden Prozessschritte aus den fünf Blöcken wurden gemeinsam mit den Fachexperten drei Bewertungskriterien für die digitale Reife definiert. Tab. 3 zeigt die Beispielausprägungen für den zweiten Prozessschritt „VA 02: Reports generieren" aus dem
Block *Datenbeschaffung.* Zum Erreichen einer Stufe sind jeweils alle Kriterien der zu
erfüllen, d. h. die geringste Ausprägung eines Bewertungskriteriums bestimmt die Einordnung des Prozessschritts auf der fünfstufigen Skala.

Die Dokumentation der jeweiligen Kriterien und Stufen pro Prozessaktivität erfolgt
als Erweiterung direkt im BPMN-Format in Form von eigenen Attributen. Der BPMN-
Standard erlaubt hierzu die Definition von generellen Attributfeldern auf Prozessebene,
die für jede Aktivität separat gepflegt werden können. Dadurch wird sichergestellt,
dass sowohl die Ausprägungen pro Stufe individuell spezifiziert als auch in einem einheitlichen Format strukturiert sind. Weiterhin erlaubt diese Art der Dokumentation
die Integration in bestehende Tools zur Prozessmodellierung im BPMN-Format und
erleichtert somit die Datenhaltung und -pflege an einer zentralen Stelle.

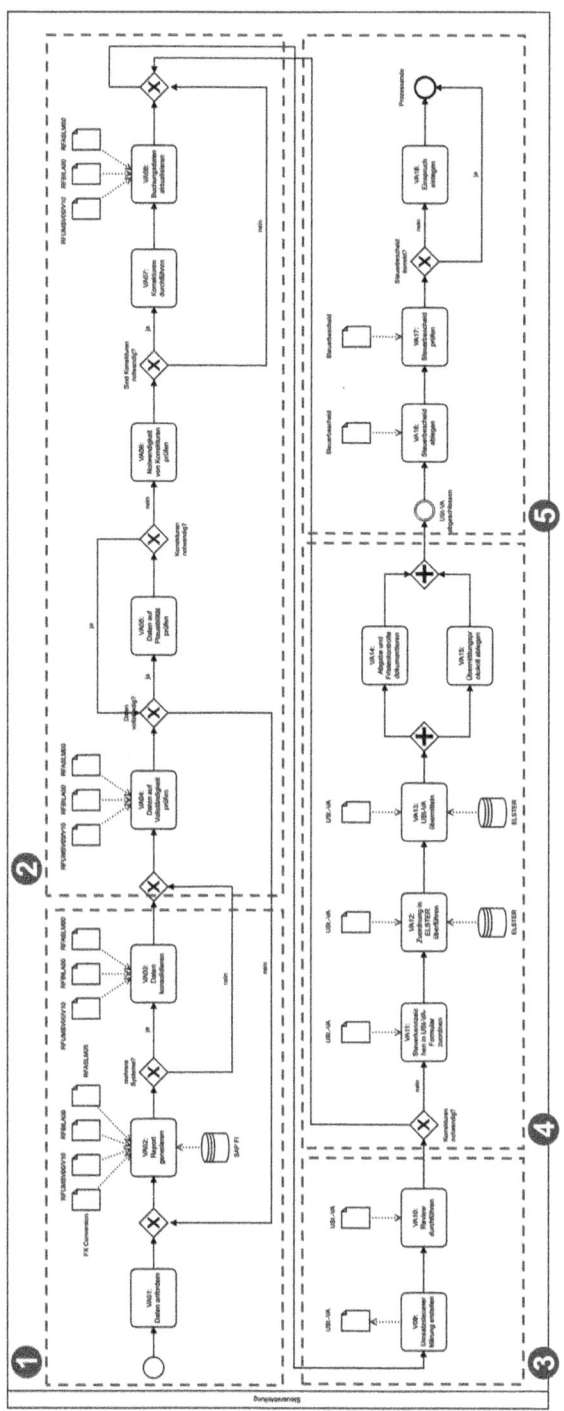

Abb. 3 Formale BPMN-Darstellung des Prozesses der Umsatzsteuervoranmeldung (USt-VA). (Quelle: eigene Erstellung)

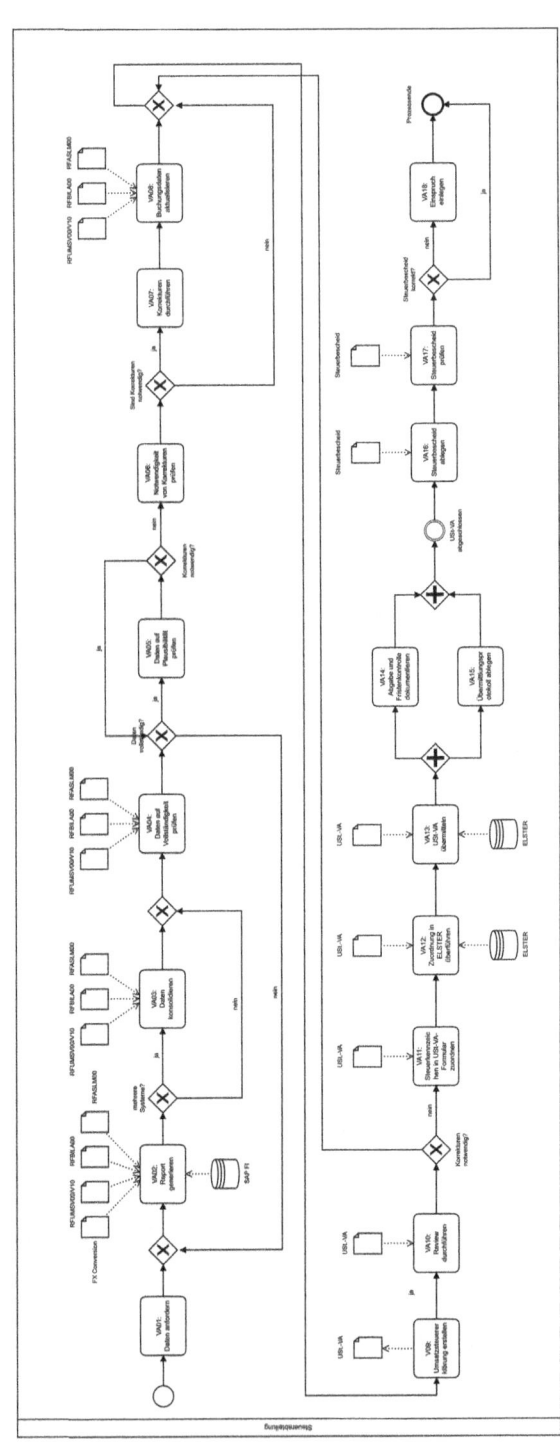

Abb. 3 (Fortsetzung)

Tab. 3 Beispielausprägungen der Bewertungskriterien zum Prozessschritt „VA 02: Reports generieren" innerhalb des Prozesses Umsatzsteuer-Jahreserklärung

Bewertungskriterien
• Nutzung von Reporting-Funktionalität aus ERP-Systemen
• Manueller Anpassungsaufwand der exportieren Daten
• Integrationsumfang von Reports aus Vorsystemen

Reifegradstufe	Ausprägung
Initial	• Für die Datengenerierung werden teilweise standardisierte Reports verwendet, diese sind aber nicht vollständig (z. B. SAP-Standardreport RFUMSV00/V10) • in den erzeugten Reports müssen manuelle Anpassungen oder Korrekturen vorgenommen werden • Daten aus Reports von Vorsystemen müssen manuell übertragen werden
Entwickelt	• Für die Datengenerierung werden standardisierte Reports verwendet, diese sind aber nicht vollständig (z. B. SAP-Standardreport RFUMSV00/V10) • in den erzeugten Reports müssen teilweise manuelle Anpassungen oder Korrekturen vorgenommen werden • Daten aus Reports von Vorsystemen müssen manuell übertragen werden
Etabliert	• Für die Datengenerierung werden standardisierte Reports verwendet, diese sind aber nicht vollständig (z. B. SAP-Standardreport RFUMSV00/V10) • in den erzeugten Reports müssen keine manuellen Anpassungen oder Korrekturen vorgenommen werden • Daten aus Reports von Vorsystemen müssen teilweise manuell übertragen werden
Fortgeschritten	• Für die Datengenerierung werden standardisierte Reports verwendet, die eine vollständige Datengrundlage erzeugen (z. B. SAP-Standardreport RFUMSV00/V10) • in den erzeugten Reports müssen keine manuellen Anpassungen oder Korrekturen vorgenommen werden • Daten aus Reports von Vorsystemen werden automatisch integriert
Optimiert	• Für die Datengenerierung werden standardisierte Reports verwendet, die eine vollständige Datengrundlage erzeugen (z. B. SAP-Standardreport RFUMSV00/V10) • in den erzeugten Reports müssen keine manuellen Anpassungen oder Korrekturen vorgenommen werden • Daten aus Reports von Vorsystemen sind nicht notwendig

4 Diskussion und Fazit

Die digitale Transformation von Geschäftsprozessen zeigt sich im Steuerbereich durch die zunehmende Zahl an Digitalisierungsprojekten und den vermehrten Einsatz von Technologien für steuerbezogene Anwendungen. Im Sinne einer nachhaltigen Digitalisierung ist neben der Umsetzung von klar umgrenzten, kleinteiligen

Anwendungsfällen aber insbesondere eine ganzheitliche und systematische Betrachtung von Digitalisierungsinitiativen notwendig.

In diesem Beitrag wurde ein Reifegradmodell beschrieben, welches die Bewertung des Digitalisierungsgrades von Steuerprozessen anhand von definierten Kriterien erlaubt. Es ermöglicht damit eine systematische Bewertung des Status quo des Digitalisierungsstandes und dessen gezielte Weiterentwicklung. Neben der grundsätzlichen Strukturierung in vier Dimensionen mit allgemeinen Kriterien wurde durch die Positionierung des Modells im Rahmen der steuerlichen Prozesslandschaft am Beispiel der Umsatzsteuer eine Erweiterung um prozessspezifische Kriterien durchgeführt. Dadurch wird auf der Ebene einzelner Prozessschritte eine gezielte Untersuchung des digitalen Entwicklungsgrades ermöglicht, welcher eine wesentlich feingranularere Betrachtung zulässt.

Im Kontext von zukünftigen Forschungsaktivitäten wird eine engere Verzahnung der prozessbezogenen Reifegraduntersuchungen mit den Anforderungen einer digitalen Prozessdokumentation angestrebt. Die bislang häufig statische Dokumentation von Prozessen und Wirksamkeitskontrollen in Form von Diagrammen (z. B. in Form von BPMN-Modellen) kann somit mit den jeweiligen Reifegradkriterien verknüpft und bewertet werden. Aufgrund der modularen Modellarchitektur ist eine Erweiterung um neue Prozesse jederzeit ebenso möglich, wie eine Anbindung an diverse Software-Tools zur Prozessmodellierung und -dokumentation.

Literatur

Armbrust M, Fox A, Griffith R, Joseph AD, Katz R, Konwinski A, Lee G, Patterson D, Rabkin A, Stoica I, Zaharia M (2010) A view of cloud computing. Commun ACM 53(4):50–58

Baumgart C, Bevan K (2019) Wie kann eine digitale Governance von Steuerabteilungen aussehen? REthinking: Tax 1(1): 44–49

Berghaus G, Kessler R, Dmitriyev V, Gómez JM (2018) Ermittlung der Digitalisierungspotenziale von nicht-digitalen Geschäftsprozessen. HMD Praxis Der Wirtschaftsinformatik 55(2):427–444. https://doi.org/10.1365/s40702-018-0403-0

Bitkom e. V. (2020) Reifegradmodell Digitale Geschäftsprozesse (Bitkom e. V., Hrsg). https://www.bitkom.org/Themen/Technologies-Software/Digital-Office/Reifegradmodell-Digitale-Geschaeftsprozesse.html

Chui M, Manyika J, Miremadi M, Henke N, Chung R, Nel P, Malhotra S (2018) Notes from the AI frontier insights from hundreds of use cases, McKinsey Global Institute.

De Bruin T, Freeze R, Rosemann M, Kulkarni U (2005). Understanding the main phases of developing a maturity assessment model. ACIS 2005 Proceedings – 16th Australasian Conference on Information Systems. Sydney, NSW, Australia

Denner MS, Püschel LC, Röglinger M (2018) How to exploit the digitalization potential of business processes. Business and information systems engineering 60(4):331–349. https://doi.org/10.1007/s12599-017-0509-x

Esterer F, Baumgart C (2020). Digitalisierung von Steuerabteilungen. Der Betrieb, Sonderausgabe. Aktuelle Entwicklungen Im Wirtschafts- Und Steuerrecht – Status Quo Und Perspektiven, 39–43

Fettke P (2018) TaxTech – Die vierte Disziplin der Steuerwissenschaft. In W Ballwieser, J Hey, R Mellinghoff, F Merz (Hrsg) Der Betrieb (Bd 1, S 19–24). Handelsblatt Fachmedien, Düsseldorf

Fettke P (2020) Der TaxTech-Würfel und das TaxTech-Haus zur digitalen Transformation der Steuerfunktion. Tax Compliance, TLE-004–20

Gupta S, Kar AK, Baabdullah A, Al-Khowaiter WAA (2018) Big data with cognitive computing: a review for the future. Int J Inf Manag 42(April):78–89. https://doi.org/10.1016/j.ijinfomgt.2018.06.005

Hammer M, Champy J (1993) Reengineering the corporation – a manifesto for business revolution. Harper Business, New York

Hammer M (2010) What is business process management? In vom Brocke J, Rosemann M (Hrsg) Handbook on business process management 1 (S 3–16). https://doi.org/10.1007/978-3-642-00416-2

Harmon P (2010) The scope and evolution of business process management. In vom Brocke J, Rosemann M (Hrsg) Handbook on business process management 1 (S 37–81). https://doi.org/10.1007/978-3-642-00416-2

Hecht S (2014) Ein Reifegradmodell für die Bewertung und Verbesserung von Fähigkeiten im ERP-Anwendungsmanagement (H. Krcmar, Hrsg.). Springer Gabler, Wiesbaden

Hevner AR (2007) A three cycle view of design science research. Scandinavian J Inf Sys 19(2):87–92

Hevner AR, March ST, Park J (2004) Design science in information systems research. MIS Quarterly 28(1):75–105. https://doi.org/10.2307/25148625

Jacobs S (2020) Stichwort: Reifegradmodelle. In Enzyklopädie der Wirtschaftsinformatik.

Just V, Kay M, Niesen T (2020) Digitalisierung & KI in den Bereichen Steuern und Zoll. REthinking: Tax 1(2):4–12

Kieninger M, Mehanna W, Michel U (2015) Auswirkungen der Digitalisierung auf die Unternehmenssteuerung. In Horváth & Michel (Hrsg) Controlling im digitalen Zeitalter. https://www.horvath-partners.com/fileadmin/horvath-partners.com/assets/05_Media_Center/PDFs/deutsch/E_Auswirkungen_Digitalisierung_SCF_Mehanna_Kieninger_Michel.pdf

Knackstedt R, Pöppelbuß J, Becker J (2009) Vorgehensmodell zur Entwicklung von Reifegradmodellen. Wirtschaftsinformatik 1:535–544. https://aisel.aisnet.org/wi2009%0A, https://aisel.aisnet.org/wi2009/44

Kowallik A (2017) Vom Steuer-IKS zum Tax CMS: Aktueller Stand sowie praktische Umsetzung in global tätigen Unternehmen mit Investitionen im Ausland. Der Betrieb 44:2571–2575

Lahann J, Scheid M, Fettke P (2019) Utilizing machine learning techniques to reveal VAT compliance violations in accounting data. 2019 IEEE 21th Conference on Business Informatics (CBI). IEEE Conference on Business Informatics (CBI-2019) Business Analytics and Business Data Engineering. Moscow Russie: IEEE Computer Society

Lahann J, Scheid M, Fettke P (2020) Towards optimal free trade agreement utilization through deep learning techniques. In: Tung Bui RS (Hrsg) Proceedings of the 53th Hawaii international conference on system sciences. Hawaii International Conference on System Sciences (HICSS-2020). Maui: IEEE Computer Society

Niesen T, Scheid M, Fettke P (2018) Getting ready for the future of the tax function – global survey on digital tax maturity and ai readiness. Belgium, Brussels

OMG (2011) Buisness Process Management and Notation (BPMN) 2.0 specification

Opresnik, Dece D, Taisch M (2015) The value of big data in servitization. Int J Prod Eco 165:174–184. https://doi.org/10.1016/j.ijpe.2014.12.036

Pielke W (2018) Tax compliance – Effektive Organisation der Einhaltung steuerlicher Pflichten. Springer, Wiesbaden

Rehse J-R, Fettke P, Loos P (2015) A graph-theoretic method for the inductive development of reference process models. Softw Sys Model 1–41. https://doi.org/10.1007/s10270-015-0490-0

Risse R (2019) Steuerliche Digitalisierung: Wie liefert Tax Compliance z. B. einen Mehrwert in USt-Prozessen? Der Betrieb 1103(30):1645–1650

Röglinger M, Pöppelbuß J, Becker J (2012) Maturity models in business process management. Bus Process Manag J 18(2):328–346. https://doi.org/10.1108/14637151211225225

Scheer A-W (2002) ARIS – Vom Geschäftsprozess zum Anwendungssystem, 4. Aufl. Springer, Berlin

Stender C, Estermaier C, Fischer J, Schoch J (2020) S/4HANA – eine Chance für die Steuerabteilung. REthinking:Tax 1(2):16–21

van der Aalst WMP, Bichler M, Heinzl A (2018) robotic process automation. Bus Inf Sys Eng 60(4):269–272. https://doi.org/10.1007/s12599-018-0542-4

van der Aalst WMP, ter Hofstede A, Weske M (2003) Business process management: a survey. In van der Aalst W, ter Hofstede A, Weske M (Hrsg), Business process management (S. 1–12). https://doi.org/10.1007/3-540-44895-0_1

Tim Niesen ist seit November 2019 als Manager für die Themen Data Analytics und Künstliche Intelligenz im Digital Hub der WTS Steuerberatungsgesellschaft mbH in Berlin tätig. Von 2015 bis 2019 war er Researcher am Deutschen Forschungszentrum für Künstliche Intelligenz (DFKI) in Saarbrücken. Seine Forschungsschwerpunkte umfassen digitale Reifegradmodelle für den Bereich KI sowie Prozessanalysen mittels Process Mining. Tim Niesen Gründer und Geschäftsführer des DFKI-Spin-off-Unternehmens iSol welches seit 2015 in den Bereichen Softwareentwicklung und Technologieberatung tätig ist. Er ist darüber hinaus Autor mehrerer Fachpublikationen im Themenfeld Geschäftsprozessmanagement und seit 2016 als Dozent und Lehrbeauftragter an Universitäten und Fachhochschulen in Deutschland, Österreich und der Schweiz tätig.

The manufacturer's authorised representative in the EU is Springer
Nature Customer Service Centre GmbH, Europaplatz 3, 69115 Heidelberg,
Germany. If you have any concerns regarding our products, please
contact ProductSafety@springernature.com

Printed and bound by CPI Group (UK) Ltd, Croydon, CR0 4YY
28/04/2026
02098487-0009